Nöhbauer · München

Hans F. Nöhbauer

München

Eine Geschichte der Stadt
und ihrer Bürger

Band 2
Von 1854 bis zur Gegenwart

W. Ludwig Verlag

Umschlagentwurf: Kaselow Design, München

ISBN 3 – 7787 – 2126 – 7

© 1992 W. Ludwig Buchverlag
in der Südwest Verlag GmbH & Co KG., München
Alle Rechte vorbehalten. Printed in Austria
Satz: Compusatz, München
Druck und Bindung: Wiener Verlag, Himberg

Inhalt

Vorwort   9

I. 1854–1886   11

Ludwig I. tritt zurück (13) – Gotik-Imitation an der Maximilianstraße (14) – Der Glaspalast (21) – Die Cholera von 1854 (24) – Die Ausstellungen im Glaspalast (28) – München wird Großstadt (31) – Hinrichtungszeremonien (32) – Die Nordlichter (34) – Die Symposien (37) – Geselligkeit in München (37) – »Allotria« (41) – Münchner Historienmalerei (42) – Richard Wagner und König Ludwig II. (44) – Handel und Gewerbe (47) – Bayerische Hypotheken- und Wechselbank, Bayerische Vereinsbank (48) – Eichthals Baupläne am Gärtnerplatz und Ostbahnhof (49) – Immobiliengeschäfte und Prinzregententheater (51) – Bauen im Herzogpark (53) – Spekulantenschicksale (54) – Der Banken- und Versicherungsplatz (58) – Das Gärtnerplatztheater (64) – Das Neue Rathaus (65) – Die Stadt wächst (68) – Frühe Fabriken (71) – Eisenbahnen (73) – Hotellerie (75) – Wasser für die Stadt (82) – Die Elektrizität (86) – Das Telephon (89) – Das Fahrrad (91) – Das Auto (92) – Die Straßenbahn (94) – Die Flieger (97)

Stadt-Bild I: 1854–1886   102

II. 1886–1912   107

Der Hof (110) – Arbeiterbewegung (109) – Louis Viereck (116) – Lenin und Freunde (117) – Theaterzensur (120) – Theatervereine (122) – Gründung der Kammerspiele (125) – Albert Langen und Simplicissimus (126) – Maler aus aller Welt (131) – Jugendstil (136) – Deschitz-Schule (140) – Atelier Elvira (142) – Zwei Schwabinger Romane (143) – Verlagsgründungen (146) – Heyse und andere Dichter (149) – Malerfürsten und Sezessionisten (153) – »Die Elf Scharfrichter« (161) – Der »Blaue Reiter« (163) – Die Tschudi-Spende (165) – Photographie und Film (167) – Musik (172)

Stadt-Bild II: 1886–1912 177

III. 1912–1933 183
Die wirtschaftliche Lage 1914 (185) – Der Krieg (186) – Die Revolution von 1918 (189) – Eisners Ermordung und Räterepublik (197) – Arco-Prozeß (207) – München wird lauter, aggressiver (210) – Das Schicksal der Marie Sandmayer (216) – München, Treffpunkt der Rechtsextremisten (219) – Rheinisches Geld kauft die Münchner Neuesten Nachrichten *(221) – Die* Süddeutschen Monatshefte *(222) – Hitler tritt auf (225) – Der 9. November 1923 (235) – Der Hitler-Prozeß (242) – Der Rundfunk (244) – Das Deutsche Museum (246) – BMW (249) – Die zwanziger Jahre in München (250) – Kultur-Provinz-Stadt (253) – Feuchtwangers* Erfolg *(258) – Künstler und Wissenschaftler verlassen München (260) – Weiß Ferdl und Karl Valentin (263) – Brand des Glaspalastes (266)*

Stadt-Bild III: 1914–1933 268

IV. 1933–1945 273
Hitler wird Kanzler (275) – Das Kabarett »Die Pfeffermühle« (276) – Karl Wolfskehl geht ins Exil (277) – Die Machtübernahme in München (278) – Die Gleichschaltung (280) – Protest gegen Thomas Manns Wagner-Rede (281) – Das Konzentrationslager Dachau (283) – Hitler baut für Partei und Kunst (285) – Bücherverbrennung (286) – Wirtschaftszahlen der frühen Hitlerjahre (287) – »Stadt der Grüß-Gott-Bewegung« (289) – Röhm-Putsch (290) – Pferderennen und Amazonennacht (292) – Haus der Deutschen Kunst und Ausstellung »Entartete Kunst« (294) – Bauten und Pläne für tausend Jahre (297) – Beginn des U-Bahn-Baues 1938 (299) – Abbruch der Synagoge und der Matthäuskirche (300) – Der Münchner Vertrag« (301) – »Reichskristallnacht« (302) – Die Bernheimers (304) – Judenverfolgung (305) – Der Volkswagen wird vorgestellt (309) – Die gleichgeschaltete Kultur (311) – Lady Unity Mitford und ihr Führer (312) – Die Bombe im Bürgerbräukeller (315) – Bomben auf München (316) – Widerstand gegen den NS-Staat (321) – Pater Delp, Pater Wehrle, Pater Rupert Mayer (328) – »Freiheitsaktion Bayern« (329)

Stadt-Bild IV: 1933 – 1945 331

V. 1945 bis zur Gegenwart 335
Der Einmarsch der Amerikaner (337) – Wiederaufbaupläne (339) – Demokratie wird gelernt (345) – Konzerte und Theater (346) – Das Ballett »Abraxas« (349) – Die Lizenzierung der Parteien (350) – Die neuen Zeitungen (351) – Das neue Geld (355) – Spruchkammern (357) – Rückkehr der Normalität (358) – Wiederaufbau der Residenz (359) – Bürgerinitiativen für Alten Peter und Nationaltheater (361) – Alte Pinakothek (363) – München wird Millionenstadt (365) – 800 Jahre München (365) – Industriestandort München (366) – Die Verlagsstadt (368) – Die Wissenschaften (372) – Heisenbergs Festrede (374) – Generationenwechsel im Rathaus (375) – Messestadt (378) – Flugzeugabsturz über der Stadt (379) – U-Bahn (380) – Die Olympischen Sommerspiele (381) – Scheidender OB Vogel eröffnet Fußgängerzone am Marienplatz (383) – Kronawitter/Kiesl/Kronawitter (385) – Internationale Gartenbauausstellung und Umweltreferat (386) – Kulturzentrum am Gasteig (386) – Die neue Staatskanzlei (387) – Musterbeispiele Münchner Bauens (389) – Schönes neues München? (390)

Stadt-Bild V: 1945 bis zur Gegenwart 392

Anhang

Zeittafel	397
Stadtentwicklung 1854 bis heute (Karte)	402
Eingemeindungen	403
Bürgermeister und Oberbürgermeister	404
Ausgewählte Bibliographie	405
Autobiographisches aus und über München	411
Münchner Ansichten	414
Ausstellungskataloge	415
Register	416

Vorwort

München: 48°8′23″ n. Br. 11°34′28″ ö.L. – so einfach ist das. Ein Punkt auf dem Globus, den Geographen mit elf Ziffern und fünf Buchstaben definieren können.

München: Das ist aber auch der Sammel-Punkt von vielen Geschichten – einer Geschichte seiner Verwaltung, seiner Kunst, seiner Wirtschaft, seiner Architektur, seiner Bischöfe, seiner Schulen und Universitäten, seiner Gelehrten, seiner Parks und Gärten, seiner Arbeiter, seiner Unternehmer; kurzum, es ist eine Geschichte all dessen, was sich in weit mehr als achthundert historisch belegten Jahren in dieser Stadt begeben hat. Und es ist eine Geschichte ihrer Bewohner.

Der alte weise Konfuzius erzählte, er habe eine Zeit gekannt, »als die Historiker Lücken ließen in ihrem Text, nämlich für Dinge, die sie nicht wußten« (Ezra Pound hat dies in seinem XIII. Canto überliefert). Solche Leerstellen müssen hier nicht sein. Auch wenn das Wissen über die Geschichte Münchens lückenhaft ist, so wurde doch in den Jahrhunderten so vielfältiges, so vielfarbiges, so reiches Material zusammengetragen, daß es einer rigorosen Auswahl bedarf, um wenigstens einen Teil in diesem Buche unterzubringen, gleichsam einen repräsentativen Querschnitt in Geschichte(n) und Zahlen.

Nach dem ersten Band, in dem die Geschichte der Stadt und ihrer Bürger von den Anfängen in den Barbarossa-Tagen bis zum Jahre 1854 beschrieben wurde, liegt hier nun der Versuch vor, die vergangenen anderthalb Jahrhunderte zu erzählen – einer bewegten, der aufregendsten Epoche der Stadtgeschichte.

Aus der Residenzstadt eines bäuerlichen Landes wurde für einige Jahrzehnte eine der Kunstmetropolen der Welt, eine Stadt von (vergleichsweise) großer Toleranz. Nach dem Ersten Weltkrieg nahm es freilich eine ungute Wendung, und einer, der

München damals in Verruf brachte, hinterließ bei seinem Abgang ein zerstörtes Reich und ein in Ruinen liegendes München. Die Stadt ist aber wiedererstanden und wurde zu einer vielgeliebten, sich stets ein wenig überschätzenden kleinen Weltstadt.

Wie im ersten Band, so wird auch hier, um Zusammenhänge und Entwicklungen aufzuzeigen, die Chronologie immer wieder durchbrochen. Eine geraffte Zeittafel, das Register und das Inhaltsverzeichnis (das aus formalen, quasi literarischen Gründen von den Zwischenüberschriften im Text abweicht), erlaubt dennoch die schnelle Orientierung und macht diese erzählte Stadtgeschichte auch zu einem Nachschlagewerk; zu einem, das freilich keinen Anspruch auf Vollständigkeit erheben, das aber vielfältige Auskunft geben will und immer wieder gerne Statistiken zitiert: Seit wann fließt Wasser aus dem Mangfalltal nach München? Wer war der erste Radfahrer in der Stadt? Wann fuhr hier das erste Auto? Seit wann sendet der Bayerische Rundfunk? Wieviele Bomben fielen auf die Stadt? Wieviele Wohnungen wurden nach dem Krieg errichtet? Wie hießen die Oberbürgermeister seit 1854 usw. usf.

Um die Geschichten nicht mit hochgestellten Kreuzchen oder Ziffern zu belasten, wurde auch hier auf Anmerkungen, auf dieses »Fußnotengeschwülst«, wie Max Weber es nannte, verzichtet. Bei wichtigen Zitaten wurde die Quelle jedoch im Text genannt. Wer weitere Informationen sucht, wird im Literaturverzeichnis fündig werden.

Da eine Stadtgeschichte topographisch nacherlebbar, gleichsam begehbar sein soll, wurden, wo immer es sinnvoll und möglich war, die Straßennamen und Hausnummern (zumeist in der ursprünglichen, authentischen Zählweise) mitgeliefert.

Ansonsten aber mag gelten, was der griechische Geschichtsschreiber Herodot vor mehr als zweitausenddreihundert Jahren geschrieben hat: »Ich aber bin gehalten zu berichten, was berichtet wird, alles zu glauben aber bin ich nicht gehalten« – sei's also versucht, in Gott's Nam', wie man in Bayern sagt(e), nach bestem Wissen und Gewissen.

München, im Frühsommer 1992

I.
1854–1886

> Dieses Volk wusch sich nicht und badete nicht und war doch kunstnäher, als die gewaschene Menschheit des Nordens.
>
> Theodor Lessing in
> *Einmal und nie wieder*

Die Romanze der 489 Tage war zu Ende. Am 12. Februar 1848, vormittags um elf, trat Lola Montez, von Polizei begleitet, die Reise ins Exil an.

München aber kam nicht zur Ruhe. Demonstranten warfen im Regierungsgebäude am Marienplatz und im Innenministerium die Fensterscheiben ein, sie demolierten »unter großer Katzenmusik« die Wohnungen von Innenminister Berks und Oberkriegskommissär Mussinan, sie blockierten die Straßen mit umgestürzten Wagen und stürmten das Zeughaus, um dann bewaffnet vor die Residenz zu ziehen.

König Ludwig I. machte zwar am 6. März etliche Zugeständnisse. Er stellte die Abschaffung der Zensur in Aussicht, versprach auch eine verbesserte Wahlordnung und die »Mündlichkeit der Rechtspflege«. Obwohl es ja vor allem die Münchner gewesen waren, die gegen Lola protestiert hatten, sprach die Majestät alle ihre Untertanen an: »Ein großer Augenblick ist in der Entwicklung des Staates eingetreten«, schrieb Ludwig in seiner Proklamation, und er schloß sie: »Bayern! Euer Vertrauen wird erwiedert, es wird gerechtfertigt werden! Schaaret Euch um den Thron.«

»Eine neue Richtung hat begonnen...«

Die Münchner nahmen aber diese Einladung nicht an und gingen weiter auf die Straße. Gerüchte liefen um – von Waffenkäufen und von einem Handstreich gegen den König wurde gesprochen, es gab Krawalle und das Militär schoß in die Menge. Dem allen bereitete Ludwig schließlich ein Ende, das dann doch überraschend kam. Am 20. März, abends um halb fünf, verfaßte er eigenhändig seine Abdankungsurkunde: »Bayern! Eine neue Richtung hat begonnen, eine andere, als die in der Verfassungsurkunde erhaltene, in welcher ich nun im dreiundzwanzigsten Jahre geherrscht. Ich lege die Krone nieder zugunsten meines geliebten Sohnes, des Kronprinzen Maximilian...«

Schon am darauffolgenden Tag schrieb er freilich in sein Tagebuch: »Heute nicht ohne Reue, die Krone niedergelegt zu haben. Die Befreiungshalle unterbleibt.« Und doch genehmigte er am gleichen Tag den Plan zum Bau der Propyläen. Denn, so schrieb er seinem Sohn Otto, dem König von Griechenland: »Propyläen müssen zu Ende geführt werden, sollte selber ich dabei Hungers sterben.« Dieses Ende blieb dem König von Bayern erspart. Das verbriefte Austragsgeld von 500 000 Gulden und die hinlänglich bekannte Sparsamkeit erlaubten es ihm, das begonnene Bauprogramm fortzuführen, es abzuschließen – und doch auch zu überleben. So wurde der königliche Pensionär zum Zeugen der Fertigstellung der großen Münchner Projekte: der Bavaria und des Klosters von St. Bonifaz 1850, der vor langer Zeit begonnenen Ludwigsstraße mit dem Siegestor 1852, der Neuen Pinakothek und der Ruhmeshalle 1853 sowie der Propyläen 1862.

Eine für München aufregende Zeit ging zu Ende. Man hoffte jetzt wohl, daß etwas weniger gebaut werde: Die Stadt hatte in den Tagen Ludwigs I. hinzugewonnen, war geschmückt worden mit repräsentativen Bauten. Der Haupt- und Residenzstadt ist dies teuer gekommen, denn wenn auch die Majestät aus der Privatschatulle fleißig zulegte, kosteten die von ihr initiierten »Monumente und die Verschönerung der Stadt und ihrer Umgebung« in den zwanziger und dreißiger Jahren etwa fünfzehn Prozent des Münchner Etats. Insgesamt mehr als drei Millionen Gulden.

Während der Vater im klassizistischen Stile weitergebaut und sein architektonisches Lebenswerk zu Ende geführt hat, ging der königliche Sohn seinen eigenen, sehr anderen Weg. Er schwärmte für die englische, die Tudor-Gotik, und in diesem Stile durfte er sich – auf Kosten des Herrn Papa – bereits seit 1840 an der Briennerstraße ein großes Kronprinzenpalais bauen lassen. Ehe ihm aber die Handwerker das bezugsfertige Haus übergeben konnten, hatten sich die Verhältnisse in Bayern gewandelt und der vormalige Kronprinz mußte nun als König Max II. in die Residenz ziehen. Vater Ludwig, dem der Neubau von Anfang an mißfallen hatte, wurde auf solche Weise der erste Bewohner des Palais: »Dieser Umzug ist mir äußerst zuwider«, schrieb er seiner Frau im November 1848. Da mußte er nun in die spitzbogigen Gemächer einziehen, obwohl er doch »nur Max zuliebe in diesem Stil das Wittelsbacher-Palais ausführen ließ«.

Friedrich von Gärtner, der Architekt dieses Gebäudes, konnte die Klagen der Majestät a. D. sehr gut verstehen, denn auch er hatte ja ganz andere Vorstellungen von architektonischer Schönheit und behauptete einmal gar, dieses Palais an der Brienner/Türkenstraße sei der »zuwiderste Bau«, den er je ausführte. An die filigranen Gotikimitationen mußten sich die Münchner nun gewöhnen. Das war der neue Geist, mit dem Hellenismus war Schluß.

Lange hatte sich Maximilian auf seine Bau-Arbeit vorbereitet und bereits 1839 unter der nüchternen Überschrift »Auszuführendes in München« seine Pläne zusammengestellt. Er schrieb von Plätzen, die er zieren und von der Straße zwischen Isartor und Isarbrücke, die er regulieren wolle; er nahm sich vor, die Isar durch Dämme und Kais sicherer zu machen und den Sendlinger-Tor-Platz »im angelsächsischen Städtestyl« zu erweitern. Als Punkt vier aber notierte der Kronprinz: »Verbindung der Stadt mit der Isar von der neuen Residenz aus über das Lehel.«

Wie der Vater, so wollte nun auch der Sohn seine eigene Straße bauen, und da ihm der eben entstehende Münchner Hauptbahnhof gefiel, engagierte er dessen Architekt. Im März 1851 lieferte Friedrich Bürklein seine Pläne, »die Verschönerung Münchens betreffend«, in der Residenz ab.

Der kgl. bayer. Straßenbaumeister im Lehel

Etwa zur gleichen Zeit ließ auch Napoleon III. in Paris neue Straßen ziehen. Doch anders als Maximilian und auch dessen Vater Ludwig, die mit ihren Straßen München verschönern und neue Reviere erschließen wollten, verfolgte man in der französischen Hauptstadt politische Absichten: Man erinnerte sich, wie in vergangenen Revolutionen die engen Straßen und die winkeligen Gassen durch Barrikaden versperrt worden waren und plante daher große, gerade Avenuen, auf denen das Militär in breiter Front aufmarschieren und sogar Kanonen in Stellung bringen könne. Um dieses Ziel zu erreichen, ließ Baron Haussmann durch die alten, in Jahrhunderten gewachsenen Quartiere breite Schneisen schlagen.

Wahrscheinlich hat man sich auch in Berlin des Aufstandes von 1848 erinnert, als dort in den Jahren 1857/58 ein neuer Bebauungsplan gezeichnet wurde. Denn neben dem Handelsministerium war für diese Entwürfe auch das Polizeipräsidium des einflußreichen Herrn von Hinkeldey zuständig.

Obwohl man doch eben erst eine kleine Revolution erlebt hatte, dachte in München König Max weder an die Polizei noch an das Militär. Er erinnerte sich der Pläne seiner Kronprinzenzeit und ließ nun, da er der Herr im Lande war, auf dem Münchner Stadtplan die neue Trasse einziehen. Wenn die Entwürfe auch noch mehrfach umgezeichnet und neue Ideen entwickelt wurden, so war die Richtung doch von Anfang an festgelegt: Die neue Straße sollte vom Max-Joseph-Platz, an der Oper vorbei und quer durch das Zeughaus nach Osten und über die Isar hinwegführen. Nach etwa fünfhundert Metern, so war vorgesehen, würde sie sich zu einem Forum erweitern und die Anlage von »schönen Alleen zwischen den Fahr- und Fußwegen, mit reizenden Blumenparterres und Boskotts« erlauben.

Im Sommer 1851 entnahm der König seiner Privatkasse 500 000 Gulden, um die Vorarbeiten zu finanzieren. Grundstücke wurden nun angekauft, neue Pläne gezeichnet, doch erst im späten Dezember des darauffolgenden Jahres geruhte Seine

Majestät, der König, auch den Bürgermeister der Haupt- und Residenzstadt von seinem Vorhaben zu unterrichten. Er beabsichtige, schrieb König Max, »die Stadt mit der St.-Anna-Vorstadt mittels einer schönen Straße zu verbinden... Die Vorbereitungen sind so weit gediehen, daß ich Ihnen, Herr Bürgermeister, den Plan anbei mitteilen kann.«

Obwohl München an der Projektion also gar nicht beteiligt war, mußte die Stadt nun ihren Beitrag leisten, nämlich: die Straße bauen und an deren Ende eine Isarbrücke, außerdem die Entwässerungsanlagen errichten und sieben Kanäle überbrücken. Die Stadträte vernahmen den königlichen Wunsch und erfuhren, daß dessen Erfüllung 260 000 Gulden kosten würde. Mit einem bekümmerten Blick auf die dürftig ausgestattete Kasse und in der Hoffnung, daß der ihnen zugesicherte Malzzuschlag einen Teil der Ausgaben wieder einbringe (und weil es ja wohl ohnedies keine Ablehnung geben durfte), stimmten sie schließlich zu. Erleichtert wurde dieses Votum eigentlich nur dadurch, daß diese Straße in ein bisher wenig erschlossenes, vernachlässigtes Viertel führte und damit wichtiger war als die seinerzeit ins Leere, zum fernen Schwabing führende Ludwigstraße mit der Ludwigskirche, für die sie so viel mehr hatten bezahlen müssen.

Viel Zeit zu Beratungen war den Ratsherren nicht verblieben, denn der König drängte, und am 18. Juli 1853, nur wenig mehr als ein halbes Jahr nach Eingang der Pläne, begann unter Leitung des 29jährigen Stadtbauingenieurs Arnold von Zenetti der Straßenbau; drei Jahre später war die Isar erreicht.

Die neugotische Fassadenkunst

Die Grundbesitzer mochten nicht so lange warten und so meldeten die *Neuesten Nachrichten* bereits am 30. Dezember 1854: »In der neuangelegten Maximilianstraße wurde heute der (dem Schriftgießer Hn. Gustav Lorenz zugehörende) erste Neubau unter Dach gebracht.« Dieses Haus Maximilianstraße 32 wurde ein paar Jahrzehnte später zur berühmten literarischen Adresse, da der norwegische Dramatiker Henrik Ibsen hier von 1885 bis 1891 in möblierter Untermiete wohnte.

Der offensichtlich mit Bargeld oder mit Kredit wohlversehene Schriftgießer Lorenz (der in einem älteren Register bereits als Besitzer eines zwischen der Fürsten- und Amalienstraße gelegenen Anwesens genannt wird) hat sich übrigens bereits zwei Jahre nach der Nummer 32 auch noch das Haus Nr. 34 errichten lassen.

Das Privileg, an der neuen »kgl. bayer. Avenue« als Bauherr auftreten zu dürfen, war freilich mit einer Auflage verbunden: Gustav Lorenz und alle anderen Haus-Herren mußten sich an einen vorgegebenen Fassadenplan halten und ihre Anwesen englisch-gotisch maskieren. So war's des Königs Wunsch.

Einige Jahre zuvor, als er einen Architektenwettbewerb für das Maximilianeum ausschreiben ließ, waren seine Vorstellungen noch weniger konkret, denn er verlangte, daß man sich »aller vorhandenen Baustile und ihrer Ornamentik bedient und diese Elemente zu einem organischen Ganzen gestaltet, und zwar so, daß die zu wählende Bauart keinem der schon bestehenden Baustile speziell angehört.«

Neu sollte die königlich-maximilianische Baukunst sein und zeitgemäß. Die eingereichten Entwürfe wirkten dann zwar eher abschreckend als ermutigend, doch der König war vom eingeschlagenen Weg nicht mehr abzubringen und so erhielten die Architekten Bürklein, Gottgetreu, Riedel, Voit und Ziebland 1852 den Auftrag, für die neue Straße Musterfassaden zu entwerfen. Bürklein gewann und zeichnete nun Hauswand auf Hauswand. Das Ergebnis ist seit der Mitte des vorigen Jahrhunderts auf etwa achthundert Metern Länge zu besichtigen; an Wohn- und Geschäftsgebäuden sowie an der Regierung von Oberbayern.

Der Stil war auch Eduard Riedel vorgegeben, als er die fast schon fertiggestellte Taubstummenanstalt abreißen und an ihrer Stelle das Nationalmuseum (das heutige Völkerkundemuseum) bauen durfte.

Und als dann auf einem Gelände, das dem Tuchfabrikanten Röckenschuß gehört hatte, ein weltstädtisches »Hotel zu den

Vier Jahreszeiten« gebaut werden sollte, gab es kein Pardon: auch Rudolf Wilhelm Gottgetreu mußte die Pläne der Bürkleinschen Vorgabe anpassen.

Während auf solche Weise links und rechts der Straße die Häuser neogotisch hochgezogen wurden, begann – mit großer Verzögerung und wegen der ungünstigen Bodenverhältnisse sehr langsam – der Bau jenes Gebäudes, das am Anfang aller Planung gestanden hatte: Im Jahre 1857 wurde der Grundstein zum Athenäum, dem späteren Maximilianeum gelegt.

Von seinem Wunsch, hoch auf dem rechten Isarufer einen »großen Nationalbau«, eine Akropole aufzuführen, hatte Maximilian bereits in einem Notizbuch von 1832 geschwärmt. Dazu, meinte er, könnte ein Park angelegt werden und ein »herrlicher neuer Stadtteil mit ganz großartigen Kais«. Bei all dem architektonischen Eifer wollte er aber darauf achten, daß die dahinterliegenden Fichtenwälder erhalten und wenn möglich sogar durch Neuanpflanzungen vergrößert würden. Mit der Fertigstellung der »Bildungs- und Unterrichtsanstalt für begabte Universitätsstudenten aus Bayern« im Jahre 1874, mit der Einweihung des Maximilianeums also, war der Bau der neuen, quer durchs Lehel führenden Straße abgeschlossen. Der Auftraggeber hat diesen Tag freilich nicht mehr erlebt, 1864 war er gestorben, und mit ihm auch der maximilianische Stil.

Ein Signal zur Umkehr hatte der König freilich selbst noch gegeben, als er kurz vor seinem Tod die in den Plänen des Maximilianeums eingezeichneten Spitz- durch Rundbögen ersetzen ließ. An den Versuch, in München einen neuen Baustil zu schaffen, an dieses verunglückte Experiment, erinnern neben der Maximilianstraße nur noch das Postscheckamt an der Sonnenstraße (das als Gebäranstalt gebaut war) und das Zeughaus an der Lothstraße.

Die Münchner haben diese letzte königliche zu einer großbürgerlichen Straße gemacht und schließlich zu einem der nobelsten und teuersten Boulevards Europas.

Den synthetischen Baustil aber, mit dem König Max die Münchner beschenken wollte, lehnten die Nachgeborenen ab. Und nicht nur sie. Schon der an Italiens Renaissance geschulte

Historiker Jacob Burckhardt war entsetzt, als er diese Straße sah. Man habe ihn ja vor dem Anblick gewarnt, schrieb er einem Architekten, doch »so unter allem Knaster« habe er sich die Sache dann doch nicht vorgestellt. Man könne froh sein, wenn man ohne Schlagfluß wegkomme, doch zum Glück wüchsen jetzt »die Bäume so heran, daß man die Bauten nicht überall zu sehen braucht«.

Noch erbarmungsloser urteilte der königliche Vater: »Was man da gebaut hat«, sagte er zu seinem Baumeister Klenze, »ist das Abscheulichste, was ich kenne«. Und Klenze, der schon einige Jahrzehnte zuvor zum Bau der Straße geraten und Ludwig sogar die Verlegung der Residenz an die Stelle der späteren Regierung von Oberbayern nahegelegt hatte, wird dem König zugestimmt haben, denn auch er fand an der neuen Architektur kein Gefallen.

Dabei hatte sich König Ludwig zunächst sogar geweigert, diese Konkurrenz seiner Ludwigstraße auch nur zu besichtigen. Nur der Geschicklichkeit eines Freundes war es zu danken, daß er sie dann kurz vor ihrer Fertigstellung doch noch sehen mußte. Auf Umwegen, schreibt Karl Alexander von Müller in seinem Erinnerungsbuch *Aus Gärten der Vergangenheit*, war die Majestät in die Maximilianstraße geschleust worden: »Der alte König, den alten Hut auf dem zerfurchten Kopf, ging rasch bis in die Mitte der Straßenführung: ›Pfui Teufel! Pfui Teufel!‹ war das einzige, was er sagte, indem er kehrt machte und in die Kanalstraße zurückeilte.«

Nach der im Jahre 1808 konzipierten, geradewegs auf das Schloß Nymphenburg ausgerichteten Brienner und der nur wenige Jahre jüngeren Ludwigstraße endete mit der Maximilianstraße der wittelsbachische Beitrag zum Ausbau und zur Ausschmückung der Münchner Stadt. König Ludwig II. plante in seinen ersten Regierungsjahren zwar noch eine Verlängerung der Brienner Straße am Hofgarten vorbei und durchs Lehel hin zu einem Opernhaus, das er seinem Freund Richard Wagner hoch auf dem rechten Isarufer bauen wollte. Die Kabinettskasse fand aber Wege, die vorgesehenen 2,6 Millionen Gulden einzusparen und den Bau zu hintertreiben. Damit verleidete sie der empfindsamen Majestät die Stadt – außer einem Wintergarten über dem Nordtrakt der Residenz hat sich Ludwig II. in München nichts gebaut.

Sein Nachfolger, der Prinzregent, erlaubte dann zwar, daß eine neue Straße nach ihm benannt werde (und wußte wohl nicht, daß man ihn als Namenspatron gewählt hatte, um Baukunden anzulocken).

Die breite Chaussee vom Prinz-Carl-Palais zur Isar – sie verläuft parallel zur Straße des Bruders Maximilian – war nicht sein Werk. Damit er aber doch auch selbst noch einen Beitrag leiste, stiftete er die zugehörige Isarbrücke. Und er schenkte gleich zweimal: Die Oberste Baubehörde hatte sich bemüht, das luitpoldinische Portemonnaie (das vom Staat ja weniger reich gefüllt wurde als das seiner königlichen Vorgänger) nicht allzusehr zu strapazieren und die Baukosten niedrig zu halten. Zu niedrig, wie sich bald zeigte, denn am 14. September 1899, sechs Jahre nach der Einweihung, wurde die Luitpoldbrücke bei einem großen Hochwasser weggespült, nachdem am Tag zuvor bereits die Maximiliansbrücke eingestürzt war.

Der Regent beugte sich der höheren Gewalt, griff noch einmal in seine Schatulle und ließ durch Theodor Fischer eine neue, stabilere Brücke bauen. Im späten September 1901 konnte sie der Spender einweihen.

Neuanfang aus Glas und Stahl

In den Tagen König Maximilians war München eine bäuerliche Residenzstadt, die 1852 mit ihren 87 880 Einwohnern, zu denen noch 1900 Soldaten kamen, zwar nur etwa ein Viertel der Einwohnerzahl von Berlin (und gar nur ein knappes Zehntel der von Paris) erreichte, die aber doch auch mehr als doppelt so groß war wie Nürnberg, die zweitgrößte Stadt des Königreiches Bayern.

Auf dem Schrannenplatz, der seit 1854 Marienplatz heißt, stapeln sich an den Markttagen, an den Freitagen und Samstagen die Getreide- und Kartoffelsäcke so dicht, daß die Bauernfuhrwerke kaum noch durchkommen können. Viele Häuser haben dort, wo später einmal Rückgebäude und Hinterhöfe sein werden, noch ihre eigenen Gärten, gerade wie im Sandtnerschen Stadtmodell von 1570. Und obwohl der vormalige Apotheker Carl Spitzweg in seinen Bildern nur sehr selten Motive seiner Heimatstadt direkt zitiert (der Petersturm gehört zu den raren Ausnahmen), fände er in den Erkern und Winkeln rund um seine Wohnung am Viktualienmarkt noch einige Jahrzehnte lang die Kulissen, in denen seine biedermeierlichen Figuren auftreten könnten.

Während aber der Meister auf kleinem Format seine versponnenen und verliebten Eigenbrötler malte – den »Armen Poeten« 1839, das »Ständchen« um 1854 oder die »Dorfgasse mit Nachtwächter« um 1884, also vier Jahre vor seinem Tode –, veränderte sich die Münchner Umwelt, und wenn sich der Zeitpunkt benennen läßt, an dem das gotische, das barocke, das landstädtische München anfing, sich in eine (moderat) moderne Stadt zu verwandeln, so ist dies das Jahr 1854, als mit dem Bau des Glaspalastes das technische Zeitalter begann und durch die Eingemeindungen der Au, von Giesing und Haidhausen Münchens Einwohnerzahl die Marke von 100 000 übersprang.

Die neue Zeit begann am westlichen Rand der Stadt und bereits außerhalb der ehemaligen Stadtmauer, am Botanischen Garten. Und sie begann mit einer Tat, die für diese kommende Epoche charakteristisch sein sollte – mit der Zerstörung von Umwelt.

Für das neue, moderne Gebäude mußte nämlich der seit 1809 angelegte und ohnedies nicht sehr große Botanische Garten Gelände abtreten. Karl von Martius, seit mehr als zwanzig Jahren Direktor, hat man zunächst gar nicht konsultiert und ihm die Nachricht von der bevorstehenden und schon beschlossenen »Zweckentfremdung« dann in den Urlaub nachgeschickt. Herr von Martius, hochangesehen unter den Botanikern seiner Zeit, ertrug die Brüskierung mit Noblesse – und trat nach dem Ende der Industrieausstellung zurück.

Die Entscheidung, erstmals eine »Allgemeine Ausstellung deutscher Industrie- und Gewerbs-Erzeugnisse« zu zeigen, war spät gefallen, zu spät, um mit den traditionellen Baumaterialien, aus Steinen und aus Holz noch ein Gebäude errichten zu können. Da der wittelsbachische Auftraggeber Maximilian aber ohnedies daran interessiert war, in der Architektur neue Wege zu gehen, wurde die Gelegenheit genutzt, auch hier ein englisches Vorbild – den 1851 von Paxton für die Londoner Weltausstellung geschaffenen Crystal-Palace – in Münchner Dimensionen nachzuempfinden. Keine sehr originelle Eröffnung des technischen Zeitalters also – und eine Notlösung obendrein.

Am 29. September 1853 – einen knappen Monat vor der Einweihung der durch ihn erbauten Neuen Pinakothek – schloß der aus Friedrich von Gärtners Schule hervorgegangene kgl. Oberbaurat und Münchner Bauprofessor August Voit mit dem Nürnberger Industriellen Theodor von Cramer-Klett den Vertrag für einen mehr als 230 Meter langen und 25 Meter hohen Glaspalast. Der Fabrikant, so wurde verlangt, »mache sich verbindlich, das ganze Gebäude bis zum 8. Juni 1854 vollständig herzustellen und bei einer Verspätung als Konventionalstrafe jeden Tag der ersten Woche 1000 Gulden, in den folgenden Wochen aber jeden Tag 2000 Gulden an seinem Guthaben in Abzug bringen zu lassen«. Dieses Guthaben aber betrug eine Million Gulden.

Die Nürnberger haben die neue Eisenbahn genutzt, um 1700 Tonnen gußeiserne Träger fristgerecht in München anzuliefern. Vom Bahnhof aus wurde dieses Baumaterial auf einem eigenen Gleis in den Botanischen Garten gefahren und dort aufgestellt. Da aber auch die 37 000 Glasplatten rechtzeitig in München eintrafen, mußte Herr von Cramer-Klett um sein Geld nicht bangen.

Als am 30. Juni (und somit 22 Tage nach dem vorgegebenen Termin) ein schweres Gewitter über München und seinem Glaspalast niederging, gab es freilich eine feuchte, plätschernde Überraschung. In den *Neuesten Nachrichten* war zu lesen, »durch die Glasbedeckung des Industrie-Ausstellungsgebäudes drang wieder (!) so stark und vielseitig Wasser ein, daß die innerhalb beschäftigten Personen, um sich vor Nässe zu schützen, mit aufgespannten Regenschirmen umhergehen mußten«.

Zwei Wochen später aber, am Mittag des 15. Juli, als Seine Majestät am Münchner Glaspalast vorfuhr, dachte niemand mehr an Regenschirme – München leuchtete, die Sonne strahlte und 6588 Aussteller aus 32 deutschen Ländern riefen »Hoch!«: Die Ausstellung war eröffnet. Als Allerhöchste Anerkennung dafür, daß sie innerhalb von nur 78 Arbeitstagen die 17 900 Quadratmeter Ausstellungsfläche unter ein nur zeitweise wasserdurchlässiges Dach gebracht hatten, erhielten die Herren Voit und Cramer-Klett an diesem Tag das Ritterkreuz des Bayerischen Kronenordens. So dekoriert konnten die beiden Ritter am Abend dieses großen Tages zusammen mit vielen Münchnern das Werk des Monsieur Robin aus Paris bestaunen, der den Karlsplatz und die Umgebung elektrisch illuminierte. Es hatte wirklich ein neues Zeitalter begonnen.

Deutschland, von dem noch niemand wußte, wie es einst aussehen würde, hatte in diesem Sommer von 1854 einen Mittelpunkt: die Hauptstadt des Königreichs Bayern. Aus allen Richtungen kamen die Gäste, viele von ihnen in Sonderzügen aus Berlin, Frankfurt oder Paris, und mit Stolz zeigte Max II. die Schau seinen erlauchten Kollegen, den Königen von Württemberg und Preußen, dem Prinzregenten von Baden und dem Kurfürsten von Hessen-Kassel. Für den König von Sachsen war der Besuch am 3. August eine Abschiedsvisite, denn sechs Tage später, als bei Imst seine Kutsche umstürzte, wurde er durch einen »Hufschlag vor den Kopf« getötet.

Der Tod eines Theaterfreundes

Zum festlichen Sommer wollte auch der Direktor des Hoftheaters seinen Beitrag leisten, und auf dem Heimweg von einem Punschabend bei den Liebigs hatte Franz Dingelstedt »zwischen Brienner Straße und Karolinenplatz« den großen Einfall: Er wollte die zwölf berühmtesten Mimen des deutschsprachigen Theaters einladen und daraus ein Ensemble bilden, das sich in Muster-Vorstellungen klassischer Stücke dem pp. Publikum präsentieren sollte.

Der Prinzipal reiste von Bühne zu Bühne, und vier Tage vor Eröffnung des Glaspalastes konnte er seine Sommerspiele mit Schillers *Die Braut von Messina* beginnen. Das Publikum applaudierte (bei erhöhten Preisen), die angereisten Zuschauer stimmten Preislieder an, doch bei der Münchner Presse war die Begeisterung gedämpft – die vielgerühmten Gäste, unter ihnen auch der große Emil Devrient, hätten zwar nichts verdorben, hieß es, aber sie hätten auch nichts gebracht und überdies »mehrtenteils ihre Rollen verkünstelt«.

Mit der Enttäuschung über diese Münchner *All-Stars* hatte es dann freilich nichts zu tun, wenn es am 21. Juli hieß: »Neuerem Vernehmen nach sollen die sogenannten Mustervorstellungen auf hiesiger Hofbühne, deren 20–24 stattfinden sollten, schon mit der 12. Vorstellung zu Ende gehen...« Und dieses Dutzend wurde am 31. Juli vollgemacht; mit Goethes *Faust*, den man als »Fausts Höllenfahrt« ankündigte, ging das sogenannte Gesamtgastspiel zu Ende.

Dieses Stück hatte man auch schon am 18. Juli gespielt. Ein junger Schweizer war an diesem Tage eigens aus Zürich angereist, um die Seebach als Gretchen zu sehen, doch noch ehe sie auftrat, wurde der Mann aus dem Theater getragen. Polizeiarzt und Theaterarzt stellten die gleiche Diagnose: Cholera.

Während der Vorstellung hatte Polizeidirektor Düring den Intendanten in seiner Loge aufgesucht und geraten, die Mustervorstellung zu beenden: »Machen Sie, daß Sie fertig werden. Rasch Ihre Ernte unter Dach gebracht. Es ist ein Unwetter im Anzug, das wir nicht lange mehr verheimlichen können.«

Die Behörden haben dies dann doch gekonnt und die schlimme Wahrheit schließlich, wie es bei Behörden in vergleichbaren Situationen auch heute noch Brauch ist, nur in kleinen Dosierungen preisgegeben. Der erste Hinweis las sich recht merkwürdig und war für alle, die von der neu ausgebrochenen Seuche noch nichts wußten, eher grotesk: Es wurde empfohlen, Schulkinder, die am 1. August – also mitten im prallen Sommer

– am Festzug zur Einweihung des Westenrieder-Denkmals am Promenadeplatz teilnehmen, warm anzuziehen.

Am 3. August ging man dann bereits einen kleinen Schritt weiter und warnte in den Zeitungen vor falschem Essen: »In den letzten Tagen sind, ohne Zweifel in Folge der außergewöhnlichen rasch eingetretenen Hitze, Durchfälle und Brechdurchfälle vorgekommen, und sind daran namentlich einige kleine Kinder, alte und kränkliche Personen gestorben. Überladung des Magens mit Kartoffeln, Gurken u. dgl. war in den meisten Fällen als veranlassende Ursache nachzuweisen.«

Doch erst am 8. August, drei Wochen nach dem Tod des eidgenössischen Theaterenthusiasten, können die Münchner in ihrer Zeitung das Wort »Cholera« lesen; eher beiläufig übrigens. Es treffe nicht zu, hieß es, daß Innenminister August von Reigersberg »bedeutend erkrankt, ja von Cholera befallen sei«.

Einen Tag später wird immerhin »das Aufkommen von mehreren Fällen der Brechruhr« zugegeben, im übrigen seien »seit dem 29. Juli, an welchem Tage sich der erste Todesfall ereignete, bis zum 7. August 28 Todesfälle vorgekommen«.

In der Stadt, die sich von der Ausstellung und dem Gesamtgastspiel den Besuch vieler Fremder erhofft hatte, ließ sich die Epidemie schließlich nicht mehr verheimlichen. In den Zeitungen erschienen immer mehr Todesanzeigen (in denen freilich die Cholera nicht genannt wurde), in den Friedhöfen mußte man die Beisetzungsfristen verkürzen, da die Leichenhallen zu klein waren, und die Droschkenfahrer hat man verpflichtet, an genau festgelegten Stellen bereitzustehen, um Ärzte und Kranke zu transportieren. Zuletzt mußte dann auch das Oktoberfest abgesagt werden, zum erstenmal seit 1813. Wer immer dazu eine Möglichkeit hatte, floh nun aus der Stadt, und Starnberg, so heißt es, war in diesen Sommerwochen von 1854 überfüllt.

Endlich, etwa vom 20. August an, ging die Seuche langsam zurück und am 1. Oktober konnten Stadtmagistrat und Polizeidirektion das Ende der Choleraepidemie bekanntgeben. Doch noch am 26. Oktober forderte die Krankheit ein prominentes Opfer, Bayerns Königin Therese, die Frau Ludwigs I.

Acht Tage zuvor war die erste Ausstellung im Glaspalast geschlossen worden, und obwohl sie unter so ungünstigen Bedingungen stattgefunden hatte (und beispielsweise auch elf Aufseher starben), waren doch insgesamt 197 000 Besucher gezählt worden. Die Epidemie hatte nur zeitweise zu einem Rückgang geführt; so kamen zum Beispiel am 8. August, als die Krankheit nicht mehr zu verheimlichen war, noch mehr als fünftausend Gäste gegenüber nur anderthalbtausend am ersten Ausstellungstag. Mitte September wurde zwar mit nur 66 Besuchern an einem Tag der Tiefpunkt erreicht, doch am 1. Oktober verkaufte man schon wieder mehr als fünftausend und am 8. Oktober gar neuntausend Eintrittskarten.

Zu dieser Zeit hatte der Kgl. Hof- und Leibapotheker Max Pettenkofer die Ursachen der Cholera bereits entdeckt und am 15. September jenen Münchner Ärzten erläutert, die während der Seuche zweimal wöchentlich zum Consilium zusammentrafen. In einer erweiterten Form publizierte er diese sogenannte »Bodentheorie« im darauffolgenden Jahr.

»Wir alle«, hatte Pettenkofer gesagt, »haben beobachtet, daß in der Vorstadt Giesing, die doch auf der Anhöhe liegt, ganze Häuser vollkommen ausgestorben sind, während unten am Bach gelegene verschont blieben. Auch zeigt sich, wenn Epidemien öfter an einem und demselben Ort auftreten, daß sie immer die gleichen Schauplätze für ihre Tätigkeit wählen, weshalb ich mich bemüht habe, örtliche Ursachen aufzufinden.«

In einem »Cholera-Grundbuch« registrierte er alle Häuser Münchens und seiner Vororte, in denen Todesfälle aufgetreten waren. Die insgesamt 2885 Eintragungen zeigten für ihn ganz deutlich, daß dort, wo die sanitären Anlagen unzulänglich waren, besonders häufig Erkrankungen und Todesfälle auftraten.

Der ersten folgten bald schon weitere Glaspalast-Ausstellungen. Zunächst kamen die Bauern und zeigten, wie auch in folgenden Jahren, die Früchte ihrer Arbeit, ihnen folgten die Blumenzüchter und im Oktober 1855 wurde in der riesigen Glashalle das Erste Deutsche Musikfest veranstaltet. Wenige

Tage später ging es etwas lauter zu, denn die Militärmusik unter dem Generalmusikmeister Peter Streck zog auf.

Und das alles wiederholte sich immer wieder, es kamen die Ökonomen, die Blumengärtner und das Militär mit Trommeln und Trompeten. Man veranstaltete in dieser Mehrzweckhalle, die eigentlich nach der 1854er Industrieausstellung wieder abgebrochen werden sollte, auch Waffenübungen, einen Maskenball, die Generalversammlung katholischer Vereine, man stellte Entwürfe für ein Max-II.-Denkmal aus, ein andermal Geflügel und Kaninchen. In diesen Räumen beging man aber auch das Jubiläum zum hundertjährigen Bestehen des Kadettenkorps, lud zu einem Bankett der deutschen Eisenbahndirektoren und zeigte 1872 eine Rarität: einen weißen Gemsbock.

Ritterkreuz und Goldmedaillen für die Kunst

In jenen fünfziger Jahren machten freilich nicht Maschinen, sondern Bilder den Ruhm der bayerischen Hauptstadt. Zu besichtigen waren sie in den Ateliers, in Kunstläden und von 1846 an auch in Zieblands Ausstellungsgebäude am Königsplatz. Ein Dutzend Jahre später aber, im Juli 1858, durften die Maler, die Zeichner und die Bildhauer ihre Werke zum erstenmal auch im Glaspalast zeigen, in der zum fünfzigjährigen Bestehen der Akademie der bildenden Künste organisierten »Deutschen Allgemeinen und Historischen Kunstausstellung«.

Damit war der hohe Tempel der Technik und der weißen Gemse auch den Künsten geöffnet und 1869 – dem Jahr, in dem versuchsweise der erste kurze Straßenabschnitt asphaltiert wurde – konnte der Kunstverein zu der bis dahin bedeutendsten Bilderschau laden, zur »Ersten Internationalen Kunstausstellung«. Mit fünfhundert Exponaten waren die in München lebenden Künstler in die Ausstellungsräume gezogen, dreihundert Werke hatten Maler aus den übrigen deutschen Ländern angeliefert, weitere dreihundert waren aus Wien geschickt worden, dreihundertfünfzig kamen aus Frankreich, hundert aus Belgien sowie den Niederlanden. Insgesamt registrierte man bei der Eröffnung mehr als dreitausendvierhundert Nummern, davon etwa die Hälfte Gemälde.

Die kgl. bayer. Regierung sah's mit Wohlgefallen. Sie verteilte Ritterkreuze und Goldmedaillen, und eines dieser Kreuze erhielt Gustave Courbet aus Paris für seine »Steineklopfer«. Der Meister reiste an und fand: »In Deutschland ist gute Malerei so gut wie unbekannt.« Man spreche ständig von der Perspektive, sagte er, wetteifere in der genauen Wiedergabe historischer Kostüme und habe eine Vorliebe für das Anekdotische in der Malerei. Die Jungen freilich wollten »den ganzen alten Zopf fahren lassen; ich habe zugesehen, wie junge Maler ausspuckten, wenn man von den ungekrönten Königen der deutschen Kunst sprach.«

Viele Säle, Tausende bemalter Leinwände, doch das beste Bild der ganzen Ausstellung, meinte Courbet, sei das vom fünfundzwanzigjährigen Wilhelm Leibl eingereichte Porträt der schwangeren Mina Gedon. Den ersten Preis, den man Leibl verweigerte (er sei ja noch Student, hieß es), erhielt er im darauffolgenden Jahr in Paris. Im »Salon«. Und so wie Courbet während seines Münchenaufenthaltes den faszinierenden Akt »La femme de Munich«, so malte Leibl in Paris »Die alte Pariserin«.

Das Bild der Frau Gedon aber hat ihm die Marquise Landolfo-Carcano für fünftausend Mark abgekauft. Im Jahre 1912 – zwölf Jahre nach Leibls Tod – holte es ein Münchner Kunsthändler aus dem Nachlaß der adeligen Dame für 135 000 Mark nach München zurück; dem bayerischen Staat, der einst so wenig Interesse gezeigt hatte, war es ein Jahr später sogar 200 000 Mark wert.

Hunderttausend Besucher machten diese Erste Internationale Münchner Kunstausstellung zu einem Erfolg mit vielen Verkäufen und einem Überschuß von 20 000 Gulden. Die »Genossenschaft der bildenden Künstler Münchens« nutzte das Interesse und organisierte 1879 eine Zweite Internationale Kunstausstellung – diesmal kamen dreihunderttausend Besucher, und der Überschuß betrug mehr als siebzigtausend Mark.

Und es gab diesmal auch einen Skandal. Der seit einem Jahr

in München lebende Maler Max Liebermann hatte das zwischen Dezember 1878 und April 1879 gemalte Bild »Der zwölfjährige Jesus im Tempel« eingereicht. Die Experten priesen das Werk und zeigten es mit der Nummer 609 an exponierter Stelle. Entrüstung. Protest. Das Bild wurde abgenommen und an weniger auffälliger Stelle neu gehängt. Der Fall war – aus heutiger Sicht völlig unverständlich – so provozierend, daß sogar im Bayerischen Landtag darüber debattiert wurde. Liebermann aber zog sich zunächst für einige Zeit nach Etzenhausen bei Dachau zurück, malte im Sommer 1883 im Augustinerkeller sein Bild »Münchner Biergarten« und gab 1883/84 das Atelier in der Schwanthalerstraße auf, um endgültig in seine Geburtsstadt Berlin zurückzukehren.

Schon vor der Eröffnung der 79er-Schau hatte die Künstlergenossenschaft beschlossen, das so deutlich bewiesene (Kauf-) Interesse zu nutzen und künftig im Vierjahresabstand Internationale Kunstausstellungen abzuhalten. Und am 1. Juli 1883 wurde die – nach 1869 und 1879 – dritte Internationale Kunstausstellung eröffnet. Nach etlichen protokollarischen Aufregungen: König Ludwig II. hatte es abgelehnt, das Ehrenpräsidium zu übernehmen, dann aber doch zugesagt, um wenig später wieder abzusagen. Zuletzt erklärte sich die Majestät dann doch bereit, als Schirmherr dem Feste die königlichen Weihen zu verleihen. Doch zur Eröffnungsfeier schickte er dann seinen Onkel, den Prinzen Luitpold. Die Ausstellung wurde wieder ein Erfolg, ein Rekord: 300 800 Besucher, die neben nahezu dreitausendfünfhundert anderen Exponaten auch die von Wilhelm Leibl gemalten drei betenden Frauen in der Berblinger Kirche und Carl Spitzwegs »Antiquar« betrachten konnten.

Vier Jahre später sollte man sich also wieder im Glaspalast treffen, doch man erinnerte sich, daß 1788 in der kurfürstlichen Gemäldegalerie erstmals in München Bilder öffentlich gezeigt wurden. So verschob man die vierte Internationale Kunstausstellung um ein Jahr auf 1888 und verband sie mit einer »Münchener Jubiläumsausstellung«, auf der alte Münchner Meister gezeigt wurden. Doch das Interesse an diesen Malern, etwa an Dillis, Dorner, Edlinger, Morgenstern, Schwanthaler, Schwind, den Kobells, den Quaglios, den Adams und ihren malenden Zeitgenossen scheint nicht sehr groß gewesen zu sein, denn entdeckt wurden sie alle erst später. Vor allem bei einer Berliner Ausstellung des Jahres 1906.

Doch wer fragte viel nach dem künstlerischen Erfolg, wenn der Kassier berichten konnte, daß der Umsatz mehr als eine Million Mark betrug und damit andere Ausstellungen in Europa übertraf. Den Veranstaltern trübte diese Zahl den klaren, kritischen Blick und so beschlossen sie, noch einmal aufzusatteln und in Zukunft nicht nur alle vier Jahre die Internationalen Kunstausstellungen abzuhalten, sondern den Künstlern hinfort alljährlich einen Schau-Platz im Glaspalast zu bieten.

Der Sprung über die Isar

Während die Künste florierten und die Maler immer neue Bilder in den Glaspalast karrten, wuchs die Stadt ringsum. Dabei war ein bedeutsames Ereignis der Münchner Geschichte, nämlich die erste Stadterweiterung, zufällig mit dem Ende der Choleraepidemie von 1854 zusammengefallen.

Die hohe Behörde hatte sich immer wieder gesträubt, wenn die Bitte um Aufnahme der Au in die Haupt- und Residenzstadt vorgetragen wurde. Insgesamt acht Versuche wurden zwischen 1724 und 1848 abgelehnt, bis sich dann der Magistrat im Herbst 1849 bereit erklärte, die arme Schwester vom jenseitigen Isarufer als 10. Gemeindebezirk zu übernehmen. Doch erst im Mai 1854 konnte Minister Reigersberg bekanntgeben: »Seine Majestät haben die Vereinigung der Gemeinden Au, Giesing und Haidhausen mit der Reichshaupt(!)- und Residenzstadt München vom 1. Oktober laufenden Jahres anfangend zu genehmigen geruht.«

Die Stadt verdoppelte an diesem Tag ihre Fläche von 1700 auf 3370 Hektar, gleichzeitig wurde sie von nun an zu den deutschen Großstädten gezählt, denn aus den 94 380 waren über

Nacht und gleichsam durch eine einzige königliche Unterschrift 115 042 Einwohner geworden.

Als die Eingemeindung wirksam wurde, am 1. Oktober 1854 also, fand eine öffentliche Magistratssitzung statt, doch hinterher war in der Zeitung nur zu lesen, daß einige Wirte »wegen schlechten Biers« bestraft worden seien. Kein Wort über die Stadterweiterung, kein Wort über das an diesem Tage um 11 Uhr 40 verkündete Ende der Cholera.

Aber auch bei den Ratsherren wird sich die Freude über den Zugewinn in Grenzen gehalten haben, denn die Gemeinden rechts der Isar versprachen für die Stadt keinen Profit und die Beamten im Rathaus wußten auch zu gut, welche Probleme man vor allem mit den Bewohnern der Au in der Vergangenheit immer wieder gehabt hat, mit den Bettlern und Bedürftigen, doch auch mit den Gewerbetreibenden, die ihren Kollegen in der Stadt unlautere Konkurrenz machten. Und zu all dem kam, daß die Münchner ja auch selbst ihre Sorgen hatten.

Am Silvestertag 1853 war König Max auf den Viktualienmarkt gegangen, hatte in der Rumfordschen Suppenanstalt die Armensuppe probiert und anschließend auf der Schranne nach »Veranlassung gegenwärtiger Theuerung« gefragt. Die in der Presse formulierte Hoffnung, daß diese Visite »voraussichtlich günstige Folgen« haben werde, hat sich nicht erfüllt, und so mußte der Magistrat im Sommer 1854 anordnen, daß an arme Schulkinder unentgeltlich Brot verteilt werde; das Mehl dafür wurde den Bäckern gratis zur Verfügung gestellt.

In der Zeit dieser Not und während der Glaspalast seine stählernen Konturen gewinnt, findet in München am 11. Mai 1854 die letzte öffentliche Hinrichtung mit dem freien Schwert statt. Morgens um acht Uhr führt man den neunzehnjährigen Sattlergesellen Christian Hussendörfer aus seiner Zelle zum Armesünderwagen, »angethan im (grauen) Armensündergewand mit über den Schultern hängenden Tafeln, welche die Schuld seines Verbrechens ›wegen doppelt-qualifizierten Mordes‹ bezeichneten«. Und wie immer, wenn ein Verurteilter, eskortiert von Kürassieren und Gendarmen, zum Richtplatz geführt wird, stehen die Leute gaffend am Wege oder begleiten den Wagen, der zunächst am Stadtgerichtsgefängnis anhält.

Nachdem dort das Urteil verlesen, der Stab gebrochen und Hussendörfer vor die Füße geworfen ist, fährt der Wagen den Verurteilten zum Richtstock. Mit verbundenen Augen betritt der junge Mann, der eines Nachts, auf dem Heimweg von der Arbeit, seinen Lehrherrn ermordet hat, das Schafott. »Es war 8.40 Uhr«, heißt es in einem zeitgenössischen Bericht, »als der Nachrichter Schellerer sein bisher sicher geführtes Schwert erhob. Doch, o Grausen! nicht Ein – erst der siebente Schwertstreich trennte das Haupt vom Rumpfe.«

Die Münchner – es sollen diesen Morgen besonders viele gewesen sein – sahen Schellerer zu und murrten; es gab »Übelkeiten unter dem Civil wie Militär«. Wo so viel grausame Neugier, so wenig Anstand und menschliches Mitgefühl gezeigt wurde, hat eine Person Größe bewiesen: die Frau des Ermordeten hat den Verurteilten im Gefängnis besucht und ihm verziehen.

Nach der Exekution, so war es Brauch, geleiteten zwei berittene Gendarme den Scharfrichter vom Marsfeld nach Hause. An diesem unseligen Tage verstärkte man die Eskorte um sieben Kürassiere. Dies war Schellerers letzter öffentlicher Auftritt mit dem Schwert. Am 7. August wurde im Kgl. Regierungsblatt bekanntgegeben, daß Todesurteile künftig mit dem Fallbeil vollstreckt würden. Den Münchnern blieb das Schauspiel erhalten, sie durften auch in Zukunft dabei sein, wenn ein Mensch vom Leben zum Tod befördert wurde. Erst 1861 machte man diesem makabren Spektakel ein Ende (in Basel zum Beispiel waren die öffentlichen Exekutionen bereits 1819 abgeschafft worden, Wien aber folgte diesem Beispiel erst 1868). Die Strafjustiz war wieder ein klein wenig humaner geworden. Noch im Jahre 1804 hatte man ja an der Landsbergerstraße einen Menschen öffentlich gehängt, den siebzehnjährigen Dienstbuben des Pfarrers von Sendling, der angeblich neun Gulden gestohlen hatte, und erst 1805 wurde in München zum letzten Male ein zum Tode Verurteilter gerädert.

Grausam hat man im alten München (und anderswo) gestraft, und grotesk sind für die Spätgeborenen viele Delikte. Im Polizeibericht vom September 1854 etwa werden unter anderem registriert: 198 Fremdenpolizei-Übertretungen, drei »unbefugte und nicht angezeigte Annahmen von Kostkindern«, außerdem: Übertretungen der Dienstbotenordnung, »Entlaufen aus der Arbeit«, »Blaumontagmachen« (ein immer wiederkehrendes Vergehen), Pfuscherei, Gewerbeanmaßung, Übertretung der Fiakerordnung und Liederlichkeit (»trotz geherrschter Cholera«). Andere Vergehen in der Münchner Polizeistatistik waren: Entlaufen aus der Lehre, Übertretung der Hundeverordnung, Hausieren, Unterschlupfgeben oder, im Dezember 1854, ein Fall von »Verletzung der dem Monarchen schuldigen Ehrfurcht«.

»... erlöse uns von dem Sybel. Amen«

Die Gendarmen hätten dazumal viele Bürger finden können, die es zumindest dann am gebotenen Respekt fehlen ließen, wenn von jenen Männern gesprochen wurde, die König Max aus dem deutschen Norden in die Residenzstadt berief. Sein verehrter Lehrer Leopold von Ranke hielt ihm zwar im Herbst 1854 zu Berchtesgaden neunzehn Vorträge »über die Epochen der neueren Geschichte«, doch anschließend reiste der Gelehrte wieder heim nach Berlin. Einen Ruf an die Münchner Universität lehnte er ab, obwohl ihm die Majestät ein Salär von siebentausend Gulden zusagte. (Münchens Erster Bürgermeister Bauer bekam viertausend Gulden Jahresgehalt!). Was der Meister ausschlug, haben kleinere Geister gerne angenommen, schließlich entsprachen die gut zweitausend Gulden, die man ihnen zahlte, etwa dem Gehalt, das Ranke an der Berliner Universität bezog, und war etwa doppelt so viel, wie ihre bayerischen Kollegen, Maxens Landeskinder, erhielten.

Ähnlich wie Ranke – freilich ohne die beruhigende Absicherung durch ein Berliner Professorengehalt – verhielt sich auch Ferdinand Gregorovius, der Geschichtsschreiber Roms. Er war im Sommer 1862 inoffiziell eingeladen worden, an die Münchner Universität zu kommen. Nein, schrieb er daraufhin an einen Freund, für die Universitätslaufbahn halte er sich (mit seinen einundvierzig Jahren) für zu alt und zu unwissend, und »eine Stellung, wie andere in München, die dem König auf der Tasche liegen, um Zierpflanzen eines literarischen Treibhauses zu sein, würde ich nimmer annehmen«.

Es war wohl so, wie er an einer anderen Stelle dieses Briefes schrieb: »Ich besitze nichts und werde nie etwas haben, und Bedürfnisse habe ich keine.« So sprach er wohl auch zum Grafen Schack, als der ihm das königliche Angebot unterbreitete. »Ich kann mich dazu nicht entschließen«, notierte Gregorovius am 8. September 1862 in sein Tagebuch und fügte dann seinen Eindruck von der bayerischen Residenzstadt hinzu: »München ist die kulissenhafte Schöpfung einiger Könige. Das Fürstenhaus hat diese Stadt zu einer großen und schönen Residenz machen wollen. Riesige Entwürfe, voll Geist, sind hier verzwergt, weil sie außer dem Verhältnis zum Volk und dessen Bedürfnissen stehen. Man wollte die Münchener über Nacht zu Florentinern machen. Dieser Stadt fehlen drei Dinge: Phantasie, Vornehmheit, Grazie. Das Bier macht das Volk stumpf. Nicht weit von der Bavaria Schwanthalers steht ein Bierhaus; dies ist charakteristisch.«

Zwölf Jahre später ist der Ostpreuße Gregorovius dann aber doch nach München gezogen, um mit zweien seiner Geschwister und einem Neffen zusammenzuleben, zuerst in der Barer-, dann in der Heßstraße. Doch er kam auf eigene Kasse, nun von niemandem gerufen, von keinem Mäzen gefördert.

Einer, den man gerufen hat und der auch gerne kam, war Paul Heyse aus Berlin. Wilhelm von Dönniges – einflußreicher Berater und gleichsam Ober-Preuße im Schatten der bayerischen Krone – hatte ihn mit einem Brief vom 7. März 1854 nach München eingeladen: »Se. Majestät der König Maximilian von Bayern haben mir den Auftrag erteilt, an Sie die Frage zu richten, ob Sie geneigt wären, nach Bayern und zwar nach München überzusiedeln, wenn Ihnen eine jährliche Pension von etwa mindestens 1000 Gulden auf die Civilliste von Sr. Majestät zeitlebens verschrieben würde...« Der vierundzwanzigjährige Poet, zu nichts als einer zeitweiligen Anwesenheit in München verpflichtet, sagte natürlich ja, und drei Wochen später hatte er seine erste Audienz beim König.

Und so wie Heyse, der 1910 den Literatur-Nobelpreis erhielt, kamen sie alle: die Schriftsteller Friedrich von Bodenstedt und Friedrich von Schack, der in Würzburg geborene und in Freiburg lehrenden Zoologe Karl von Siebold, der Kulturhistoriker Wilhelm Heinrich Riehl, der Physiker Philipp von Jolly, der Archivdirektor Franz von Löhr (der zum Sekretär des Königs avancierte), der Anatom Theodor Bischoff, der Jurist Bernhard Windscheid, die Historiker Carl Adolf Cornelius, Heinrich von Sybel und Wilhelm von Giesebrecht. Dazu noch die Berufenen der ersten Stunde, der Dichter Emanuel Geibel, der Staatsrechtslehrer Johann Caspar Bluntschli und – von 1852 an – der bedeutende Chemiker Justus von Liebig, der schnell zu einer Münchner Zelebrität wurde, berühmt durch seine Forschungen wie durch seine öffentlichen Vorlesungen. Ein Jahr nach ihm kam auch sein Schwiegersohn, der Philosoph Moritz Carriere, von dem es schnell hieß, er habe sich in Göttingen mißliebig gemacht, dann aber Miß Liebig geheiratet und in München Carrière gemacht. »Um die Mitte der fünfziger Jahre«, schrieb Franz Dingelstedt ein paar Jahrzehnte später, »war die Fremdenkolonie so an Zahl gewachsen, im Bestand gefestigt, daß sie als eigenes Element in der Bevölkerung gelten durfte.«

Die Münchner waren verständlicherweise darüber verärgert, daß ihr König eine so kostspielige Liebe für jene Männer zeigte, die sie despektierlich »Nordlichter« nannten. Da sie von höchster Stelle keine Hilfe erwarten konnten, riefen sie in ihrer Not den lieben Gott an und wandelten eine Vaterunser-Bitte ab in »... erlöse uns von dem Sybel, Amen« (was dann, sehr verspätet, 1871, auch geschah). Im Latein ihrer Liturgie beteten und reimten sie aber auch: »A duobus D et uno T libera nos domine.« Das hieß: Von den beiden D (wie Dönniges und Dingelstedt) und dem einen T (wie von der Tann, Generaladjutant Seiner Majestät) erlöse uns, o Herr. Dabei war Franz von Dingelstedt wohl eher versehentlich in dieses Stoßgebet geraten. Zwar hatte er seine Probleme im Umgang mit den Eingeborenen, doch zu jenem Kreis der Günstlinge, die beim König eingeladen wurden, gehörte er nicht. Und sechs Jahre nach der Übernahme des Hoftheateramtes hat man ihn dann 1857 ohnedies entlassen.

Das eine D und das T und manch anderer Neu-Münchner hatte die Ehre, vom König in unregelmäßigem, doch kurzem Abstand zu Symposien in die Residenz geladen zu werden. Zusammen mit einigen Einheimischen wie Franz von Kobell, Max von Pettenkofer, Graf Pocci, Ignaz Döllinger, Johann Nepomuk Ringseis sowie den längst eingebürgerten Nordlichtern Klenze und Thiersch. Bei Bier und Sandwiches pflegte man kluge Konversation über wissenschaftliche Themen, häufig lasen bei dieser Gelegenheit Symposienteilnehmer auch aus neuen Büchern vor (wobei der literarische Rang dieser Bücher so gering war, daß sie schon in der nächsten Generation vergessen waren).

In dieser königlichen Runde, die sich erstmals am 4. Dezember 1854 in der Grünen Galerie traf, ist man beim Debattieren gelegentlich wohl auch heftig aneinandergeraten, doch der Brauch war dies nicht. Der Umgangston war hier eher getragen, man versuchte in wohlgesetzten Worten Konversation zu machen.

Wollte man aber gesellig sein, traf man sich anderswo, zum Beispiel daheim bei den Liebigs, im Hause der Kaulbachs (sonntagabends bei Kalbsbraten und Kartoffelsalat), im Salon der Frau von Dönniges in der Neuen Amalienstraße 66 (wo sich die vom König Berufenen gerne zusammenfanden), bei der kaiserlich-russischen Staatsrätin und Botanikerswitwe von Ledebour (vor allem Geibel, Heyse, Riehl und Schack konnte man hier treffen), oder bei dem reichen und sehr katholischen Schweizer Fräulein Emilie Linder am Karlsplatz 25 (Clemens Brentano hatte sie einst heftig verehrt und nun war der betagte Medizinprofessor Ringseis hochgeschätzter Mittelpunkt und gefragter Gesprächspartner).

Während die Zuzügler auf solche Weise das gesellschaftliche Leben und sicher auch den Klatsch belebten, hielten die Münchner ihre Wohnungstüren für Gäste geschlossen.

In der Münchner Memoirenliteratur des 19. Jahrhunderts treten immer wieder Zeugen auf, die von dieser Zurückhaltung der Eingeborenen sprechen.

So meinte Otto Freiherr von Völderndorf, ein in Zweibrücken geborener hoher Ministerialbeamter – einer aus dem Liebig-Kreis – in den 1890er Jahren, daß »der Münchner und überhaupt Süddeutsche zwar gemütlich, aber nicht gastfreundlich ist, vielmehr in seinem Hause recht exklusiv«, was heißt, daß er sich nicht gerne Besuch einlädt. Paul Heyse wiederum gefielen die »ungebundenen Sitten und der farbige volkstümliche Zuschnitt des Lebens«, doch es gab nach seiner Meinung »keine eigentliche Geselligkeit, kein uneingeladenes Eintreten bei Freunden, sehr selten eine Hausfreundschaft. Die Männer gingen allabendlich in ihr gewohntes Bierhaus; die Frauen saßen in sehr zwangloser Toilette zu Hause und empfingen höchstens eine Freundin, gelegentlich wohl auch einen ›Freund‹, den das Negligée nicht abschreckte...« Honi soit qui mal y pense – der kultivierte Münchner sprach Französisch, dazumal.

Kegel, Kugel und Krokodil

Schon Jahrzehnte früher, in den Tagen König Max I. Joseph, hatte ein Christian Müller geschrieben, das gesellige Leben Münchens habe »etwas Trockenes, Einförmiges, Kaltes und Ungraziöses«, das nicht wohltue. Der Mangel an schöner Geselligkeit und Freudigkeit, fügte er hinzu, sei nicht schwer zu erklären: »Was kann aus der Vernachlässigung äußerer Formen, aus Trockenheit, Bequemlichkeit und Kälte des Gefühls von Seiten der Männer und aus dem Mangel an Gemüts- und Geistesbildung, aus dem hämischen Intoleranzsinne und der allzugroßen Nachsicht von Seiten der Frauen Schönes und Erfreuliches für das gesellige Leben entstehen?« Und zuletzt hatte er noch einen großen Verdacht, daß die Münchner nämlich die Wörter »Gastlichkeit« und »Gasterei« gleichsetzen, und da diese Geld kosten, auch jene meiden. So hätte also der Mangel an Geselligkeit keine anderen Ursachen als Sparsamkeit und Geiz.

Während also die Kolonie der Neu-Münchner in den Salon oder zu Tische bat, traf der Einheimische seine Freunde lieber im Biergarten, in der Wirtschaft oder im Kaffeehaus. Ein jour fix mit den immer gleichen Gesichtern, der immer gleichen Lustigkeit, den immer gleichen Gesprächen und Witzen wäre ihm zu fad gewesen. Und wenn er – doch schon ein bißchen Südländer – die Spezl nicht auf einer Piazza treffen konnte, dann wenigstens in der halb-freien Natur eines Wirtshauses oder Biergartens. Dort fand sich jenes Publikum, das er für seine Geselligkeit brauchte.

Wie auf solche Weise die Abende einer Woche verplaudert und verplempert wurden, hat der Kunstkritiker Hermann Uhde-Bernays (er war 1880 als Kind nach München gekommen) am Ende seines Lebens in dem Erinnerungsband *Im Lichte der Freiheit* beschrieben: Die Woche begann für ihn am Montag im Franziskaner, am Dienstag ging er in den Akademischen Alpenverein oder (seltener) zur Kunstwissenschaftlichen Gesellschaft im Ratskeller, am Mittwoch trafen sich die Freunde entweder auf Max Halbes Kegelbahn, im Franziskaner oder bei einem kunstgeschichtlichen Abendschoppen in einer Weinstube an der Rosenstraße, der Donnerstag blieb frei, doch schon am Freitag saß er wieder im Oberstock des Augustiners beim Akademischen Alpenverein, der Samstag war meist Premierentag, »am Sonntag abend, nachdem der Eilbrief (d. i. der Brief mit der Kritik) in den Kasten des Berliner Schnellzuges gefallen war, gab es einen kleinen Umtrunk in der Bahnhofsnähe«, und dann kam wieder ein Montag mit dem Besuch im Franziskaner...

Hatte also der TH-Professor Max Haushofer (ein gebürtiger Münchner) doch recht, als er im Jahre 1900 schrieb: »Der alte Münchner wußte nicht, was arbeiten heißt, arbeiten im Sinne der modernen Wirtschaft... Er hatte überhaupt nur zwei Arbeitsstunden: von acht bis zehn oder in höheren Arbeitskategorien von neun bis elf Uhr. Dann begann die Zeit des Genusses, der Frühschoppen, das Mittagessen, der Spaziergang auf den Keller und so weiter«. Freilich, fügte Haushofer hinzu, sei seit einigen Jahren mehr Tempo in die Münchner Arbeit gekommen. Und, so muß man sicher hinzufügen, gegolten hat das ja ohnedies nur für Rentiers, Privatiers, Beamte, Künstler und dergleichen, doch sicher nicht für die Maurer, die Handwerksgesellen, die Dienstmädchen und die Taglöhner.

Die verschiedenen Freundeskreise, Künstlergesellschaften, Vereine und Kränzchen hatten in der Stadt ihre Stammlokale. So traf man sich bereits von 1819 an im Club »Alt-England«, dessen Stammlokal – natürlich – das Englische Café am Lenbachplatz war. Seit 1837 gab es die Runde der »Zwanglosen«, eine Gesellschaft, die noch heute besteht, ebenso wie die 1840 gegründete »Bürger-Sänger-Zunft« oder die siebzehn Jahre jüngere, sechzig Mann starke »Schwadron der Pappenheimer«. Andere saßen in der »Tafelrunde« des Herzogs Max in Bayern im Café Scheidl an der Kaufingerstraße oder beim Stubenvollbräu.

Das Café Schafroth am Anger, schreibt Hyazinth Holland, sei »das Heim der älteren Münchner Künstler« gewesen, während sich etliche ihrer jüngeren Kollegen wöchentlich einmal im Schleibingerbräu sahen. Diese Gruppe nannte sich »Das lustige Krokodil«, und ohne daß irgendein Zusammenhang bestand, bekam diese Gruppe im Café Stadt Wien ein Gegenstück, die 1856 von Heyse – mit Emanuel Geibel als Vorsitzendem – gegründete Dichterrunde »Krokodil«: Um ein aus Ton modelliertes Krokodil sammelten sich vor allem »berufene« Dichter, die in feierlichem Stil und mit blutleerem Pathos ihre Werke schrieben – und sich von Anfang an gegen die »früheren hiesigen Dichtervereine« stellten. »Bastarde Apollo's«, nannte Heyse deren Vertreter, und abfällig arrogant schrieb er über sie an die Eltern: »Andere glauben recht süddeutsch zu dichten, wenn sie sich möglichst wenig dabei denken.«

Doch wer kennt und wer liest heute noch die krokodilischen Großdichter des sogenannten »Münchner Idealismus«, diese königlich protegierte Poetenschar der Geibel, Bodenstedt, Carriere, Hopfen, Lingg, Leuthold, Grosse, Heyse oder Melchior Meyer?

Das Krokodil tauchte in München noch ein drittes Mal aus dem literarischen Nilschlamm auf. Im April 1911 gründeten der Privatdozent (und spätere legendär-berühmte Theaterprofessor) Artur Kutscher, der Dichter Karl Henkell und der Maler Hubert Wilm das »Junge Krokodil«, eine Stammtischrunde ohne Protokoll, ohne Vorsitzenden und ohne Statuten, doch mit vielen Gästen, von Max Halbe, Josef Ruederer, Frank Wedekind und Max Dauthendey bis zu Albert Weisgerber, Klabund oder Kurt Martens. Die »Brutzeit« dieses Flußungeheuers war der Dienstagabend zwischen 8.30 und 12 Uhr, zum »Teich« war der Ratskeller gewählt worden. Die Aufgaben und Absichten dieser geselligen Runde hat Kutscher so beschrieben – und damit eine Definition vieler ähnlicher Vereinigungen gegeben –: »Harmlose Gelegenheit zu regelmäßigen ungezwungenen Zusammenkünften mit Gleichgesinnten, eine Stätte regen geistigen, fröhlichen Austausches und Turniers, geschlossen genug, um Charakter zu haben, neutral genug, um Mannigfaltigkeit der Berührung zu gewährleisten.«

Das berühmteste (deswegen aber keineswegs sehr bedeutende) der drei Krokodile, die Institution des durch kein schmückendes Beiwort ausgezeichneten »Krokodil« überlebte mit wechselnden Treffpunkten und unter dem Vorsitz von Paul Heyse bis zum Spätjahr 1882. Zu dieser Zeit war eine andere, die bekannteste Münchner Künstlergesellschaft knappe zehn Jahre alt, und so gesellig es in ihr auch zuging (und bis heute noch zugeht): die Geschichte dieser »Allotria« begann im Frühjahr 1873 mit einem Streit.

Das fidele Schlachthaus

Die Frage, wie sich die Münchner Kunst auf der Wiener Weltausstellung präsentieren sollte, entzweite die Künstlergenossenschaft, und als Präsident Konrad Hoff die Vorschläge einer großen Fraktion mit dem Satz abtat, daß man »solche

Allotria« nicht treibe, traten etwa fünfzig Künstler aus – und gründeten die »Allotria«, deren erstes Vereinslokal ein Schlachthaus war (das Lorenz Gedon, einer der Sezessionisten, zusammen mit Gabriel von Seidl dem geselligen Zweck angepaßt hat).

Der weitgerühmte und vielbeschäftigte Franz von Lenbach, der 1879 zum Vorsitzenden gewählt worden war (und dieses Amt dann ein Vierteljahrhundert lang ausübte), konnte der »Allotria« prominente Außenseiter zuführen; vor allem Männer, die er porträtiert hat. So stehen neben Robert Schleich, Wilhelm Busch, Eduard von Grützner, Friedrich und Wilhelm von Kaulbach oder Josef Willroider – den malenden »Allotrianern« der frühen Jahre – in der Mitgliederliste auch Max von Pettenkofer, Richard Wagner, Anton Bruckner, Fritjof Nansen, Prinzregent Luitpold und jener Otto von Bismarck, den Lenbach in immer neuen Bildern feierte.

Natürlich war die Geselligkeit in dieser »glänzendsten Künstlergesellschaft Deutschlands, vielleicht der Welt« – so übertreibend pries sie der Journalist Fritz von Ostini – nach dem Stil der Zeit und dem Geschmack der Herren, die sich des Dürerfestes von 1840 sowie des Rubensfestes von 1857 erinnerten und die im Februar 1876 zum »Festzug Kaiser Karls V.« ins Odeon luden. Mit Friedrich von Kaulbach in Maske und Gewand des Kaisers.

Dazumal wurden in Münchner Ateliers derlei Kostümstücke häufig auch auf der Leinwand inszeniert. Schon 1848 hatte Carl von Piloty in Belgien eine Kopie des Bildes »Abdankung Karls V.« gemalt, und nach der Rückkehr in seine Geburtsstadt schuf er 1855 ganz in diesem Stile die Ikone der Münchner Historienmalerei: »Seni an der Leiche Wallensteins«. König Ludwig I., dazumal bereits eine Majestät a. D., mißfiel das Sujet: »Sie malen eine Leiche. Pfui! Pfui!« – und kaufte dann doch das noch gar nicht zu Ende gemalte Bild. Ein Jahr später bereits war der dreißigjährige Piloty Professor an der Akademie, und von 1874 an deren Direktor.

In seinem Atelier inszenierte Piloty noch mancherlei historische Großereignisse. Er zeigte Nero auf den Trümmern Roms,

ließ die Prinzen Edward und York im Tower gefangennehmen und entwarf mit staatlichen Mitteln und im stattlichen Format von 4,90 x 7,10 Metern das Bild »Thusnelda im Triumphzug des Germanicus«. Und über einem Todesfall, über dem Bild »Der Tod Alexanders des Großen« ist er 1886 dann selbst gestorben.
Dem Beispiel des Herrn von Piloty aber waren viele Münchner Groß- und Kleinmeister verpflichtet. Hans Makart zum Beispiel, der zwischen 1861 und 1865 in Pilotys Atelier arbeitete und wenige Jahre später zu besten Konditionen vom Kaiser nach Wien engagiert wurde, oder Wilhelm Lindenschmidt, der einen historienmalenden Vater hatte und der die Motive für seine Bilder in der Reformationszeit suchte (dann aber doch auch eine Kleopatra malte).

So hatten sie alle ihre Zeit – und waren doch auch unzeitgemäß wie der schlösserbauende König Ludwig II. Wilhelm Diez, von 1870 an einer der einflußreichsten Lehrer an der Akademie, malte am liebsten das rauhe Soldatenleben in den Zeiten des Dreißigjährigen Krieges, und Arthur Ramberg, einige Jahre vor Diez an die Akademie berufen, wurde vor allem durch ein Kostümbild bekannt, das er 1865 im Auftrag des Königs für das Maximilianeum schuf: »Friedrich II. empfängt in Palermo eine arabische Gesellschaft«. Andere Maler, andere Kostüme: der im Jahre 1828 geborene Otto von Faber du Faur war Spezialist für die napoleonische Zeit, und auch der Bauernmaler Franz von Defregger hat mehrfach in diesem frühen 19. Jahrhundert seine Motive gefunden; allerdings nicht wie der vormalige Offizier Faber du Faur in der Grande Armée und ihrem russischen Desaster – seine Helden waren die mit Dreschflegeln und Morgensternen bewaffneten Bauern seiner Südtiroler Heimat.
Vor allem nach 1870 beteiligten sich an dieser münchnerischen Maskerade auch die Architekten. Und nicht nur die Baumeister des wittelsbachischen Traum-Königs. Sie mischten, da sich ja der Maximiliansstil nicht durchgesetzt hatte und weil dies ja auch anderswo gerade Mode war, charakteristische Stilmotive der Renaissance und des Barock: Wuchtig waren nun die Fassaden, bombastisch überladen und düster das Mobiliar.

Diese eklektische Kunst hat niemand besser beherrscht und erfolgreicher betrieben als Gabriel von Seidl und Friedrich von Thiersch. Vor allem sie schufen das gründerzeitliche Gesicht der Residenzstadt. Den exponiertesten Bauplatz hatte dabei Geheimrat von Thiersch erhalten, als man ihm 1887 den Auftrag gab, beim Stachus, um drei Lichthöfe herum, einen Justizpalast zu bauen. Zehn Jahre später war das Werk getan, für 6,56 Millionen Mark. (Und einer, der selbst in München ganz groß bauen wollte, hat fünfzig Jahre später diesen Bau bewundert: »Der Münchner Justizpalast«, meinte Hitler 1943, »ist vielleicht der beste Barockbau der neuen Zeit.«)

»Im höchsten Entzücken, treu und wahr«

Die Münchner Idealisten aber dichteten noch immer an ihrer faden Lyrik und der steifleinenen Prosa. Allerdings hatten sich bald nach dem Erscheinen ihres *Münchner Dichterbuches* von 1862 die Verhältnisse geändert, denn König Maximilian, der große Gönner, war im März 1864 gestorben, und als die auf solche Art verwaisten Poeten 1882 ein zweites *Münchner Dichterbuch* vorlegten, regierte lange schon König Ludwig II. Dessen Gunst und reiche Mittel aber waren zunächst vor allem einem Künstler geschenkt worden, dem vormaligen sächsischen Kapellmeister, 48er-Revolutionär und Exilanten Richard Wagner.

Der hatte, da er ohnedies gerade auf der Flucht vor seinen Gläubigern war, im Mai 1864 die Einladung nach München gerne angenommen, »im höchsten Entzücken, treu und wahr« – so schloß er am 3. Mai seinen ersten Brief an den König –, und am Nachmittag des darauffolgenden Tages standen sie sich in der Residenz erstmals gegenüber: der kleinwüchsige, einundfünfzigjährige Richard Wagner und der noch nicht neunzehnjährige, 1,91 Meter große Wittelsbacherkönig Ludwig II. Eine hochgestimmte, in den vielen Briefen pathetisch vibrierende und durch finanzielle Zuwendungen immer wieder unterfütterte Freundschaft nahm ihren Anfang.

Und sie begann damit, daß dem Komponisten ab 1. Mai ein

Ministerialratsgehalt von viertausend Gulden bewilligt wurde, sechzehntausend bare Gulden folgten etliche Wochen später in die offene Hand, und um dies alles abzurunden, wurden auch noch Umzugskosten in Höhe von viertausend Gulden nachgereicht. Außerdem mietete der königliche Gönner seinem Freund als Sommerquartier die Villa Pellet in Kempfenhausen, die am 15. Oktober gegen das Haus Brienner Straße 21 vertauscht wurde.

Aber bereits drei Tage später ging es schon wieder um Geld. Die Kabinettskasse schloß mit dem Meister einen Vertrag, der ihm für die Komposition des »Ring« ein Honorar von 30000 Gulden zusprach, von denen etwas mehr als die Hälfte sofort ausbezahlt wurde.

Dann, im November 1864, der königliche Plan: »Ich habe den Entschluß gefaßt, ein großes steinernes Theater erbauen zu lassen, damit die Aufführung des *Ringes des Nibelungen* eine vollkommene werde.« Gottfried Semper, der Erbauer der Dresdner Oper, wird als Baumeister engagiert, und während er in Zürich an den ersten Entwürfen arbeitet und noch gar nicht weiß, wo der Bau schließlich stehen soll, wird im Münchner Hoftheater ein großes Ereignis vorbereitet – wahrscheinlich das bedeutendste in der Musikgeschichte der Stadt –: die Uraufführung von *Tristan und Isolde*. Für den 15. Mai 1865 werden Kritiker und Enthusiasten in die bayerische Residenzstadt geladen, doch am Nachmittag des Premierentages wird Isolde, die kompakt gebaute Malvina Schnorr von Carolsfeld heiser. Die Uraufführung muß verschoben werden. Auf den 10. Juni. Nach 70 Proben hatte man vor etlichen Jahren in Wien die Premiere abgesagt. Das Werk, so hieß es, sei unaufführbar.

Nun aber, an der Münchner Hofoper, unter der Leitung des neuberufenen Dirigenten Hans von Bülow und in Gegenwart von König Ludwig II. sowie dessen Onkel, des griechischen Königs a.D. Otto, die festliche Uraufführung, der begeisterte Applaus!

Auf den Tag genau ein halbes Jahr später, am 10. Dezember 1865, morgens kurz nach fünf, steigt Richard Wagner in einen Zug. Seine Münchner Zeit ist abgelaufen. Er hat zu hoch gepokert, zu viel gewollt. Als er sich in die politischen Geschäfte einmischte und die Köpfe des Kabinettschefs und des Kabinettssekretärs forderte, war dem König, der sich unter anderem mit seiner Mutter, dem Prinzen Carl und dem Münchner Erzbischof beraten hatte, keine andere Wahl geblieben, er mußte den Freund (dem er kurz zuvor noch 40 000 Gulden überreichen ließ und dessen Gehalt er auf 8000 Gulden verdoppelt hatte) dem Staatswohl opfern. Die Treue hat er ihm gehalten und die allerhöchste Gunst durch Zuwendungen weiterhin bewiesen.

Im Dunkel einer Winternacht war Richard Wagner abgereist, an einem hellen Sommertag kehrte er zurück. Zu einem kurzen Besuch und einem großen Triumph: zur bejubelten Uraufführung seiner *Meistersinger von Nürnberg* am 21. Juni 1868 im Hof- und Nationaltheater. Der König zeichnete ihn dabei vor allen Gästen demonstrativ aus – er lud ihn ein, der Premiere in der Königsloge beizuwohnen.

Wie beim »Tristan« war auch diesmal die erste Vorstellung verschoben worden. Aus privaten, sehr delikaten Gründen. Ursprünglich sollten die »Meistersinger« am 12. Oktober 1867 erstmals aufgeführt werden. Als königliche Hochzeitsoper. Doch die Verlobung Ludwigs mit der Herzogin Sophie in Bayern war gelöst worden, das Spektakel wurde abgesagt.

An jenem Junitag mochten der König und sein Komponist noch zuversichtlich darauf hoffen, daß eines nicht sehr fernen Tages Wagners Opern in Sempers Haus auf der Anhöhe überm jenseitigen Isarufer aufgeführt würden. Im Juni 1867 hatte der Baumeister das Modell des Theaters fertiggestellt, im darauffolgenden Jahr sollten die Maurer mit der Arbeit beginnen...

Das Kabinett hat dies verhindert. Die Majestät war brüskiert. Sie war enttäuscht und mied hinfort, wenn immer es möglich war, die Residenzstadt. Sie zog bergwärts, und statt eines Theaters, das man nicht wollte, baute sie nun, für sehr viel mehr Geld, unzeitgemäße Schlösser.

In seinem Hof- und Nationaltheater aber ließ er noch zweimal Wagner-Werke uraufführen. Zunächst mit Unterstützung, dann aber gegen den Willen des Meisters, am 22. Juni 1869

Rheingold, und im darauffolgenden Jahr, kurz vor Kriegsbeginn, am 26. Juni 1870, die *Walküre*. (Nach dem Tode von Richard Wagner und König Ludwig gab es mit den *Feen* am 29. Juni 1888 noch eine fünfte und letzte Wagner-Uraufführung in München.)

Handel, Wandel und ein Schlösserbauer

Hat der im Schloß Nymphenburg geborene König Ludwig II. seine Residenzstadt eigentlich gekannt? Wußte er, wie man in der Au wohnte oder in der Maxvorstadt? Hat man ihm gesagt, was ein Taglöhner verdiente und wie lange eine Waschfrau arbeiten mußte? Statt sich umzusehen, reiste er ins Gebirge, und er unternahm diese Reisen öfter und länger als es seinem Lande wohl zuträglich war (auch wenn er sich die Akten nachkommen ließ und alle Vorgänge fleißig studierte). Und doch, gerade in diesen ›Königludwigsjahren‹ florierte in München – wie freilich auch im übrigen Reich – der Handel, das Gewerbe und die Technik.

Und der König stimmte dieser Entwicklung zu. Er ließ gleich in seinem ersten Regierungsjahr ein Gebäude für die seit 1827 bestehende Polytechnische Centralschule (und spätere Technische Hochschule/Technische Universität) bauen. Im Jahre 1869 – in Bayern wurde die Gewerbefreiheit eingeführt und in Neuschwanstein begannen die Bauarbeiten – ließ Ludwig II. die von seinem königlichen Großvater gegründete Handels- und Gewerbekammer den wachsenden Bedürfnissen anpassen und neu organisieren (sowie 1877 in Industrie- und Handelskammer umbenennen).

Mit größerer persönlicher Anteilnahme wird er ein Jahr zuvor die Umwandlung der vom Kunstverein einst gegründeten »Zeichnungs- und Modellierungsschule« in eine staatliche Kunstgewerbeschule genehmigt haben. Denn für das Kunst-Handwerk hatte der Schlösserbauer viele Aufträge, und wenn sich dieser Gewerbezweig in München so erfolgreich entwickeln konnte und weltweiten Ruhm erwarb, dann war das vor allem auch den zum Teil sehr exquisiten Wünschen und den üppigen Bestellungen Ludwigs II. zu danken.

Zu den Münchner Firmen, die als Schloß-Ausstatter Ansehen gewannen und mit den Pariser Unternehmen konkurrieren konnten, bei denen ebenfalls eingekauft wurde, gehörten die Hofmöbelfabrik Anton Pössenbacher in der Herzogspitalstraße 16 – sie besaß übrigens eines der ersten Münchner Telefone –, der Hoftapezierer Max Steinmetz, die mit der Verfertigung von Silberarbeiten beauftragte Firma Eduard Wollenweber, die Kunsttischlerei J. Grünig, die Stickerei Mathilde Jörges, der Hofportierenwirker Josef Bornhauser und die im Jahre 1841 gegründete Firma Radspieler, in deren Werkstätten unter anderem das Muschelboot für die Venusgrotte beim Schloß Linderhof ausstaffiert wurde.

Zuletzt hatten die in königlichem Auftrag arbeitenden Geschäftsleute allerdings Schwierigkeiten, die ausstehenden Rechnungen einzutreiben. In dieser finanziellen Bedrängnis fand Ludwig II. bekanntlich wenig Unterstützung. Was half es da, daß in München inzwischen mehr Banken ihre Geldtransaktionen abwickelten (und natürlich auch Geld ausliehen) als in den Zeiten Ludwigs I., der auch noch als Pensionist sein Bau-Werk fortführen konnte.

Das große Geld und die zugehörigen Hände

Dessen Vater, König Max I. Joseph, hatte sich seinen Finanzier aus Leimen bei Heidelberg geholt (das damals noch zu Bayern gehörte). Dieser Aaron Elias Seligmann hatte bereits 1794 eine Anleihe von sechs Millionen Gulden vermittelt, 1801 kamen nocheinmal drei und 1808 weitere vier Millionen Gulden hinzu. Er war bei der Sanierung der wittelsbachischen Kasse schließlich so erfolgreich, daß ihm 1814 durch ein Adelsdiplom der Dank öffentlich abgestattet wurde: aus Aaron Elias Seligmann wurde ein (katholischer) Freiherr Aaron Elias von Eichthal, so benannt nach einem bei Gauting gelegenen Gut.

Der finanzielle Beistand des Hofbankiers war auch in den

Zeiten König Ludwigs I. erwünscht. Zum Beispiel bei der Frage, wie für die Bauern, die kleinen Gewerbetreibenden oder die neu entstehenden Industriebetriebe günstige Kredite beschafft werden könnten. Der alte Baron von Eichthal war 1824 gestorben, doch sein Sohn Simon, unter anderem Teilhaber einer Lederfabrik in Obergiesing und einer Mühle in Giesing, wußte die Antwort: Am 1. Juli 1834 gründete er in München, unterstützt durch die Bankhäuser Rothschild und Hirsch sowie mit den Einlagen von mehr als siebzig Interessenten die Bayerische Hypotheken- und Wechselbank mit einem Grundkapital von zehn Millionen Gulden. Als diese private Aktiengesellschaft 1835 im angemieteten Preysing-Palais ihre Arbeit aufnahm, hatten Herr von Eichthal, der erste Direktor, 3,3 Millionen und König Ludwig aus seinem Privatvermögen 400 000 Gulden einbezahlt.

Wie Simon von Eichthal, der im August 1854 an der Cholera starb, war auch dessen Sohn Carl von Eichthal an der Gründung einer großen Aktienbank beteiligt. Im Oktober 1868 begrüßte er in seinem Palais Theatinerstraße 16 einige der reichsten Männer Münchens, darunter den Baron Emil von Hirsch sowie dessen Kollegen Robert von Froelich und Max Wilmersdoerffer. Man besprach die Finanzierung, diskutierte die Formalitäten, erwog Risiken und Chancen und richtete ein Gesuch an den König. Der gab seine Zustimmung, gewährte eine Konzession auf neunzig Jahre und so konnte die Bayerische Vereinsbank am 1. Juli 1869 im Hause Prannerstraße 5 ihre Arbeit aufnehmen.

Bei Eichthal hat man sich zu dieser Zeit auch noch mit anderen großen Projekten beschäftigt und ihnen vielleicht sogar mehr Aufmerksamkeit gewidmet.

Seit langem besaß die Familie, der so vieles gehörte, auch große, unbebaute Grundstücke im (künftigen) Gärtnerplatzviertel, dem vormaligen Heilig-Geist- und damaligen Eichthal-Anger. Sie als parzellierten Baugrund günstig zu verkaufen, war die Absicht. Doch die Eichthals, zuerst Vater Simon und dann Sohn Carl, hatten keine Eile. Noch war aus diesem meist feuchten, von mehreren Isararmen durchflossenen Terrain kein großer Gewinn zu holen, noch war der Bedarf an Wohnungen nicht drängend genug. Die Bankiers spekulierten. Sie warteten zunächst die dreißiger Jahre ab, unternahmen auch nichts in den vierziger Jahren, sahen den Profit dann in den fünfziger Jahren langsam reifen – doch zu Beginn der sechziger Jahre schlug ihnen die Stunde: Dreißig Jahre nach Beginn des Pokers wurde das Viertel rund um den Gärtnerplatz bebaut.

Zu dieser Zeit beschäftigten Herrn von Eichthal aber auch andere Pläne. Er besaß nämlich draußen in Haidhausen, in der Gegend um den (späteren) Weißenburger und Pariser Platz viel Grund, und als 1868 die Ostbahngesellschaft (Mitbegründer und Teilhaber: Carl von Eichthal) mit dem Bau der Eisenbahnlinien nach Simbach am Inn und nach Rosenheim begann, war damit ein Geschäft zu machen. Meinte ihr Besitzer.

Die wirtschaftliche Entwicklung im noch jungen Deutschen Reich verlief jedoch anders, als der Bankier sie erwartet und eingeplant hatte; der konjunkturelle Knick in den frühen siebziger Jahren verdarb das Konzept und war schuld am Mißerfolg. Anderer, familiärer Ärger kam hinzu.

Das viele Geld und der weitgestreute Besitz hatte die Familie im wörtlichen wie auch im übertragenen Sinne geadelt und so konnten sich die Eichthals, die inzwischen getauft waren, ein eigenes Wappen führten und mit Kindern reich gesegnet waren, innerhalb von ein, zwei Generationen mit vielen noblen Familien ehelich verbinden, mit den Armannsperg, den Berchem, den Brentano di Tremezzo, den Bossi-Federigotti von Ochsenfeld, den Freytag-Loringhoven, den Godin, den Gumppenberg, den Imhof, denen von Ötting und Fünfstetten, den Podewils, den Rummel, den Seckendorff – wohlklingende Namen, große Traditionen und dazu nun auch noch das Eichthalsche Geld.

Doch dann die Mesalliance. Irene von Eichthal, die zwanzigjährige Tochter des Carl von Eichthal und seiner Frau, einer geborenen Gräfin Khuen von Belasi, heiratet im September 1878 in der kurz zuvor geweihten protestantischen Markuskirche den jungen Schweizer Maler Albert von Keller (dessen eidgenössisches Adelsprädikat wohl nicht sehr hoch veranschlagt wird).

Enttäuscht und wohl auch entrüstet verstößt Carl von Eichthal die Tochter aus dem Erbe. Als er im Juni 1880 diese Entscheidung zurücknimmt und Irene ein (wahrscheinlich etwas reduziertes) Heiratsgut von 25 000 Mark und eine jährliche Apanage von 6000 Mark anweist, hat der große Bankier nur noch einen Monat zu leben. Da nun also die Erbschaftsangelegenheiten geregelt sind, bekommt Frau von Keller auch ihren Anteil, als 1885 das Palais an der Theatinerstraße für 420 000 Mark an den Bauunternehmer Jacob Heilmann verkauft wird. Zu billig, wie man annehmen darf, denn bereits fünf Jahre später erhält Heilmann dafür von der Münchner Bank Kester, Bachmann & Co. 1,225 Millionen Mark.

Immobiles an und über der Isar

Mit Münchner Grund und Boden ist natürlich auch nach Eichthals Tod und bis zum heutigen Tage eifrig spekuliert worden. An Spekulationsmasse hat es zunächst nicht gefehlt. Noch um die Jahrhundertwende, als die Einwohnerzahl jährlich um etwa zehntausend anstieg, waren nahezu siebzig Prozent des Stadtgebietes unbebautes, doch bebaubares Gelände. Vor allem die neu entstehenden Terraingesellschaften (die Bauträgergesellschaften der frühen Jahre) akquirierten in der Stadt und im Umland Gelände für eine gewinnbringende Nutzung.

Da gab es über dem rechten Isarufer lehmige Böden, und hier, wo die umliegenden Ziegeleien erfolgreich wirtschafteten, kaufte sich eine dieser Terraingesellschaften sowie die Heilmann'sche Immobiliengesellschaft ein, und um daraus ein Geschäft zu machen, schlossen sich die beiden Firmen mit der Münchner Aktien-Ziegelei zu einem Konsortium zusammen, das der Stadt München ein Gegengeschäft vorschlug: Der Magistrat solle einer Verlängerung der Prinzregentenstraße über die Isar hinweg (und somit durch die Grundstücke des Konsortiums) zustimmen, dafür erhalte es den für diese Straße nötigen Grund geschenkt. Die Stadt war einverstanden, und die Immobilienfirmen wurden vielfach entlohnt, denn das Terrain links und rechts dieser äußeren Prinzregentenstraße war über Nacht zu Bauland geworden – mit der entsprechenden Wertsteigerung.

Und dann kam im Juli 1899 der Generalintendant mit einer guten Idee: Man sollte, sagte Herr von Possart, an dieser Straße ein Theater bauen. Eines nach Bayreuther Vorbild, eines für »stilvollendete« Wagner-Aufführungen. Das grundbesitzende Konsortium stimmte zu, Frau Cosima Wagner in Bayreuth, um das Wagner-Erbe und um das Wagner-Festspiel-Monopol besorgt, sagte laut und heftig nein, doch am 27. April 1900 – an der Prinzregentenstraße auf dem anderen Isarufer war Gabriel von Seidl gerade dabei, das Nationalmuseum fertigzustellen – ließ die »Gesellschaft Prinzregenten-Theater mbH« mit den Erdarbeiten beginnen.

Nachdem mehr als 20 000 Kubikmeter Erdreich bewegt, an die 25 000 Zentner Zement, 6000 Zentner Kalk, 2,3 Millionen Ziegel und 1,6 Millionen (Gold-) Mark verbaut waren, konnten am 21. August 1901 mit den *Meistersingern von Nürnberg* – Dirigent: Hofkapellmeister Herman Zumpe – das Prinzregententheater und mit ihm die ersten Münchner Opernfestspiele eröffnet werden.

Weil diesem ersten noch viele Opernabende folgen sollten, verpachteten die Bauherren das Haus gegen geringe Gebühr auf zunächst zehn Jahre an die Königliche Zivilliste und damit indirekt an die Hofoper.

So war über dem rechten Isarufer also doch noch ein Wagner-Theater gebaut worden, wenn auch nach anderen Plänen, und nicht durch einen bayerischen König, sondern durch Spekulanten, deren Rechnung aufging, da durch dieses Theater die Gegend und die Grundstückspreise aufgewertet wurden. Der Nachfolger Ludwigs II., der alte Prinzregent, hatte das Unternehmen mit huldvollem Desinteresse begleitet. Zwar erlaubte er Höchstselbst, daß das Etablissement seinen Namen führe, doch weiter wollte er sein persönliches Engagement nicht treiben. Der Eröffnung blieb er fern; in Berlin war die Kaiserinwitwe gestorben, der Hof mußte Trauer tragen. Welch solenne Ausrede!

Eine andere Terraingesellschaft wurde etwa zur gleichen Zeit isarabwärts aktiv. Im Frühsommer des Jahres 1900 erwarb die »Terraingesellschaft Herzogpark« für vier Millionen Mark knapp vierhundert Tagwerk des Herzoglichen Carl Theodor-'schen Parks in Bogenhausen und besaß damit ein Gelände, das Max Pettenkofer als beste Münchner Wohnlage gepriesen hatte. Einige Jahre nach dem Erwerb begannen die Planungen und bis zum Jahre 1913 waren 42 Mietshäuser sowie 38 Einfamilienhäuser und Villen errichtet. »Die Zusammensetzung der Bewohner«, hieß es damals, »zeigt, daß die besten Kreise Münchens den Herzogpark bevorzugen.«

Zu diesen Kreisen gehörten die Hallgartens, die 1910 ihre Wohnung in der Steinsdorfstraße 10 aufgaben und in die Pienzenauerstraße 15 zogen. Robert Hallgarten, der Sohn eines deutsch-amerikanischen Finanzmannes und selbst Privatgelehrter, hatte sich das Haus für etwa zweihundert- bis dreihunderttausend Mark erbaut. Mit dem Umzug wechselten auch die literarischen Nachbarschaften. In der Wohnung im Lehel hatte einen Stock über ihnen Ludwig Ganghofer gewohnt, und im Herzogpark zog bald ein Schriftsteller in das Nachbarhaus, der zu den höchsten literarischen Ehren aufsteigen sollte und dessen Kinder zu Freunden der Hallgarten-Kinder wurden.

Dieser angesehene Nachbar, der Schriftsteller Thomas Mann, hatte zum 1. Oktober 1910 im zweiten Stock des »Etagenhauses« Mauerkircherstraße 13 zwei Vierzimmerwohnungen gemietet und war im Januar 1914 noch ein Stück weiter stadtauswärts gezogen, in das neuerbaute herrschaftliche Haus Poschingerstraße 1, dazumal das letzte Haus Münchens. In unmittelbarer Nähe wohnten der Historiker Erich Marcks, der Schauspieler Gustav Waldau, der Dirigent und Münchner Generalmusikdirektor Bruno Walter, dazu – so zu lesen im Münchner Adreßbuch von 1926 – die Fabrikbesitzersgattin Maria Chillingworth, ein Dozent a. D., ein Kraftwagenführer und ein Rentner.

Wie es in den frühen Jahren im Herzogpark aussah, hat Thomas Mann im Herbst 1918 in seiner Erzählung *Herr und Hund* beschrieben. Über seine Spaziergänge mit Bauschan heißt es dort: »Wir verfolgen die Allee etwa fünf Minuten weit, bis zu dem Punkte, wo sie aufhört Allee zu sein und als grobe Kieswüste weiter dem Lauf des Flusses folgt; wir lassen diesen im Rücken und schlagen eine breit angelegte und, wie die Allee, mit einem Radfahrweg versehene, aber noch unbebaute Straße von feinerem Kiesgrund ein, die rechtshin, zwischen niedriger gelegenen Waldparzellen, gegen den Hang führt, welcher unsere Ufergegend, Bauschans Lebensschauplatz im Osten begrenzt. Wir überschreiten eine andere, offen zwischen Wald und Wiesen hinlaufende Straße von ähnlichem Zukunftscharakter, die weiter oben, gegen die Stadt und die Trambahnhaltestelle hin, geschlossen mit Mietshäusern bebaut ist...«

Während Herr und Hund im Bauerwartungsland ihre Expeditionen unternehmen, ist die »Terraingesellschaft Bogenhausen« (der auch am Nordufer des Nymphenburger Kanals, in Gern, größere Grundstücke gehören) eifrig mit der Erschließung beschäftigt. So gab sie zum Beispiel bis zum Jahre 1912 im Herzogpark mehr als siebenhundertfünfzigtausend Mark für Straßenbauten aus.

Das Schnäppchen des Herrn Hofkassiers

Um solche im großen Stil betriebene Transaktionen – zeitweise besaßen die Terraingesellschaften weit über achthundert Hektar Land – ist es Hofrat von Klug nicht gegangen. Er kaufte sich nur ein Grundstück für seine Villa. Eines in günstiger Lage und zu vorteilhaftem Preis. Das Geschäft brachte ihm einige Jahre später freilich großen Ärger, und die anschließende Gerichtsverhandlung ramponierte überdies seinen Ruf – das Vertrauen der Königlichen Hoheit, das er in überreichem Maße genoß, blieb ihm dennoch erhalten, über den blamablen Prozeß hinweg und bis zum Ableben Seiner Majestät, des Prinzregenten. Ein Kassenwart wie Herr von Klug weiß wohl vieles, das sich erzählen, das sich aber auch verschweigen läßt.

Unter der Überschrift »Ein Geschäft« berichteten die *Münchner Neuesten Nachrichten* am 15. Januar 1893 auf 149 Zeilen, der Kgl. Hofsekretär Ludwig Ritter von Klug habe am 24. September 1887 gemeinsam mit dem Pfarrer von Bogenhausen, dem Geistlichen Rat Dr. Korbinian Ettmayer, für 5800 Mark der Witwe Maria Reischl das Grundstück Maria-Theresia-Straße Nr. 24 und 25 abgekauft. Da das auf dem Terrain liegende Bauverbot bald nach der Eintragung des Besitzerwechsels im Grundbuch aufgehoben wurde, konnte der für die Hof- und Kabinettskasse zuständige Herr von Klug ein gründerzeitlich-herrschaftliches Doppelhaus bauen (und eines davon an den Hoftheaterintendanten von Possart weiterverkaufen). Der Pfarrer aber trennte sich von seinem Teil für 31 000 Mark!

Daß er nun in der Zeitung lesen mußte, er, der hohe Beamte, der Vertraute des Prinzregenten Luitpold, habe beim Kauf bereits von der bevorstehenden Aufhebung des Bauverbotes gewußt und auf diese Entscheidung auch persönlich Einfluß ausgeübt, hat ihn natürlich geärgert, und so tat er, wovor Klugheit Herrn von Klug hätte bewahren sollen: er klagte gegen den Redakteur Bogler. Der von Münchens berühmtestem Anwalt Max Bernstein vertretene Journalist mußte am Ende zwar dreihundert Mark Strafe zahlen – in einigen seiner Formulierungen sah das Gericht den Kläger Klug beleidigt –, doch in allen anderen Punkten wurde das für richtig erkannt, was in dem Artikel gestanden hatte. Und was nun, in einem sehr langen Verhandlungsbericht wiederholt werden konnte.

Herr von Klug aber, der so billig zu seinem Grundstück gekommen war, blieb in seiner Villa und verwaltete weiterhin die Kasse Seiner Kgl. Hoheit, des Prinzregenten. So ging's in München in der guten alten Zeit. So geht's in München (und sicher auch anderswo).

Der Lorenz Hauser hatte beim Verkauf seiner Neuhauser Grundstücke mehr Glück als die Witwe Reischl in Bogenhausen. Aus den wenig ertragreichen Gründen beim späteren Romanplatz hätte er sich sein Lebtag lang das nicht erwirtschaften können, was ihm die Kaufinteressenten bar auf die Hand legten.

Wie manch anderer Ökonom im Münchner Umland wurde auch der Hauser Lenz über Nacht zum »Millionenbauer«. Doch wo andere das »Gerstl« beisammenhielten, es in den Sparstrumpf steckten, in Pfandbriefen oder Immobilien anlegten, ließ er dem Geld seinen Lauf, und mit noch nicht dreißig Jahren baute er sich in Karlsfeld von 1897 an für anderthalb Millionen Mark sein eigenes Schloß, dem er später auch noch die eigene Kapelle hinzufügte. Mit beiden Händen und höchst effektvoll gab der Hauser Lenz sein Geld aus, doch anders als der Fortunatus Wurzel hat dieser Bauer als Millionär die Zufriedenheit des Alters nicht erlebt. Am 17. Juli 1918 ist er gestorben, ein Jahr vor seinem fünfzigsten Geburtstag. Auf dem Winthir-Friedhof – nahe bei den Gründen, die ihm zu seinem schwungvollen Leben verholfen hatten – wurde er beigesetzt. In seinem Schlößchen aber bewirtet heute die MAN-AG ihre wichtigen Gäste.

Aufstieg und Fall der Adele S.

Andere Leute (und unter ihnen, wie es heißt, viele Bauern) sind schon ein paar Jahrzehnte früher um ihr Vermögen gekommen und mußten sich auch noch auslachen lassen, weil sie so leichtgläubig gewesen waren. Als einziger Trost blieb ihnen, daß jeder von ihnen das Schicksal mit 30 000 anderen teilte – sie alle waren auf Adele Spitzeder und ihre »Dachauer Bank« hereingefallen.

Die vazierende Schauspielerin war 1868 mit kleinem Gepäck und ohne viel Bares nach München gekommen und hatte sich im »Goldenen Stern« im Tal eingemietet. Daß sie und ihre Lebensgefährtin Rosa Ehinger bald schon unter besserer Adresse logieren konnten, hatte sich ohne große Mühe arrangieren lassen, denn Adele, als Tochter eines an der Hofoper engagierten Sängerpaares 1832 in München geboren, war auf simple Weise zu großem Geld gekommen.

Es hatte sich herumgesprochen, das Frl. Spitzeder könne für einbezahltes Kapital acht Prozent Zinsen geben. Ein Zimmermann aus der Au kam mit 100 Gulden, und als er seinen Gewinn auch tatsächlich auf die Hand bekam, drängte man sich, um für sein Geld viel Geld zurückzuerhalten. Bald schon waren die

Truhen und Kasten der sechsunddreißigjährigen Schauspielerin bis an den Rand mit goldnen Gulden gefüllt, die man ihr zur wunderbaren Vermehrung anvertraute. Bauern, so heißt es, verkauften ihren Grund, da sie sich bei der Spitzeder eine bessere Ernte als auf dem Felde erwarten konnten, andere holten ihr Erspartes von den Banken, und vor allem von Dachau sollen sie guldenschwer angereist sein – und alle glaubten, wie später auch die vielen IOS-Kunden, an den großen Reibach.

Zunächst vermehrte sich das Geld bei Adele, die am 1. Oktober 1871 in ihr eigenes Haus in der Schönfeldstraße einziehen konnte. Wenig später kaufte sie, um den Ansturm der Kundschaft bewältigen zu können, auch noch das Gasthaus »Wilhelm Tell« dazu, und am Ende soll sie neben dem von ihr gegründeten *Münchner Tagblatt* sechzehn Miethäuser und eine Villa am Starnberger See besessen haben.

Eines Tages aber, im Jahre 1872, kamen auf eine Verabredung hin ein paar Dutzend Gläubiger und verlangten ihr Geld samt Zinsen. Für andere war das ein Signal, und schnell war nun die Spitzedersche Kasse leer. Die Polizei besorgte den Rest. Sie verhaftete Adele am 12. November 1872 und schloß das Unternehmen. Auf der Habenseite der lässig geführten Bücher addierte der Untersuchungsrichter Werte in Höhe von 1,97 Millionen Gulden, auf der Sollseite aber standen 8,1 Millionen Gulden. Unter diese Bilanz wurde im Juli 1873 der Schlußstrich gezogen: drei Jahre Zuchthaus.

Nur wenig mehr als zwanzig Jahre nach Lola Montez hatte also in München wieder eine Frau Karriere gemacht. Doch wie bei der schönen Tänzerin, so war auch hier, in den frühen Regierungsjahren König Ludwigs II., dem schnellen Aufstieg ein tiefer Sturz gefolgt.

Während Adele Spitzeder noch ihre kühnen Geschäfte abwickelte, war München längst schon wieder dabei, in eine neue Rolle und eine größere Aufgabe hineinzuwachsen. Aus der ländlichen Hauptstadt des ehemaligen Kurfürstentums wurde im 19. Jahrhundert durch die Zugewinne der napoleonischen Zeit die Landeshauptstadt eines Flächenstaates.

Diese neue Stellung verlangte, daß auch die finanziellen Geschäfte neu organisiert wurden. Neben etlichen Privatbankiers wie den Herren von Eichthal, von Hirsch oder von Maffei gab es zwar seit 1824 in München eine Stadtsparkasse und seit 1834 auch die Bayerische Hypotheken- und Wechselbank, daß aber die Stadt als Finanzplatz trotzdem noch nicht eingeführt war, haben die in der Münchner Kaufmannsstube organisierten Herren sehr deutlich zu spüren bekommen. Als sie am 16. Dezember 1830 in einem angemieteten Raum am Marienplatz die Münchner Börse gründeten – führend unter ihren Schöpfern: Simon von Eichthal –, konnten sie nämlich im Kurszettel ihres »Börsen-Coursbuch Nr. 1« neben vier Staatspapieren und sieben Losen nur eine einzige Aktie notieren.

Obwohl sich die Gründungsmitglieder schon im zweiten Jahr so heftig zerstritten, daß ein Handelsgremium an ihrer Stelle die Geschäfte führen mußte, konnte man doch an der Münchner Börse 1856 bereits dreißig Werte handeln. Und der Aufstieg stand erst noch bevor.

Was einen Banker anzieht

In den seit der Gründung der Börse vergangenen mehr als hundertsechzig Jahren wurde München zum wichtigsten deutschen Finanzplatz hinter Frankfurt, und die Bayerische Vereinsbank (die 1971 mit der Bayerischen Staatsbank fusionierte) rangierte 1991 mit ihrer Bilanzsumme unter den Banken der Bundesrepublik an dritter Stelle, an sechster Stelle folgte die Bayerische Landesbank-Girozentrale, Nummer sieben war die Bayerische Hypotheken- und Wechselbank.

Zählt man alles Geld zusammen, das Banken, Versicherungen und Anlagegesellschaften von München aus verwalten, so kommt man (nach einer Schätzung des Bayerischen Bankenverbandes aus dem Jahre 1990) auf etwa dreihundert Milliarden Mark – und das entspricht ungefähr jener Summe, die der Bundesfinanzminister vor der deutschen Vereinigung in einem Jahr ausgeben durfte.

Während aber am Main die Geldtürme bleistiftschmal in den Himmel wuchsen, haben die Münchner Banken ihre angestammten Quartiere im ehemaligen Adelsviertel, also an der Theatiner-, Pranner- und Kardinal-Faulhaber-Straße sowie am Promenadeplatz nicht verlassen, auch wenn sich die Bayerische Vereinsbank zum Beispiel am Englischen Garten Verwaltungsgebäude errichten ließ und die Hypobank 1981 in Bogenhausen, in der Nachbarschaft von Arabella-Haus und Sheraton-Hotel, als architektonisch eindrucksvolles Imponiergebäude eine aluminiumglänzende, bis zu 114 Meter hohe Verwaltungszentrale im Frankfurter Stil baute.

So vornehm wie bei der Hypo- oder der Vereinsbank, die in Palästen ihre Finanzgeschäfte aufnahmen, ging es bei der Eröffnung des Bankhauses Merck, Christian & Co. am 1. Juli 1870 nicht zu. Das vom Nürnberger Fabrikanten Theodor Cramer-Klett und der Darmstädter Bank für Handel und Industrie gegründete Unternehmen mietete sich nämlich zunächst im ersten Stock des Hauses Residenzstraße ein, beim Kaufmann Max Bullinger, der seit 1857 im Erdgeschoß eine Papiergroßhandlung betrieb.

Da die Geldgeschäfte im Obergeschoß florierten, konnten die Banker bereits drei Jahre später mit ihren Geldschränken und Kontobüchern in ein eigenes Gebäude Pfandhausstraße 4 umziehen, und neun Jahre nach ihrer Gründung bekam die Bank einen neuen Namen: Adolf Christian schied aus und an seiner Stelle wurde der einunddreißigjährige Wilhelm Finck, Prokurist der Firma seit ihrer Gründung, zusammen mit seinem Bruder August neuer Teilhaber. Das Bankhaus hieß hinfort und heißt bis zum heutigen Tag: Merck, Finck & Co.

Wilhelm Finck, zunächst nur mit Gehalt und »mäßiger Gewinnbeteiligung« engagiert, vom November 1870 an aber auch mit kleiner Kapitaleinlage zum Teilhaber avanciert, hat die Bank zu ihren großen Erfolgen geführt und dabei doch auch Gelegenheit gefunden, den eigenen Besitzstand aufs erfreulichste zu mehren. Schon 1889 konnte er Verhandlungen über den Kauf des Gutes Unterbiberg beginnen, und diesen ersten folgten bald schon weitere Ländereien, so die Güter Ödenstockach, Solalinden, Keferloh und Möschenfeld. Am Ende, bei seinem Tod im April 1924, hinterließ Wilhelm von Finck neben seinem Adelstitel aus dem Jahre 1905 (der seit 1911 erblich war) unter anderem im Osten von München einen Grundbesitz, der sich von Perlach bis gegen Zorneding erstreckte. Auf einem Teil dieses Terrains, das insgesamt wohl um die viertausend Hektar betrug, entstand ab 1967 die Trabantenstadt Neuperlach.

Die *Neue Deutsche Biographie* – zuständig für jene kleine Unsterblichkeit, die Bücher verleihen können –, erklärte die Landerwerbungen damit, daß den in der Nähe von Frankfurt geborenen Wilhelm von Finck »der heimische Boden und alles, was mit ihm zusammenhängt«, stark angezogen habe. Solche magischen und magnetischen Kräfte übten offensichtlich auch fließende Gewässer auf ihn aus, denn zusammen mit dem Bauunternehmer Jacob Heilmann kaufte er die gesamten Wasserkräfte der Isar zwischen Baierbrunn und Großhesselohe, 6000 PS bei mittlerem und 4000 PS bei niederem Wasserstand. Um sie zu nutzen, entstand so in Höllriegelskreuth die erste elektrische Überlandzentrale Deutschlands. Doch noch ehe dieses erste Kraftwerk im November 1894 den ersten Strom lieferte – ganze neunzehn Abnehmer waren angemeldet – gründeten die beiden Herren die Isar- (seit 1955 Isar-Amper-) Werke.

Gabriel von Seidl und einige einflußreiche Mitstreiter kämpften zwar gegen die dadurch notwendig gewordene Isarregulierung und gegen die Verschandelung des Isartals, doch im Streit zwischen Industrialisierung (mit dazugehörigem Profit) und Umweltschutz siegte damals die Industrie. Siegte sie nur damals?

In seinen vierundfünfzig Münchner Jahren hat Wilhelm von Finck der bayerischen Wirtschaft die vielfältigsten Dienste erwiesen (und dabei natürlich das eigene Vermögen im großen Stil erweitert!) So engagierte er sich bei der Erschließung von Bodenschätzen in der Oberpfalz, nahm finanziellen Anteil an der Entwicklung des Dieselmotors, war einer der Geldgeber bei der Gründung der Süddeutschen Kalkstickstoffwerke in Trostberg, gründete im Frühjahr 1882 mit den in Paris gekauften

Aktien des belgischen Straßenbahnunternehmers Otlet die »Münchener Trambahn-Actiengesellschaft«, ließ durch eine neugeschaffene Aktiengesellschaft die Münchner »Brauerei zum Zenger« mitsamt ihrem großen Grundbesitz aufkaufen und erwarb schließlich auch noch das Hofbräuhaus Würzburg.

Durch diese und mancherlei andere Aktivitäten hatte Wilhelm von Finck das Fundament seines Wohlstandes so fest zementiert, daß noch seine Enkel Wilhelm und August in den Vermögenslisten ganz weit oben rangieren: An Platz 48 in der Welt und am 5. Platz in der Bundesrepublik, schätzte die in Finanzfragen gut informierte US-Zeitschrift *Fortune* im Jahre 1989: großer Grundbesitz, 5 Prozent Allianz, 5 Prozent Münchner Rückversicherung, 90 Prozent Löwenbrauerei, dazu das Bankunternehmen, Sekt- und Weinkellereien, die Beteiligung an den Isar-Amper-Werken, ein Schloß in der Schweiz, Kunst – Summa summarum (nach *Fortune*) runde 4,3 Milliarden Mark.

Die Wirtschaftszeitschrift *Forbes* legte im Sommer 1990 noch zu. Die beiden Brüder, so meinte sie, seien die reichsten Münchner (obwohl Wilhelm von Finck als Banker in Düsseldorf wohnt). Ihr Vermögen: 6,5 Milliarden Mark. Hinter ihnen folgten in der Liste Karl Friedrich Flick mit 5,1 Milliarden und die Familie von Siemens mit 3,5 Milliarden. Wenige Monate nach der Veröffentlichung dieser Schätzung trennte sich August von Finck vom Juwel seines Besitzes: Er verkaufte seine Bank – mit einer Bilanzsumme von 3,7 Milliarden Mark die zweitgrößte (konzernunabhängige) deutsche Privatbank – an die Londoner Barclays Bank und erwarb Ende 1991 die Aktienmehrheit am Gastronomiekonzern Mövenpick.

In den Tresoren von Frankfurt, das schon Martin Luther ein Gold- und Silberloch genannt hat, mag zwar mehr Gold gehortet und Geld gebündelt sein als in München, doch wenn es darum geht, all das viele Kapital von Frankfurt und anderswo in der Welt vor großen Abstürzen zu sichern, spielt die bayerische Landeshauptstadt ihre bedeutende Rolle, denn der Bankplatz Nr. 2 ist als Versicherungsplatz die Nr. 1 in Deutschland.

Angefangen hat das Münchner Versicherungsgeschäft im Jahre 1795, als die Regierung unter dem Kurfürsten Karl Theodor eine Brandversicherung einrichtete, die 1811 in »Bayerische Landesbrandversicherungsanstalt« umbenannt wurde. Das nächste wichtige Datum war der 10. Februar 1834, als für die neun Jahre alte »Aachener-Feuer-Versicherungs-Gesellschaft« die Erlaubnis ausgefertigt wurde, sich im biedermeierlichen München niederzulassen. Da die Assekuranz Erfolg hatte und zum Nutzen der Bürger tätig war, durfte sie sich »Aachener und Münchener Versicherung« nennen und ab 1897 sogar den bayerischen Löwen im Siegel führen. Andere Versicherungen folgten, so im Jahre 1884 die »Witwen- und Waisenunterstützungscassa« (WWK) oder 1910 die Filiale des »Gerling Konzerns«, der damals noch »Rheinische Feuerversicherungs-Aktiengesellschaft und Kronprinz Versicherungs AG Köln« hieß.

Vom Fingergäßchen in die Welt

Unter den rund 120 Versicherungsunternehmen, die 1990 ihren Sitz in München hatten, ist vor allem eine weltweit tätig und bekannt: die »Münchner Rückversicherung«. Ihre Geschichte beginnt an jenem 19. April 1880, an dem Carl Thieme, der sechsunddreißigjährige, aus Erfurt zugezogene Generalagent der Thuringia-Versicherung im Handelsregister die Münchner Rückversicherung eintragen ließ. Zuvor hatte er das Projekt dem vermögenden Nürnberger Fabrikanten Theodor Cramer-Klett vorgetragen, der ließ sich schnell überzeugen und besprach sich mit Wilhelm Finck, der wiederum wandte sich über seine Bank an das Bayerische Innenministerium, und als dieses zustimmte, konnte Thieme zum Handelsgericht gehen.

Vier Tage später trafen sich die Gründer und die Finanziers des Unternehmens – es waren 3000 Aktien zu je tausend Mark ausgegeben worden – zur ersten Aufsichtsratssitzung, und während die versammelten Herren Carl Thieme zum Leiter und Wilhelm Finck zum Vorsitzenden des Aufsichtsrates wählten, begann in zwei Räumen im Fingergäßchen, der heutigen Maffeistraße, die Arbeit. Sie aber war von Anfang an erfolgreich, und bereits am Ende des ersten Jahres 1880 stand in den Büchern ein Reingewinn von 64 723 Mark.

Neben guten Einnahmen gab es natürlich immer wieder auch große Ausgaben, etwa nach dem großen Brand von Baltimore im Jahre 1904, als die Münchner vier Millionen Mark überweisen mußten. Zwei Jahre später, als San Francisco bebte und stürzte, kostete das die Rückversicherung elf Millionen Mark. Doch im darauffolgenden Jahr erhielten die Aktionäre eine Dividende von 20 Prozent, ein Jahr danach von 25 Prozent und 1912 sogar von 37,5 Prozent.

Die Aktionäre konnten sich aber auch später Jahr für Jahr an den Ausschüttungen erfreuen, denn die Münchner »Rück« – heute die größte Rückversicherung der Welt – macht seit ihrer Gründung gute Geschäfte. Im ersten Jahr verzeichnete sie in ihren Büchern Beitragseinnahmen in Höhe von einer Million Mark, hundert Jahre später waren es acht Milliarden und im Jahre 1990 schließlich 13,1 Milliarden. Angestiegen sind aber auch die Ausgaben. So mußte die Münchner Rückversicherung allein für die Winterstürme von 1990, für »Viviane« und »Wiebke«, 1,1 Milliarde Mark bezahlen.

Die Herren waren erfolgreich gewesen und so versuchten sie zehn Jahre später das Glück ein zweites Mal: Am 5. Februar 1890 machten Carl Thieme und Wilhelm Finck durch Eintragung ins Berliner Handelsgericht aktenkundig, was sie sich ein halbes Jahr zuvor in München ausgedacht hatten – die Gründung einer mit vier Millionen Mark ausgestatteten Unfallversicherung, der Allianz Versicherungs-Aktiengesellschft.

Daß man mit der guten Idee ins Königreich Preußen gegangen ist, hatte vor allem zwei Gründe. Zum einen war in Berlin die Zulassung leichter zu bekommen, und zum zweiten sollte die geschäftliche Unabhängigkeit von der Münchner Rückversicherung demonstriert werden.

In deren direkte Nachbarschaft ist sie knapp sechzig Jahre später dann doch gezogen. Im Mai 1949 wurde nämlich beschlossen, den Hauptsitz von der Insel Berlin nach München zu verlegen, und 1954 zog die Generaldirektion in ihr neues Haus in der Königinstraße.

Dort, in unmittelbarer Nähe zum Englischen Garten, ist nun der Sitz des größten europäischen Versicherungskonzerns, der im Jahr seines hundertsten Geburtstages weltweit knapp 140 Tochtergesellschaften und 42 000 Mitarbeiter hatte. Und dessen Buchwert von etwa 40 bis 50 Milliarden Mark die Allianz zum teuersten deutschen Konzern machte.

So ist in der Münchner Königinstraße auf kleinem Raum der Mittelpunkt des deutschen Versicherungswesens: links der kurz vor dem Ersten Weltkrieg errichtete Verwaltungsbau der Rückversicherung, rechts der kubische Erweiterungsbau aus dem Jahr 1965. An sie schließt südlich die Generaldirektion der Allianz an. Nirgendwo in der Stadt (und in der Bundesrepublik) wird auf so kleinem Raum so viel Geld bewegt wie hier.

Theater-Spekulanten und des Königs Portemonnaie

Längst schon waren es Privatleute, die das große Geld besaßen und mit ihm arbeiteten. Der König war zwar der erste Mann im Staate, vielleicht auch der reichste, doch seiner Macht und seinem Einfluß waren Grenzen gezogen und so blieb ihm vorenthalten, was einige vermögende Herren in der Residenzstadt bekamen – ein eigenes Theater (mit dem die Besitzer dann freilich wenig Freude hatten).

Zunächst hatten die Herren von Max II. die Genehmigung zum Bau eines Volkstheaters erbeten. Vergebens. Der König meinte noch kurz vor seinem Tod, dieses Projekt eines Aktien-Theaters habe nur geringe Chancen und so wollte er nicht, daß sein Name damit in Verbindung gebracht werde.

Der Nachfolger war offensichtlich anderer Ansicht, denn schon nach einigen Regierungswochen (und acht Tage nach seiner ersten Begegnung mit Richard Wagner) genehmigte er am 10. Mai 1864 den Bau eines Theaters am Eichthal-Anger, dem späteren Gärtnerplatz. Zu der Zeit wußten weder Gottfried Semper noch die bayerische Staatskasse vom Opernhaus auf der Isarhöhe, und auch der König selbst hatte wahrscheinlich davon noch keine oder nur sehr unklare Vorstellungen.

Nach der Grundsteinlegung an Königs Geburtstag, am 25. August des Jahres 1864, war unter der Leitung von Franz Michael Reifenstuel alles sehr schnell vorangegangen, und nach einer Bauzeit von nur eineinviertel Jahren konnte diese kleine, auf trapezförmigem Grundriß errichtete Kopie des Nationaltheaters eröffnet werden.

Aber auch ein Allerhöchstes Wohlwollen konnte das Unglück nicht abwenden, ebensowenig wie der mehrfache Wechsel in der Direktion oder die Kürzung der Gagen. Zuletzt gab es dann doch Pfändungen und zu Beginn des Jahres 1870 die Versteigerung.

Der König kam zu Hilfe. Er pachtete das Theater, und obwohl er selbst bereits die kostspieligen Baustellen in Linderhof und Neuschwanstein betrieb, kaufte er am 19. März 1872 das Haus, das von da an »Königliches Theater am Gärtnerplatz« hieß (und aus dem 1938 die Staatsoperette – Theater am Gärtnerplatz wurde).

Weiter nördlich in der Stadt brauchte man etwas länger, bis ein anderer Neubau bezugsfertig war.

Ein neues Rathaus wird entworfen

Eine Occasion zu günstiger Stunde am rechten Ort: An der Nordseite des Marienplatzes (der erst seit einigen Jahren diesen Namen führte) wurde das stattliche, repräsentative Haus Nr. 8 für 400 000 Gulden zum Verkauf angeboten. Und die Stadtgemeinde München, die einen Bauplatz für ihr neues Rathaus suchte, griff zu und erwarb auf Abbruch jenes Gebäude, in dem bis zum Umzug in das neuerbaute Gebäude an der Maximilianstraße die Regierung von Oberbayern untergebracht war. Im Mai 1865 wurde verbrieft, und damit war die »Gemeine Landschaft Haus Hof und Stallung« – so die erste Erwähnung 1574 – zum Eigentum der Stadt geworden.

Der Stadtbauingenieur Arnold Zenetti zeichnete schnell, und der Magistrat applaudierte seinem Renaissance-Entwurf.

Nichts gegen diesen Vorschlag, hieß es im Gemeindekollegium, aber die Fassade sollte etwas würdiger ausfallen. Es gab hier einen Einwand, dort einen Vorbehalt und zuletzt endete die Debatte damit, daß die Stadtherren das Zenetti-Projekt verwarfen und einen Wettbewerb ausschrieben. Unter den sechsundzwanzig Einsendungen fand sich dann aber keiner, der einen ersten Preis verdient hätte. Um dennoch voranzukommen, kaufte man einige der vorgelegten Arbeiten an und übergab sie Herrn Zenetti, damit er daraus einen neuen Plan entwickle.

Aber wieder gab es keine Mehrheit für seine Vorstellungen, da vor allem der einflußreiche, patriotische Ferdinand von Miller eine gotische Fassade wünschte. So bekam schließlich der fünfundzwanzigjährige Grazer Georg Hauberrisser, der einen gotischen Rathausentwurf eingereicht hatte, mit der denkbar knappsten Mehrheit von 11:10 Stimmen den Zuschlag – so bekam München sein Rathaus. Herr Zenetti, der mit seinen Zeichnungen so wenig Gegenliebe gefunden hatte, durfte den Hauberrisser-Entwurf ausführen. Am 25. August 1867, dem 22. Geburtstag König Ludwigs II., wurde der Grundstein gelegt.

Es hat dann freilich lange gedauert, bis alle Räume übergeben wurden. Der fleißige, im Ausführen von Bauten aber noch unerfahrene junge Architekt Hauberrisser wollte aber alles selber machen und so war sein Rathaus 1874 zwar so weit fertig, daß die Angestellten und die Beamten ihre Schreibtische aufstellen konnten, doch die Sitzungssäle waren zu dieser Zeit noch immer im Rohzustand. Sie konnten erst am 4. Januar 1881 durch eine Festsitzung des Magistrats eingeweiht werden. Mit einer Rede des ersten Bürgermeisters Alois von Erhardt, über die hinterher gesagt wurde, sie sei wohl ein wenig zu lange gewesen. Wie übrigens auch die Schlußabrechnung des Baus, die mit 2,15 Millionen Mark weit über den Kostenvoranschlägen lag.

Und dabei war man noch gar nicht am Ende angekommen. Das Rathaus an der Ecke Marienplatz/Dienerstraße war nämlich für die expandierende Stadt bald schon wieder zu klein und so gab es, nachdem die Grundstücke akquiriert waren, für Georg Hauberrisser weitere Aufträge, denn dem ersten Bauabschnitt, errichtet in den Jahren 1867 bis 1874, folgte in den Jahren 1888 bis 1893 ein zweiter und schließlich zwischen 1899 und 1908 ein dritter. Und für alles zusammen, für 7115 Quadratmeter überbauten Grund, mußte die Stadt 15,7 Millionen Mark zahlen.

Viel Geld, und dann doch sehr häufig der Vorwurf, daß die flämischen Träumereien des Georg Hauberrisser, für die dreiundzwanzig alte, bescheiden-vornehme gotische Bürgerhäuser weichen mußten, keine sehr originelle architektonische Schöpfung ergeben hätten. Am witzigsten und bösesten formulierte Raoul H. Francé 1920 seine Ablehnung: Das neue Rathaus, meinte er in seinem München-Buch, sei ein »abgekürzter Reiseführer durch Brüssel, Brabant, Alt-München und preußische Kasernen (-Höfe!)«, und Wilhelm Hausenstein schrieb am 1. Mai 1944 in sein Tagebuch, daß er Hauberrisser als Schöpfer der Paulskirche achte, daß er sich mit dessen Erstlingswerk jedoch nie versöhnen könne.

Den Münchnern, vor allem den München-Besuchern sind solche ästhetischen Bedenken zumeist wohl fremd und fern. Sie glauben vor einem Denkmal tiefer deutscher Vergangenheit zu stehen und sind glücklich, wenn auf dem Rathausturm die Figuren des Glockenspiels sich zu drehen beginnen.

Der vermögende Münchner Kaufmann und spanische Konsul Karl Rosipal, ein exzentrischer Junggeselle (mit einer stadtbekannten und sehr dauerhaften Liaison beim Theater), hat sicher nicht geahnt, daß er mit den etwas mehr als dreißigtausend Mark, die er 1904 zum hundertjährigen Bestehen seiner Firma der Stadt München für ein Glockenspiel stiftete, zur Installation einer der bekanntesten und der vielleicht meistfotografierten Münchner Sehenswürdigkeiten beitragen würde. Zuletzt reichte freilich sein Jubiläums-Beitrag gerade aus, die 43 fein aufeinander abgestimmten Glocken zu bezahlen, und das war nur etwa ein Sechstel dessen, was die ganze Apparatur kostete (und die Stadt beisteuern mußte). Allein für die 32 Figuren, die sich zum melodiösen Glockenklang drehen, wurde eine Rechnung über knapp unter fünfzigtausend Mark ausgeschrieben.

So veranstalten seit dem Februar 1909 – dem Tag der ersten

öffentlichen Vorführung – jeden Mittag die mannshohen Rittersleut ihr Turnier und erinnern damit an jene Reiterspiele, die 1568 während der Fürstenhochzeit auf dem Platz vor dem Rathaus stattfanden; darunter, gleichsam einen Stock tiefer, tanzen die Münchner Schäffler rund um ihren Bojaz.

Eine Sehenswürdigkeit, die man jahrzehntelang auch leibhaftig besichtigen konnte, war das Münchner Kindl, das den 80 Meter hohen Rathausturm abschließt. Im Jahre 1905 wählte sich nämlich der Bildhauer Anton Schmid seinen fünfjährigen Sohn Wiggerl als Modell dafür. Aus dem Kind wurde ein Mann und unter dem Namen Ludwig Schmid-Wildy einer der populärsten bayerischen Volksschauspieler.

Zuwachs ringsum

Bei der Grundsteinlegung des Rathauses – die Majestät ließ sich durch einen der königlichen Prinzen vertreten – hatte die Stadt knapp über 150 000 Einwohner. Als der Magistrat und das Kollegium der Gemeindebevollmächtigten im neuen Haus die erste Sitzung abhalten konnten, war die Zahl auf mehr als 230 000 Einwohner angestiegen. Und als schließlich das Geviert zwischen Marienplatz und Landschaftsstraße, zwischen Diener- und Weinstraße überbaut war, als also das Neue Rathaus im Jahre 1908 fertiggestellt war, zählte man in München 568 000 Einwohner.

Wie rasant dieses Wachstum verlief, zeigt sich auch daran, daß zwischen 1875 und 1880 zum Beispiel alle zwei Monate tausend neue Münchner gezählt wurden. Zehn Jahre später wuchs die Einwohnerzahl aber bereits monatlich um tausend an.

Viele dieser Neuzugänge waren gleichsam durch Adoption hinzugekommen, denn nach der Eingemeindung der Au, von Giesing und Haidhausen im Jahre 1854 war noch viel neues Land hinzugekommen: 1864 Ramersdorf, 1877 Sendling, 1890 Schwabing und Neuhausen, 1892 Bogenhausen, 1899 Nymphenburg sowie 1900 Thalkirchen und Laim.

Doch daneben gab es dann noch jene vielen Zuzügler, die in München Arbeit fanden. Ihre Zahl hat man zum Beispiel bei der Volkszählung vom Dezember 1900, als München 368 Einwohner weniger als eine halbe Million besaß, genau ermittelt. Danach besaßen nur 36 Prozent der 499 632 Münchner auch einen Münchner Geburtsschein, während 75 000 Personen aus Oberbayern zugezogen waren, 60 000 kamen aus Niederbayern, 41 000 aus der Oberpfalz, 43 000 aus Franken, 37 000 aus Schwaben, 5500 aus der bayerischen Pfalz und 35 000 aus dem übrigen Reich; der Anteil der Ausländer an der Münchner Bevölkerung betrug 4,8 Prozent (gegenüber 16,7 Prozent im Jahre 1990).

Da in der Stadt bei so großem Andrang der Wohnraum knapp und entsprechend teuer war, ließen sich die Arbeiter in den umliegenden und bald eingemeindeten Ortschaften nieder, auch wenn es dann noch bis 1895 dauerte, ehe der erste Vorortzug verkehrte. Pasing etwa, das 1852 nur 590 Einwohner aufwies, zählte 1890 bereits 2536 und 1905 gar über 7000 Einwohner. Ähnlich war es bei anderen Orten. Milbertshofen, 1895 ein Dorf mit 432 Einwohnern, hatte diese Zahl innerhalb von fünfzehn Jahren verzehnfacht, und statt tausend Einwohner wie 1860, zählte Neuhausen dreißig Jahre später 12 000 Einwohner.

Die Stadt wurde größer und mußte ihre Verwaltung dem schnellen Zuwachs an Land und an Menschen anpassen. So teilte man 1875 im Rathaus das Stadtgebiet zunächst in vier Stadtteile mit insgesamt 18 Stadtbezirken. Zwei Jahre später schuf man, um die Bedürfnisse und Probleme der einzelnen Reviere besser kennenzulernen, die Bezirksinspektionen. Ebenfalls im Jahre 1875 wurde im dritten Stock des Rathauses ein »statistisches Bureau« eingerichtet, das alle städtischen Zahlen sammelte, ordnete und deutete.

Zu den Unterlagen, die hier registriert wurden, gehörte natürlich auch die Zahl derer, die von der Stadt Arbeit und Lohn erhielten. Im Jahre 1870, also in den Zeiten, als die Schreibtische der Stadtverwaltung noch im Alten Rathaus standen, gab es 190 Bedienstete mit Gehalt und 263 mit Tageslohn. Dreißig Jahre später standen 1821 Beamte in städtischem Dienst, im Jahre 1910 waren es 2921, als der Erste Weltkrieg begann, zählte man

5223, und am 1. April 1920 – kurz zuvor war ein eigenes Personalreferat gegründet worden – wurden in den Gehalts- und Lohnlisten der Stadt München 5801 Beamte, 3335 Angestellte und mehrere tausend Arbeiter geführt. Bis zum Jahre 1990 erhöhte sich die Zahl der Beamten auf 11212, die der Angestellten auf 17159 und die der Arbeiter sowie sonstigen Dienstkräfte auf 20134, und das ergibt: 48505 Personen insgesamt.

Die mittleren sechziger Jahre müssen eine gute Zeit für die Maurer gewesen sein, denn außer am Eichthal-Anger und am Marienplatz gab es draußen in einem dünnbesiedelten Revier, bei den Pinakotheken, noch eine dritte Großbaustelle.

Im Februar 1865 hatte Gottfried Neureuther den Plan für eine Polytechnische Schule vorgelegt, ohne freilich den Beifall des Königs zu gewinnen. Die Fassade, so sagte Ludwig II. (der bald sehr viel aufwendigere Fassaden bauen sollte), sei zu pompös. Neureuther lieferte einen neuen, schlichteren Entwurf und konnte 1866 den Bau an der Arcisstraße errichten und gleich auch noch eine Professur an der neuen Schule übernehmen.

Mehr als vierzig Jahre zuvor, als Fraunhofer und Reichenbach für Bayern eine technische Lehranstalt forderten, konnte das zuständige Ministerium den Vorschlag noch mit dem Argument abwiegeln, daß dafür nicht genügend Geld vorhanden sei. Die Zeiten änderten sich, und ausgerechnet in der Zeit des »Märchenkönigs« wurde diese Schule begründet, die bereits 1877 in Technische Hochschule umbenannt wurde. Eine erste Erweiterung des Gebäudes führte Friedrich Thiersch von 1906 an aus. Zur gleichen Zeit erhielt auch die Universität ihren Westflügel an der Amalienstraße, und German Bestelmeyer, der ihn und den Lichthof im Ostflügel baute, erhielt 1923 den Auftrag, auch der Technischen Hochschule einen weiteren Trakt anzufügen.

Fabriken, »die sich einen Namen gemacht haben«

Daß in München bereits vor dem Regierungsantritt König Ludwigs ein Wandel eingesetzt und eine neue Zeit begonnen hat, bemerkte auch der britische Mr. Wilberforce, als er sich 1856 und dann noch einmal 1860 für einige Zeit in München niedergelassen hatte. In seiner 1863 zu London erschienenen Münchner Sozialgeschichte, die mancherlei Aspekte des Lebens in der bayerischen Residenzstadt beschrieb, beurteilte er die Arbeit der Handwerker sehr kritisch. An ihren Unzulänglichkeiten, meinte er, treffe freilich nicht sie alleine die Schuld. »Bei den noch bestehenden Vorschriften, den Innungen, Gilden und Zünften, den allseitigen Einschränkungen, hätte kaum eine intelligentere Handwerkerschaft entstehen können.« Nun aber, mit den neuen Gesetzen, werden sich die Verhältnisse bessern. »Überall zeigen sich die Auswirkungen der Liberalisierung. Konkurrenz und Initiative werden spürbar. Neue Geschäfte und Werkstätten werden in allen Stadtvierteln eröffnet und alte verschönert, und der Fortschritt, der in vier oder fünf Monaten bewirkt wurde, ist ein Hoffnungsschimmer für die Zukunft dieser Stadt.«

Obwohl noch immer der Mittelpunkt eines Agrarstaates und fernab von Eisenhütten und Kohlengruben, war München nun doch bereit, den Anschluß an das frühe technische Zeitalter zu finden, das hier 1854 mit dem Bau des Glaspalastes, der Großhesseloher Brücke und der langen Schrannenhalle vom Viktualienmarkt ja schon so sinnfällig-ehern begonnen hatte.

Wenige Jahre zuvor noch, um die Mitte der fünfziger Jahre, brauchte Eduard Fentsch in seinem München-Buch nur wenige Zeilen, um alle Fabriken aufzuzählen, »die sich einen Namen gemacht haben«. Neben der Lederfabrik des Baron von Eichthal und der Maschinenfabrik des Herrn von Maffei in der Hirschau waren dies: die Gold- und Silberpapierfabrik des Leo Henle (mit etwa siebzig Arbeitern), die Kron'sche Parfümeriefabrik, die Spiritusfabrik Vigel und Riemerschmid, die Bijouteriefabrik Neustaedter, die Etiketten- und Heiligenbilderfabrik Triendl, die Handschuh-Firma Roeckl, die Maschinen- und Großuhrenfabrik von Manhard, das Optische Institut Maerz, das Mathematisch-Mechanische Institut Ertl und Sohn sowie I. von Haeckels Fabrik für künstliche Blumen, die mehr als einhundert Personen beschäftigte.

Der königlich bayerische Regierungs-Assessor Fentsch kam mit seiner Addition schnell an ein Ende und meinte dann, »daß zum wenigsten noch 10 bis 12 großartige Etablissements hinreichend Raum und Wasserkraft in München fänden, ohne daß die Stadt Gefahr liefe, zum Schrecken der gemüthlichen Bürgerschaft eine Fabrikstadt zu werden.«

Es sind schließlich, nachdem zwischen 1854 und 1942 der Burgfrieden mehrfach erweitert wurde, sehr viel mehr als ein Dutzend Fabriken hinzugekommen: Im Jahre 1989 waren bei der Industrie- und Handelskammer 1030 Betriebe mit fünfzig bis hundert sowie 207 Betriebe mit mehr als fünfhundert Beschäftigten registriert: insgesamt arbeiteten etwa 180 000 Personen in Münchner Industriebetrieben.

Einige der angesehensten, noch heute bestehenden Unternehmen waren bereits um die Mitte des vorigen Jahrhunderts entstanden, also zu der Zeit, als Eduard Fentsch sein Buch schrieb.

Im Jahre 1850 zum Beispiel kaufte der neunundzwanzigjährige Schmied Lorenz Meiller aus Weißach am Tegernsee in der Münchner Vorstadt Au von Georg Buchwieser das Anwesen Lilienstraße 5. Wichtiger als die Immobilie war für ihn zweifellos das Recht, die sogenannte »Gerechtsame«, hier Pickel, Hämmer, Schaufeln und Hacken zu produzieren. Knapp hundert Jahre später – die seit 1907 in der Fabrik an der Landshuter Allee gebauten Kipper sind längst in aller Welt bekannt – erwirbt die Firma F. X. Meiller die Aktienmehrheit an der 1852 in München gegründeten Waggonfabrik Josef Rathgeber.

Neben Meiller und Rathgeber gehören zu den Unternehmen, die in den 1850er und 1860er Jahren in München gegründet wurden (und die heute noch bestehen) unter anderen: die Weingroßhandlung Eduard Neuner (gegründet 1852), die Firma Uhren Huber (1856), der Oldenbourg Verlag (1858), die Spielkartenfabrik F. X. Schmid (1860), die Knopfmacher- und Posamentierwerkstätte des Ludwig Beck, situiert am Rathauseck (1861), das Baugeschäft Joseph Rank (1862), die Kraemersche Kunstmühle, der aus Frankfurt zugezogene Bruckmann Verlag, die Kunsthandlung Bernheimer, die Firma Pfeifen-Huber und die Metzlersche Gummi-Waren-Fabrik (1863), die Uhrmacherei Johann Baptist Fridrich in der Sendlinger Straße (1864), das Geschäft des Hofjuweliers Thomass und die Lokomotivenfabrik von Georg Krauss am Marsfeld (1866) sowie Johannes Eckarts Fruchtsaftfabrik am Salvatorplatz, die zweite deutsche Konservenfabrik, aus der 1945 die Pfanni-Werke wurden (1868).

Anschluß an die Welt: der Hauptbahnhof

Zu einer modernen Industriestadt ist München aber damals dennoch nicht geworden. In einer Untersuchung des Jahres 1882 zeigte sich, daß nur 44,6 Prozent seiner Bevölkerung in »Industrie und Bauwesen« arbeiteten. Damit lag München, die viertgrößte Stadt im Reich, an neunter Stelle und zum Beispiel hinter Nürnberg mit 55,5, Berlin mit 54,3 oder Köln mit 47,3 Prozent.

Zwar gab es in der bayerischen Residenzstadt zwei Lokomotivfabriken, doch in der Metallindustrie waren kurz vor Beginn der Prinzregentenzeit nur etwa 10 500 Personen beschäftigt. An erster Stelle rangierte im Gewerberegister – mit 23 000 Arbeitnehmern – die Bekleidungsindustrie. Ihr folgten mit 20 500 Beschäftigten das Baugewerbe, mit 12 600 Arbeitern die Nahrungsmittelindustrie und mit 11 200 Arbeitern die Holzindustrie.

Eduard Fentsch war noch davon ausgegangen, daß die Industrialisierung Münchens vor allem von der Nutzung der Wasserkraft abhängen und in ihr auch ihre Grenzen finden werde. Dabei übersah er freilich – und konnte es wohl auch nicht ahnen –, daß die Stadt ja in eben dieser Zeit im Begriff war, im wahrsten Sinn des Wortes sich einen Anschluß an die Welt zu schaffen und dadurch auch die Grundlagen für eine Gründerzeit zu legen.

Zu Weihnachten 1854, als Kaiser Franz Joseph seine Braut Sisi besuchte, mußte er noch »mittels Extrazug« auf dem weiten Umweg über Prag–Leipzig–Hof–Nürnberg–Augsburg reisen. Erst sechs Jahre später, vom 1. September 1860 an, gab es dann die direkte Verbindung München–Salzburg–Wien. Deren Eröffnung wurde im Glaspalast durch ein Festmahl gefeiert, an dem der habsburgische Kaiser und der wittelsbachische König teilnahmen.

Einundzwanzig Jahre zuvor, am verregneten 1. September 1839, war in München erstmals die Bahn abgegangen. Allerdings kam sie bereits in Lochhausen wieder zum Stehen – zweieinhalb Fußstunden hinter dem hölzernen Bahnhof endete das erste Teilstück der Eisenbahn nach Augsburg. Zwei Monate später erreichten die Gleisleger aber bereits Olching, vor Weihnachten waren sie in Maisach und am 4. Oktober 1840 hatten sie ihr Werk getan, der erste Münchner Zug fuhr in Augsburg ein. Neun Jahre später war auf diesem Wege, nämlich über Augsburg und Nördlingen, auch Nürnberg zu erreichen.

Während noch an der Fertigstellung dieser Strecke gearbeitet wurde, baute man in München mit großem Eifer an einem neuen, von Friedrich Bürklein entworfenen Bahnhof. Dessen Vorläufer, ein langgestreckter Holzbau draußen vor der Stadt, in der Gegend der späteren Hackerbrücke, war ein Provisorium gewesen, das am Ostersonntag 1847 während eines Schneetreibens niederbrannte. Wenn denn tatsächlich das Feuer gelegt war – was man vermutete, aber nie beweisen konnte –, so hatte der Brandstifter, dem das Gebäude offensichtlich ein Ärgernis war, nicht gewußt, daß der Bahnhof ohnedies bald verschwinden würde. Vier Tage zuvor hatte nämlich der König den schriftlichen Auftrag gegeben, auf dem Gelände der ehemaligen Schießstätte (des heutigen Hauptbahnhofs) den Zügen ein neues Gebäude zu errichten.

Am 1. Oktober 1849 fuhr dann der erste Zug aus diesem neuen Bahnhof ab, doch die Bauarbeiten waren damit noch lange nicht abgeschlossen, da die Eröffnung von neuen Strecken mehrfach Erweiterungen notwendig machte. So entstand ein erster Hauptbahnhof-Anbau für die ab 1858 betriebene

Ostbahn München–Landshut (die 1859, kurz vor Weihnachten, bis Regensburg geführt wurde); 1893 kam dann noch ein eigener Starnberger und 1913 auch noch ein Holzkirchner Bahnhof hinzu. Zuletzt liefen im Hauptbahnhof München – der zeitweise Deutschlands größter Bahnhof war – neun Linien zusammen.

Der gute Boden für das Gastgewerbe

München war seit den Barbarossatagen ein frequentierter Handelsplatz. Keiner der ganz großen, doch wichtig genug, um schließlich der zentrale Ort des Herzogtums zu werden. Wo die Geschäfte florierten und wohin die Kaufleute aus allen Himmelsrichtungen kamen, fand natürlich auch das Gastgewerbe seinen guten, ertragreichen Boden, und 1782 meinte Professor Westenrieder in seiner »Beschreibung der Haupt- und Residenzstadt München (im gegenwärtigen Zustand)«, daß zwar von Gesetzes wegen nur Weinwirte die Erlaubnis hätten, Fremde zu beherbergen. »Indeß wird dieß wegen der Menge von Fremden nicht genau genommen, und jeder Bierbräuer hat Erlaubniß, jedermann Nahrung und Wohnung zu geben.«

Nachdem er dann zwanzig Wirte und die eine Wirtin, die »Frau Thalerinn, Weingastgebinn zum goldenen Hahn in der Weinstraße«, genannt hatte, fügte er hinzu, daß ein Fremder in diesen Gasthäusern »alle Bequemlichkeit, und Bedienung, derer immer eine andere Stadt fähig ist«, finden werde. »Und mit der Rechnung wird er nicht Ursache haben, unzufrieden zu seyn.« Schrieb Westenrieder – 1782.

Was sich in Westenrieders Zeiten noch in vergleichsweise kleinen, überschaubaren Dimensionen abspielte, wuchs seit dem 19. Jahrhundert zu einer »Fremdenindustrie«. Schon 1833 meinte C. A. Baumann in seinem München-Buch, »man findet kaum eine Stadt von dem Range, und der Bevölkerung der Haupt- und Residenzstadt München mit so vielen Gasthöfen, Wein- und Kaffeehäusern besetzt, als München. Die Gasthöfe bieten reinliche und bequeme Wohnungen zu verschiedenen Preisen an.«

Eine dieser Wohnungen, ein Zimmer im Weingasthaus »Zum Schwarzen Adler« in der Kaufingerstraße 19/20 mietete am 6. September 1786 der Kaufmann Jean Philipp Moeller alias Johann Wolfgang von Goethe. Für eine einzige Nacht. Dann reiste er weiter. Ohne auch nur einen einzigen schönen Satz für die Münchner Fremdenverkehrswerbung zu hinterlassen.

Neun Jahre zuvor hatte Franz Joseph Albert, seit 1755 Wirt des »Schwarzen Adler«, einen Logiergast, der länger in seinem Haus geblieben war. Am 24. September 1777 hatten sich Wolfgang Amadé Mozart und dessen Mutter einquartiert, sechs Tage später bekam der *compositeur*, gleichsam zwischen Tür und Angel, jene so unglücklich verlaufene Audienz beim Kurfürsten, die ihm alle Hoffnungen nahm, in München eine Anstellung zu finden: »es ist keine vacatur da«. Am 10. Oktober besuchte Mozart den kranken Komponisten Joseph Mysliwececk im Herzogspital und am 11. Oktober reiste er mit Mama von München wieder ab. Nach Augsburg, zum Bäsle.

Zuvor gab es im »Schwarzen Adler«, wo er bereits im Winter von 1774 auf 1775 mit Ignaz Franz von Beecke einen Klavierwettstreit austrug, Konzerte. Am 3. Oktober, abends um einhalb zehn Uhr musizierte unter Leitung des Oboisten Joseph Fiala »eine kleine Musique von 5 personnen« zu Ehren von Mozart und Franz Joseph Albert (der von Berufs wegen ein studierter Chirurg der Universität Ingolstadt war). Am darauffolgenden Tage gab es bei Albert ein Hauskonzert, bei dem der Gast am Klavier saß und Geige spielte, »als wenn ich der gröste geiger in Ganz Europa wäre«.

Im November/Dezember 1790, bei seinem letzten München-Besuch, ist Mozart noch einmal im »Schwarzen Adler« abgestiegen, doch da war Franz Joseph Albert, der gelehrte, kunstverliebte Münchner Gastgeb, bereits ein Jahr tot.

In der Nähe dieses, nach Baumann, »ersten Gasthofes in München«, der später »Dom-Hotel« hieß, gab es auch noch den »Londoner Hof« und das Gasthaus »Zum goldenen Kreuz«.

Es war übrigens auffallend viel Gold in Münchens früher Hotellerie. So gab es in der Theatinerstraße einen »Goldenen Hirschen« (Casanova hat hier gewohnt), in der Weinstraße einen »Goldenen Hahn«. Andere Häuser hießen »Zum goldenen Storch«, »Zum goldenen Bären«, »Zum goldenen Löwen« oder »Zur goldenen Ente«.

Und neben all diesem güldenen Getier fand der Gast auch noch eine »Goldene Rose«, einen »Goldenen Stern«, eine »Goldene Sonne« (den späteren Bögner im Tal) sowie an der Stelle des Neuen Rathauses jene »Goldene Krone«, in der – vielleicht des Namens wegen? – im Mai 1632 König Gustav Adolf von Schweden logiert hat.

Wo der König baden ging

Das alles fand der Gast im alten München. Doch nun, im Zeitalter der Eisenbahn, begann eine große Zeit für das sogenannte Beherbergungsgewerbe. Daß beides zusammengehörte, die Eisenbahnen und die Hotellerie, zeigte sich besonders sinnfällig, als Joseph Anton von Maffei im Jahre 1841 in der Hirschau seine erste Lokomotive und gleichzeitig am Promenadeplatz auf Wunsch König Ludwigs I. das Hotel »Bayerischer Hof« baute.

Die Majestät war mit dem Ergebnis zufrieden. Nicht so sehr weil die Tänzerin Lola Montez bei ihrer Ankunft dort abstieg (denn ihr überließ er ja bald schon ein eigenes, quasi »sturmfreies« Haus), sondern weil die Badewannen in diesem Hundertbettenhotel so schön waren, daß sie selbst königlichen Ansprüchen genügten. Weswegen er auch öfters von der Residenz herüberkam, um ein Bad zu nehmen.

Ludwig I. und auch dessen Sohn und Enkel waren tot, als 1897 ein neuer Herr einzog. Der aus Amorbach zugewanderte Konditor Hermann Volkhardt hatte knapp drei Millionen Goldmark auf den Tisch gelegt und so den »Bayerischen Hof« erworben. Er renovierte, modernisierte und erweiterte das von Gärtner erbaute Haus in solchem Umfang, daß er sein Etablissement schließlich »das größte Hotel Deutschlands« nennen konnte. Als ein Berliner Konkurrent ihm diesen Anspruch vor Gericht streitig machte, erhielt Volkhardt dieses Prädikat auch noch in einem Richterspruch bestätigt.

Die Zahl der Gäste stieg, man baute neuerlich an und besaß 1924 neben tausend Betten auch noch den Titel: »Europas größtes Hotel«. Hundertfünfzig Jahre nach seiner Gründung (und nachdem der Enkel von Hermann Volkhardt das angrenzende Montgelas-Palais hinzugekauft hat) sorgen 700 Mitarbeiter für 760 Gäste in 440 Zimmern.

Zwei Jahre bevor am Promenadeplatz das Millionengeschäft abgewickelt wurde, eröffnete im Juni 1895 wenige hundert Meter nordwestlich, in der Max-Joseph-Straße, das später bei Aristokraten sehr beliebte »Hotel Continental«. Dieses Haus, das zuvor unter dem Namen »Zum König von Griechenland« als Weinwirtschaft betrieben wurde und dann in den Besitz der Familie von Gumppenberg überging, hätte im April 1932 der Ort einer denkwürdigen, vielleicht sogar weltgeschichtlich folgenreichen Begegnung werden können:

Auf den Spuren seines Vorfahren, des Herzogs von Marlborough, war Winston Churchill mit seiner Familie und Freunden nach Deutschland gereist, hatte das Schlachtfeld von Höchstädt besucht und sich für eine Woche im »Continental« eingemietet. Durch seinen Sohn Randolph lernte er bei dieser Gelegenheit Hitlers Auslandspressechef Ernst Hanfstaengl kennen. Dieser Mann, meinte Churchill nun, könnte ihm eine Begegnung mit dem Führer der NSDAP vermitteln, der am 10. April als Kandidat für das Amt des Reichspräsidenten gegen Hindenburg antreten würde. »Sagen Sie mir, Mr. Hanfstaengl, wie würde Ihr Chef über ein Bündnis zwischen Ihrem Land, Frankreich und England denken?« Eine Antwort darauf war nicht zu bekommen, da sich Hitler nicht überreden ließ, den Briten bei einem für diesen Zweck arrangierten Souper zu treffen.

Betten und Tische für Fremde

Der Pfarrer Johann Paul Stimmelmayr zählte um das Jahr 1800 in der Kaufinger Gasse neben einem »alt berühmten Coffeehaus« und dem »Bierzäpfler Haus ›Bey der Geis‹« noch vier Weinwirtschaften. Eine von ihnen kaufte sich 1844 der in Budapest geborene Buchhalter August Schimon, der einschlägige Erfahrungen mitbrachte, da er sich ein Dutzend Jahre zuvor beim Kühbogen die Weinwirtschaft «Zum Ramlo» erheiratet hatte. Der Mann, bei dem bald schon Künstler, Gelehrte und nach der kleinen 48er-Revolution auch freisinnige Abgeordnete verkehrten, muß das Geschick gehabt haben, als sein eigener Buchhalter immer schwarze Zahlen zu schreiben – hätte er sonst vom Kleiderfabrikanten Röckenschuß ein Grundstück an der neuen Maximilianstraße kaufen und darauf ein weltstädtisches Hotel bauen können? Ein Haus, das kurz vor seiner Eröffnung sogar der Bruder des Königs, der spätere Prinzregent Luitpold, besichtigte und dem er »in den schmeichelhaftesten Ausdrücken höchstlöblich seine Anerkennung« spendete. Es sei ein »an Großartigkeit seinesgleichen suchendes Etablissement«, rühmte der Wittelsbacher werbewirksam, eine »neue Zierde für München«.

Am 25. Juli 1858, abends um neun, hatten die beiden Schimonschen Pferdeomnibusse Premiere. Sie fuhren zur Bahn, und der erste Gast, den sie brachten und der an diesem Eröffnungstag das »Hotel Vier Jahreszeiten« betrat, war ein junger Franzose. Ihm folgten auf dem Fuße: vier Rosenheimer, ein mit Frau und Tochter reisender Oberst aus Hannover sowie ein junges Ehepaar von irgendwo.

Die vornehmsten Gäste, die Majestäten, die durchlauchtigsten Fürsten sowie die vermögenden Damen und Herren wurden – wie Hermann Uhde-Bernays aufgeschrieben hat – mit einem eigenen Wagen des Hauses kutschiert. Zu dem noblen Gefährt gehörte der »steife Lohndiener im Frack und weißseidenen Schlips am hochgebundenen Kragen, ein stadtbekanntes Requisit des Hotels.«

Die Besitzer haben seit jenen Jahren um die Jahrhundertwende zwar einige Male gewechselt – 1924 kaufte die Stadt München die Mehrheit der seit 1885 bestehenden Hotel AG, 1926 erwarben die Brüder Walterspiel die Aktienmehrheit und seit 1970 gehören die »Vier Jahreszeiten« zu Kempinski –, von oben aber, vom Gesims des Hotels, schauen noch immer August Schimon und seine Frau aus zwei Medaillons zufrieden herunter auf den Eingang ihres Hauses und auf die Maximilianstraße.

Der Hotelier Michael Bader brauchte, um seine Gäste vom Zug abzuholen, kein eigenes Fuhrunternehmen, da er sein Haus seit 1864 in Sicht- und Rufweite zum Bahnhof führte. Dementsprechend und ein wenig phantasielos nannte er sein Etablissement »Zur Ostbahn«. Der Name klang nicht gerade weltläufig und war überdies irreführend, als 1871 draußen in Haidhausen für die Mühldorfer Strecke ein neuer Ostbahnhof eröffnet wurde. Da man aber im Januar dieses Jahres ohnedies gerade das Deutsche Kaiserreich ausgerufen hatte, hieß das Hotel hinfort »Deutscher Kaiser«.

Es sind in der zweiten Jahrhunderthälfte noch etliche weitere große Hotels entstanden. Zum Beispiel das einst hochgeschätzte »Hotel Leinfelder« am Lenbachplatz, das im Oktober 1853 und somit rechtzeitig zur Eröffnung des nahegelegenen Glaspalastes fertiggestellt wurde, oder das »Hotel Oberpollinger«, das 1901 an ein Textilunternehmen verkauft und zwei Jahre später abgerissen, aber 1904/05 als Kaufhaus Oberpollinger in veränderter Form wieder aufgebaut wurde.

Und so wie dieses, mußte auch ein anderes Münchner Hotel einem großen Warenhaus weichen: Das vormalige Wirtshaus des Eustachius Föderl – jenes Mannes also, dem der Stachus seinen Namen verdankt – war zu Beginn der 1870er Jahre in ein Hotel verwandelt worden, doch noch vor der Jahrhundertwende zog Johann Horn mit seinen Textilien ein, und 1950 entstand auf dem zerbombten Grundstück mit dem Kaufhof der erste große Warenhausbau nach dem Kriege.

Vis-à-vis, auf dem schmalen Terrain zwischen Prielmayer- und Schützenstraße hatte kurz vor der Eröffnung des »Hotel Stachus« das »Belle-Vue« seine ersten Gäste empfangen. Im Jahre 1914 glaubte man es seiner patriotischen Gesinnung schuldig zu sein, den französischen Namen abzulegen, und daß man hinfort unter dem Namen »Königshof« firmierte, war nicht unbegründet, denn in diesem Hause stieg die Hocharistokratie gerne ab, und unter den hohen Herrschaften gab es auch eine bayerische Majestät, die Sisi-Schwester Marie Sophie, bis 1861 Königin beider Sizilien und berühmt unter dem Namen »Heldin von Gaeta«. (Auf daß der monarchistische Glanz über die Stadt und die Hotels verteilt werde, stieg Sisi bei ihren München-Aufenthalten im »Bayerischen Hof« ab.)

Auch andere Hoteliers gerierten sich Anno 14 patriotisch. Schon der Herr von Westenrieder sel. kannte die vom Weingastgeb Merkel betriebene »Blaue Traube«. Nach dem Krieg von 1870 gab man sich nobler und nannte das Etablissement hinfort »Hotel d'Angleterre – Englischer Hof«. Man empfand diesen Namen nun als Makel und nannte sich hinfort »Hotel Posch«.

Eine besondere Faszination übte natürlich das Hauptbahnhofviertel auf die Hotelgründer aus. So entstand 1867 zum Beispiel das »Hotel Schottenhamel«, 1872 das »Hotel de l'Europe« (aus dem aus den bekannten Gründen ein »Europäischer Hof« wurde), 1873 das »Ringhotel« am Sendlinger Tor, das 1923 geschlossen wurde und an dessen Stelle Paolo Nestler 1984/87 die neue Sparkasse baute. Und die Hotel-Gründerzeit setzte sich fort, 1889 mit dem »Hotel Trefler« in der Sonnenstraße, 1890 mit dem »Hotel Kaiserhof« in der Schützenstraße (das ein Kaufhausanbau ersetzte) und dem »Hotel Wolff«, das nach der Zerstörung durch Bomben wieder aufgebaut und um die Mitte der 50er Jahre als »Hotel Eden-Wolff« eröffnet wurde, wobei das »Eden-Hotel« einst den recht eigenwilligen Namen »National-Stimmen« geführt hat.

Die Betten waren also gerichtet, die Tische gedeckt, die schönen Badewannen standen bereit... Das Wort »Fremdenverkehr« – Jacob Grimm hat es 1862 in seinem Wörterbuch noch nicht gekannt – steht in jeder Münchner Wirtschaftsgeschichte weit vorne und so trifft wohl zu, was Raoul H. Francé 1920 in seinem München-Buch schrieb: »München war, ist und wird immer sein die Stadt der Fremden.« Und es wird darum auch Wahrheit in der Feststellung liegen, die Thomas Mann nur wenige Jahre zuvor in seinen *Betrachtungen eines Unpolitischen* formulierte. Die Stadt, meinte er, wahre ihren historischen Charakter als künstlerisches Kulturzentrum, »indem sie ihn mit Eifer ins Fremdenindustrielle entwickelte: sie ist heute in Friedenszeiten ein großstädtischer Badeort mit blühendem Hotelbetrieb und einer Art Verschönerungsverein an der Spitze, der unter kräftiger Reklame darauf bedacht ist, daß einem aus aller Welt zustürmenden Reisepublikum urwüchsig-hochstehende, kulturell-erquickliche Unterhaltung reichlich geboten wird.«

Das Reisepublikum strömte in der Tat herbei. Etwa 150 000 Besucher sollen 1875 gekommen sein, an die 350 000 waren es zehn Jahre später, und noch vor dem Ersten Weltkrieg wurde die halbe Million überschritten. (Und die Zahl stieg und stieg und nahm vor allem seit Beginn des motorisierten »Individualverkehrs« riesige Dimensionen an: 1990 registrierte das Fremdenverkehrsreferat 3,6 Millionen Gäste, 6,9 Millionen Übernachtungen.)

Münchner Wasser-Spüle

Dabei hatte München noch weit in die zweite Hälfte des 19. Jahrhunderts hinein große Probleme – es hatte einen schlechten Ruf, denn es war, schlicht gesagt, nicht sehr reinlich. Vom »unergründlichen Schmutz in den ungepflasterten Nebenstraßen« kann man in den Tagen Max II. lesen und 1859 erinnert sich Theodor Fontane, nach Berlin zurückgekehrt, an »jene eigentümliche Paste, die ... die Stelle des Straßendamms vertritt« – in München.

Man war dennoch zumeist zufrieden, lobte die schönen Bauten, die legeren Bürger, die herzigen Mädchen, doch wenn wieder einmal eine Seuche ausbrach – der Typhus in den Jahren 1740, 1771, 1841, 1845, 1858, 1860, 1869, 1872, die Cholera anno 1836, 1854 und 1873 – reiste man schnell ab.

Aber es kam Abhilfe.

Die Behörden erkannten den Wert von Pettenkofers Forschungen und gründeten 1865 an der Münchner Universität das erste Hygieneinstitut Deutschlands. Und dies war nur der erste Schritt. Als dann Bürgermeister Alois von Erhardt sein Amt übernahm, trat er 1870 überzeugt und überzeugend dafür ein, daß man, Pettenkofer folgend, Münchens Wasserversorgung und Abwasserentsorgung verbessere. Das war, wie die Epidemien gezeigt hatten, dringend notwendig, und ein erster Schritt war die Eröffnung des Schlacht- und Viehhofes im Jahre 1878, denn nun konnten die mehr als achthundert kleineren und größeren Schlachthäuser mit ihren Versitzgruben geschlossen werden. Aber noch immer gab es die vielen, zum Teil recht unzulänglichen Hausbrunnen.

Vom Gedanken zur Tat war ein weiter und ein teurer Weg. Im Dezember 1874 hatte der kgl. sächsische Baurat Salbach in einem Gutachten empfohlen, Wasser aus dem Mangfallgebiet nach München zu leiten. Vieles war zu prüfen, vieles zu berechnen, bis dann endlich 1881 mit dem Bau der sogenannten Mühltaler Hangquellenfassung begonnen wurde.

Den erfolgreichen Abschluß der Arbeit zeigte man am 1. Mai 1883 durch die festliche Illumination des Hochbehälters von Deisenhofen an: 2000 Lämpchen leuchteten und waren ein Zeichen dafür, daß das Wasser aus der Mangfall angekommen war. Am Nachmittag des gleichen Tages begann dann auch der Brunnen am Sendlinger-Tor-Platz zu sprudeln – Münchens Wasserversorgung war gesichert. Und daß dieses Wasser aus etwa vierzig Kilometern Entfernung mit Druck ankam, demonstrierte die Feuerwehr den staunenden Zuschauern, als sie bei einer eigens veranstalteten Löschübung mit ihrem Strahl mühelos den Giebel eines Gasthauses erreichte.

Niemand wird an diesem Tag glücklicher gewesen sein, als der mittlerweile dreiundsechzigjährige Professor Pettenkofer, denn er wußte, daß nun die Cholera und der Typhus in München besiegt waren und daß seine Forschungen aus den fünfziger und sechziger Jahren dazu einen wichtigen Beitrag geleistet hatten. So ist es auch ihm mitzuverdanken, daß München noch weit mehr als hundert Jahre später unter Europas Millionenstädten das sauberste Trinkwasser hat.

Die Stadt war den Ruf, eine »pest city« zu sein – so las mans 1877 in einer amerikanischen Zeitung – endgültig los, und sie zeigte ihre Freude darüber monumental und in einer dem Anlaß angemessenen Form. Sie wartete zunächst bis die Häuser an die neue Wasserleitung angeschlossen waren und gab dann dem Bildhauer Adolf von Hildebrand seinen ersten großen Auftrag, einen Brunnen in exponierter Lage; und da nun auch die Residenz das Wasser aus dem Mangfalltal bekam, beteiligte sich Prinzregent Luitpold an dem Projekt mit großem Geld. Daß man sich für die Spende revanchieren und dem Brunnen seinen Namen geben wollte, lehnte er dankend ab. So erhielt München 1895 keinen Prinzregent-Luitpold-, sondern jenen Wittelsbacherbrunnen, der zu den schönsten Brunnen des 19. Jahrhunderts gezählt wird.

Doch so, wie sauberes Wasser der Stadt zugeführt wurde, mußte das verschmutzte Wasser auch wieder abgeleitet werden. Max von Pettenkofers Untersuchungen hatten gezeigt, wie notwendig dies für Münchens Hygiene und Gesundheit war. Es wurden zwar bereits 1812 die ersten unterirdischen Abwasserkanäle verlegt, da dies aber, wie die Seuchen zeigten, längst nicht ausreichte, holte man 1876 den englischen Ingenieur J. Gordon, auf daß er – wie auch andernorts – allen Dreck hinwegspüle. Der Erfolg kam aber erst anderthalb Jahrzehnte später mit der Schwemmkanalisation, die es hinfort erlaubte, durch einen Zug an der Schnur an geheimen Orten die unsaubere Angelegenheit in Ordnung zu bringen und alles der Isar zu überlassen. München war nun eine der saubersten Städte der Welt. (Auch wenn man schon damals in Freising und Moosburg der Meinung war, Münchner Lasten – in diesem Fall die isarabwärts treibenden Fäkalien – vor die Tür gespült zu kriegen. Herr von Pettenkofer hat freilich nachgewiesen, daß alles bereinigt sei, ehe sie die Höhe von Freising erreichen. Schon damals mußte man also auf die »Selbstreinigungskraft« des Wassers hoffen – die Natur mußte stärker und gescheiter sein als der Mensch.)

Brunnenbohrung unter Militärschutz

Als draußen im Mangfalltal der Hahn aufgedreht wurde, hatte die Stadt München rund 240 000 Einwohner, die im ersten Jahr bereits 12,2 Millionen Kubikmeter des gesunden, frischen Mühltaler Wassers verbrauchten. Die Stadt aber wuchs und mehr noch der Bedarf an Wasser: 1900 flossen 36,3 Millionen Kubikmeter durch das Münchner Rohrnetz, 1939 waren es 80,6 Millionen Kubikmeter und 1990 zapften die Münchner 115,9 Millionen Kubikmeter Wasser.

Die nahe der späteren Autobahnausfahrt Weyarn gelegene Quelle reichte bald schon nicht mehr aus, und so begann man bereits zehn Jahre nach der Öffnung der ersten Hangquelle die fünf Kilometer südlich gelegene Gotzinger Quelle anzuzapfen, und die benachbarte Reisacher Grundwasserfassung kam noch hinzu. Allerdings erst, nachdem 1910 ein Richterspruch gefallen war. Die Grundbesitzer hatten sich nämlich dagegen gewehrt, daß die Stadt München bei ihnen Wasser hole. Schließlich mußte sogar das bayerische Militär ausrücken, um sie von Gewalttaten abzuhalten.

Obwohl es noch eine dritte und eine vierte Ausbaustufe gab und auch weiterhin gilt, daß »die Wasserversorgung aus dem Mangfalltal der Grundstock der Münchner Versorgung ist«, war es notwendig, für den wachsenden Bedarf – Rekordtag: 26. Juli 1983, abends um halb acht, mit 11 200 Litern pro Sekunde – neue Quellen zu suchen. Und man fand sie im Loisachtal, in der Gegend von Oberau und Eschenlohe. Sie war schon 1876 empfohlen worden, und 1903 hatte es sogar geheißen, »aus diesem Gebiet wäre München voraussichtlich für alle Zeiten mit Wasser zu versorgen«.

Die Loisachtaler hörten's nicht gerne, dennoch wurde 1955 (und somit lange nach der ersten Erwähnung) ein Raumordnungsverfahren für die Trinkwassergewinnung beantragt. Die Angelegenheit beschäftigte von nun an die Gerichte; Sachverständige schrieben eifrig Gutachten, und die Oberlandler protestierten; während der Pumpversuche im Jahre 1978 sogar durch einen Brandanschlag auf einen Brunnen.

Doch alles Aufbegehren und Rebellieren war umsonst, München gewann vor Gericht, und seit 1982 fließt Wasser auf der sechzig Kilometer langen Strecke in die bayerische Landeshauptstadt. Allerdings unter ständiger technischer Überwachung, und so mußte, als sich der Grundwasserspiegel nach einem trockenen Sommer unter den zulässigen Richtwert senkte, im Herbst 1991 die Leitung zeitweise gesperrt werden.
Als zwischen dem Mangfalltal und München die Wasserrohre verlegt wurden, war auf etwa der gleichen Strecke auch der siebenundzwanzigjährige Oskar von Miller eifrig am Werkeln. Die Sache mit dem Wasser leuchtete den Leuten ja ein (auch wenn sie vielleicht nicht damit einverstanden waren), aber was wollte der junge Ingenieur – übrigens ein Sohn des »Bavaria«-Gießers Ferdinand von Miller –, der da mit der kgl. bayer. Telegraphenleitung herumexperimentierte?

Das elektrisch illuminierte Ballett

Die Besucher der »1. Internationalen Electricitäts-Ausstellung« bekamen es am 15. September 1882 vorgeführt: Eine in Miesbach aufgestellte 2 PS-1400 Volt-Dynamomaschine des Pariser Ingenieurs Marcel Déprez, über zwei Drähte mit dem 57 Kilometer entfernten Glaspalast verbunden, lieferte den Strom für einen elektrisch betriebenen Wasserfall. Erstmals war damit über eine längere Strecke hinweg elektrischer Strom geleitet und genutzt worden.

Die Begeisterung über das künstlich erzeugte Wasserplätschern wurde noch verstärkt durch andere Sehenswürdigkeiten. Draußen vor der Halle hat man in der Brienner, Arcis-, Karl- und Sophienstraße erstmals eine elektrische Straßenbeleuchtung vorgeführt, und ein auf dem Glaspalast montierter Scheinwerfer illuminierte die Türme der Frauenkirche. Drinnen aber im Glaspalast konnten Besucher aus einem Telefonhäuschen mit Oberammergau sprechen oder einer Opernübertragung aus dem Hof- und Nationaltheater zuhören. Wer lieber sehen als hören wollte, konnte im Saal eine elektrisch illuminierte Ballettaufführung bestaunen. Oskar von Miller, der das große Spektakel inszeniert hatte, war über Nacht ein berühmter Mann, dem zur Belohnung tausend Mark geschenkt wurden (obwohl die Ausstellung einen Überschuß von 75000 Mark erbrachte) und der nun, mit vielen Empfehlungen versehen, auf eine Studienreise nach England, Frankreich und Amerika geschickt wurde. Die Erfahrungen des Heimgekehrten hat die Regierung von Oberbayern, bei der er angestellt war, dann aber nicht genutzt. So ging Miller für ein mehrfach höheres Gehalt zu Rathenau (Vater) und dessen AEG nach Berlin.

In Bayern wurde also die Elektrifizierung ohne Oskar von Miller begonnen. Mit Schwierigkeiten übrigens. Die private »Münchner Gasgesellschaft« sah nämlich durch die neuartige Elektrizität ihr bis 1899 festgeschriebenes Monopol gefährdet, und mit diesen ihren recht eigennützigen Gründen hat sie dann auch erreicht, daß eine Probebeleuchtung unterblieb.

Im Gegensatz zur Stadt kannte das Theater keine derartigen Monopolklauseln und konnte daher das neuartige Licht einschalten – am 21. Mai 1883 fand vor geladenen Gästen im Residenztheater des François de Cuvilliés eine »elektrische Beleuchtungsprobe« statt. Da sie erfolgreich verlief, erleuchteten vier Tage später 766 Glühlampen das Haus. Im Januar 1885, bei einer Aufführung des *Trompeters von Säckingen* schaltete auch das Hoftheater erstmals elektrische Lichter an.

Zuletzt mußten die Finanziers und die Profiteure der Gasanstalt dann aber doch ihren Widerstand aufgeben, und so ging gegen Ende des Jahres 1893 in Teilen der Münchner Altstadt endlich auch das Licht an – München leuchtete nun wirklich. Es fiel allerdings ein kleiner Schatten auf den großen Glanz, denn Nürnberg hatte sich für dieses Licht schon elf Jahre früher entschieden.

Und auch die Schwabinger, bis zum Jahre 1890 selbständig und kurz vor der Eingemeindung noch zur Stadt erhoben, waren den Münchnern mit wahrhaft leuchtendem Beispiel vorangegangen, als sie in den frühen achtziger Jahren eine Straßenbeleuchtung installieren ließen. Ausgeführt wurde dieser Auftrag durch die Firma Ludwig Kießling & Cie. aus der Müllerstraße 3.

Teilhaber waren die Brüder Einstein. Sie gründeten wenig später die Firma Jacob Einstein & Cie., electro-techn. Fabrik Spezial, Electrische Beleuchtungen, Rengerweg 14. (Im Stadtplan wäre das Unternehmen, das zeitweise um die zweihundert Personen beschäftigte, heute etwa Ecke Lindwurm-/Adlzreiterstraße zu finden.) Die Einsteins besaßen Ansehen, denn sie durften 1885 die erste elektrische Beleuchtung auf dem Oktoberfest installieren, 16 Bogenlampen, die den durch eine Dampfmaschine erzeugten Strom über eine 6500 Meter lange Leitung zugeführt bekamen.

Der im Firmentitel abgekürzte Compagnon war Jacobs Bruder Hermann Einstein, der im Juni 1880 von Ulm nach München gekommen war. Seinen 1879 geborenen Sohn Albert schickte er zunächst in die Werktagsschule in der Blumenstraße und von 1888 an in das Luitpoldgymnasium in der Müllerstraße, wo der Klaßlehrer dem Fünfzehnjährigen nahelegte, er möge die Schule verlassen. Nach dem Grund gefragt, sagte er: »Ihre bloße Anwesenheit in der Klasse verdirbt den Respekt der anderen Schüler.« Da die Eltern inzwischen ohnedies in Italien lebten – die Elektrizitätsfirma hatte offensichtlich »falliert« –, verließ der Schüler Albert Einstein München.

Und als er, inzwischen ein junger, hochberühmter Professor, Jahre später seinen Deutschlehrer Rueß besuchte, konnte der sich an einen Schüler Einstein nicht mehr erinnern. (In seinen anderthalb Münchner Jahrzehnten ist Albert Einstein zwar zu einem passionierten Geiger geworden, doch von Musik verstand sein etwa gleichaltriger Cousin Alfred Einstein dann doch noch mehr. Er, ein geborener Münchner und bis zur Emigration in München lebend, wurde ein bekannter und erfolgreicher Musikschriftsteller.)

Wie die Nürnberger und die Schwabinger, lernten auch die Münchner die neue Energie auf der Straße kennen, nämlich in den Lampen oder durch die seit 1895 verkehrenden elektrischen Straßenbahnen. Der Strom war nämlich für den privaten Verbrauch noch recht teuer, und so besaßen im Jahre 1900 erst an die zweitausend der insgesamt 118 738 Münchner Wohnungen einen Anschluß an das Elektronetz (dabei waren auch die Anschlüsse in Hotels und Geschäften mitgezählt).

Ein Apparat für die Stadt

Teuer, zu teuer war für die meisten Münchner zunächst auch das Telefon. Als die Post- und Telegraphenabteilung der Kgl. Verkehrsanstalten am 1. Juli 1882 bekanntgab, daß für die Residenzstadt ein Telefonnetz geplant sei und daß mit dem Ausbau begonnen werde, sobald sich hundert Teilnehmer gemeldet und auf fünf Jahre verpflichtet hätten, war die Zahl nach zwei Wochen bereits – oder erst? – überschritten. Es waren freilich vor allem Geschäfte, die sich einschrieben.

Die Nummer 1 in der Bewerberliste war der Verleger der *Münchner Neuesten Nachrichten*, der Buchdruckereibesitzer und Schriftsteller Dr. Georg Hirth aus der Brienner Straße 17/II. Als dann freilich am 1. Mai 1883 den insgesamt 145 Münchner Teilnehmern aus einem der beiden »Umschaltbureaux« die ersten Gespräche vermittelt wurden, erreichte man Dr. Hirth unter der Nummer 37; der Anschluß Nummer 1 stand am Marienplatz 7, beim Bankier Max Kampferseck.

Die Behörden waren sparsam oder skeptisch und ließen sich zunächst nur wenige Sprechgeräte in ihren Amtszimmern installieren. Im Rathaus gab es im Mai 1883 nur den Apparat Nummer 66 für den 1. Bürgermeister Dr. von Erhardt (der auch in seiner Wohnung in der Heßstraße einen Anschluß besaß); für den 2. Bürgermeister Johannes von Widenmayer sowie für den Portier waren Anschlüsse beantragt. Das Staatsministerium des Königlichen Hauses und des Äußeren waren über zwei Nummern zu erreichen, das Kultusministerium über eine.

Die Münchner hatten und sie haben sich offensichtlich viel zu sagen, und das Telefon ist dazu das rechte Instrument. Hundert Jahre nach der Installation des ersten Fernsprechapparates gab es in der bayerischen Landeshauptstadt 5504mal so viele Hauptanschlüsse, und 1990 waren 1 027 360 Münchner Telefonnummern ausgegeben (und wer da wirklich noch über keinen Anschluß verfügte, konnte aus einer der nahezu fünftausend öffentlichen Fernsprechstellen sein Gespräch führen).

Dabei hätte dieses Sprechen über Drähte schon früher beginnen können. Das Telefon war der Stadt von der internationalen Bell Telephone Company nämlich bereits 1880 (und somit nur vier Jahre nach der Anmeldung des Patents) empfohlen worden. Das zuständige Ministerium verbot aber dem Magistrat, mit diesem privaten Anbieter ein Geschäft abzuschließen, denn hier, so hieß es, handle es sich um ein staatliches Monopol, und wenn die Stadt denn wirklich ein Interesse an diesen Sprechgeräten habe, könne man ja eine Telefonanlage bauen.

Im alten München wählte selbst der Fortschritt ein gemächliches Tempo. Er schlenderte lieber, als daß er lief, und ehe man sich von Altem, Vertrautem trennte, prüfte man das Neue zunächst einmal sehr genau. Das überrascht nicht in einer Stadt, in der die Rentner zahlreicher waren als anderswo im Reich. Da in München daher alles seinen kommoden Gang ging, kam die bayerische Residenzstadt häufig ein bißchen später ans Ziel. Manch einer hat darüber die Nase gerümpft. Oswald Spengler zum Beispiel, der während des Ersten Weltkriegs in einem Brief die Behauptung aufstellte: »Denn München ist in Deutschland die altmodische Hauptstadt par excellence, die von der letzten Künstlerromantik zehrt und deshalb unfruchtbar ist.«

Allzu ernst hat er diesen Satz wohl selbst nicht genommen, denn er war im Frühjahr 1911 in diese Stadt gekommen, hat hier trotz der beklagten Unfruchtbarkeit zwischen 1912 und 1918 seinen *Untergang des Abendlandes* geschrieben und nach seinem Tod im Jahre 1936 auf dem Nordfriedhof seine letzte Ruhe gefunden.

Ein paar Pferdelängen Vorsprung für den Velocipedisten

So also ging's zu in München, einer saß (fast) immer im Bremserhäuschen, mal ein Staats-, dann wieder ein Magistratsbeamter. Die Behörden wollten den Gang der Dinge unter Kontrolle halten, und so achteten sie, nachdem der Maschinentechniker Conrad Gautsch sich 1867 als erster Münchner ein Velociped gekauft hatte, auch auf dieses neuartige Vehikel.

Schließlich nahm die Zahl der Velocipedisten aber so sehr zu, daß die Stadtverwaltung glaubte, Ruhe und Ordnung nur noch durch strenge Vorschriften sichern zu können, und so hieß es 1875 für einige Zeit: Das Radfahren innerhalb des Burgfriedens ist untersagt!

Ganz so hart ist man später mit den Radlern nicht mehr umgegangen, doch Felix Schlagintweit hat noch im Oktober 1889 seine Erfahrungen gemacht. In seiner Autobiographie *Ein verliebtes Leben* erzählt er, wie er zum Medizinstudium nach München kam und gleich fünf Mark Strafe zahlen mußte, weil er mit seinem Hochrad vom Bahnhof weg in die Schillerstraße fuhr. Er hatte wohl noch nicht gewußt, daß in der Residenzstadt genaue Regeln galten: nämlich daß im Englischen Garten, in den Maximiliansanlagen und im Hofgarten das Radfahren untersagt war, und daß auch auf vielen Straßen der Innenstadt die Velocipedisten tagsüber zu Fuß gehen mußten.

Vier Jahre nach der Ankunft des stud. med. Schlagintweit wurde verlangt, daß sich Radfahrer eine Fahrradkarte ausstellen lassen und am linken Lenker ein Nummernschild anbringen. Aus etwa der gleichen Zeit ist überliefert, daß man in einem Wirtssaal an der Theresienstraße den Betrieb dieses Fahrzeuges erlernen und dann in der Nähe des Isartalbahnhofes vor der Polizei eine Prüfung ablegen konnte.

Die Velofahrer wußten mit den Schikanen einer ängstlich besorgten Polizei zu leben. Schon 1869 hatten vier von ihnen einen Radfahrclub gegründet, der zu seinem 25. Geburtstag im Jahre 1894 ein Radrennen von Mailand nach München veranstaltete; Übungsgelände für diese große Tour war sicher die anderthalb Jahrzehnte früher beim Schyrenplatz gebaute erste

Radrennbahn der Welt, auf der im Jahr der Mailandfahrt eine Sportveranstaltung stattfand, die zum Triumph des Fahrrads wurde: Der Dauerradfahrer Fischer (diese Disziplin gab es damals offensichtlich) trat an drei aufeinanderfolgenden Tagen gegen den texanischen Reiter Cody an, und als nach insgesamt sieben Stunden die zurückgelegte Strecke gemessen wurde, hatte Fischer mit seinen 259 Kilometern den Reiter Cody um viele, viele Pferdelängen geschlagen.

Das Fahrrad wurde populär, auch wenn das Gefährt 1883 – in der Landwehrstraße gründete Johannes Strobel die Erste Münchner Velotiped-Fabrik – noch um die fünfhundert Mark kostete. Verständlich, daß der junge Schriftsteller Thomas Mann, Beziehungen nutzend, sein Velo vom künftigen Schwager Löhr billiger besorgen ließ – ein Importrad aus Griechenland übrigens. Noch im *Lebensabriß* von 1930 erinnert sich der Dichter (mittlerweile Nobelpreisträger und Besitzer eines langen Automobils mit Chauffeur), daß er um 1898/99, als er in der Marktstraße 5/III und dann in der Feilitzschstraße 5/III wohnte, »fast keinen Schritt zu Fuß ging und selbst bei strömendem Regen in Gummischuhen und Lodenpelerine, alle meine Wege auf dem Vehikel zurücklegte. Auf der Schulter trug ich es die drei Treppen hinauf in meine Wohnung, wo es in der Küche seinen Platz hatte.« In einem anderen Zimmer, neben den rotlackierten Korbfauteuils, lag auf einem Tischchen das zusehends höher sich stapelnde Manuskript der *Buddenbrooks*.

Auch der künftige Schwiegervater, der Geheime Hofrat und Mathematikprofessor der Münchner Universität, Adolf Pringsheim aus der Arcisstraße 12, war ein begeisterter Radfahrer, und Mann-Biograph Peter de Mendelssohn schrieb, daß er einmal sogar mit seiner Frau und den älteren Söhnen »quer durch Europa bis Norwegen« fuhr – und dabei war er unter Bayerns reichsten Männern immerhin die Nummer 33! Mit seinem Jahreseinkommen von 800 000 Mark (und einem Vermögen von 13 Millionen) hätte er den Kauf eines Autos auf seinem Konto kaum gespürt.

Der Schwarze Einser Nummer zwei

In München kannte man diese motorbetriebenen Gefährte seit dem Spätsommer des Jahres 1888. Damals zeigte Carl Benz beim Isartor, in der »1. Kraft- und Arbeitsmaschinen-Ausstellung für das Deutsche Reich« sein dreirädriges Auto, und am 12. September erhielt er vom Polizeipräsidenten auch noch die inoffizielle mündliche Erlaubnis, täglich zwei Stunden lang mit seinem Fahrzeug durch München zu kutschieren. Es sei ein ungewöhnlicher Anblick gewesen, schrieb das *Münchner Tagblatt*, »als von der Sendlingerlandstraße über den Sendlingerthorplatz durch die Herzog-Wilhelm-Straße in strengem Laufe ein sogenanntes Einspänner-Chaischen ohne Pferd und Deichsel mit aufgespanntem Dache, unter welchem ein Herr saß, auf drei Rädern – ein Vorder- und zwei Hinterräder – dem Innern der Stadt zueilte«.

Die von Carl Benz im 16-Kilometer-Tempo absolvierten Werbetouren erfüllten ihren Zweck, und weil die Behörden auch dieses knatternde Hin und Her unter Kontrolle behalten wollten, registrierten sie am 14. April 1899 alle in der Residenzstadt betriebenen Kraftfahrzeuge.

Vor der an der Ecke Schelling- und Schleißheimer Straße stationierten Kommission fuhren damals (mit der erlaubten Höchstgeschwindigkeit von 12 Stundenkilometern) 26 Automobile vor. Das erste Kennzeichen – angeblich sogar das erste Autokennzeichen der Welt! –, eine schwarze »1« auf gelbem Grund erhielt der 4-PS-Wartburg der Brüder Beißbarth (deren Karosseriefirma noch heute besteht). Fast genau fünfzig Jahre nach dem von Philatelisten hoch bewerteten ersten hatte Bayern nun einen zweiten »Schwarzen Einser«.

Mit den schlichten Ziffern kam man bald nicht mehr aus, und so erhielten die Münchner Autos das später berühmte II A-Kennzeichen. Ein Verzeichnis der in der Stadt angemeldeten Fahrzeuge aus dem Jahr 1913 füllte bereits mehr als einhundertachtzig Seiten und registrierte die Nummern von mehr als viertausendfünfhundert Fahrzeugen.

Statt der Hoflieferanten Beißbarth, die mit ihren inzwischen fünf Autos erst spät in diesem Katalog auftauchten, fährt jetzt der Kaufmann Karl Finkenzeller mit der Nummer II A-1001 voraus, ihm folgt mit II A-1003 seine Kgl. Hoheit Prinz Ferdinand, Herzog von Kalabrien, wohnhaft in Nymphenburg. Unter dem Zeichen II A-1026 ist das erste Fahrzeug der Stadtverwaltung zugelassen, ein Auto, das kurioserweise der städtischen Desinfektions-Anstalt gehört! Mit der Nummer II A-2141 kutschiert auch bereits ein Fremdenrundfahrt-Unternehmen Besucher zu Münchens Sehenswürdigkeiten.

Man konnte jetzt also mit lautem Motorengeknalle durch die Stadt fahren, doch die feine Art war das nicht. Wer auf sich hielt, benutzte zunächst wohl immer noch die Kutsche. In einer um 1910 in der Neuhauser Straße gemachten Aufnahme hat Georg Pettendorfer festgehalten, wie das aussah, wenn die Hofequipagen mit ihren uniformierten und berittenen Begleitern in die Stadt fuhren, und von Bruno Walter ist überliefert, wie er – seit 1912 gefeierter Generalmusikdirektor – zu den Akademiekonzerten in seiner Wohnung Mauerkircherstraße 34 von einer zweispännigen Hofkarosse mit Kutscher und liveriertem Diener abgeholt wurde. War's ein weniger festlicher Anlaß, nahm er die Tramway.

Mit Gäulen und Strom quer durch die Stadt

Wem der Hof keine Kutsche vors Haus schickte, wem das Fahrrad zu unbequem und das Auto zu teuer war, der konnte schon seit den frühen sechziger Jahren ratternd durch die Stadt fahren. Zuerst im Pferdewagen, doch bald dann auch in der elektrischen Straßenbahn.

In München mit seinen 130 000 Einwohnern, meinte der Lohnkutscher Michael Zechmeister, müßte es doch genügend Menschen geben, die sich ein Fuhrwerk wünschen, das nach einem genauen Zeitplan verkehrt. Am 16. Juni 1861 machte er darauf die Probe und ließ auf der Strecke Hauptbahnhof–Marienplatz–Mariahilfplatz seine Pferdefahrzeuge verkehren. München hatte damit einen Fahrbetrieb mit Zeitplan.

Von den ersten Ergebnissen offensichtlich ermutigt, schickte Zechmeister seine Wagen schnell auch auf die Strecke vom Sendlinger-Tor-Platz zur Universität (und zurück). Die Wagen blieben leer, die Linie wurde eingestellt, und an ihrer Statt kutschierten die zechmeisterischen Fuhrwerke nun regelmäßig zwischen Bahnhof–Maximilianstraße–Isaranlagen hin und her. Doch auch hier fanden sich für die jeweils an die dreißig Personen fassenden Wagen nicht genügend Passagiere. Zechmeister unternahm noch ein paar weitere Versuche, den Hafer für seine Pferde und einen Profit für sich selbst zu erwirtschaften. Zuletzt aber gab er auf. Mochte ein anderer sehen, wie er in München Fahrgäste finde.

Und dieser andere kam aus Belgien. Der Ingenieur Eduard Otlet hatte in verschiedenen Städten bereits einschlägige Erfahrungen gesammelt, und so gab ihm die Stadt die Zusicherung, er könne in den nächsten dreißig Jahren in München sein Gewerbe betreiben. So abgesichert ließ Otlet am 21. Oktober 1876 erstmals die Pferde einspannen, und um zehn Uhr vormittags ging die »Münchener Tramway Ed. Otlet« auf Fahrt. Der erste Tag mag den Unternehmer zufriedengestellt haben, denn 5092 Fahrgäste brachten 568 Mark in seine Kasse. Der Ingenieur Otlet hatte allerdings auch Ausgaben: 48 Pferde mußten gefüttert und acht Wagen unterhalten werden, hinzu kamen schon im ersten Jahr mehr als dreihundert Beschäftigte.

Weil aber die zwei Linien Nymphenburger Schloßpark–Stachus sowie Schwabing Großer Wirt–Theresienhöhe keinen Profit brachten, ging es dem belgischen Tramway-Unternehmer zuletzt kaum besser als zuvor dem Michael Zechmeister. Anderthalb Jahre nach der ersten Münchner Tramway-Fahrt mußte er, der damals 146 Pferde im Stall stehen hatte, unter Zuhilfenahme von französischem Geld eine neue Gesellschaft, eine *Société Anonyme* gründen. Aber auch sie brachte nicht das erhoffte Geld, und so kam es im Sommer 1882, zweieinhalb Jahrzehnte vor Ablauf der Dreißigjahresfrist, zur Gründung der »Münchner Trambahn AG«.

Während die Pferde – im Jahre 1894 erreichten sie mit nahezu achthundert die Höchstzahl – ihre Tramway-Wagen behäbig durch die Stadt zogen, bereitete sich eine große Veränderung vor. Schon im frühen Sommer von 1883 war vom Stiglmaierplatz aus eine Dampf-Trambahn mit der (nur auf freier Strecke erlaubten) Höchstgeschwindigkeit von acht Kilometern in Richtung Nymphenburg in Fahrt gesetzt worden, und genau ein Dutzend Jahre später (und mehr als ein Dutzend Jahre nach Berlin) schickte die »Münchner Trambahn AG« erstmals eine elektrisch betriebene Sraßenbahn auf ihre Strecke. Als schließlich die Pferde und der Dampfmotor ausrangiert waren, gab es aber lange Gesichter, denn für die Umstellung von Gäulen auf Strom mußten nicht vier Millionen Mark, wie vorherberechnet, sondern acht Millionen Mark bezahlt werden.

Und zu diesen Finanzierungsgeschichten kamen auch noch Streitereien. Vor allem Münchner Künstler, unter ihnen der Maler Lenbach, der Kunstakademiedirektor Löfftz und der Architekt Thiersch protestierten gegen die durch Oberleitungen verursachte »schwere ästhetische Schädigung des Stadtbildes«. Die Münchner Faschings-Narren schlossen sich an und klagten, die elektrischen Leitungen würden ihre jährlichen Umzüge unmöglich machen. Kann man denn Fahrzeuge nicht durch Akkumulatoren oder mit einem, wie die Fachleute es nannten, oberleitungsunabhängigen Teilleitersystem betreiben? Die Stadt machte die Probe darauf und sagte: nein.

Die Oberleitung wurde also gezogen. Nur in der Gegend der Residenz gab es immer noch Schwierigkeiten, und im Jahre 1899 verfügte seine Majestät der Prinzregent: »...ist die Strecke Schillermonument–Galeriestraße von oberirdischen Leitungen freizuhalten«. So wurde auf der Linie Landsberger Straße –Schwabing der elektrische Antriebswagen am Promenadeplatz abgehängt und durch einen Akkumulatorenwagen ersetzt. An der Galeriestraße wiederholte sich die Prozedur dann in der umgekehrten Reihenfolge. Und so plagte man sich bis zum März 1906. Dann genehmigte der alte Herr in der Residenz, daß auch in seiner unmittelbaren Nähe elektrische Drähte gespannt werden.

Aber Prinzregent Luitpold hatte wohl grundsätzliche Vorbehalte gegen dieses Verkehrsmittel. Er hatte nämlich eine Erfahrung gemacht, die von den *Münchner Neuesten Nachrichten* am 8. Juli 1890 in einem dramatischen Bericht geschildert wurde: »Ein entsetzliches Unglück drohte gestern abend 6 Uhr dem bayerischen Königshause und dem ganzen bayerischen Volke! Seine kgl. Hoh. der Prinzregent geriet nämlich auf seiner gewohnten Fahrt nach Nymphenburg durch einen Zusammenstoß seines Wagens mit der Dampftrambahn in Neuhausen in die höchste Lebensgefahr und entging nur mit knapper Not dem Tode durch Überfahren...«: Der Leibkutscher Seiner Majestät wollte an der Kreuzung Winthir-/Romanstraße noch vor der Dampftrambahn über die Straße fahren, »allein es war schon zu spät: die Dampftrambahn streifte die hinteren Räder der Hofequipage und warf diese um. Seine kgl. Hoheit der Prinzregent und Oberst Zoller wurden aus dem Wagen geschleudert, ebenso stürzten der Leibjäger und Kutscher vom Bock. Nur dadurch, daß der Maschinist des Dampftrambahnzuges sofort energisch bremste und den Zug zum Stehen brachte, wurde ein entsetzliches Unglück verhütet.«

Zweihundert Meter über dem Oktoberfest

Jahrtausendelang hatte sich an dem Tempo, mit dem der Mensch die Welt bereiste, wenig geändert. Man ging zu Fuß, fuhr in einem pferdegezogenen Wagen oder ritt; und wenn es besonders schnell gehen sollte, gab man dem Pferd die Sporen. In der zweiten Hälfte des 19. Jahrhunderts aber begann die Geschwindigkeit zu akzelerieren, der Mensch wurde schneller und mobiler.

Zuerst reiste er mit der Eisenbahn, er konnte bald auch das Fahrrad benutzen und sich wenig später einem Auto oder dem 1894 von den Münchnern Heinrich Hildebrandt und Alois Wolfmüller erfundenen Motorrad anvertrauen. Den beiden Herren wurde der Begriff »Motorrad« sogar durch das Patentamt geschützt (obwohl Gottlieb Daimler bereits Jahre früher ein – allerdings nicht sehr fahrtüchtiges – Vehikel gebaut hatte).

Die Fabrik soll bald schon 850 Beschäftigte gehabt haben, doch der Erfolg blieb aus, und so ließ Hildebrandt 1899 die »Motorradfabrik Hildebrandt und Wolfmüller« im Handelsregister löschen und an ihrer Stelle eine »Flugzeugmaschinenfabrik« eintragen. Zwar baute sie nicht einen einzigen Flugapparat, doch immerhin den ersten eigens für ein Flugzeug entwikkelten Motor der Welt.

In diesem Konstrukteurs-Duo wollte vor allem einer, und das im wahrsten Sinn des Wortes, höher hinaus: Der 1864 in Landsberg geborene und in München lebende Alois Wolfmüller, der als Dreiundzwanzigjähriger mit dem Gleitfliegen begann, der mit Otto Lilienthal zusammenarbeitete – als dessen begabtester und anregendster Partner, wie der Flughistoriker Werner Schwipps meint –, und der auch nach Lilienthals Tod im August 1896 die Flug-Erprobung fortsetzte. In Unterföhring hatte er sich dazu sein eigenes (kleines) Flugzeugwerk eingerichtet.

Schon einige Jahre vor Wolfmüller hatte sich in München ein Mann Gedanken darüber gemacht, wie man's den Vögeln gleichtun könnte. Im Jahre 1883 zeichnete der vierzigjährige Gustav Koch, ein gebürtiger Salzburger, die Pläne für ein Luftschiff, und entwarf später auch noch ein höchst bizarres, an Leonardo da Vinci erinnerndes Schaufelradflugzeug. Dies alles hat ihn nicht weit und schon gar nicht in die Lüfte geführt, doch immerhin: auf einer Sportausstellung erhielt er 1899 eine Silbermedaille für Konstruktionsverbesserungen an Flugzeugtragflächen.

In die Münchner Lüfte erhoben hat man sich in Wirklichkeit schon sehr viel früher, doch für diese Reise in höhere Sphären holte man sich ein sächsisches Ehepaar.

Zehn Jahre Oktoberfest, dachten einige vermögende Münchner anno 1820, dies sei ein Anlaß, die Bürger mit diesem Spektakel zu beglücken. Obwohl die Mäzene statt der von den ballonfahrenden Eheleuten geforderten 3000 zuletzt nur 2650 Gulden aufbrachten, stieg die mit einem bayerischen Dirndl gekleidete zweiunddreißigjährige Wilhelmine Reichard am 1. Oktober 1820, nachmittags um eine Minute vor dreiviertel vier – so genau protokollierte man diese Reise – in ihre kleine Gondel und entschwebte fähnchenschwingend ostwärts. Bis gen Zorneding, wo sie kurz vor halb sechs ihren Ballon aus gefirnißter Leinwand landete. Anderthalb Jahrzehnte später – das Oktoberfest feierte sein erstes Vierteljahrhundert – begab sich Monsieur Reichard auf die Reise.»9. October 1835«, schrieb Johannes Andreas Schmeller in sein Tagebuch. »Schlechtes Wetter. In einem Regenschauer hob sich Reichard's Luftball. Nach anderthalb Stunden ließ sich der erfahrene Schiffer bey Eggenfelden wieder zur Erde herab.«

Bei der Hundertjahrfeier wurden eindrucksvollere Luft-Spiele geboten, denn die Parseval Luftfahrzeuggesellschaft mbH stieg beim Ausstellungspark mit dem lenkbaren Luftschiff Parseval VI mehrmals zu Rundflügen auf. Die Münchner, denen schon im Frühjahr des vorangegangenen Jahres Graf Zeppelin auf dem Oberwiesenfeld eines seiner Luftfahrzeuge vorgeführt hatte, sahen dieses neue Flugobjekt mit skeptischer Gelassenheit, und als einige Wochen nach der Parseval-Vorstellung Interessenten gesucht wurden, die Anteilsscheine für eine Luftschiff-Station in der Haupt- und Residenzstadt zeichneten, blieben die Einlagen aus.

Den großen Zeppelinen folgten bald schon die kleinen, klapprigen Flugmaschinen, und in einer von ihnen flog der Münchner Arzt Otto Lindpaintner, ein Stiefsohn des Malers Stuck, am Spätnachmittag des 19. September 1912 in zweihundert Metern Höhe über das Oktoberfest hinweg. Fünfunddreißig Minuten nach dem Start landete er mit seinem Doppeldekker wieder auf dem Flughafen Puchheim.

Das Fliegen hatte Lindpaintner – ein Sohn aus reichem Hause mit schickem Auto – in Frankreich gelernt und für seine Kenntnisse dann im Juni 1910 den Flugschein Nr. 10 des Deutschen Luftschiffer-Verbandes erhalten. Als er zu seiner Flugprüfung antrat (er war übrigens der erste Münchner, der sich dieser Prüfung unterzog), mußte er seine Fähigkeiten im Umgang mit einem Aeroplan einer Kommission demonstrieren, die bis dahin noch nie ein Flugzeug gesehen hatte. So überrascht es dann auch nicht, daß er erst nach seinen großen Erfolgen bei den dazumal üblichen Wettflügen von Militärärzten erfuhr, daß er ja eigentlich fluguntauglich sei.

Am Himmel über München

Zu dieser Zeit besaß München bereits seinen eigenen Flughafen. Draußen in Puchheim hatte Gustav Otto – ein Sohn jenes Herrn Otto, der den Viertakt – (also den Otto-) Motor erfand – für seine 1909 gegründete »Academie der Aviatik« gut zweihundertzwanzig zum Teil recht moosige Tagwerk Grund gekauft und mit drei Blériot-Maschinen begonnen, die Luft unsicher zu machen. Die Münchner verfolgten die Ereignisse interessiert, und so kamen beispielsweise zur ersten Flugsportwoche im Mai 1910 an die 20 000 Besucher und – wie eigens vermerkt wurde – zweihundert Autos. Und als im November 1913 der französische Kunstflieger Pégoud anreiste, konnte er für seine kühnen Vorführungen am Himmel über Puchheim immerhin 40 000 Goldmark verlangen.

Otto war vielleicht kein sehr geschickter Geschäftsmann, doch ihm war es zu danken, daß München neben Berlin-Joachimsthal zu einem der Stützpunkte der frühen deutschen Fliegerei wurde und daß es hier zu Beginn des Jahres 1914 bereits vier Flugplätze gab: München-Puchheim, München-Oberwiesenfeld, München-Oberschleißheim und München-Neufreimann.

Otto war es aber auch, der dem Fluglehrer Adolf Rentzel im Februar 1912 einen deutschen Rekord ermöglichte – mit vier Passagieren 9 Minuten und 48 Sekunden, wenig später sogar an die zweiundzwanzig Minuten in der Luft über dem Oberwiesenfeld. Diese Flüge waren erst möglich geworden, als Otto im Frühjahr 1911 – zehn Jahr nach dem historischen Motorflug der Gebrüder Wright – vom bayerischen Militär die Erlaubnis erhielt, an der Südostecke des Oberwiesenfeldes mit seinen Apparaten zu üben.

Er machte Sprünge, die immer länger wurden und immer höher führten, und er bildete weiter Piloten aus. Im Jahre 1914 beispielsweise den 18jährigen Frankfurter Ernst Udet, der zum Pour-le-mérite-dekorierten Jagdflieger im Ersten Weltkrieg wurde und nach dem Krieg übermütig unter Münchner Brükken durchflog, der Taschentücher mit der Flügelspitze vom Boden aufhob, beim Oberwiesenfeld seine eigene Flugzeugfirma installierte und 1941 als des »Teufels General« freiwillig in den Tod ging.

Als Ottos Chefpilot Anton Baierlein am 5. Oktober 1912 zum Militärflughafen Schleißheim flog (wo seit dem Frühjahr die erste bayerische Fliegerkompanie stationiert war), packte ihm Otto sechstausend Postkarten in die Maschine. In Schleißheim wurden sie der Post übergeben – die erste Münchner Luftpostsendung war auf ihrem Weg.

Für Gustav Otto, der so viel bewegt hat, nahm das alles dann kein gutes Ende. Im März 1916 meldete er Konkurs an, und zehn Jahre später jagte er sich eine Kugel in den Kopf.

So war also auch München – trotz Konkursen, trotz tödlicher Kugel – seit den letzten Jahrzehnten des 19. Jahrhunderts im wahrsten Sinn des Wortes in Fahrt geraten. Wundert es da noch, daß sich König Ludwig II. etwa um das Jahr 1870 ein technisch durchaus bereits mögliches Luftfahrzeug wünschte, um über den Alpsee zu fliegen?

Das Tempo wird nun also schneller, und was früher eine Generation schuf, soll nun schon bald zwischen Sonnenauf- und Sonnenuntergang vollbracht werden.

Stadt-Bild I

In seinem einundzwanzigsten Regierungsjahr, als Leo von Klenze für ihn die Propyläen entwarf und der Grundstein der Neuen Pinakothek gelegt wurde, gab König Ludwig I. einen seiner letzten großen Bauaufträge: Der sechzigjährige Kupferstecher Johann Baptist Seitz sollte ihm die ganze Stadt München noch einmal aufbauen. Im gegenwärtigen Zustand.

So also wurde die bayerische Haupt- und Residenzstadt im Jahre 1846 neuerlich gegründet, und als ihr Baumeister darüber starb, führte dessen Sohn Franz das Werk im Jahre 1868 zu einem guten Ende. Als die Arbeit daran begann, lebten 85 000 Menschen in München, und als es gut zwei Jahrzehnte später abgeschlossen wurde, zählte die Stadt mehr als 150 000 Einwohner.

Auf einer kreisrunden Holzscheibe von fünf Metern Durchmesser montiert ist dieses München im Bayerischen Nationalmuseum zu besichtigen. In der Nachbarschaft zu jenem anderen München, das der Straubinger Drechslermeister Jakob Sandtner dreihundert Jahre früher im gleichen Maßstab 1:616 aus dünnen, mittlerweile tiefbraun nachgedunkelten Lindenholzblättchen gebaut hat.

Obwohl sich das alles weit streckt und dehnt, sind der Stadt bei Seitz die Grenzen doch noch eng gezogen. Die Au und Haidhausen und auch das Maximilianeum sind im Modell zwar aufgebaut, doch beim Siegestor bricht diese kleine Welt des mittleren 19. Jahrhunderts ab; ans Ende kommt sie auch unmittelbar nach dem Stiglmaierplatz und nur wenige Zentimeter hinter dem kuchenstückartig geformten Südlichen Friedhof.

Spekulanten, die hundertfünfzig Jahre später dieses hölzerne München betrachten (wenn Spekulanten überhaupt Zeit und

Interesse haben, ein historisches, un-wirkliches München zu betrachten), werden mit neidvollem Blick registrieren, welch großes, freies Terrain damals noch rings um die Stadt lag. Wie viel »Bauerwartungsland«!

Das München jener Tage, das man im Seitz-Modell sowie in vielen zeitgenössischen Bildern noch heute besichtigen kann, ist in seinem Kern identisch mit der Sandtner-Stadt von 1572, doch die Wucherung hinaus ins Land hat schon begonnen. Im Stadtplan von 1860 hat sich München vor allem nach West-Nordwest ausgedehnt, also zwischen Theresienwiese und Marsfeld, in die Ludwig-Vorstadt, sowie in Richtung Josephsplatz und Neuhausen, in die Max-Vorstadt. Doch dieser neue Münchner Zugewinn ist zunächst noch eine Art von Streusiedlung; die Häuser stehen entlang einzelner Straßen und haben noch reichlich freies Gelände ringsum. Und selbst in der Sonnenstraße stehen an der Ostseite die Häuser noch, mit Abstand, nebeneinander.

Einsam auf weite Flur gebaut sind in diesem 19,63 Quadratmeter großen München die beiden Pinakotheken, da Seitz jun. offensichtlich keine Lust mehr hatte, die zwischen 1865 und 1868 entstehende Technische Hochschule in Klein-Holz nachzubauen, und wie der klassizistische Traum eines bayerischen Potemkin muß die Ludwigstraße auf die Zeitgenossen gewirkt haben, die – links und rechts mit stattlichen Gebäuden geschmückt – ins Imaginäre zu führen schien.

Die Straßen dieses Münchens besaßen übrigens vielfach ein Holzpflaster. Noch 1889 waren ja erst fünfzehn Prozent der Straßenfläche gepflastert, zumeist übrigens mit Kieselsteinen. Die Verhältnisse änderten sich nur allmählich. Im Jahre 1902 jedenfalls schreibt Thomas Mann in seiner Erzählung *Gladius Dei* (man kennt ihren Anfang hinlänglich!), daß sein Schwabinger Savonarola die Schellingstraße hinanwallte, »er schritt, umklingelt von den Radfahrern, in der Mitte des Holzpflasters der breiten Fassade der Ludwigskirche entgegen«.

Außerhalb des alten Stadtkerns war die Bebauung in den Seitz-Zeiten noch locker – selbst auf dem so zentral gelegenen Gelände des späteren Justizpalastes zum Beispiel noch ein freies

Geviert –, und ländlich wirkten die äußeren Bezirke noch einige Jahrzehnte lang. Karl Alexander von Müller, der in den mittleren achtziger Jahren einen Teil seiner Kindheit in einem Biedermeierhäuschen zwischen Sophien- und Brienner Straße verbrachte, erinnerte sich, daß der Hausherr, der Maler Otto von Faber du Faur im Garten noch einen Stall für sein Reitpferd besaß, das ganze Häusergeviert zwischen Arcis- und Barer-, Karl- und Brienner Straße aber umschloß »eine weite, vogelzwitschernde grüne Welt«.

Dabei besaß dieses München wenige öffentliche Grünanlagen, und 1868 hieß es in einem Gutachten sogar, »daß es wohl keine andere Stadt von gleicher Bedeutung und Größe auf dem Continente gibt, welche so wenig für öffentliche Grünanlagen verausgabt wie München«. Und dies, obwohl doch König Max II. bereits 1857 seinem obersten Hofgärtner Carl von Effner den Auftrag gegeben hatte, am Isarostufer ein großes Grüngelände, die sogenannten Maximiliansanlagen, zu schaffen. Und weiteres Grün folgte.

Die beiden Stadtmodell-Baumeister Seitz arbeiteten seit etwa zehn Jahren an ihrem Mini-München, als der Fotograf Georg Böttger aus der Schützenstraße 18 auf den Petersturm stieg, um sich sein eigenes Bild von der Stadt zu machen. Aus elf Fotos, die er von verschiedenem Standpunkt aus aufgenommen hatte, setzte er ein 4,62 Meter langes Panorama zusammen. Kurz nach der 700-Jahrfeier von 1858 konnte er, der seit mehr als fünf Jahren in München ein Atelier betrieb (das Bürgerrecht aber immer noch nicht besaß), einem pp. Publikum für stattliche 52 Gulden die ganze Stadt anbieten: eine »Rundansicht aus der Vogelperspective in 11 Blättern zum Zusammenlegen in eleganten Etuis. Bis jetzt das größte derartige Werk in der Photographie.«

Ins Bild gebannt ist eine Stadt, die sich im Hintergrund – vielleicht auch, weil die fotografische Technik noch keine allzu große Tiefenschärfe lieferte – ins freie Land verliert. Abgebildet wird eine Residenz- und Bürgerstadt mit wenigen großen Gebäuden und ganz ohne Fabrikschornsteine. So zeigte es auch

Georg Seeberger, der um 1865 den Blick von der Galerie der Peterskirche zu den Pinakotheken, zur Theatiner- und Ludwigskirche aquarellierte. Im weiten, flachen Hintergrund, in dem Winkel zwischen Stiglmaierplatz und Leopoldstraße aber: ein paar langgestreckte Bauernhäuser und viel Landschaft.

Das Besteigen von Kirchtürmen muß dazumal in Schwang gewesen sein, denn 1857 begab sich ein Fotograf auf den noch gar nicht fertiggebauten Turm der Haidhauser Pfarrkirche St. Johann und machte ein scharfgestochenes Panoramabild vom Bürgerbräukeller zum Wiener Platz (kaum mehr als eine staubige Straßenkreuzung) und zum Maximilianeum, von dem freilich zu dieser Zeit nur ein nicht sehr hoher Bauzaun stand. Die Stadt München verlor sich auf diesem Foto im Hintergrund. Nicht anders bei Johann Popp, der 1843 auf einen der Frauentürme stieg, um in einem Stahlstich jene Stadt zu zeigen, in die er ein Jahr zuvor gezogen war. Sein Blick schweifte von der Michaelskirche in weitem Bogen zur Peterskirche.

München war um diese Jahrhundertmitte eine ländliche Großstadt, der wohl niemand eine Weltkarriere vorhersagen mochte.

II.
1886–1912

München leuchtete...

Thomas Mann
in Gladius Dei

Obwohl in den 1870er und 1880er Jahren in München die Geldgeschäfte florierten – was weniger dem Wirken des Königs als dem gewonnenen Krieg zu danken war –, konnte der Majestät nicht geholfen werden. Schlösserbauend und Ratschläge mißachtend versank sie immer tiefer in ihrem Schuldenloch. Und die Regierung nutzte die Gelegenheit. Sie setzte König Ludwig II. ab, ließ ihn festnehmen und in Schloß Berg internieren. Dort aber fand er nur wenig mehr als dreißig Stunden nach seiner Ankunft den Tod.

In Bayern regierte nun ein Onkel König Ludwigs, der fünfundsechzigjährige Prinz Luitpold, als »des Königreichs Bayern Verweser«, als Prinzregent.

Münchens glanzvollste, glücklichste Zeit begann, und etwa im fünfzehnten Jahr dieser Regentschaft schrieb ein junger Mann in seiner Wohnung Ungererstraße 24 jene Worte, mit denen er kommenden Jahrzehnten die knappste Charakterisierung der Prinzregentenzeit lieferte: »München leuchtete...«

Mit diesem Satz begann Thomas Mann im Sommer 1902 seine Erzählung *Gladius Dei*. Was sich wie ein meteorologischer Befund und die Beschreibung eines Föhntages las, wurde als Beschreibung eines Zeitalters gedeutet.

Der Text ließ dies zu, und in der Wiederholung ein paar Buchseiten später hat der Autor diese Interpretation sanktioniert: »Die Kunst blüht, die Kunst ist an der Herrschaft, die Kunst streckt ihr rosenumwundenes Zepter über die Stadt hin und lächelt. Eine allseitige respektvolle Anteilnahme an ihrem Gedeihen, eine allseitige, fleißige und hingebungsvolle Übung und Propaganda in ihrem Dienste, ein treuherziger Kultus der Linie, des Schmuckes, der Form, der Sinne, der Schönheit obwaltet... München leuchtete.«

Textiler Ballast fürs Hofkonzert

München leuchtete in der Sonne luitpoldinischer Huld.

Zunächst begann dieses Leuchten bei Hof, denn im Gegensatz zu seinem Vorgänger, der sich nur ungern in München aufhielt, pflegte der Prinzregent trotz aller Leutseligkeit doch auch die strenge höfische Etikette, und die Hofdame Marie von Redwitz erzählte in ihren Erinnerungen, wie unter der neuen Majestät das in Vergessenheit geratene »offiziellste aller Hoffeste«, das jeweils am 1. Januar stattfindende Hofkonzert, wieder eingeführt wurde. Nur die älteren Damen besaßen damals noch ihre Cour-Schleppe, die jüngeren aber zeterten, daß sie sich nun des Protokolls wegen solch textilen Ballast anschaffen müßten. Das bedeutete nämlich: drei Meter teuren Stoffes in einer Breite von drei Bahnen; und zu den Kosten kam noch, daß dieser viele Stoff am bayerischen Hofe so getragen wurde, daß er »die Silhouette der Figur grausam verdarb«.

Dabei muß es die Zeitgenossen immer wieder irritiert haben, daß dieser Wittelsbacher, der um seine Person so wenig Aufwand machte und der sich in seinem Jagergewand am wohlsten fühlte, am Hof dann doch, wie Karl Alexander von Müller schrieb, »das ganze kulthafte Tabu des abwehrenden spanisch-burgundischen Zeremoniells beibehielt, so daß es damals als schwieriger galt, am Münchner als am Berliner Hof empfangen zu werden«.

Obwohl ja seit 1871 die wichtigsten politischen Entscheidungen in Berlin fielen, waren in der bayerischen Haupt- und Residenzstadt doch immer noch Vertreter ausländischer Staaten akkreditiert. Hier gab es eine Nuntiatur, England und Frankreich unterhielten Ministerresidenzen oder Geschäftsträger, Rußland, Italien, Österreich-Ungarn, Preußen, Sachsen und Baden waren durch Gesandte vertreten, die Länder Belgien, Griechenland, Spanien, Schweden, Niederlande, Schweiz, Persien und Württemberg schließlich ließen ihre in Berlin residierenden Missionen auch am bayerischen Hofe akkreditieren.

Trotz der prunkvollen Uniformen und aller Titel war der

Glanz aber doch wohl eher bescheiden, denn als Vorteile eines Gesandten wurden genannt: der freie Museumsbesuch sowie die Befreiung vom Kauf einer Bahnsteigkarte und von der Bürgersteuer.

Da machten die Hofchargen sicher mehr Eindruck. Und sei es auch nur durch die vielen königlich-bayerischen Titel: Oberstallmeister, Obersthofmeister, Oberstzeremonienmeister, Generalkapitän der kgl. Leibgarde, General- und Flügeladjutant, Kämmerer, Kammerjunker, Edelknabe, Kammerfourier, Hartschier etc. etc.

Und so wie diese Herren in Ämtern und mit Würden werden sich auch alle noch ihre Cour-Schleppen besitzenden Hofdamen unterschiedlichsten Ranges über die Rückkehr zu den alten höfischen Bräuchen gefreut haben. Nicht anders als die etwa dreihundert Hoflieferanten. München leuchtete auch ihnen.

»Die Herren Meister verhalten sich taub und zögernd«

Wo es viel Licht gab, fiel freilich auch starker Schatten, und die Zahl derer, denen München nicht leuchtete, war groß. Da gab es die Arbeiter mit den Zehn-, Zwölf-, ja Vierzehn- und Fünfzehnstundentagen, und zu denen im Schatten zählten auch jene vielen Familien, die in kleinen, kalten und oft auch feuchten Wohnungen hausen mußten, während dann doch zum Beispiel um 1890 an die sechstausend Wohnungen leer standen.

Ein organisiertes Aufbegehren hatte, wie Thomas Öchsner aufzeigte, schon in den Tagen Ludwigs II. begonnen. Ein halbes Hundert Brauknechte streikte zum Beispiel 1868, sechshundert Schneidergesellen folgten 1870.

Wenige Monate nach dem Regierungsantritt des Prinzregenten legten etwa vierhundert Schäffler ihre Arbeit nieder: »Die Bedingungen der Gehilfen betreffen im wesentlichen folgende Punkte: zwölfstündige Arbeitszeit, von 6 Uhr früh bis 6 Uhr abends, mit drei Pausen von insgesamt 2 1/4 Stunden Dauer. Keine Sonn- und Feiertagsarbeit. Wochenlohn von 24 Mark Minimum für einen tüchtigen Gehilfen...«

Wie berechtigt die Forderungen der Schäffler waren, zeigte eine Erklärung, die sie während des Streiks abgaben: Viele ihrer Gesellen, hieß es darin, seien »während der Arbeit allen Unbilden der Witterung preisgegeben. Wiederholt angebrachten gütlichen Versuchen gegenüber, bessere Arbeitsbedingungen zu erlangen, verhielten sich die Herren Meister zum erheblichen taub oder doch zögernd.« Im Hofbräuhaus zum Beispiel »mußte oft 4 Uhr morgens angefangen werden, ohne daß die Überstunden bezahlt wurden, ebenso war daselbst die Sonntagsarbeit ohne Entschädigung im Gebrauch. Auch bei Herrn Ruppaur kam oftmals vor, wenn einer um 4 Uhr morgens nicht am Platz war, daß dieser mit Entlassung bedroht wurde.«

Das seit 1878 geltende Sozialistengesetz hat wohl verhindert, daß auch Arbeiter anderer Berufe dem Beispiel folgten, und so kam es erst von 1889/90 an zu Ausständen von Handwerkern. Zu Streiks, die im Vergleich zum übrigen Reich moderat ausfielen: Im Sommer 1889 legte knapp die Hälfte der fünfhundert Münchner Spengler die Arbeit nieder, wenig später folgten Feilenhauer und Hafner. Im darauffolgenden Jahr kämpften einige hundert Schuhmachergesellen um den 10-Stunden-Tag, 1898 kommt es zu einem großen Streik im holzverarbeitenden Gewerbe, 1899 treten Schneidergehilfen und Bäcker in den Ausstand. Den größten Arbeitskampf im München der Prinzregentenzeit gab es dann im Jahre 1905 in der Metallindustrie und im Baugewerbe. Drei Jahre später stockte der Bau des beinahe fertiggestellten Neuen Rathauses, weil die Steinmetze vier Wochen lang für höhere Akkordlöhne streikten.

Zu Streiks kam es in der Prinzregentenzeit aber noch verschiedentlich. So etwa bei den Lackierern, die an Weihnachten und Silvester nicht mehr bis fünf Uhr nachmittags arbeiten wollten, bei den Bäckern, die von ihren Arbeitergebern einen Gratis-Morgenkaffee verlangten, und bei den Metallarbeitern, die eine Verlängerung der Brotzeitpause auf eine Viertelstunde und die Verkürzung der Samstagsarbeit auf 17 Uhr verlangten.

Es gab zwar seit 1867 in München Gewerkschaften, zunächst freilich nur die der Drucker, und zwei Jahre später (somit im gleichen Jahr, in dem auch die Gewerbe- und Handelskammer neu begründet wurde) entstand der erste Ortsverein der »Sozialdemokratischen Arbeiterpartei«, die im ersten Jahr noch »Allgemeiner Deutscher Arbeiterverein« hieß – doch erst nach der Stadtratswahl vom 5. Dezember 1893 zog ein sozialdemokratischer Abgeordneter ins Münchner Rathaus: der vierundfünfzigjährige Georg Birk, ein Wirt aus der Baaderstraße 70.

Das Wahlrecht hat die Sozialdemokraten und damit auch Georg Birk benachteiligt, denn von den etwa 380 000 Münchnern waren nur 19 292 wahlberechtigt, nämlich nur jene Männer, die ihren ständigen Wohnsitz oder ein Anwesen in der Stadt besaßen und zugleich über besteuerten Grundbesitz verfügten oder ein besteuertes Gewerbe ausübten. Arbeiter waren also an der Wahlurne nicht vorgesehen (ebensowenig wie Frauen) – und doch erhielt Birk 2522 Stimmen.

Da es bei der Wahl zum Deutschen Reichstag diese Einschränkungen nicht gab und für das Berliner Parlament daher mehr als fünfmal so viele Münchner ihre Stimme abgeben durften, konnte der vierunddreißigjährige Sozialdemokrat Georg von Vollmar bereits im Jahre 1884 mit Hilfe der Liberalen den Wahlkreis München II für sich gewinnen. Drei Jahre später holte ihn sich das Zentrum zurück, verlor aber dann wiederum drei Jahre später, also im Jahre 1890, gleiche beide Münchner Stimmbezirke an die SPD: München II mit den von Arbeitern bewohnten Vorstädten wurde nun durch Georg von Vollmar, und München I durch Georg Birk vertreten (der seinen Bezirk – vor allem die Münchner Innenstadt – schon 1893 wieder verlor, um ihn dann freilich 1903 neuerlich zu gewinnen).

Das den Liberalen wohlgesonnene kommunale Wahlgesetz hatte 1893 bewirkt, daß Georg Birk – obwohl doch mehr als dreizehn Prozent der Stimmen auf seine Partei entfallen waren – alleine auf seiner Bank saß. Einer von sechzig Stadträten. Aber auch das änderte sich. Nach der Wahl von 1905 zogen – neben 34 Liberalen, 16 Zentrumsabgeordneten und einem Demokraten – gleich neun SPD-Stadträte ins Münchner Rathaus ein; 1914 stand das Verhältnis bereits 14:60. Außerdem stellte die SPD im Jahre 1899 mit Eduard Schmid erstmals auch einen

Magistratsrat, dem sich 1905 noch zwei weitere Magistratsräte zugesellten.

Geführt wurden die Sozialdemokraten in der Prinzregentenzeit und noch bis zum Spätsommer 1918 durch den in Veltheim bei München geborenen Georg von Vollmar. Der Sohn eines kgl. Geheimen Registrators, der als ehemaliger bayerischer Leutnant ein Jahr lang in der päpstlichen Garde der »carabiniers étrangers« gedient hatte und im Krieg 1870/71 schwer verwundet wurde, war zunächst Redakteur sozialdemokratischer Zeitungen in Sachsen und der Schweiz, ehe er im Sommer 1883 in seine Geburtsstadt zurückkehrte.

Und er paßte in die auf Ausgleich und Milderung der sozialen Gegensätze bedachte Prinzregentenzeit. Früher, fern von München, war von Vollmar noch der Ansicht gewesen, die wirtschaftlichen und politischen Herrscher Deutschlands wollten keine Verhandlungen, sondern den Krieg, den Vernichtungskampf der Klassen. »Gut, wenn sie ihn wollen, sollen sie ihn haben, voll und ganz haben.«

Im Juni 1891 aber hielt er in der Gaststätte »Eldorado« zwei Reden »Über die nächsten Aufgaben der deutschen Sozialdemokratie«. Die Partei, meinte er nun, könne Verhandlungen aufnehmen und versuchen, »auf der Grundlage der heutigen Staats- und Gesellschaftsordnung Verbesserungen wirtschaftlicher und politischer Art herbeizuführen«. Nach den Münchner Erfahrungen schwörte er Utopien und Spekulationen ab, die Revolution wurde aus dem Programm gestrichen und Karl Marx stand für ihn auf wackeligem Sockel.

Mit diesem süddeutschen Reformismus konnten die norddeutschen Genossen nicht viel anfangen, und August Bebel meinte resignierend, er verstehe den »langen Jörg« nicht mehr.

Linksabweichender Kaisersohn

Daß man – ohne die Ziele zu vergessen – der harten Konfrontation ausweichen könne, hatte sich schon im Jahr vor den »Eldorado«-Reden gezeigt, als erstmals auch in München der 1. Mai gefeiert wurde. Noch war der Tag nicht arbeitsfrei, und so konnten nur an die viertausend Leute in den großen Münchner Wirtshäusern jene Reden hören, die den Achtstundentag forderten. Nachmittags aber zogen an die zehntausend Münchner vor die Stadt, um in Wirtsgärten zu feiern. Den größten Zulauf hatte die Waldwirtschaft in Holzapfelkreuth. Während dort gesungen, getanzt, gegessen und getrunken wurde, lagen nebenan im Wald zwei Kavallerieschwadronen und dazu noch zwei Infanteriekompanien, »per Mann mit 30 Schuß scharfer Munition«.

Der Tag verlief ruhig, und als die Feiersleute gegen Mitternacht aufbrachen, »wünschten sie den patrouillierenden Gendarmen eine gute Nacht«.

Ein Mann von altem, doch unvermögendem Adel war der erste Münchner SPD-Abgeordnete im Reichstag (und jahrzehntelang auch Vorsitzender der bayerischen Sozialdemokratie), doch ein Mann von noch viel höherem und noch älterem Adel (allerdings ohne jegliche offizielle Legitimation) gründete die Zeitung der Münchner Sozialdemokraten, die *Münchner Post*.

Ins Berliner Taufregister war er im März 1851 eingetragen worden als Louis Viereck, Sohn der ledigen Hofschauspielerin Edwine Viereck, und dahinter waren als Taufpaten genannt: ein preußischer Prinz und ein preußischer General. Der nicht benannte Vater war – das sagten jedenfalls der Marx, der Engels und auch Wilhelm Liebknecht – jener dazumal vierundfünfzigjährige Prinz Wilhelm, der zehn Jahre später zum König von Preußen gekrönt und zwanzig Jahre später als Wilhelm I. zum deutschen Kaiser proklamiert wurde.

Wenn es denn stimmt, so machte dieser Seitentrieb seinem Vater mancherlei Scherereien. Statt nämlich in einer Staatsstellung eine geordnete und sicher auch gut geregelte Karriere zu machen, agitierte er schon als Jurastudent für die Sozialdemokraten und wurde sogar zum Mitarbeiter einer roten Berliner Sozi-Zeitung, deren Chefredakteur Ignaz Auer war, ein vormals vazierender Sattlergeselle aus Niederbayern.

Der Schutzmann Brädel mußte den auf so besorgniserregende Abwege geratenen jungen Mann überwachen, und was er erfuhr, reichte aus, Louis Viereck aus Berlin zu verbannen. Am 22. September 1881 mietete der Exilierte sich in der Münchner Theresienstraße Nummer 56 ein, und einen Tag später nahmen die bayerischen Gendarmen seine Überwachung auf. Das Ergebnis stand dann im Frühjahr 1882 fest: Viereck ist das »geistige Haupt der sozialistischen Bewegung«.

Schon ein Vierteljahr nach seinem Eintreffen leitete dieser offensichtlich gefährliche Mann die dreimal wöchentlich erscheinende *Süddeutsche Post – Allgemeine Deutsche Arbeiterzeitung* (mit 600 Abonnenten in München); das *Münchener Extrablatt und Gerichtszeitung* kam im darauffolgenden Jahr hinzu, ebenso das humoristische Wochenblatt *Süddeutscher Postillon*.

Zu den eifrigen Lesern gehörte natürlich auch die Polizei. Doch wann immer dem Louis Viereck ein Blatt verboten wurde, gründete er einige neue. Insgesamt waren es dann sechzehn sozialdemokratische Zeitungen und Zeitschriften, die er von München aus – denn hier war die Zensur trotz allem nachsichtiger und duldsamer als anderswo – ins Reich verschickte. So erschienen zum Beispiel hier in München (und gingen bald wieder ein): das *Königsberger Volksblatt*, die *Harzer Post*, die *Thüringer Wald-Post* oder das *Rheinische Wochenblatt*.

Eine dieser Zeitungen war offensichtlich die Vorläuferin jener täglich erscheinenden *Münchner Post*, die Viereck vom 1. Januar 1888 an leitete. Diese »schneidige, nie versagende Waffe der sozialen Demokratie« war zunächst nicht sonderlich gefährlich, denn nur dreihundert Abonnenten ließen sie sich ins Haus liefern.

Viereck verlor zunehmend das Interesse an seinem so wackeligen und so wenig einträglichen Zeitungsimperium. Im Jahre 1889 verkaufte er alles, was übriggeblieben war, an den Drucker Maxim Ernst, widmete sich dem von ihm in München gegründeten »Verein für naturgemäße Gesundheitspflege und ärztliche Heilkunde«, nahm Verbindung mit Pfarrer Kneipp auf und gab die *Wörishofer Blätter* heraus.

Die *Münchner Post* aber, die kein genau fixiertes Geburtsdatum hat – und so den 50. Geburtstag 1926, den 100. aber 1988 feierte –, wurde am 1. Januar 1890 von der bayerischen SPD übernommen. Und sie erreichte Auflagen, die Louis Viereck nicht einmal am fernen Horizont erhoffen konnte: Vor dem Ersten Weltkrieg etwa 30 000 Exemplare, und in den zwanziger Jahren, als sie Hitler wahrscheinlich entschiedener als irgendeine andere Zeitung bekämpfte – zum erstenmal erwähnte sie ihn am 14. Mai 1920 –, sogar 50 000 Exemplare. Schon beim Putsch vom 9. November 1923 und erst recht nachdem Hitler die Macht im Lande hatte, wurden die Redaktionsräume am Altheimer Eck durch die SA verwüstet. Natürlich gehörte das Verbot der *Münchner Post* zu den ersten Maßnahmen der neuen Regierung.

Herr Meyer und die Weltrevolution

In seiner Druckerei Senefelderstraße 4 bekam Maxim Ernst im Februar 1901 einen schwierigen Auftrag. Er sollte, ohne daß irgendjemand davon erfuhr, eine Zeitung in kyrillischen Lettern drucken, und dazu auch noch in einer kleinen Schrift und auf Zigarettenpapier. Denn *Iskra* (Der Funke) sollte als Konterbande ins zaristische Rußland geschmuggelt werden.

Vier Nummern waren in Leipzig erschienen, und nun, da der Verlagsort München und die Verlags(deck)adresse Dr. Carl Lehmann, Gabelsbergerstraße 51, war, zog die bis dahin in Zürich arbeitende Redaktion in die bayerische Hauptstadt. Julius Martov kam und wohnte in der Occamstraße 1a/III bei Klara Kraft, Vera Sassulitsch reiste an, nannte sich Welika D. Kiroff und mietete sich bei Frau Taurer in der Schraudolphstraße 29/III ein, auch Alexander Potressow und Pawel Borissowitsch Axelrod hatten für einige Zeit eine Münchner Adresse, und natürlich auch jener Herr Meyer, der sich mit seinem bulgarischen Paß als Dr. Jourdanoff auswies, in Wirklichkeit aber Wladimir

Iljitsch Uljanow hieß, von Januar 1901 an aber dann den Namen Lenin führte.

Die Russen bildeten in München seit längerem eine starke Kolonie, und um das Jahr 1910 zum Beispiel lebten hier etwa zweitausend Untertanen des Zaren, davon gut sechshundert Studenten. Wieviele davon gegen das System in der Heimat konspirierten, wußte sicher nicht einmal die bayerische Polizei, die sie pflichtschuldig, aber ohne hitzigen Eifer überwachte. Es wurden zwar gelegentlich russische Studentenverbindungen verboten, doch selbst die Observierten bestätigten, daß der für sie zuständige Polizeiassessor Krais ein »besonnener, verhältnismäßig liberaler und ziemlich anständiger« Mann gewesen sei. Einen ähnlichen Eindruck von München gewann auch Leo Trotzki, der vom Frühsommer bis Winteranfang 1904 bei seinem revolutionären Landsmann Alexander Helphand in dessen Wohnung Ungererstraße 80 ein Quartier fand und in seiner Autobiographie schrieb, die bayerische Metropole habe »damals als demokratischste und künstlerischste Stadt Deutschlands« gegolten.

So konnte sich Wladmir Iljitsch Uljanow in der Kaiserstraße 53, wo er beim Gastwirt Georg Rittmeyer ein Hinterzimmer gemietet hatte, einigermaßen sicher fühlen. Als auch seine Frau Nadeshda Krupskaja nach München zog, suchte man eine etwas größere Wohnung und lebte für einige Zeit und zwanzig Mark Miete bei Hans Kaiser in der Schleißheimer Straße 106, erster Stock links. Diese Adresse, unter der er seine Schrift *Was tun?* verfaßte, wird gelegentlich angezweifelt; sicher aber ist, daß die Uljanows vom Mai 1901 bis April 1902 als Hauptmieter im dritten Stock Siegfriedstraße 104 wohnten. Bei einem Privatier, der – Josef Filser hieß.

Im Café Noris an der Leopoldstraße 41 (im vierten Stock hatte später Franziska zu Reventlow eine ihrer vielen Schwabinger Wohnungen) trafen die *Iskra*-Leute zusammen und besprachen die jeweils nächste Nummer. Nach etwa einem Jahr und zwanzig Ausgaben schien es an der Zeit, die große Geduld der Münchner Polizei nicht weiter zu strapazieren, und so löste der Weltrevolutionär Meyer alias Dr. Jourdanoff alias Uljanow alias

Lenin seinen Münchner Hausstand auf. Er kassierte noch zwanzig Mark für seine Möbel und reiste am 12. April 1902 ab. Für die Krupskaja blieb vor allem in Erinnerung, daß es die Münchner Kinder »weit besser haben als die Kinder Rußlands«. Hier, meinte sie, sei »so etwas wie ein Reich der Kinder«. Und sie vergaß nicht, daß es auch ihr und ihrem Mann in dieser Stadt besser ging als später anderswo.

Die Idee, den Revolutions-»Funken« in München zu schlagen, hatte der aus Odessa stammende Alexander Israel Lasarewitsch Helphand gehabt. Er war von Berlin als *lästiger Ausländer* abgeschoben worden, mußte dann auch Dresden verlassen und erhielt schließlich 1899 durch Georg von Vollmars Vermittlung eine Aufenthaltsgenehmigung für München.

Der kleinwüchsige Mann – er hatte sich, um der Polizei leichter zu entwischen, den lateinischen Decknamen »Parvus«, der Kleine, gegeben – machte Karriere. In der Franz-Joseph-Straße 36 hatte er 1902 eine Buchhandlung eröffnet und mit der deutschen Erstausgabe von Gorkis *Nachtasyl* einen großen Erfolg gehabt. Doch auch die Münchner Zeit ging bald zu Ende. Im Jahre 1905 beteiligte er sich an der russischen Revolution, wurde gefaßt und nach Sibirien verbannt. Er entkam und konnte später mit dubiosen Geschäften in der Türkei großes Geld an sich bringen. Er wurde reich und offensichtlich auch einflußreich, denn 1917 konnte er seinem Freund aus Münchner Tagen (jenem Herrn Lenin, den er in seiner Wohnung an der Ungererstraße übrigens mit Rosa Luxemburg bekanntgemacht hatte) einen großen weltgeschichtlichen – und für Rußland und die ganze Welt folgenschweren – Dienst erweisen: Er war an der Organisation und Finanzierung der Reise des Wladimir Iljitsch von Zürich nach St. Petersburg, dazumal Petrograd benannt, sehr aktiv beteiligt. Der leidvolle Rest ist bekannt...

Daß er da einen Fehler gemacht hatte, war Helphand offensichtlich bald klargeworden. Mitte Oktober 1919 saß er – »ein ungeheuer dicker Sokrates, und sein Geist scheint ebenso umfassend wie sein Körper« – mit Harry Graf Kessler im Berliner »Kaiserhof« zusammen: Helphand sei ganz entschieden gegen den Bolschewismus, notierte sich Kessler, aber die Entente mache einen Fehler, wenn sie ihn durch Blockade und Gewalt bekämpfe. »Dadurch sei Lenin und Trotzki die Gelegenheit geboten, sich als nationale Vorkämpfer zu geben.« Freilich hatte sich inzwischen auch Lenin von Helphand distanziert.

Zensurverstoß im Theater-Verein

Daß damals, in den Tagen des Prinzregenten, in der bayerischen Haupt- und Residenzstadt die Staatsanwälte weniger aufgeregt und aufgeschreckt reagierten als im übrigen Deutschland, haben die russischen Revolutionäre, die zunächst ihr Zaren-Land und anschließend die ganze Welt auf den Kopf stellen wollten, sehr viel mehr erfahren als deutsche Schriftsteller. Gar wenn sie für's Theater schrieben! So gab es seit März 1908 einen eigenen »Münchner Theaterzensurbeirat«, den erst die Revolution abschaffte, dem aber immerhin Max Halbe ein paar Jahre und Thomas Mann zehn Monate angehört hatten. Dieser ging, als man Wedekinds *Lulu* verbot; den Autor selbst wird diese Entscheidung nicht allzusehr überrascht haben, schließlich standen fünf seiner Stücke bis 1918 auf dem Index und machten ihn damit zum meistverbotenen Autor.

Als in Berlin der Naturalismus auf die Bühne kam, war das Theater in München vornehmlich auf Erbauung und Vergnügen bedacht. Zu den vier Häusern – dem Hof- und Nationaltheater, dem Residenz-, dem Gärtnerplatz- und dem Volkstheater in der Josephspitalstraße – waren um die Jahrhundertwende noch das Deutsche Theater, das Schauspielhaus in der Augustenstraße sowie 1901 das Prinzregententheater hinzugekommen. Das alles zusammen machte aber aus München noch keine große Theaterstadt.

Um wenigstens ein bißchen von dem mitzubekommen, was andernorts Theaterbesucher erregte, schlossen sich Münchner Schriftsteller, Journalisten, doch auch Anwälte und Ärzte in Vereinen zusammen. Und einen Anfang setzte die rebellischste (und letztlich doch ganz zahme, Ludwig II. und Bismarck verehrende) Figur des damaligen literarischen Lebens in München: der vormalige Lehrer und spätere Schriftsteller Dr. Michael Georg Conrad.

Auf einer langen Schiffsreise von Neapel nach Marseille hatte er einen Roman von Emile Zola gelesen und in seiner Begeisterung beschlossen, den Dichter in Deutschland bekanntzumachen und vielleicht selbst ein deutscher Zola zu werden. Sein Romanzyklus *Was die Isar rauscht*, auf zehn Bände angelegt (und damit halb so umfangreich wie das Vorbild, Zolas *Rougon-Macquart*) ist freilich über zwei Bände nicht hinausgelangt. Doch zum 1. Januar 1885 wagte Conrad ohnedies Kühneres als einen Romanzyklus: Er gründete in München, wo er seit drei Jahren lebte, eine »Realistische Wochenschrift für Literatur, Kunst und öffentliches Leben« mit dem Titel: *Die Gesellschaft*. Ihr Programm, im Geleitwort formuliert: »Unsere ›Gesellschaft‹ bezweckt zunächst die Emanzipation der periodischen schöngeistigen Literatur und Kritik von der Tyrannei der ›höheren Töchter‹ und der ›alten Weiber beiderlei Geschlechts‹; sie will mit jener geist- und freiheitsmörderischen Verwechslung von Familie und Kinderstube aufräumen...«

So wurde die Geburt einer neuen, einer realistischen Literatur angekündigt, doch jedes dieser Worte war auch gegen die amtierenden Meister und jenen Großmeister Paul Heyse geschrieben, der in seinem Haus bei den Propyläen wie der Statthalter aller Literatur residierte.

Es ist dann nicht viel aus dieser *Gesellschaft* geworden (obwohl sie ja – immerhin – Gerhart Hauptmann, Thomas Mann, Karl Kraus und René Maria Rilke vorstellte). Das Blatt, zunächst im Eigenverlag erschienen, erreichte in seiner Frühzeit nicht einmal eine Auflage von fünfhundert Exemplaren. Aus der Wochen- wurde eine Monats- und schließlich eine Halbmonatsschrift, an der dann auch der Verlag Wilhelm Friedrich in Leipzig keine Freude hatte, auch wenn die Auflage zeitweise um die tausend Exemplare betrug.

Die Geschäfte gingen also schlecht, und der Erfolg des literarischen Realismus, den man propagierte, wurde schnell übertrumpft durch den Berliner Naturalismus. Und 1910 bekam dann Paul Heyse auch noch den Nobelpreis für Literatur.

Im fünften *Gesellschafts*-Jahr war Conrad, zusammen mit Detlev von Liliencron, Otto Julius Bierbaum, Hanns von Gumppenberg, Oskar Panizza sowie einigen Journalisten Mitbegründer einer »Gesellschaft für modernes Leben«, die dem literarischen Leben in München neue Impulse geben sollte. Doch während der Verein nach seinem hoffnungsvollen Start langsam verfiel, hatte Conrad längst sich auch schon in einer anderen Gruppierung engagiert, in dem Ende 1891 durch die Studenten Otto Falckenberg und Artur Kutscher gegründeten »Akademisch-dramatischen Verein«.

Was die großen Münchner Theater nicht zeigten, sollte hier vorgestellt werden. Weit über dreißig Stücke hat man gespielt, darunter auch Josef Ruederers (in Berlin uraufgeführte) *Fahnenweihe* im November 1898, zuletzt ist man der Zensur doch nicht entkommen: Eine Aufführung von drei Szenen aus Schnitzlers *Reigen* brachte im November 1903 das Verbot des Vereins durch den Senatsausschuß der Universität.

Die Lücke war aber schnell wieder geschlossen. In einem »Neuen Verein« ging das Treiben nun unter dem Vorsitz von Josef Ruederer und mit Mitgliedern wie Thomas Mann, Georg Hirth oder Otto Falckenberg weiter.

Das Theaterspielen in Vereinen, dieses Hakenschlagen, um die Zensur auszutricksen, war in Mode gekommen, und im Nachhinein ist es eine mühselige Arbeit, die verschiedenen Gruppen und Grüppchen auseinanderzuhalten und in die richtige Reihe zu bringen.

Da gab es zum Beispiel die Anregung des frisch in München eingetroffenen Max Halbe, Theatervorstellungen »eines gewissen programmatischen Charakters zu veranstalten«. Und noch nicht fünf Wochen nach Halbes Ankunft – so schnell schießen die Preußen! – fand im April 1895 in der Wohnung der »nicht gerade schön zu nennenden, aber überaus rassigen, temperamentvollen« Julia Dery am Wittelsbacherplatz mit Strindbergs Einakter *Gläubiger* die erste Premiere statt. Im Publikum saß der immer rührige M. G. Conrad und als Souffleur beteiligt war Oskar Panizza, der am nächsten Tag vor Gericht stand und wegen seines *Liebeskonzils* zu einem Jahr Gefängnis verurteilt wurde. (Das Schicksal der Julia Dery war düsterer: Sie geriet in die Mühlen der Dreyfus-Affäre, wurde der Spionage verdächtigt und stürzte sich 1899 aus einem Fenster ihrer Berliner Wohnung in den Tod.)

Das Spiel im Park

Das Unternehmen der Amateure nannte sich »Intimes Theater«, und seinen immerwährenden Platz in der Literaturgeschichte sicherte es sich am Abend des 31. Mai 1895, als im heckengesäumten kleinen Park des Redakteurs Holz in der Nähe des Ungererbades vor etwa fünfzig Gästen Georg Büchners *Leonce und Lena* uraufgeführt wurde. In der Hauptrolle: Max Halbe; weitere Mitwirkende: Oskar Panizza, der seine Strafe noch nicht angetreten hatte, als Inspizient, und jener Eduard Fuchs, dem in Zeiten offizieller Keuschheit eine mehrbändige, reich illustrierte Sittengeschichte einschlägigen Ruhm verschaffte. Der Regisseur war Ernst von Wolzogen, der erst kurz zuvor aus Berlin zugezogen war.

Er hat sich schnell bekanntgemacht, und zwei Wochen nach dem Theater-Spiel hinterm Ungererbad trat er beim »Akademisch-dramatischen Verein« im Orpheum an der Sonnenstraße in Ibsens *Wildente* auf. Zusammen mit Sophia Goudstikker und dem zwanzigjährigen Studenten Thomas Mann in der Rolle des Großkaufmanns Konsul Werle.

Aber eigentlich wollte Herr von Wolzogen wohl seinen eigenen Verein, und so sorgte er dafür, daß Ende 1897 die »Münchener Litterarische Gesellschaft« gegründet wurde, mit dem berühmten Ludwig Ganghofer als Vorsitzendem und Ernst von Wolzogen als der Nummer zwei. In Wirklichkeit wäre er in München ja gerne eine Nummer eins geworden, als Intendant des Gärtnerplatztheaters. Der Wunsch wurde ihm nicht erfüllt, Ernst von Wolzogen reiste wieder ab und wurde bald danach, im Januar 1901, als Gründer des Berliner »Überbrettls«, an dem Ludwig Thoma einige Monate mitgearbeitet hat, tatsächlich berühmt.

Sein Verein aber änderte fünf Jahre nach der Gründung den Namen, hieß nun »Münchener Dramatische Gesellschaft« und zu seinem Vorstand gehörten jetzt Michael Georg Conrad, Kurt Martens und Max Halbe – das Karussell der theatralischen und literarischen Geschäftigkeiten drehte sich schnell im München der Jahrhundertwende. Es konnte einem dabei schwindelig werden. Doch wie bei einem richtigen Karussell kamen am Zuschauer immer wieder die gleichen Figuren vorbei.

Modernes, neues, aufregendes Theater wurde in München in den Jahren des Naturalismus also an den Vereins-Bühnen gespielt. In geschlossener Gesellschaft, unter Ausschluß der Öffentlichkeit und der Polizei.

Die Münchner Bürger, insbesondere aber die Schwabinger, haben sie alle ihre Spiele treiben lassen und waren – wenn der Rückblick das Bild nicht verzerrt – von jener Toleranz, die sie ihrer großen, dazumal höchstens durch eine Bierpreiserhöhung erschütterbaren Wurstigkeit verdankten. München war eine Kunststadt, deren Bewohner sich für Kunst gar nicht sonderlich interessierten, die aber liberal genug waren, die Künstler desinteressiert zu tolerieren. Dabei war die Stadt künstlerisch nie lebendiger, farbiger und reicher als in den Jahrzehnten, in denen die Fremden so zahlreich zuzogen, die Maler, die Schreiber, die Gelehrten und die Spinner.

Henrik Ibsen stellt richtig

Unduldsamkeit gegenüber den Fremden gab's aber sicher auch in den Tagen des Prinzregenten von Fall zu Fall. Die Stänkerer und Grantler jedoch sind vergessen, und die Objekte ihres Hasses stehen in der Münchner Kulturgeschichte.

Am Abend des 12. März 1891 feierten die Münchner Journalisten und Schriftsteller mit einem Bankett den 70. Geburtstag des Prinzregenten. Der Abend war weit fortgeschritten, man hatte, wie es heißt, dem Weine reichlich zugesprochen, als sich Martin Greif erhob und in seiner Jubel-Rede darüber jammerte, daß ausländische Dramatiker die einheimischen Talente verdrängten. Das war ausdrücklich auch gegen Henrik Ibsen gerichtet, der seit einigen Jahren Untermieter in der Maximilianstraße 32 war und an diesem Fest teilnahm. Obwohl er sonst wenig sprach, bat Ibsen nun ums Wort. Er pries München, »die Stadt, die jeden Künstler, sei er Einheimischer oder Fremder, willkommen hieße. Zum eigenen Nutzen, denn dies verschaffte ihr weltweites Ansehen.« Warum nun Greif ihn als ausländischen Dramatiker herausstelle, sei ihm nicht recht verständlich, denn Greif selbst sei doch Lyriker und nicht Dramatiker, im übrigen könne er, Ibsen, den Angriff auch gar nicht auf sich beziehen, denn »er fühle sich in München nicht als Ausländer...« Er setzte sich, und die Gäste des Banketts applaudierten laut und lange.

In dieser Zeit regierte das offizielle, das gleichsam mit einem Krönchen versehene bayerische Theater – und zwar seit einem Vierteljahrhundert – der mit dem Titel eines Generalintendanten versehene Carl von Perfall. Ihm folgte 1895 für ein Jahrzehnt Ernst von Possart, Besitzer von siebzig Pfund Orden und eines ungewöhnlich gut funktionierenden Gedächtnisses. Dieser bombastische Herr, unter dessen Leitung das Prinzregententheater entstand, wurde wiederum abgelöst durch Albert Freiherr von Speidel. Daß der aber nur den Titel eines Hoftheaterintendanten führte, war eigentlich ungerecht, denn ihm hätte die Bezeichnung Generalintendant so viel besser gestanden als seinen Vorgängern, schließlich war Speidel ja Offizier gewesen und aus dem Manöver zurückbeordert worden, um Intendant zu werden. Sein Ende – er starb 1912 – fiel zufällig zusammen mit einem neuen Münchner Theateranfang.

Am 11. Oktober 1912, also zwei Monate vor dem Tod des Prinzregenten, stellten sich in der Augustenstraße 89 die »Münchner Kammerspiele« vor. Ohne daß dies gleich zu merken gewesen wäre, hatte damit die Moderne das Münchner Theater erreicht. Gleichsam aktenkundig gemacht wurde dies dann im April 1917, mit der Uraufführung von Georg Kaisers

Von Morgens bis Mitternachts. Regie führte Otto Falckenberg, der damit seine Intendanz begann (die erst im Frühjahr 1945 enden sollte).

Bis zum Jahre 1926 spielten die Kammerspiele noch in der Augustenstraße, dann konnten sie in das genau ein Vierteljahrhundert alte, von Richard Riemerschmid im Jugendstil gebaute Schauspielhaus an der Maximilianstraße umziehen, denn Hermine Körner, seit 1919 Prinzipalin, sah in ihrer Kasse bis auf den Boden. So hieß das Haus von nun an »Kammerspiele im Schauspielhaus« (und die Familie Riemerschmid, der das Haus gehörte, kassierte elf Prozent der Bruttoeinnahmen).

Reicher Herr sucht Zeichner

Der Toleranz waren auch in München Grenzen gezogen – doch sie waren immer ein wenig weiter und durchlässiger als anderswo im Reich.

An die kgl. bayer. Staatsanwälte hat Albert Langen aber vielleicht gar nicht gedacht, als er sich entschloß, in der bayerischen Residenzstadt eine illustrierte Wochenschrift zu verlegen. In München pflegte man die Tradition der lustigen, harmlos-satirischen Zeitschriften, hier erschienen seit 1844 die *Fliegenden Blätter*, hier hatte es die *Münchener Bilderbogen* gegeben, den *Münchener Punsch* oder *Die Stadt-Frau-Bas*. Und in dieser Stadt lebten die vielen Zeichner und Maler. Zwar hatte Langen eben erst in Leipzig einen Buchverlag gegründet, doch die Künstler, die er nun brauchte, konnte er nur an der Isar finden (auch wenn ihm Georg Hirth zuvorgekommen war und seit dem 1. Januar 1896 seine *Jugend* herausgab).

So kam er angereist, ein junger rheinischer Herr von sechsundzwanzig Jahren, den der Ruf begleitete, er verfüge über großes Geld, sei gar ein Millionär! Albert Langen ließ sich diese Nachrede gefallen (auch wenn sein Vermögen kleiner dimensioniert war), denn diese Reputation verschaffte ihm die Mitarbeiter für ein Blatt, das er – völlig unverständlich für seine künftigen Zeichner und Schreiber – *Simplicissimus* nannte.

Und deren Nummer 1 er am 4. April 1896 herausgab, in einer Auflage von (wahrscheinlich) 400 000 Exemplaren. Der Anfang wäre beinahe auch das Ende geworden, denn weit über neunzig Prozent der Hefte, die Langen voller Hoffnungen ins Reich hinausgeschickt hatte, wurden ihm wieder zurückgeliefert. Die Obrigkeit aber ließ den *Simplicissimus* nicht verkommen, und so machten sich die Staatsbüttel auf, die satirische Zeitschrift vor einem frühen Tod zu retten.

Die Österreicher schossen dabei sogar noch schneller als die Preußen: Am 20. April 1896 konfiszierten sie in Wien die Nummer 4 und verschafften so dem Blatt eine erste öffentliche Aufmerksamkeit. Von anderswo kam dann auch bald der Vorwurf, diese Publikation aus München sei unsittlich, pornographisch, revolutionär, sozialistisch ... und die Auflage stieg: 15 000 Exemplare im ersten Jahr, 26 000 im zweiten, 55 000 im dritten und so weiter bis zu etwa 90 000 und 100 000.

Beim zweiten Jahrgang schossen dann auch die Preußen. Ein Herr von Thielen verlor die Geduld und verbot den Verkauf des *Simplicissimus* auf preußischen Bahnhöfen (nachdem man zuvor schon ohne viel Aufsehen drei Hefte des ersten Jahrgangs in Deutschland beschlagnahmt hatte).

Das kostete den Verlag zunächst zwar Geld, wurde hinterher aber mehr als wettgemacht – die Auflage stieg. Da der Schaden also Nutzen brachte, schreckte man in München nicht zurück, sich im Herbst 1898, und somit nur wenige Monate nach Thielens Erlaß, am höchsten deutschen Gut zu versündigen, an Seiner Majestät dem Kaiser. Der hohe Hohenzollern war mit großen Sprüchen gen Jerusalem gereist, und der *Simplicissimus* hatte diese kaiserliche Expedition mit einer Palästina-Sondernummer begleitet. Ein Hieronymos alias Hieronymos Jobs reimte aus diesem Anlaß sechs Strophen und ließ dabei König David, den alttestamentarischen Kollegen von Wilhelm Zwo, in die Saiten greifen:

...Willkommen Fürst in meines Landes Grenzen,
Willkommen mit dem holden Ehgemahl,

Mit Geistlichkeit, Lakaien, Exzellenzen,
Und Polizeibeamten ohne Zahl.
Es freuen rings sich die histor'schen Orte
Seit vielen Wochen schon auf deine Worte,
Und es vergrößert ihre Sehnsuchtspein
Der heiße Wunsch photographiert zu sein...

Der Zeichner Th. Th. Heine griff nicht ganz so weit in die Geschichte zurück, sondern zeigte als Titelblatt einen in Eisen gegürteten Gottfried von Bouillon, der zu Kaiser Rotbart Lobesam spricht: »Lach nicht so dreckig, Barbarossa! Unsere Kreuzzüge hatten doch eigentlich auch keinen Zweck.«

Die Staatsanwaltschaft Leipzig – zuständig, da Leipzig der Druckort war – schrieb drei Verhaftungsbefehle aus: für Albert Langen, Th. Th. Heine und Hieronymos. Der Verleger entkam in die Schweiz, Heine wurde für sechs Monate in der sächsischen Festung Königstein gefangen gehalten – doch der dritte Befehl war unzustellbar. Die Staatsmacht, vertreten durch einen Leipziger Beamten, hatte freilich Glück, da ihr bei einer Durchsuchung der Redaktion Kaulbachstraße 51 a/I das Manuskript in die Hände fiel. Der Autor war enttarnt. Sein Name: Frank Wedekind.

Der für die nun anstehende Arretierung zuständige Schwabinger Kriminalbeamte meinte in der *Simplicissimus*-Redaktion beiläufig und sicher nicht ohne Absicht, daß man morgen früh wissen werde, wer der Hieronymos sei und daß man ihn dann halt festnehme.

Am Abend spielte Wedekind noch in den Kammerspielen, in seinem *Erdgeist*, anschließend feierte er in der Bar der »Vier Jahreszeiten« (die übrigens zu Beginn des Jahres als erste Münchner Bar eröffnet worden war) – und als die Polizei bei Frank Wedekind schließlich vorsprach, saß dieser bereits im Zug nach Zürich.

Der Wink hatte ihn gerettet, doch nach einiger Zeit kehrte er – anders als sein Verleger Langen – ins Reich des Kaisers Wilhelm zurück, stellte sich der Justiz und ging für sieben Monate nach Königstein.

Einmal verhandelten sie in Leipzig, ein andermal in Stuttgart: Peter Schlemihl (alias Ludwig Thoma) hatte am 25. Oktober 1904 im *Simplicissimus* eine frivole Epistel »An die Sittlichkeitsprediger in Köln am Rhein« gerichtet. Diese ironischen Reime zur »XVI. Allgemeinen Konferenz der deutschen Sittlichkeitsvereine« mißfielen höhernorts, und so erstattete der evangelische Oberkirchenrat in Berlin beim Kgl.-bayer. Landgericht München links der Isar Anzeige gegen den Dichter, wohnhaft in der Franz-Joseph-Straße 9/II.

München packte die aus Berlin eingegangene Anzeige mitsamt den beigefügten Unterlagen ganz schnell wieder ein und adressierte sie an die Staatsanwaltschaft Stuttgart, schließlich wurde der *Simplicissimus* ja mittlerweile dort gedruckt. Es kam zur Verhandlung, Thoma wurde zu sechs Wochen Gefängnis verurteilt, und am 16. Oktober 1906 passierte er in der Strafanstalt Stadelheim ein. Als er sie am 27. November wieder verließ, hatte er die Komödie *Moral* und sein Haus auf der Tuften entworfen. Und einen seiner schönsten satirischen Artikel geschrieben: »Die Reden Kaiser Wilhelms II«.

Gerichte in Sachsen und Württemberg hatten für die Ehre vieler Pastoren und eines Kaisers gestritten, und einmal, im Jahre 1899, runzelte auch der Staatsanwalt in München die Stirn. Er beschlagnahmte eine Beilage der Zeitschrift, gab sie dann aber, als hätte es sich um ein peinliches Versehen gehandelt, schnell wieder frei. Fünf Jahre später freilich meinte man selbst in der relativ toleranten bayerischen Residenzstadt, Thoma habe mit dem Flugblatt »Fort mit der Liebe!« die Grenzen überschritten. Man lud den Dichter vor, sah das alles dann aber doch nicht so streng und unduldsam wie anderswo im Reich und sprach Ludwig Thoma frei.

Der rote Simpl-Hund

Albert Langen war der Zeichner wegen nach München gegangen, und hier fand er sie. Als ersten Mitarbeiter gewann er Thomas Theodor Heine, einen Leipziger, der seit sieben Jahren in München lebte. Er arbeitete für die *Jugend* und war dort, wie es heißt, Spezialist für Dackel. Dem neuen Blatt zeichnete er – erster Auftritt in einer nässenden Nebenrolle: Heft 8 des 1. Jahrgangs – eine rote Buldogge. Sie wurde bald schon das zähnefletschende Wappentier des *Simplicissimus*.

Der Verleger hatte das Glück, bereits im ersten Jahr die meisten jener Künstler zu finden, die seiner Zeitschrift zu Ruhm und (gefördert durch obrigkeitliche Zugriffe) zu hohen Auflagen verhalfen. Alle zusammen und jeder für sich ver-zeichneten sie den Glanz und den Pomp des wilhelminischen Zeitalters. Sie karikierten die ostelbischen Junker, die preußischen Leutnants, die bayerischen Zentrumspolitiker, die farbentragenden Studenten und die Münchner Bier-Bürger.

Achtzehn Jahre lang, nur wenig über die Prinzregentenzeit hinaus, war der *Simplicissimus* eine streitbare und erfolgreiche satirische Zeitschrift. Eine witzige Opposition im Obrigkeitsstaat. Er war freilich im Sommer 1914, als der Krieg begann, sofort bereit, seine Gesinnung zu ändern. Der *Simplicissimus* verleugnete seine ehrenwerte Vergangenheit und wurde stramm patriotisch. Für die ersten achtzehn Jahre freilich galt, was Thomas Mann (kurz vor der Jahrhundertwende selbst etwa ein Jahr lang für ein Monatssalär von hundert Mark Redakteur am *Simplicissimus*) wohl ein wenig übertreibend genannt hat: »Das beste München, das es je gegeben hat.«

Der *Simplicissimus* hatte sich damals selbst die Zähne gezogen, und der Biß der Bulldogge wurde niemandem mehr gefährlich. Auch nicht den Nationalsozialisten und ihrem sogenannten »Führer«, die man in den zwanziger und frühen dreißiger Jahren immer wieder dem karikierenden Spott preisgab. Vielleicht, meinte Th. Th. Heine im schwedischen Exil, habe man Hitler und die Seinen dadurch nur populärer gemacht.

Man amüsierte sich in den Weimarer Jahren über den Berliner *chic*, über Kriegsgewinnler, über Intellektuelle – und niemand zeichnete die Welt der »goldenen zwanziger Jahre« trefflicher als Karl Arnold –, man kritzelte über die Parteien, über Preußen wie über Bayern...

Und am 1. April 1933 erfolgte dann die letzte Wendung: der *Simplicissimus* versprach »in bindender Form« (und teilte dies den Lesern in einer redaktionellen Notiz auch mit), daß man sich der neuen Regierung gegenüber loyal verhalten werde.

Die Welt lernt in München malen

Obwohl Georg Hirth bereits am 1. Januar 1896 mit seiner *Jugend* eine ähnliche Zeitschrift auf den Markt gebracht hatte, fand Albert Langen in München zum 4. April doch noch alle Künstler, die er für seinen *Simplicissimus* brauchte. Das waren vor allem der achtundzwanzigjährige Lausitzer Bruno Paul und der gleichaltrige Wiener Ferdinand von Reznicek, der neunundzwanzigjährige Leipziger Thomas Theodor Heine sowie der ebenfalls neunundzwanzigjährige Salzburger Josef Benedikt Engl, der dreißigjährige Südtiroler Eduard Thöny und der ein Jahr ältere Lüneburger Wilhelm Schultz. (Hat es vielleicht mit dieser »Simpl«-Tradition zu tun, daß auch heute die meisten und wichtigsten Karikaturisten in München leben: Ernst Maria Lang und Ernst Hürlimann, sodann Gabor Benedek, Pepsch Gottscheber, Horst Haitzinger, Dieter Hanitzsch, Luis Murschetz. Und dazu paßt, daß ja auch das Kabarett – von den »Elf Scharfrichtern« über die »Kleine Freiheit« zur »Lach- und Schießgesellschaft« eine große Münchner Tradition besitzt.)

Das München der Prinzregentenzeit war zweifellos die wichtigste Kunststadt Deutschlands, die – mit kleinem Abstand, versteht sich – hinter Paris genannt werden konnte (wobei sich der Abstand gerade in diesen Jahren zu vergrößern begann). Zuletzt war dieses München dann eben doch ein bißchen zu konservativ und ein wenig zu provinziell. Wenn es eine »Münchner Schule« gab, was man bei der Vielzahl der Stile und der Themen auch durchaus anzweifeln kann, so fehlten ihr ein Programm und eine Theorie. Und ohnedies sind diese Bilder bei Sammlern beliebter als bei den Museen.

Wie weit der Ruf der Münchner Akademie damals reichte und welch guten Klang er hatte, beweisen die vielen ausländischen Künstler, die hierher kamen, um vor allem bei Carl von Piloty, Wilhelm von Diez und später bei Ludwig von Löfftz zu lernen und (häufig) bis zum Tode zu bleiben.

Einem wurde der Weg nach München verwehrt. Er mußte zum Studium nach Madrid, von wo er am 3. November 1897 an seinen Freund Joaquim Bas schrieb: »...Deshalb würde ich einen Sohn, der Maler werden wollte, keinen Augenblick hier in Spanien behalten. Und ich würde ihn auch bestimmt nicht nach Paris schicken (obwohl ich selber liebend gern dort wäre), sondern nach Munik (falls man das so schreibt), weil man dort ernsthaft, ohne Rücksicht auf dogmatische Begriffe wie Pointillismus und dergleichem malen lernt.« Drei Jahre später ist er nach Paris gekommen und unter dem Namen Pablo Picasso der bedeutendste Maler seines Jahrhunderts geworden.

Unter denen, die einige Zeit in München malten, war auch ein junger Mann, der seit 1983 zu den Seligen der katholischen Kirche gehört: Der Pole Adam Chmielowski lebte hier um 1870 als Mitglied der polnischen Malergruppe an der Akademie (und an dem Haus Schwanthalerstraße 28 erinnert eine 1986 enthüllte Bronzetafel daran). Nach seiner Rückkehr in die Heimat trat er in den Jesuitenorden ein und gründete als Bruder Albert die der Armenpflege dienende Kongregation der Brüder und Schwestern der Albertiner.

Mittelpunkt der polnischen Künstlerkolonie war aber der seit 1862 in München lebende Jozef von Brandt, der die Sommer auf seinem polnischen Gut verbrachte und winters dann in der bayerischen Residenzstadt seine wilden Reiterstücke aus der polnischen und russischen Welt malte.

Neben einer großen polnischen gab es, vornehmlich in der Schelling- und Türkenstraße, auch eine starke skandinavische Kolonie. Nach München kamen aber auch die Engländer, zum

Beispiel Edward Thomas Compton, ein begeisterter Hochgebirgsmaler, der in der bayerischen Hauptstadt heiratete und sich in Feldafing niederließ. Aus Amerika stammten unter anderem Toby Edward Rosenthal, William Merrit Chase und der als Lehrer in der amerikanischen Malerei einflußreiche Frank Duvenek.

Es kamen Niederländer und Belgier, der Grieche Nikolaus Gysis und dessen Landsmann Georg Jakobides. Zu den in Rußland geborenen Künstlern zählte neben Franz Roubaud, Robert Krause und Adolf Luben auch Wilhelm Velten. Daß der Freiheit und Freizügigkeit, deren sich diese Maler erfreuten, auch Grenzen gezogen waren, hat er erfahren. Als er im Frühjahr 1910 wieder einmal seine Einbürgerung beantragte – schließlich lebte er ja seit 1868 in München! – lehnte man ab, da er seine Sommer malend in Etzenhausen bei Dachau zu verbringen pflegte, ohne sich die dafür nötige Genehmigung zu holen. Zuletzt bekam Velten das gewünschte Dokument dann aber doch, da er ein gut ausgestattetes Konto bei einer Münchner Bank und ein Jahreseinkommen von dreitausend bis viertausend Goldmark nachweisen konnte.

Eine starke Fraktion unter den zugereisten Malern stellten die Ungarn. Pal Böhm aus Nagyvarad lebte hier, der Piloty-Schüler Gyula Benczur bekam sogar eine Münchner Professur, die er allerdings nach sieben Jahren gegen eine Professur in Budapest vertauschte. Simon Hollóssy studierte ebenfalls an der Akademie, doch gründete er, gleichsam aus Protest gegen sie, eine eigene, erfolgreiche private Malschule, wie es deren in München ja mehrere gab. Neben Michael Lieb, der später unter dem Namen Mihail von Munkácsy zum bekanntesten ungarischen Maler wurde, studierte auch Pal Szingei Merse bei Piloty in München. Und in dieser Stadt malte er 1873 das farb-frohe »Frühstück im Freien«, von dem es heißt, es sei das bekannteste und beliebteste ungarische Gemälde.

Der kleine große Herr Ažbe

Unter den ausländischen Malern, die vor der Jahrhundertwende in München lebten, war wohl keiner origineller, beliebter und einflußreicher als der kleingewachsene, virginiarauchende Anton Ažbe aus Slowenien. »Äußerlich war er sehr klein, innerlich sehr groß – begabt, klug, streng und über alle Grenzen gütig«, so beschrieb Kandinsky im Sommer 1929 seinen ehemaligen Lehrer. Zu der Zeit war Ažbe beinahe ein Vierteljahrhundert tot. In einer kalten Dezembernacht »fiel er auf dem Heimweg in den Schnee, im Kognakrausch, und schlief ein. Er wurde erst am Morgen aufgefunden, erfroren.« So steht es bei Leonhard Frank. Doch die Ažbe-Biographin Katarina Ambrozić berichtet, daß der Künstler an Kehlkopfkrebs litt, »dem er, aufs äußerste erschöpft, nach einer Operation am 5. August 1905, erst 43 Jahre alt, erlag«.

Die Reputation der Münchner Akademie war so groß, daß der zweiundzwanzigjährige Anton Ažbe das Studium bei den Wiener Maler-Meistern aufkündigte und im Herbst 1884 an die Isar zog, wo er sechs Jahre als Lieblingsschüler bei Ludwig von Löfftz studierte und assistierte, ehe er sich entschloß, seine eigene Malschule zu eröffnen.

Im Frühjahr 1891 empfing er in seinem Atelier in der Türkenstraße die ersten zwanzig Schüler. Die Zahl wuchs schnell, und so zog Ažbe in das, wie es hieß, »schönste Atelier Münchens«, in das Gartenhaus eines russischen Fürsten in der Georgenstraße 16. Einer seiner vielen Schüler, der Würzburger Leonhard Frank – später angesehen als Schriftsteller – schrieb 1952 in seinem autobiographischen Roman *Links wo das Herz ist* von seiner Zeit bei Ažbe: »Seine Schule war berühmt. Er galt als ein genialer Lehrer. Die begabteren jungen Leute verließen die Akademie der Künste, um unter seiner Leitung zu studieren. Aus allen Ländern Europas kamen Kunstjünger zu ihm. Er fragte nicht, ob ein Schüler bezahlen konnte, und wußte auch nie, wer Schulgeld bezahlt hatte und wer nicht. Solange Geld für die Modelle und für Kognak in seiner Nachttischlade lag, war die Buchführung in Ordnung.«

Es fiel nicht schwer, sie in Ordnung zu halten, denn jene Eleven, die dazu in der Lage waren – der Rest ging gratis –, zahlten ein Schulgeld von 26 Mark im Sommer und, der Heizung wegen, von 27 Mark im Winter. So konnte Ažbe großzügig mit seinen Einnahmen umgehen und beispielsweise Bedürftigen helfen oder der Kathi Kobus die Einrichtung für ihren *Simplicissimus* zahlen. (Die Freundschaft der Weinwirtin zum Maler blieb über den Tod hinaus erhalten. Als die Kathi 1929 starb, bestattete man sie in Ažbes Grab im Nordfriedhof.)

Unter einigen Dutzend privater Malschulen, die es damals in München gab, war Ažbes Etablissement mit zeitweise mehr als einhundertfünfzig Malschülern – an der Akademie gab es etwa dreihundert eingeschriebene Studenten – die mit Abstand größte. Und einige der bekanntesten Maler des Jahrhunderts haben hier zeitweise studiert, Kandinsky zum Beispiel oder Jawlensky, der russische Märchenmaler Ivan Bilbin oder der 1966 verstorbene deutsche (und später amerikanische) Meister der abstrakten Malerei Hans Hofmann, der zwischen 1915 und 1930 seine eigene Münchner Malschule leitete.

Aber auch andere Privatschulen hatten Mal-Lehrlinge, die es später zu hohem Ansehen brachten. Paul Klee, von der Akademie wegen fehlender Übung im figürlichen Zeichnen zunächst abgelehnt, lernte bei Heinrich Knirr; Emil Nolde besuchte die Kunstschule Fehr; Alfred Kubin zahlte sein Schulgeld bei Schmidt-Rautte, ehe er sich an der Akademie einschrieb, und Ernst Ludwig Kirchner belegte von 1903 an zwei Semester in der Debschitzschule, Hohenzollernstraße 21.

Kurz vor dem Ende jener Prinzregentenzeit, in der München leuchtete, reiste ein junger Maler aus Wien an, der es fast fertigbrachte, das Licht ganz zu löschen (doch das ist eine andere Geschichte). Es ist nicht bekannt, daß er versuchte, an einer der vielen Münchner Malschulen angenommen zu werden. Er malte und verkaufte gefällige (und gar nicht einmal so unbegabte) Postkarten mit Münchner Motiven, doch statt weiter diesem hausiererischen Gewerbe nachzugehen, sich einem der Künstlerkreise anzuschließen und sich auch vielleicht in Öl und größeren Formaten zu versuchen, beschloß dieser Einzelgänger, Politiker zu werden. Mit den allgemein bekannten Folgen.

Alpenveilchen als Peitschenhieb

Im März 1895 hatte der sechsundzwanzigjährige Maler Richard Riemerschmid geheiratet, und da er die seit einiger Zeit in England modernen, der Gotik nachempfundenen schlichten Möbel in keinem Münchner Geschäft finden konnte, entwarf er sie sich selbst. Die aus rotgebeizter Kiefer geschreinerten Stühle und Schränke erinnerten zwar an die im Nationalmuseum ausgestellten gotischen Möbelstücke (die Riemerschmid sich angesehen hatte), doch die geschwungenen Beschläge und die flachgeschnitzten Ornamente kündigten einen neuen Stil an – den Jugendstil, der in Deutschland mit diesen Möbeln für die Riemerschmid-Wohnung in der Hildegardstraße begann (wenn es denn überhaupt ein genaues Datum und ein bestimmtes Ereignis gibt, das diesen Anfang markiert).

Schon im April des darauffolgenden Jahres 1896 wurden Werke der neuen Kunst dann auch erstmals öffentlich gezeigt. In Littauers Kunstsalon am Odeonsplatz (dem man wenige Jahre später in Thomas Manns Erzählung *Gladius Dei* als M. Blüthenzweigs Kunstmagazin begegnen wird) stellte der vierunddreißigjährige Schweizer Hermann Obrist, der eben seine neuerbaute Villa in der Karl-Theodor-Straße 24 bezog, fünfunddreißig Stickarbeiten aus, die Berthe Ruchet nach seinen Entwürfen angefertigt hatte. Vor allem ein 1,83 Meter breiter blau-grüner Wandteppich verwirrte dabei, wie zeitgenössische Berichte vermuten lassen, das Münchner Publikum. Die goldgelbe Stickerei ließ sich zwar als ein mitsamt seinen Wurzeln ausgerissenes, pathetisch stilisiertes Alpenveilchen deuten, doch der Künstler selbst meinte, diese und ähnliche Arbeiten seien zu verstehen als »freie musikalisch rhythmische Phantasien, voller Schwingungen, Curven«, der Schriftsteller Georg Fuchs gab schließlich dem heftig bewegten Ornament jenen Namen, unter dem es bekannt wurde und in die Kunstgeschichte einging. Er nannte es »Peitschenhieb«.

Anderswo in Europa hatte diese dekorative, dem Kunsthandwerk so eng verbundene Kunst bereits ihre Namen. Sie hieß Art Nouveau oder Modern Style oder Stile Moderniste. Zum Taufpaten in Deutschland wurde ohne sein Zutun und eigentlich auch gegen seinen Willen der Münchner Verleger Dr. Georg Hirth. Der rührige Thüringer, der 1881 – neun Jahre nach seiner Ankunft in München – zusammen mit seinem Schwager Thomas Knorr die *Münchner Neuesten Nachrichten* und damit die größte, einflußreichste Zeitung Süddeutschlands geerbt hatte, war engagiert und überdies vermögend genug, die Künste zu fördern.

Im Stil der Zeit und seiner »Allotria«-Freunde setzte er sich zunächst für eine Renaissance der Renaissance ein (und schrieb über die Renaissancemöbel ein mehrfach aufgelegtes, doch mehrfach auch verändertes Buch).

Später schlug er sich auf die Seite der Jungen und war mit seiner Zeitung und seinem Geld auch eifrig dabei, als sich 1892 die »Secessionisten« zusammenschlossen. Knapp vier Jahre später, am 1. Januar 1896 tat Hirth jenen Schritt, der ihm eine kleine Unsterblichkeit sicherte: Er ließ die erste Nummer einer »Illustrierten Wochenschrift für Kunst und Leben« erscheinen, der er und sein Redakteur Fritz von Ostini ein wolkiges Geleitwort voranstellten: »Wir wollen die neue Wochenschrift *Jugend* nennen: damit ist eigentlich schon Alles gesagt ... Ein ›Programm‹ im spießbürgerlichen Sinne des Wortes haben wir nicht. Wir wollen alles besprechen und illustrieren, was interessant ist, was die Geister bewegt; wir wollen alles bringen, was schön, gut, charakteristisch, flott und – echt künstlerisch ist.« Und dazu gehören »Ornament, Dekoration, Mode, Sport, Politik, Musik und Literatur« sowie »hohe, höhere und höchste Kunst« (wie immer diese dann auch gemessen wird).

Was dabei herauskam, muß dem liberalen Dr. Hirth in seiner herrschaftlichen Villa an der Ecke Brienner/Luisenstraße gefallen haben, denn es heißt, er habe eine Porzellansammlung verkauft, um sich die Zeitschrift leisten zu können. Aber war denn Georg Hirth nicht einer der reichen, vielleicht gar einer der reichsten Männer Münchens?

Das Blatt hat ihm jedenfalls viel bedeutet, und doch hat er sich nicht darüber gefreut oder sich geschmeichelt gefühlt, als bald schon die Kunst der Jahrhundertwende – diese Antwort auf Neorenaissance und Neobarock – nach seiner Zeitschrift benannt wurde. Dabei hat er doch in der *Jugend* den Zeichnern (175 waren es allein im ersten Jahrgang) die Gelegenheit zu jenen ornamentalen Spielereien gegeben, die für eine Richtung des »Jugendstils« so charakteristisch wurden. Ein anderer Zweig verzichtete auf floralen Zierat und propagierte im Gegensatz dazu klare Linien und Formen.

Einige Maler in München folgten dem Beispiel ihres Kollegen Riemerschmid und beschäftigten sich lieber mit dem Entwerfen von Mobiliar als dem Verfertigen von Bildern. Bei der Glaspalastausstellung von 1897 konnten sie in zwei kleinen, etwas abseits gelegenen Kojen durch die Architekten Theodor Fischer und Martin Dülfer eine Ausstellung von »Gegenständen des neuen Kunstgewerbes« inszenieren lassen, und dabei gab es unter anderem zu besichtigen: Textilentwürfe von Hermann Obrist, dekorativ Gemaltes von Fritz Erler (der das erste Titelblatt der *Jugend* entworfen hatte), einen Fries von August Endell – und von Richard Riemerschmid, neben zwei Glasfenstern sowie etlichen Bildern, ein Eibenbuffet mit Eisenbeschlägen, von dem es heißt, es sei »das erste Münchner Jugendstilmöbel« gewesen.

Was hier auf beengtem Raume begann, fand schnell schon, unter dem Datum des 1. Januar 1898, seine Fortsetzung und hieß dann »Münchener Vereinigte Werkstätten für Kunst im Handwerk«, abgekürzt »VW«. Damit war die bayerische Residenzstadt (wie ein Kritiker zehn Jahre später schrieb) »die erste Stadt, wo die moderne angewandte Kunst in Deutschland eine organisierte Betriebsform erhielt«, und verbunden war diese Gründung mit den – später durchwegs berühmt gewordenen – Namen von Peter Behrens, Margarethe von Brauchitsch, Paul

Haustein, Franz August Otto Krüger, Hermann Obrist, Bernhard Pankok, Bruno Paul und Richard Riemerschmid. Mit einem Kapital von hunderttausend Goldmark hatten die Gründerväter ihre GmbH ins Handelsregister eintragen lassen, und schon Ende des ersten Jahres waren fünfzig Mitarbeiter damit beschäftigt, Gebrauchsgegenstände von hohem handwerklichem wie künstlerischem Anspruch herzustellen. Als die Firma 1907 in eine Aktiengesellschaft umgewandelt wurde, hatte sie bereits sechshundert Angestellte.

Mehr als neunzig Jahre lang bedienten die Vereinigten Werkstätten den guten Geschmack und das gute Geld, im März 1991 aber stellte das vornehme Möbel- und Einrichtungshaus (an dem August von Finck mehr als 25 Prozent der Anteile besessen hatte) wegen Unrentabilität seine Arbeit ein. »Die Folgegesellschaft Amira Verwaltungs-AG ist nur noch Vermögens- und Immobiliengesellschaft«, meldeten die Zeitungen. Eine Münchner Geschichte am Ende des Jahrtausends.

Und doch birgt diese Geschichte vielleicht auch wieder einen Anfang. Der Name »Vereinigte Werkstätten« wurde nämlich verkauft und könnte also mitsamt seinen qualitativ wertvollen Möbeln wieder zurückkehren, und sechs Mitarbeiter der alten Firma taten sich mit zwei Interessenten zusammen und gründeten zu Beginn des Jahres 1992 am Rand der Stadt die »Neuen Werkstätten – Gesellschaft für Planung und Einrichtung GmbH«.

»Zweifellos die beste Leistung des deutschen Jugendstils«

Die Voraussetzungen, den Historismus durch einen neuen Stil abzulösen, waren in München günstig, denn hier gab es die jungen Künstler der Akademie, die nach neuen Wegen suchten, und in dieser Stadt hatte das Kunsthandwerk durch die Wünsche und Anforderungen, die es König Ludwig II. bei der Ausstattung seiner Schlösser erfüllen mußte, ein hohes Niveau und die Beherrschung der raffiniertesten Techniken erreicht. (Wobei es dann ja auch sicher kein Zufall ist, daß der Begriff »Kunsthandwerk« in den Tagen des Bayernkönigs erstmals gebraucht wurde und daß – gleichsam als Pendant – etwa seit dieser Zeit auch das Wort »Kitsch« nachgewiesen ist.)

Auf daß die junge Kunst ihren Weg mache, eröffneten Hermann Obrist und Wilhelm von Debschitz am 3. Januar 1902 im Keller Hohenzollernstraße 7a ein »Lehr- und Versuch-Atelier für angewandte und freie Kunst«, in der sechs Schüler in die Techniken und den Stil des erneuerten Handwerks eingeführt wurden. Bald schon waren freilich an die einhundertfünfzig Studierende an dieser ungewöhnlichen Schule (die zum Beispiel keine Klassen und keine Prüfungen kannte) eingeschrieben, einige Zeit später – längst war man umgezogen in die Hohenzollernstraße 21 – waren es sogar weit über zweihundert, und zu den Lehrern und Leitern der bis zum Sommer 1929 bestehenden »Debschitz-Schule« gehörten Fritz Schmoll von Eisenwerth, Emil Preetorius und im Jahre 1907 sogar, für sehr kurze Zeit, der Maler Paul Klee.

Es gab vielfache Anerkennung für den Münchner Jugendstil, man bedachte ihn mit Ehrungen und Auszeichnungen, man präsentierte ihn auf den großen Ausstellungen – die »Vereinigten Werkstätten« beispielsweise waren bereits 1900 zur Pariser Weltausstellung eingeladen –, und von den zwei Stühlen des Musiksalons, den Riemerschmid 1899 in Dresden zeigte, meinte Winfried Nerdinger noch achtzig Jahre später, »sie sind zweifellos die beste Leistung des deutschen Jugendstils«.

Es gab aber natürlich auch Kritik. Tief entsetzt über diese süddeutschen Schnörkeleien muß Oswald Spengler gewesen sein, als er, ein vormaliger Studienrat, im März 1911 von Hamburg nach München zog und in der Arcisstraße 38 möbliert in zwei kleinen Zimmern wohnte. All diese Möbel, Töpfe und Fassaden, schrieb er in den unter dem Titel *Eis heauton* gesammelten Fragmenten, seien ihm unerträglich, denn »aus jedem ›entworfenen‹ Ding redet die Eitelkeit eines Schwachkopfs heraus, der sich geltend machen und empfehlen will«.

Und die Bauten! Der Historismus mit seinem architektonischen Pomp, das war nach seiner Art. Doch die Generation der Seitz, Seidl, Thiersch und Gedon sei abgetreten und nun lebe er in »einer Stadt, wo die trottelhaften Ornamente dieser neuen Architektur... bei jedem Schritt Übelkeit erregen«. Und die Klage geht weiter: »Welche Geistlosigkeit! Welche Leere! Welche aufdringliche Frechheit! Wenn sich doch endlich einmal ein paar vernünftige Architekten zusammentäten, um in München anständige Häuser zu bauen. Es ist beinahe unmöglich, eine kultivierte kleine Wohnung zu finden. Also ganz schmucklose Häuser, ohne Ornament, nur die schönen schlanken Fenster, 3 1/2 m hohe große Zimmer, ganz schmucklos, ganz schmucklose Öfen, ganz schmucklose Treppenhäuser.« (Sein Wunsch ist ihm wohl erst zuletzt erfüllt worden: Nach seinem Tod im Jahre 1936 setzte man ihm auf dem Münchner Nordfriedhof als Grabstein einen schmucklosen, glattgeschliffenen Kubus.)

Als der immer ernste und gar nicht lebensfrohe Oswald Spengler nach München kam, war freilich – was ihm wohl entging – die ornamentenselige, die floral schwingende Epoche des Jugendstils bereits in eine Zeit des Neoklassizismus und des Neobiedermeier übergegangen (wobei sich allerdings die Stile ergänzten und überlappten). Man hatte zuvor die Freude am Dekorativen aber wohl tatsächlich gelegentlich übertrieben.

So erzählt Rudolf Alexander Schröder – als Mitbegründer der literarischen Zeitschrift *Insel* selbst eine Figur der Jugendstilgeschichte –, er habe kurz vor der Jahrhundertwende für seinen reichen Vetter Alfred Walter Heymel im Parterre des kurz zuvor von Martin Dülfer gebauten stattlichen Hauses Leopoldstraße 4 eine Wohnung eingerichtet. Ein »damals vielgenannter Münchner Architekt« wurde dafür engagiert, doch dieser Mann war »tief in die Schlängelpfade des seit kurzem grassierenden Jugend- und Bandwurmstils verstrickt« und wurde, auf daß er kein größeres Unheil anrichte, von den Wohnräumen abgelenkt und mit der Ausstattung der beiden Büroräume abgefunden.

Welche Häuser ihm so sehr mißfielen, hat Spengler nicht gesagt; er hatte ja meist das Große und das Ganze im Blick, den Globus und die letzten fünftausend Jahre. Galt sein Ärger der

Villa Bechtolsheim draußen in Bogenhausen, in der Maria-Theresia-Straße 27, die Martin Dülfer zwischen 1896 und 1898 gebaut hatte (und von der es heißt, sie sei die erste Jugendstil-Villa in Deutschland gewesen)?

Die Villa, die sich der Maler Franz Stuck etwa zur gleichen Zeit ein paar Häuserblöcke weiter, in der Prinzregentenstraße 60, hatte bauen lassen, konnte Spengler kaum gemeint haben, denn die Villa – zunächst noch nicht von Bäumen umgeben, noch ohne den Atelierbau, der erst 1914 errichtet wurde – wirkte kubisch-kahl, wurde vielfach neoklassizistisch genannt und war wie eine ferne, fein schwingende Reminiszenz von Pompeji. Später ordnete die Kunstgeschichte den Bau und vor allem dessen Einrichtung anders ein, und die Stadt München, seit 1992 Besitzer, nannte die Villa Stuck beispielsweise in einer Annonce »das bedeutendste Beispiel der Münchner Jugendstilarchitektur und das mit Sicherheit schönste ›Künstlerhaus‹ Deutschlands«.

Die bizarrste, extravaganteste Kreation des Münchner, des deutschen Jugendstils konnte Spengler freilich vis-à-vis des Prinz-Carl-Palais finden. Dort hatten die beiden Freundinnen Sophia Goudstikker und die mit einer Erbschaft ausstaffierte Anita Augspurg im Sommer 1898 ihr »Photoatelier Elvira« eröffnet. Ein kühnes Unternehmen, denn in der Stadt gab es bereits um die hundert selbständige Photographen. Doch zu Beginn des Jahres 1893 erhielt das Etablissement die hohen Weihen: es war der Auftrag, die Aufnahmen zur Silberhochzeit von Prinz Ludwig (dem späteren König Ludwig III.) und seiner Frau Maria Theresia zu machen.

Zur architektonischen Sensation wurde das Atelier fünf Jahre später, als der siebenundzwanzigjährige August Endell den Neubau des Hauses Von-der-Tann-Straße 15 entwarf und die Fassade des niederen Gebäudes mit dem Relief eines Drachen schmückte, der Erinnerungen an Obrists »Peitschenhieb« weckte. Das dreizehn Meter breite und sieben Meter hohe cyclamviolette Ungeheuer auf grüner Wand war für viele Passanten in der Tat ungeheuerlich, für andere ein Gegenstand der

Belustigung. Sie nannten das Photoatelier – das sich seit 1898, dem Jahr an dem der Drache appliziert wurde, Hofatelier nennen durfte – die »Chinesische Botschaft« oder in augenzwinkernder Doppeldeutigkeit »Drachenburg«.

Diese Ikone des Jugendstils hat lange überdauert. Sie schmückte das Haus auch noch, als Sophia Goudstikker 1908 ihr Atelier verpachtete, sie überstand, wenn auch etwas derangiert, den Verkauf des Hauses und den Einzug einer Färberei. Im Sommer 1937 aber, als in Sichtweite das vom vormaligen Jugendstilarchitekten Paul Ludwig Troost entworfene Haus der Deutschen Kunst und in einer Parallelstraße zur Von-der-Tann-Straße die Ausstellung »Entartete Kunst« eröffnet wurde, kam der Befehl, das mittlerweile vierzig Jahre alte Relief zu entfernen. Sieben Jahre später wurde dann das ganze kleine Haus entfernt – durch Bomben.

Mit dem »Atelier Elvira« verschwand nicht nur ein (bereits geschändetes) Denkmal des Jugendstils, sondern auch ein Haus, das für die Geschichte der Frauenbewegung von großer Bedeutung war. Denn zum engen Kreis um Sophia Goudstikker gehörten die streitbare, geschäftige Dr. jur. Anita Augspurg, Mitbegründerin der »Gesellschaft zur Förderung der geistigen Interessen der Frau« sowie Ika Freudenberg, Organisatorin des im Herbst 1899 abgehaltenen »Ersten Allgemeinen bayerischen Frauentages« und Gründerin des »Hauptverbandes bayerischer Frauenvereine« im Jahre 1909.

Das frauenreiche Buch des Herrn von Wolzogen

In dieser Münchner Frauenszene hat sich der 1893 aus Berlin zugezogene und in einer Villa an der Werneckstraße lebende Ernst von Wolzogen so gut ausgekannt, daß er sie 1899 in einem Schlüsselroman verfremdet präsentieren konnte. Mit Erfolg: Der Roman *Das dritte Geschlecht* – richtig und doch nicht ganz treffend später als »erster Schwabing-Roman« bezeichnet – lag 1905 in der siebten Auflage, in 150 000 Exemplaren vor. So viel Beifall und Interesse scheint bei der literarischen, erzählerischen Belanglosigkeit des Buches heute nicht mehr verständlich. Die Neugierde gilt inzwischen längst viel mehr den Akteuren als der Geschichte, die erzählt wird und die vor allem von Frauen und deren Emanzipationsversuchen handelt. Das »dritte Geschlecht«, sagt eine der Figuren, sind jene emanzipierten Frauen, die so fest auf ihren zwei Beinen stehen »wie nur irgendein Mannsbild«.

Da gibt es Lilli von Robicek, die auch – weil es mit den Schreibweisen in dem Roman so genau nicht genommen wird – Robiecek heißt und die mit ihrem Geschäft »Robes et Modes« in der Adelgundenstraße zweifellos Franziska zu Reventlow und ihren kurzfristig betriebenen Milchladen meint. Und wo die Reventlow ist, kann Karl Wolfskehl, der »Zeus von Schwabing« nicht fern sein – er heißt Arnulf Rau (obwohl gelegentlich auch vermutet wird, Wolzogen habe sich hier selbst porträtiert). In dem frauenreichen Buch treten aber unter anderen auch noch auf: Hildegard und Martha Haider alias Sophia Goudstikker und deren Schwester, die Rilke-Freundin Mathilde Goudstikker, Fräulein Dr. Babette Girl, alias Dr. Anita Augspurg und Fräulein Echdeler (oder Echteler), Vorsitzende des »Vereins zur Evolution der femininen Psyche« alias Ika Freudenberg.

Etliche Jahre später und gleichsam als Abgesang auf die kurzen Münchner Jugendstil-Jahre erschien ein weiterer Schwabinger Schlüsselroman, ein dreibändiges Werk mit dem barocken Titel *Prinz Kuckuck – Leben, Taten, Meinungen und Höllenfahrt eines Wollüstlings*. Sein Autor, der kugelrunde, virtuose Otto Julius Bierbaum versicherte zwar: »Die Satire wendet sich nicht gegen bestimmte Personen, sondern gegen allgemeine Zeiterscheinungen.« Viele Leser und schon gar die Münchner Gesellschaft erkannten aber zweifelsfrei, daß Bierbaum in der Lebens- und Höllenfahrtgeschichte des Felix Henry Hauart alias Prinz Kukkuck den Verleger Alfred Walter Heymel porträtieren wollte.

Im achten Jahr ihrer Witwenschaft, erzählt die Legende, gebar eine reiche Amerikanerin zu Dresden einen Sohn. Hinter vielen Schleiern wurde die Identität des Vaters verborgen, doch Alfred Walter Heymel (denn diesen Namen wird das im Jahre

1878 geborene Kind schließlich tragen) soll gewußt haben, wes Mannes Kind er war. Seine Ähnlichkeit mit König Alfons XII. von Spanien, heißt es, sei verblüffend gewesen, und königlich war ja auch das Vermögen, mit dem er ins Leben trat: fünf Millionen Goldmark – und dazu ein Jahreseinkommen von weiteren zweihunderttausend Goldmark. Sagte man.

Im Herbst 1898 reiste der von einem Bremer Konsul Heymel adoptierte und später in einer Juristenfamilie aufgewachsene junge Herr aus einem wohl doch sehr hohen Hause von der Hansestadt nach München, um sich hier, zunächst von der Prinz-Ludwig-Straße 5, von der Pension Beckenbauer aus, den Traum zu erfüllen, eine eigene, typographisch wie literarisch anspruchsvolle Zeitschrift herauszugeben. Zusammen mit seinem Vetter Rudolf Alexander Schröder und dem in literarischen Geschäften und Geschäftigkeiten versierten Otto Julius Bierbaum edierte er zum 1. Oktober 1899 die Nummer 1 seiner *Insel* – der Jugendstil hatte eine seiner exquisitesten Zeitschriften.

Er hatte sie nicht sehr lange. Im September 1902 erschien das letzte Heft. Selbst für einen vermögenden Erben war das Defizit schließlich zu groß, und das Interesse vielleicht bald schon zu gering. Heymel, der noch kurz vor der Jahrhundertwende in die für einhundertfünfzehntausend Goldmark umgebaute und ausgestattete Parterrewohnung Leopoldstraße 4 umgezogen war, verließ 1903 München.

Und während ihm der Prinzregent 1907 für seine »Verdienste um die deutsche Literatur und Kunst« (sowie für gestiftete peruanische Goldschmiedekostbarkeiten) den erblichen Adel verlieh – dabei vielleicht auch die allerhöchste, wiewohl verwischte Herkunft bedenkend? –, denunzierte Heymels ehemaliger Mitarbeiter Bierbaum im selben Jahr seinen Gönner auf die schäbigste Weise. Vor Beginn der Niederschrift des Romans, berichtete Wilhelm Weigand später, habe Bierbaum Heymel angeboten, das Buch nicht zu schreiben, wenn man ihm zwanzigtausend Mark (dies war auch das ungewöhnliche Jahresgehalt bei der *Insel* gewesen) in die Hand lege. Heymel sagte nein und Bierbaum schrieb. Der witzige satirische *Prinz Kuckuck*, diese böswillig zurechtgebogene Biographie des Gründers von

»Insel« und »Insel«-Verlag wurde ein Erfolg. Doch Kollegen und Verleger mochten dem Autor seine Schand-Tat nicht verzeihen. Im März 1909 hat Julius Otto Bierbaum, dieser so begabte, so auf das Geld bedachte Autor München verlassen. Im Oktober 1910 ist er in Dresden gestorben. Er war fünfundvierzig Jahre alt. Vier Jahre später starb Alfred Walter Heymel an Tuberkulose – mit sechsunddreißig Jahren.

Zwei Zimmer, drei Mitarbeiter, 837 Bücher

Einen Verleger hatte Bierbaum in der Königinstraße 59/I gefunden. Der fünfundzwanzigjährige Georg Müller, vormals unter anderem Lehrling in der Lentnerschen Buchhandlung und Angestellter des Bruckmann Verlages, hatte sich 1903 einen wenig bekannten kleinen Verlag gekauft und in zwei Zimmern sowie mit drei Mitarbeitern eine emsig publizierende, bald schon angesehene Buchproduktion unter eigenem Namen begonnen. Nach zehn Jahren hatte er in seinem Gesamtverzeichnis bereits 837 Titel stehen, und die Liste wuchs weiter an. Zu dieser Zeit hatte Müller, der inzwischen an den Josephsplatz gezogen war (weil der Hausherr nicht dulden wollte, daß der Mieter Müller mit einer ihm nicht angetrauten Frau zusammenlebte), nur noch wenige Jahre zu leben. Im Dezember 1917 ist er an Scharlach gestorben.

Zurück blieb ein Bücherlager von beängstigenden Ausmaßen, denn in seinem kurzen Leben hatte dieser quirlige Mann offensichtlich kein Angebot ablehnen mögen, vor allem dann nicht, wenn es sich um ehrenvolle, schwierige Projekte handelte wie etwa die Propyläenausgabe von Goethes Werken oder die erste kritische Hölderlinausgabe, die der 1916 gefallene Münchner Norbert von Hellingrath herausgab.

Wie der *Simplicissimus*-Verleger Albert Langen, so war auch Georg Müller nur vierzig Jahre alt geworden. Und ein merkwürdiges Geschick hat die beiden mit viel enthusiastischem Eifer begonnenen, unvollendeten Verlags-Häuser später zusammengeführt: Der in eine AG umgewandelte Georg Müller Verlag (aus dem sich allerdings Ullstein 1919 einige renommierte, aufwendige Titel herausgekauft und in seinen neugegründeten Propyläen Verlag überführt hatte) ging 1928 – ebenso wie vier Jahre später auch der Albert Langen Verlag – an den nationalgesinnten Deutschen Handlungsgehilfenverband. Aus diesen beiden Erwerbungen wurde 1932 eine Albert Langen-Georg Müller Verlag GmbH., die 1934 noch weiter nach rechts manövriert wurde, als die »Deutsche Arbeitsfront« sie erwarb und 1943 an den Eher-Verlag weiterverkaufte. Damit war dieser literarische Verlag Teil jenes Konzerns, der den *Völkischen Beobachter* herausgab und das meistverkaufte Buch der NS-Jahre, Hitlers *Mein Kampf* (das 1925 erschienen war und für das der Verfasser bis zum Jahre 1933 bereits neunhundertfünfundneunzigtausend Mark an Honoraren kassiert hat).

Nach dem Krieg gab's die Strafe. Der Verlag mit den beiden ehrbaren und frühverstorbenen Vätern sowie den schwer belasteten Adoptiveltern wurde von den Amerikanern nicht zugelassen. Aus dem kostbaren Fundus an Titeln konnten sich andere Häuser bedienen, Ludwig Thoma zum Beispiel erschien hinfort bei Piper. Erst 1952 konnte Dr. Joachim Schondorff wieder Bücher mit dem alten Verlagsnamen herausgeben und 1966 ging Langen-Müller an Dr. Herbert Fleißner und wurde der traditionsreiche Teil eines in den folgenden Jahren durch Zukäufe wachsenden Verlagskonzerns.

In seinem Zweizimmer-Verlag hatte Georg Müller bereits im Oktober 1903 einen Freund aus seinen vergangenen Buchhandelstagen engagiert, den eben vierundzwanzigjährigen Reinhard Piper, der unter anderem für den Vertrieb der *Süddeutschen Monatshefte* verantwortlich gemacht wurde. Der junge Mann hatte achtzehntausend Mark und überredete Georg Müller (der mit einhundertfünfzigtausend Mark sein Unternehmen gestartet hatte), sich an einem Verlag zu beteiligen, den er zu gründen gedenke. Müller stimmte zu – und so wurde er das Co. im Verlagsnamen R. Piper & Co., der ab 14. Mai 1904 im Handelsregister stand.

Der erste Titel *Des berühmbten Schäffers Dafnis sälbst verfärtigte sämbttliche Freß- Sauff- & Venus-Lieder...* von Arno Holz wurde in einer Auflage von 10 000 Exemplaren gedruckt, und dieser ersten folgte schnell eine zweite Auflage – und diesem ersten Buch folgten in den kommenden Jahrzehnten viele Bücher. Zu seinem 70. Geburtstag hat man Reinhard Piper sein Lebenswerk vorgerechnet: Zwischen 1904 und 1949 hat er in seinem Verlag 775 neue Titel herausgebracht und 655 Neuauflagen. Buch an Buch – auch das hat man ihm gesagt (und er hat es in seiner zweibändigen Autobiographie dann aufgeschrieben) – hätte die dreifache Strecke Reykjavik–Jerusalem ergeben.

Nach Reinhard leitete sein Sohn Klaus Piper den Verlag, und diesem folgte nun, in der dritten Generation und der direkten Erbfolge Ernst Reinhard Piper. Die Strecke der Titel aber ist inzwischen sehr viel länger geworden.

Kein Bedarf und kein Interesse an Büchern

Bisher hatten die Bücher in München keine sehr große und ruhmreiche Geschichte. Es gab hier zwar seit 1558 eine stetig wachsende und 1990 wohl an die sechs Millionen Bände zählende vormalige Hof- und heutige Staatsbibliothek. Doch noch im Jahre 1840, als man die Stadt »Isar-Athen« nannte und der König selbst Lyrisches aus eigener Produktion vorlegen ließ, gab es in der Residenzstadt erst 22 Buchhandlungen (doch 103 in Berlin), und zwanzig Jahre später, als König Max die Dichter importierte, waren es 35 (in Berlin aber 229 und selbst in Stuttgart 66).

Das frühe Desinteresse an Gedrucktem hat man im Magistrat gar nicht geleugnet, und als Rudolf Oldenbourg 1854 – dem Jahr, in dem München zur Großstadt wurde – die Genehmigung zur Gründung eines Verlages erbat, lehnte man kostenpflichtig ab, da »die neue Begründung eines bisher in dieser speziellen Gestaltung hier nicht bekannten Gewerbes« nicht einzusehen sei. Man verfuhr also nach der alten Erkenntnis, daß der Bauer nun einmal nicht frißt, was er nicht kennt. Oder: Wir sind bisher ohne Druckwerke ausgekommen, warum sollte das nun anders werden? (Obwohl es ja eine kleine Verlagstradition gab; so hatte zum Beispiel im späten 18. Jahrhundert Johann Baptist Strobel Bücher verlegt und 1845 war der Christian Kaiser Verlag gegründet worden.)

Rudolf Oldenbourg hätte vielleicht noch lange warten können, wenn nicht das Ministerium eingegriffen und ein Machtwort gesprochen hätte. Die Herren im Magistrat hatten wohl nicht bedacht, daß Oldenbourg ja wahrscheinlich höher reichende Beziehungen besaß, schließlich war er der Münchner Repräsentant jenes Cotta-Verlages, der die Verse seiner Majestät verlegte.

So also kam Oldenbourg schließlich doch zu seiner Lizenz, und der erste Verlagssitz war jenes Palais Ludwig Ferdinand, in das hundert Jahre später die Firma Siemens einzog.

Auf diesen einen folgten bald viele Verlage. So zog 1863 aus Frankfurt der Bruckmann Verlag zu, 1874 gründete Heinrich Hugendubel seinen Verlag (und sechs Jahre später auch noch eine Buchhandlung), 1884 eröffnete Callwey ein Unternehmen in der Gabelsbergerstraße 1 a; 1889 zog eine der großen, traditionsreichen Firmen nach München, der 1763 in Nördlingen gegründete C. H. Beck Verlag. So wurde München schon 1908 die Nr. 5 unter den deutschen Bücherstädten und 1913 vor Stuttgart gar schon die Nr. 4!

Zwei Nobelpreisträger Tür an Tür

Während so das bücherproduzierende Gewerbe nun florierte (auch wenn die große Zeit erst ein halbes Jahrhundert später kam), konnten die Münchner Bücherschreiber mit ihren Werken kaum prunken und protzen. Zwar erhielt Paul Heyse, Luisenstraße 49 (heute 22), auf Empfehlung des Münchner Literaturprofessors Franz Muncker 1910 den Literaturnobelpreis (den ersten, der nach Deutschland vergeben wurde), doch der Laureat war Vertreter einer vergangenen Generation und der Preis eine Altersgabe, eine Dotation honoris causa.

Im Juli des darauffolgenden Jahres logierte, wie der Zufall es so arrangiert, gleich nebenan, in der Pension Bürger, Luisenstraße 50, ein anderer Träger des Literaturnobelpreises, ein Dichter am Anfang seines Weges und von der hohen Auszeichnung noch siebenunddreißig Jahre entfernt.

Doch hier in München, während eines kurzen Aufenthaltes, schreibt T. S. Eliot ein Gedicht zu Ende, das ihn bekanntmacht: *The Love Song of J. Alfred Prufrock* (J. Alfred Prufrocks Liebesgesang) mit dem grammatikalisch irritierenden Anfang: »Let us go then, you and I, / When the evening is spread out against the sky...«. Ein Echo der Münchner Tage ist in diesem Gedicht nicht zu hören und auch unter den bisher publizierten Briefen T. S. Eliots aus dieser Zeit ist keiner, den er in dieser Stadt geschrieben hat.

Ganz ohne Einfluß kann die Visite aber dennoch nicht gewesen sein, denn 1922 veröffentlichte er seinen berühmten, dunklen Gedichtzyklus *The Waste Land* (Das wüste Land) mit dem oft zitierten Anfang: »April is the cruellest month...« – (»April ist der grausamste Monat...«) und den Zeilen: »Summer surprised us, coming over the Starnberger See / With a shower of rain; we stopped in the colonnade, /And went on in sunlight, into the Hofgarten, / And drank coffee, and talked for an hour...« – »Sommer überfiel uns, kam über den Starnberger See / Mit Regenschauer; wir rasteten im Säulengang / Und schritten weiter im Sonnenlicht in den Hofgarten, Tranken Kaffee und plauderten eine Stunde...« (Ein Eliotologe glaubt herausgefunden zu haben, daß sich diese und einige folgende Zeilen auf die Gräfin Larisch, eine Nichte der Kaiserin Sisi beziehen, deren Autobiographie der Dichter kannte.)

Wußte Eliot, daß vor ihm schon ein Landsmann und Kollege in München gearbeitet hatte, einer, den er schätzte und über den er auch schrieb? Mr. Samuel Langhorne Clemens, der sich als Schriftsteller Mark Twain nannte, war zwischen dem Erscheinen von *Tom Sawyers Abenteuer* und *Huckleberry Finns Abenteuer* nach Europa gereist und hatte sich am 11. November 1879 mitsamt seiner Familie für etwa ein Vierteljahr beim Fräulein Dahlweiner im zweiten Stock der Karlstraße 1 a eingemietet. Hier schrieb er an seinem *Bummel durch Europa* und ließ sich wohl auch vom Theater erzählen – denn davon, von einer grotesken, durch die Sprinkleranlage naturalistisch verfremdeten Separatvorstellung König Ludwigs II. erzählt er in seinem Buche. Ansonsten hat er, außer einer kleinen Exkursion über Münchner Zeitungen, offensichtlich nichts in der Stadt für berichtenswert gehalten.

Dichter kamen, Dichter gingen:

Der japanische Schriftsteller Ogai Mori, später Generalarzt der Armee und ebenso hoch geschätzt als Erzähler wie als Übersetzer aus dem Deutschen, studierte in den 1880er Jahren in München Medizin. Heimgekehrt nach Japan schrieb er eine herzbewegende (unendlich kitschige) Erzählung über den Tod Ludwigs II.

Diesem König, dem *Roi Lune*, hat auch Guillaume Apollinaire 1916 eine Novelle gewidmet – mitten im Krieg und kurz vor seinem frühen Tod noch eine Erinnerung an das Jahr 1902, als er sich für kurze Zeit in München aufhielt (von dem er auch in anderen Werken schrieb).

Drei Jahre nach ihm war Jean Giraudoux für eine kurze Zeit Hauslehrer in der Familie der Herzöge von Sachsen-Meiningen in München – in der Stadt, von der er in seinem *Siegfried* schrieb und in die er auch später, inzwischen hoher französischer Diplomat, zurückkam.

Im Frühjahr und Sommer 1912 hielt sich D. H. Lawrence mit seiner ihm noch nicht angetrauten Frieda von Richthofen im Isartal und in München auf, wobei er die Toleranz der Stadt zwar rühmte, sonst aber nicht recht wußte, ob er sie hassen oder lieben sollte...

Dichtende Dichter und Honoratioren

Die Dichter kamen und die Dichter gingen – wer aber waren die Münchner Autoren dieser Jahre?

Natürlich Frank Wedekind, der seit 1884 (und bis zu seinem Tod 1918) in der Stadt lebte. Heinrich Mann, der bisher erst einige Rezensionen veröffentlicht hatte, kam 1893; Bruder Thomas verließ in seiner Geburtsstadt Lübeck die Obersekunda und folgte 1894. Im März 1895 tauschten Korfiz Holm und Max Halbe ihre Berliner gegen Münchner Adressen, Rainer Maria Rilke kam im darauffolgenden Jahr (und lernte in dieser ersten Münchner Zeit Lou Andreas-Salomé kennen). Im Jahre 1900 mieteten sich Ricarda Huch und ihr Ehemann, der Zahnarzt Dr. Ceconi, eine Wohnung im Luitpoldblock. Karl Wolfskehl lebte in der Stadt, immer wieder besucht von Stefan George und dessen Weihe-Jüngern; dann all die Schwabinger von Franziska zu Reventlow bis Ludwig Klages und Erich Mühsam...

Und die Bayern: Ludwig Ganghofer, seit 1894 in der Steinsdorfstraße 10; Ludwig Thoma, aus Dachau zugezogen im Jahre 1897. Im gleichen Jahr kam auch der neunzehnjährige Hans Carossa erstmals in die große Stadt; zum Dichter wird er freilich erst etliche Jahre später werden. Ähnlich wie Oskar Graf, der Bäckerbub vom Starnberger See, der 1911 als Siebzehnjähriger nach München flieht.

Alles Zuzüge. Unter den wenigen Autoren, die einen Geburtsschein der Haupt- und Residenzstadt besaßen, war Josef Ruederer der zu seiner Zeit wohl bekannteste. Ein anderer Münchner war Johannes Robert Becher, der seine erste Aufmerksamkeit freilich nicht mit Poetischem erregte: Am 19. April 1910 schrieb die *Münchner Post*: »Ein Liebesdrama hat sich am Sonntag (d.i. dem 17. 4.) vormittags gegen 10 Uhr im Hause Nr. 39 an der Dachauer Straße abgespielt. Eine im 2. Stock dieses Hauses wohnende sechsundzwanzigjährige Zigarrengeschäfts-Inhaberin unterhielt mit einem achtzehnjährigen Gymnasiasten, dem Sohn eines hiesigen Landgerichtsrates, ein Liebesverhältnis, das natürlich nicht die Billigung der Eltern des jungen Mannes finden konnte. Das scheint in dem Paar den Plan gereift zu haben, gemeinsam aus dem Leben zu scheiden...« Das Mädchen erliegt den Verletzungen, der junge Mann überlebt schwerverletzt. Ein halbes Jahr später schreibt er an den Dichter Richard Dehmel: »Ich habe ein geistig und körperlich krankes Mädchen auf ihr oftes und ernstliches Verlangen hin im Augenblick ihrer höchsten Seligkeit getötet...«

Der Vater, so konnte man hinterher lesen, habe es als Oberlandesgerichtspräsident, gerichtet: Johannes R. Becher erhielt den Paragraphen 51 (wegen verminderter Zurechnungsfähigkeit).

Becher wurde ein expressionistischer Schwabinger Dichter – und etliche Jahrzehnte später, zurückgekehrt aus dem Moskauer Exil nach Ostberlin, Kultusminister in Ulbrichts Staat und Textdichter der DDR-Nationalhymne. München freilich hat er nie vergessen, und sein Roman *Abschied* ist ein autobiographisches Dokument aus dem München in der Frühzeit unseres Jahrhunderts.

Und dann gab es damals natürlich noch die vielen, vielen Reimer. Ein Teil von ihnen wurde 1906 nach einer schwer zu durchschauenden Rezeptur in *Bayerns Dichter in Wort und Bild* gesammelt. Vertreten waren Otto Julius Bierbaum, Martin Greif und Michael Georg Conrad. Aber auch: Peter Auzinger, Sekretär des Maximilianeums; Otto Behrend, Hauptmann a.D.; Gottfried von Böhm, Ministerialrat (und später Autor einer wichtigen Ludwig-II.-Biographie); Ernst von Destouches, Archivar, sowie Johanna, dessen Tochter; Konrad Dreher, Hofschauspieler; Elsa Glas, Schriftstellerin und Harfenvirtuosin; Benno Rauchenegger, Schriftsteller; Maximilian Schmidt, Hauptmann a.D. und Hofrat (bekannt als »Waldschmidt«)... Die Kollektion dichtender Honoratioren ist bunt.

An Schriftstellern herrschte also kein Mangel, und München war wirklich eine Bücherstadt, auch wenn die deutsche und gar die Weltliteratur von diesen Autoren wenig Kenntnis genommen hat.

Prunkvolle Villen und glatte Bilder

Noch viel mehr aber mehrten die Bilder den Ruhm der Stadt München. Und der große Meister war seit langem und hieß bis zu seinem Tod am 6. Mai 1904 (also eine Woche vor Gründung des Piper Verlages, der sich ja dann auch um eine ganz andere Malerei kümmerte) immer noch Franz von Lenbach. In seinen altmeisterlichen und hochbezahlten Bildern porträtierte er ein

Zeitalter, das nun zu Ende ging. Zuletzt freilich hatte er ohnehin nur noch sich und seine Familie gemalt. Er war in diesen letzten Jahren ein wenig auf Distanz gegangen zu der Welt um ihn herum.

Daß der kurzsichtige Meister, wie mancher seiner Kollegen, häufig nach Fotografien arbeitete – an die sechstausendfünfhundert Glasnegative sind erhalten! – hat damals kaum jemand gewußt. Aber Lichtbilder ließ sich ja auch der siebenundzwanzig Jahre jüngere Franz Stuck als Arbeitshilfe anfertigen, und er gehörte zu den Künstlern, die 1892 eine Münchner Mal-Revolution ausriefen.

Mit der Glaspalast-Ausstellung von 1869 hatte die Moderne zwar erstmals eine Gelegenheit erhalten, sich in München zu präsentieren. Doch den Applaus (und die hohen Preise) erhielten auch in Zukunft noch die Repräsentanten der alten Schulen, und deren große Zeit – die Zeit der Münchner Malerfürsten – stand noch bevor. Ihre Symbole wurden jene herrschaftlichen, gründerzeitlich prunkenden Villen, die sie sich in den späten achtziger und neunziger Jahren bauen ließen. Friedrich August von Kaulbach bezog 1886 sein Palais, das ihm Gabriel von Seidl entworfen hatte und das in jener Oberen Gartenstraße stand, die seit jenem Jahr nach Kaulbach benannt war. Allerdings nach dem Großonkel des Bauherrn, dem Maler Wilhelm von Kaulbach. Für Franz von Defregger baute Georg von Hauberrisser etliche Jahre später in der Nachbarschaft, in der Königinstraße, ein ziegelverputztes stattliches Wohnhaus mit einem eindrucksvollen viereckigen Turm. Eduard von Grützner – ein Bauernsohn wie Defregger – suchte sich einen Bauplatz auf dem Isarhochufer hinter dem Maximilianeum.

Der Maler Lenbach – seit 1882 Herr von Lenbach und seit 1887 mit einer Gräfin Moltke verheiratet – übertraf natürlich, seinem Anspruch und seinem Range entsprechend (dabei aber seine finanziellen Möglichkeiten strapazierend), die Münchner Kollegen. Er holte sich ebenfalls Gabriel von Seidl, seinen Freund Gabi, und ließ sich von 1887 an in unmittelbarer Nähe zu den vom alten Griechenland inspirierten Propyläen eine Villa im römischen Stil errichten, die 1924, also zwanzig Jahre nach Lenbachs Tod, durch seine Witwe an die Stadt München verkauft und 1929 in die Städtische Galerie verwandelt wurde. In ihr zeigt man Münchner Malerei aus fünf Jahrhunderten und füllte einige Räume mit Werken des weiland Hausherrn. Die große Attraktion im Lenbachhaus sind freilich Bilder des »Blauen Reiter«, einer Malerei, die Herr von Lenbach sicherlich aus seinem Palais gewiesen hätte.

Die Villa Kaulbach hatte ein bewegteres Schicksal. In den späten dreißiger Jahren bezog Hitlers Gauleiter Adolf Wagner die Räume, doch dessen Regiment war nur von kurzer Dauer, und nach dem Kriege waren aus der Künstlerresidenz mit dem kleinen, romantisch verwildernden Park Töne zu vernehmen, die Kaulbach (und schon gar den verblichenen Gauleiter) wohl ebensosehr entsetzt hätten wie Lenbach die Farbtöne der »Blauen Reiter« in seinem Haus: für einige Jahrzehnte war nämlich die Kaulbachvilla das Funk-Haus des Soldatensenders AFN, der Bayerns Nachkriegsjugend mit der herrlich schrägen Musik des Jazz bekannt machte. Im Jahre 1984 zogen die GIs aus und überließen die Räume jenen gelehrten, stillen Herren, die das Historische Kolleg jetzt in die ehemaligen Mal- und Gesellschaftsräume des Herrn von Kaulbach einlädt.

Doch während die großen Meister in den frühen Prinzregentenjahren auf repräsentative Weise Immobiles schufen, kam die Münchner Malerei zunehmend ins Gerede. Sie sei überholt, so hieß es nun, und biete glatte, virtuose Routine – Meisterliches von gestern.

Kaulbach malte zwar weiterhin die schönen Bilder von schönen Frauen, und dazu den »zwoten« Berliner Wilhelm. Auch Lenbach hatte Kunden zuhauf, und da er groß gebaut hatte und seine Haus- und Hofhaltung fürstliche Dimensionen erreichte – welcher Bürgerliche konnte schon, so wie er im Sommer 1892, den vormaligen Reichskanzler Bismarck beherbergen! –, korrigierte er die Honorare auf seiner Preisliste kräftig nach oben. Dabei verlangte er in seinen letzten Jahren für Porträts, die am Beginn der achtziger Jahre bis zu sechstausend Mark kosteten, nunmehr bis zu sechzigtausend Mark. Goldwährung. Im einzelnen, schreibt Sonja Mehl,»setzt Franz Lenbach die Preise nach verschiedenen Kriterien fest: Nach dem Auftraggeber, dem Thema, dem Schwierigkeitsgrad und der Ausführung. Bei häßlichen Modellen verlangt er mehr.«

Während er aber mit unendlichem Fleiß und virtuoser Technik Leinwand um Leinwand, Karton um Karton bemalte, hatte er doch immer noch Zeit, die Münchner Kunstwelt zu dirigieren und zu kommandieren. Und darauf zu achten, daß ER die Richtlinien der Kunst bestimme. Für ein so rares Genie und einen so starken Charakter wie Wilhelm Leibl zum Beispiel war da kein Platz. Eine Nebensonne wurde nicht geduldet.

Wie hätte sich wohl Münchens Malerei entwickelt, wenn Lenbach nicht so eifrig Einfluß genommen und Leibl seinen Freundeskreis in München um sich gesammelt hätte oder wenn er gar Akademieprofessor geworden wäre!

Aber die Verhältnisse, sie waren nicht so, und Leibl schrieb schon 1879, dem Jahr der zweiten Internationalen Ausstellung im Glaspalast, an seine Mutter: »Bei meiner Anwesenheit in München habe ich mich wieder aufs Neue davon überzeugt, daß dort alle Malerei bloß aus Gewohnheit mit schlauer Berechnung, aber ohne alles eigenartige Gefühl und ohne jede selbständige Anschauung betrieben wird. Alle solche Kunst, mag sie nun Historienmalerei, oder Genre, oder Landschaftsmalerei genannt werden, ist keine Kunst, sie ist nur ganz oberflächliches Abschreiben von bis zum Überdruß schon Dagewesenem.«

Bei diesem Kopieren freilich bewiesen die Münchner Maler Gelenkigkeit. In seiner Geschichte der Münchner Malerei zwischen 1850 und 1900 schreibt Hermann Uhde-Bernays: »Lovis Corinth hat in den Erinnerungen an seine Münchner Studienzeit die Bemerkung gemacht, daß in der Münchner Kunst in den letzten Jahrzehnten des vergangenen Jahrhunderts etwa alle vier Jahre ein neuer Stil modern geworden sei... Die Probe auf dieses Exempel gibt die unzweifelhafte Tatsache in dieser Reihenfolge: 1875 altmeisterlich, 1879 Pleinair oder Stil Munkácsy, 1883 Holländisch, 1888 Schottisch, 1892 Impression oder Böcklin, 1896 Neuidealismus und -Allegorismus, 1900 Plakat!«

Doch was sie malten, wollte auch verkauft sein, und die Ausstellungen im Glaspalast boten dafür eine gute Gelegenheit. Nachdem auch die Internationale Schau von 1888 wieder mit einem Rekord geendet hatte, beschloß die Münchener Künstler-Genossenschaft, die Gunst der Stunde zu nutzen und im darauffolgenden Jahr eine weitere Ausstellung zu veranstalten, kleiner als die vorausgegangene und ohne ausländische Teilnehmer. Diese Veranstaltung aber sollte sich dann Jahr für Jahr wiederholen. Und die Ausländer könnten dann ja in den – wie geplant – im Vierjahresabstand stattfindenden Internationalen Kunstausstellungen ihre Arbeiten liefern.

Der Auszug der 78

Gleich die erste Ausstellung von 1889 fiel dürftig aus, nach Meinung von Uhde-Bernays (der sie freilich selbst nicht gesehen hat) war sie sogar »ein entschiedenes Fiasko«. Kaum besser präsentierte sich die Schau von 1890, und auch 1891 bot man wenig Interessantes. Man hatte sich wohl überschätzt und übernommen. Der Protest formierte sich: »Wir sind gewiß die letzten, die an der Leistungsfähigkeit der Münchner Künstlerschaft zweifeln«, hieß es, »aber, sich zuzutrauen jedes Jahr *ohne* ganz wesentliche Beteiligung der Fremden eine glänzende Ausstellung schaffen zu können, die geeignet ist, internationales Interesse zu erregen – das halten wir für eine Selbstüberschätzung.«

So formulierten sie es am 29. Februar 1892 im Atelier des Malers Josef Block. Und fünf Wochen später, am 4. April, schritten die Protestler zur Tat: 78 Künstler schieden aus der Münchener Künstler-Genossenschaft aus und gründeten den »Verein bildender Künstler Münchens«. Der Streit ging weiter und auch der für die Künste zuständige Minister Ludwig August von Müller konnte die Kontrahenten nicht zum versöhnenden Handschlag vereinen. Im Gegenteil. Am 14. Oktober zogen die Dissidenten (die daran dachten, eventuell nach Frankfurt oder Dresden abzuwandern) einen letzten dicken Schlußstrich und nannten ihre Vereinigung »Secession«. Dies bestätigten durch ihre Unterschrift unter anderen: Peter Behrens, Lovis Corinth, Ludwig Dill, Hugo Freiherr von Habermann, Th. Th. Heine, Max Liebermann, Toni Stadler, Franz Stuck, Wilhelm Trübner sowie Heinrich Zügel. Zuletzt, mit kleiner Verspätung, kam auch noch Fritz von Unruh auf die Liste.

In der Ausstellung von 1892 hatten die Abtrünnigen noch mitgemacht, doch für die Internationale Kunstausstellung von 1893 wurde die Mitwirkung aufgekündigt. Statt dessen annoncierte ein Plakat für die Zeit »von Mitte Juli bis Mitte October« eine »I. Internationale Kunst-Ausstellung des Vereins bildender Künstler Münchens (Secession)« in der Prinzregentenstraße. Jener wohlhabende Ritter von Brandl, der schon König Ludwig seine Quartiere in Neuschwanstein und Herrenchiemsee gebaut (und zum Teil auch finanziert) hatte, verhalf den Rebellen zu ihrem eigenen Ausstellungshaus an der Ecke Prinzregenten-/Pilotystraße.

Fünf Jahre haben sie dort ihre Werke gezeigt (und gleich im ersten Jahr 1893 mit Franz Stucks »Die Sünde« einen Sensations- und Skandalerfolg gehabt), dann überließ ihnen der Prinzregent das Ausstellungsgebäude am Königsplatz. Die Secessionisten, deren Beispiel in anderen europäischen Städten nachgeahmt wurde, waren etabliert...

Und einer von ihnen, der niederbayerische Müllerssohn Stuck, konnte sich schließlich in seinem Anspruch wie in seinen Preisen sogar mit dem ein Vierteljahrhundert älteren Lenbach messen. Er wurde zum letzten Münchner Malerfürsten, und in deren Stil schuf er sich 1897/98 auf dem Isarhochufer, an der neuen und erst spärlich bebauten Prinzregentenstraße, seine Villa, die er bis ins kleinste Detail auch noch selbst entwarf.

Es wurde eine eigenwillige Schöpfung, ein hochstilisiertes, pathetisches Gesamtkunstwerk, das sich freilich, wie Stucks Tochter später leidvoll erfahren mußte, einer praktischen Nutzung entzog. Der Meister hatte es errichtet, um sich und seine Kunst zu feiern (und seiner Frau Mary jenen festlichen Rahmen zu bereiten, den sie zur Repräsentation sich wünschte).

Wie sehr dieses Palais Mittelpunkt und Gloriole dieser Künstlerexistenz war, zeigen zwei Bilder, in denen Stuck – seit 1895 Akademieprofessor und seit 1906 Ritter von Stuck – die Feier seines fünfzigsten Geburtstags am 23. Februar 1913 darstellte. In dem etwa quadratischen »Diner« versammelte er am unteren Bildrand die unscharf konturierten Gäste an der durch Kerzen illuminierten Festtafel, während mehr als dreiviertel des Gemäldes dem Saal der Villa Stuck vorbehalten blieben. Der nachtblaue, magisch beleuchtete »Fackelzug« ist ähnlich arrangiert. Am unteren Bildrand huldigen die nur als rote und gelbe Lichtpunkte erkennbaren Studenten ihrem Professor, im Mittelpunkt aber: die Villa, und in deren Mittelpunkt wiederum, auf dem Balkon, dunkel vor der erleuchteten Tür – der Meister.

Mit diesem Fest ging die Zeit der Münchner Malerfürsten zu Ende. Knapp anderthalb Jahre später begann der Weltkrieg, und als Franz von Stuck im Februar 1923 seinen sechzigsten Geburtstag beging, war die NSDAP eben zu ihrem ersten Parteitag aufmarschiert. In München lebten 40 000 Menschen – das waren etwa sechs Prozent seiner Bevölkerung – von der Öffentlichen Wohlfahrt, und der Gegenwert für eine Goldmark betrug etwa zweitausend Papiermark.

Ein sezessionistischer Bazillus geht um

Der einst den Sezessionsaufruf unterschrieben hat – mit neunundzwanzig Jahren war er der Junior gewesen –, wurde nun selbst wie ein Klassiker verehrt. Und wieder gab es Junge, die sich von den Etablierten lossagten. Ein deutliches Signal, daß die Secessionisten von 1892 nicht mehr zur Avantgarde zählten, gab Albert Weisgerber, der 1913 – im Jahr von Stucks fünfzigstem Geburtstag – zusammen mit sechs Freunden die »Neue Secession« gründete, zu deren erster Ausstellung im Mai 1914 Oskar Kokoschka seine »Windsbraut« sandte.

Offensichtlich hatte in diesen Jahren ein sezessionistischer Bazillus, der zu immer neuen Abspaltungen führte, die Münchner Malszene heimgesucht. So gab es von 1894 an »Neu-Dachau«, 1896 folgte die »Luitpoldgruppe«, 1899 »Die Scholle«, 1901 die »Phalanx«, 1908 der »Künstlerbund Bayern«, 1909 der »Deutsche Künstler-Verband«, der sich später »Die Juryfreien« nannte, und im gleichen Jahr wurde auch die »Neue Künstlervereinigung München NKVM« gegründet.

Diese war eine Abspaltung der »Secession« (die selbst ja aus der »Münchner Künstler-Genossenschaft« hervorgegangen war), doch auch diese Vereinigung gebar schnell wieder einen neuen Verein. Und verursachten diese vielen Vereinsmeiereien zumeist auch nur lokale Beben – und ging es dabei ja ohnedies oft nur darum, für Unbekannte oder Refüsierte eine Ausstellungsmöglichkeit zu schaffen –, so wurde der Auszug aus der »NKVM« im Dezember 1911 zu einem Ereignis, das in der Kunstgeschichte eine neue Epoche einleitete: Am 18. Dezember 1911 eröffneten die »NKVM«-Separatisten in der Galerie Thannhauser, Theatinerstraße 7 –, Eingang Maffeistraße, die erste Ausstellung des »Blauen Reiter«.

Eine eifrige Figur bei etlichen dieser »Scheidungsaffären« war der aus Moskau stammende Dr. jur. Wassily Kandinsky, seit 1896 wohnhaft in München. In der Georgenstraße 62 zunächst, doch bald, und in den folgenden Jahren mehrfach die Adresse wechselnd, in der Giselastraße 28, Georgenstraße 35, Friedrichstraße 1, Schellingstraße 75 und schließlich in der Ainmillerstraße 36, 2. Stock, 2. Aufgang. (Von 1909 an wurde eine weitere Adresse wichtig: Murnau am Staffelsee, »Russenhaus«.)

Statt eine ihm angetragene Professur in Dorpat zu übernehmen, war Kandinsky ins Königreich Bayern gereist, um in der privaten Malschule des Anton Ažbe Unterricht zu nehmen. »Die deutschen Märchen, die ich als Kind so oft gehört, wurden lebendig«, schrieb er später. »Die jetzt verschwundenen hohen, schmalen Dächer am Promenadeplatz und am Maximiliansplatz, das alte Schwabing und ganz besonders die Au, die ich einmal zufällig entdeckte, verwandelten dieses Märchen in Wirklichkeit. Die blaue Trambahn zog durch die Straßen wie verkörperte Märchenluft, die das Atmen leicht und freudig machte. Die gelben Briefkästen sangen von den Ecken ihr kanarienvogellautes Lied. Ich begrüßte die Aufschrift ›Kunstmühle‹ und fühlte mich in einer Kunststadt, was für mich dasselbe war wie die Märchenstadt. Aus diesen Eindrücken stammen die mittelalterlichen Bilder, die ich später machte.«

Versuche, einige Jahre später in die Akademie überzuwechseln, scheitern, und erst in seinem vierten Münchner Jahr – Dr. Kandinsky ist mittlerweile dreiunddreißig Jahre alt –, wird er als Schüler bei Franz Stuck zugelassen... und gründet bereits ein Jahr später, im Winter von 1901 auf 1902, zusammen mit einigen Freunden in der Hohenzollernstraße 6 die eigene Malschule »Phalanx«.

Kein Beil für die Dame

Formiert hatte sich diese Phalanx aber zunächst als Ausstellungsunternehmen, und bei der ersten Präsentation am 18. August 1901 in der Finkenstraße 2 zeigte unter anderem der Bildhauer und »Phalanx«-Mitbegründer Wilhelm Hüsgen mehrere Masken. Zu dieser Zeit hat er sich freilich selbst hinter einer Maske versteckt – hinter der roten Kapuze eines Henkers.

Unter dem gruseligen Namen Till Blut war er nämlich einer jener »Elf Scharfrichter«, die seit April 1901 in der Türkenstraße 28 auftraten. Dort war ein im Rückgebäude des Wirtshauses »Zum Goldenen Hirschen« gelegener Paukboden zur Kabarett-Bühne umgebaut worden. Und auf der präsentierten sich: der Lyriker Leo Greiner alias Dionysius Tod, der Bühnenbildner Ernst Neumann alias Kaspar Beil, der Rechtsanwalt und Lautenspieler Robert Kothe alias Frigidius Strang, der Architekt Max Langheinrich alias Max Knax, der Maler Willi Oertel alias Serapion Grab, der Maler Victor Frisch alias Gottfried Still, der Schriftsteller Willy Rath alias Willibaldus Rost, der Komponist Hans Richard Weinhöppel alias Hannes Ruch, der Regisseur und Autor Otto Falckenberg alias Peter Luft, der Zeitschriftenherausgeber Marc Henry (in Wirklichkeit Träger eines langen französischen Adelsnamens) alias Balthasar Starr und Wilhelm Hüsgen.

Das Dutzend voll machte die lothringische Musikstudentin

Marya Delvard, die zwar das Henkersbeil nicht schultern durfte
– beim Morden gab's damals noch keine Gleichberechtigung! –,
doch mit verruchten Liedern, vor allem aber mit Wedekinds
»Ich war ein Kind von fünfzehn Jahren...« einen kühnen Hauch
von Frivolität in das Etablissement brachte. Außerdem war sie,
von Th. Th. Heine als schwarze Silhouette auf dem Plakat
porträtiert, gleichsam das dekorative Aushängeschild der Elf.

Bald kam, den Ruhm des Unternehmens fördernd, der nie
offiziell zum Ensemble gehörende, doch ihm fest verbundene
Frank Wedekind mit seiner Gitarre als nicht gezählte Nummer
13 hinzu.

Die Vorstellungen in dem offiziell achtzig, in der Schwabinger Wirklichkeit aber hundert Besucher fassenden Theater
brachten viel Applaus, doch obwohl man schließlich täglich
spielte und sogar auf Tournee ging, liefen die Einnahmen den
Ausgaben immer hinterher. Im Herbst 1904 war der Abstand
schließlich uneinholbar und so schrieb man in großen roten
Zahlen: Aus.

Das Unternehmen hatte, wie so viele Unternehmungen in
diesem seltsamen Stadtteil, ein nur kurzes Leben. Doch die
Erinnerung lebte weiter als eine große Schwabinger Legende.

Zu den Aktivitäten, die hier sehr bald wieder an ein Ende
kamen, gehörte auch die »Phalanx« des Wassily Kandinsky –
etwa zur gleichen Zeit wie die »Elf Scharfrichter« entstanden
und zufälligerweise fast zur gleichen Zeit auch wieder eingestellt!

Dreieinhalb Jahre lang und in zwölf Ausstellungen war moderne Kunst gezeigt worden. Lovis Corinth und Wilhelm Trübner waren vertreten gewesen, Alfred Kubin, Künstler des frühen Jugendstils (zu denen auch Kandinsky zählte), dazu noch
Felix Vallotton und der kurz zuvor verstorbene Henri de Toulouse-Lautrec. Einmal aber, als bei der siebten »Phalanx«-Ausstellung sechzehn Bilder von Monet gezeigt wurden, erschien sogar der Prinzregent.

Streit um 5,2 abstrakte Quadratmeter

Kandinsky, der schon bisher häufig von München abwesend war, reiste nun viel in Europa, er zeigte seine Bilder hier, besuchte Ausstellungen dort und war schließlich davon überzeugt, daß mit Münchens Malerei in der Welt kein Staat mehr zu machen sei. Aber war sie denn je bedeutsam gewesen, fragt er sich. In einem der Münchner Briefe, die er zwischen 1909 und 1910 für eine Petersburger Zeitschrift verfaßt, heißt es: »Die Malerei haben die Münchner niemals beherrscht, ja sie haben in ihrer Naivität anscheinend nicht einmal etwas von ihrer Existenz geahnt.« Das künstlerische München, dieses wahre Dornröschenreich, sah er »durch Wälle und tiefe Gräben von der Welt abgeschirmt«.

Doch ausgerechnet er wird es sein, dem es für einige kurze Jahre gelingt, die Wälle zu schleifen und die Gräben einzuebnen. Im Januar 1909 gründet er in dieser Stadt hinter den sieben Bergen zusammen mit Freunden wie Alexej von Jawlensky, Alfred Kubin, Gabriele Münter, Marianne von Werefkin, Adolf Erbslöh und Alexander Kanoldt die »Neue Künstler Vereinigung München«, die »NKVM«. Die aber zeigte im Dezember, also beinahe ein Jahr später, in der Galerie Thannhauser, Theatinerstraße 7, eine erste und neun Monate später, im September 1910, eine zweite Ausstellung (in der auch Bilder von Picasso, Braque, Delaunay und Vlaminck gehängt waren). Desinteresse, Empörung und Verstörung war die Reaktion. Doch der seit einigen Monaten in Sindelsdorf lebende Maler Franz Marc ergriff in einem Brief an den Galeristen begeistert Partei: »Die Art, wie das Münchner Publikum die Aussteller abtut hat fast etwas Erheiterndes. Man benimmt sich, als wenn es vereinzelte Auswüchse kranker Gehirne seien, während es schlichte und herbe Anfänge auf einem noch unbebauten Lande sind...«

Wenn die später vorgenommene Datierung stimmt, dann war aber gerade in diesen Wochen Wassily Kandinsky dabei, in dem neuen Land noch weiter vorzudringen und einen ganzen, bisher unbekannten Kontinent, oder wie Konrad H. Roethel meinte, gar einen neuen Planeten zu entdecken – er malte in München das erste abstrakte Bild der Kunstgeschichte. Ein Aquarell, das ihm als Vorstudie für das sechs Quadratmeter große Gemälde »Komposition VII« diente.

Eine andere abstrakte »Komposition« – sie trägt die Nummer V und ist heute Schweizer Privatbesitz – verhalf München zu einem der ruhmreichsten Kapitel seiner von Kandinsky so wenig geschätzten Kunstgeschichte: Als der russische Maler das im November 1911 vollendete Gemälde für die dritte »NKVM«-Ausstellung einreichte, wurde es abgelehnt, da die Satzungen vorschrieben (den entsprechenden Passus hatte Kandinsky selbst eingebracht), daß nur Bilder bis zu vier Quadratmetern zugelassen seien. Die »Komposition V« aber maß 190 auf 275 Zentimeter.

Kandinsky nahm die große Leinwand und trat – nachdem er bereits im Januar 1911 wegen künstlerischer Differenzen den Vorsitz des »NKVM« zurückgegeben hatte – nun auch aus dem Verein aus. Seinem Beispiel folgten Kubin, die Münter, Marc (der inzwischen beigetreten war) und bald auch noch die Werefkin und Jawlensky.

Thannhauser konnte die 5,2 Quadratmeter große Abstraktion am 18. Dezember 1911 – dem Eröffnungstag der »NKVM«-Ausstellung – dann aber doch noch zeigen. In einem anderen Raum seiner Galerie. Über den Türstock schrieben die Maler: »Der Blaue Reiter«.

Der ersten Ausstellung, bei der acht Bilder verkauft wurden (allerdings nur an Freunde und Kollegen), folgte im Februar 1912 die zweite und letzte Schau: In der Buch- und Kunsthandlung Goltz, Brienner Straße 8, wurden 315 graphische Blätter gezeigt; darunter waren Werke von Picasso, Derain, Braque, O. E. Müller, Nolde, Kirchner, Klee, Malewitsch sowie natürlich von Kandinsky, Marc, Münter und Kubin.

Und auch diese Ausstellungen waren ein Aufstand gegen jene (wie Kandinsky sie einmal nannte) »Glaspalastkunst« der bayerischen Residenzstadt, die nur noch sich selbst reproduzierte. Lenbach hatte die Entwicklung wohl geahnt, als er im

April 1892 warnte: »Die Secession wird ihre verheerende Wirkung noch zeigen.«

Bilder für den toten Herrn von Tschudi

Wie hätte wohl Hugo von Tschudi reagiert, wenn er die Ausstellung des »Blauen Reiter« gesehen hätte? Wäre er als Käufer aufgetreten? Aber Tschudi, vormals Direktor der Berliner Nationalgalerie und seit 1909 Leiter der Königlichen Gemäldesammlungen in München, war nur wenig mehr als zwei Wochen vor der Eröffnung bei Thannhauser im Alter von sechzig Jahren gestorben.

Einige Tage später rief Dr. Heinz Braune, nunmehr kommissarischer Leiter der Sammlungen, Freunde des Verstorbenen und Gönner auf, eine »Stiftung zum dauernden Gedächtnis an Hugo von Tschudi« zu errichten und Geld für den Kauf jener Bilder zu sammeln (oder jene Gemälde zu schenken), die der Direktor der Pinakotheken ausgesucht, aber noch nicht bezahlt hatte. Manets »Frühstück im Atelier« hatte Tschudi noch erwerben können, doch der große Rest der französischen Impressionisten wurde geschenkt.

So bekam die Neue Pinakothek durch die »Tschudi-Spende« (für die vor allem auch die Berliner Tschudi-Freunde Eduard Arnhold sowie Paul und Robert von Mendelssohn reichlich und kostbar stifteten) zum Beispiel: Pierre Bonnards »Dame vor dem Spiegel«, Paul Cézannes »Bahndurchstich« und das Selbstbildnis aus der Zeit um 1875/77, Daumiers »Don Quijote«, Paul Gauguins »Geburt Christi«, van Goghs »Sonnenblumen« und »Blick auf Arles«, Edouard Manets »Barke« sowie Werke von Delacroix, Maurice Denis, Camille Pissaro, Auguste Renoir, von Signac, von Vuillard und Toulouse-Lautrec. Ein Bild dieses Meisters stiftete übrigens der Verleger Alfred Walter Heymel, von dem es hieß, er habe die umfangreichste Toulouse-Lautrec-Sammlung in Deutschland besessen.

Mit diesen Franzosen – heute unschätzbarer Besitz der Neuen Pinakothek – war die Moderne in München museumsreif geworden. Das Festhalten an den Maltraditionen vergangener Zeiten, dieser Versuch, die Erfolge von gestern und vorgestern in die Zukunft zu retten, hatte keine Chancen mehr, und selbst Thomas Mann, fürwahr kein Revolutionär, schrieb 1910 an seinen Bruder Heinrich von der »dämlichen Münchener Maler-Tradition«. (In diesem Urteil war vielleicht auch die sehr persönliche Verärgerung darüber versteckt, daß man ihn in dieser unliterarischen Stadt, wie sich Katia Mann erinnerte, »wenn er in ein Geschäft ging, immer ›Herr Kunstmaler‹ genannt hat«.)

Die Künstler des »Blauen Reiter«, die (ähnlich wie später die Schriftsteller der »Gruppe 47«) weder Vereinsstatuten noch gewissenhaft geführte Mitgliedslisten besaßen, glaubten an eine neue Kunst und suchten eine noch nie gesehene Wirklichkeit. Bei Franz Marc führte das zu expressiv-poetischen Tierbildern: »Ich suche einen guten, reinen und lichten Stil«, schrieb er im April 1910 an den Verleger Piper, »in dem wenigstens ein Teil dessen, was wir modernen Maler zu sagen haben werden, restlos aufgehen kann. Und das wäre vielleicht ein Empfinden für den organischen Rhythmus aller Dinge, ein pantheistisches Sichhineinfühlen in das Zittern und Rinnen des Blutes in der Natur, in den Bäumen, in den Tieren, in der Luft.«

Zwei Jahre später veröffentlichte Marcs Freund Wassily Kandinsky bei Piper sein Buch »Das Geistige in der Kunst«. Ausgehend von Bildern, die er im Jugendstil gemalt hatte, und beeinflußt von den alten bayerischen Hinterglasbildern war Kandinsky malend und reflektierend zu einer Malerei ohne Gegenstand gekommen.

Für die Münchner Malerei brachte die späte Prinzregentenzeit einen neuen Anfang. Doch der Krieg von 1914 beendete diese Zusammenarbeit. An die große, die gefeierte und geschmähte Zeit des 19. oder früheren 20. Jahrhunderts hat Münchens Malerei später nicht mehr anknüpfen können.

»Ein heranbrausender Zug« für eine Mark

Eine Stadt, in der die Bilder-Kunst so eifrig geübt und so hoch geschätzt wurde, in der das Schauen vielleicht wichtiger als das Denken war (und ist), hat auch die Photographie frühes Interesse gefunden, und die ersten deutschen Lichtbilder entstanden hier: Der Blick auf die Frauentürme (aus einem Fenster der Akademie) und die Glyptothek aus dem Jahre 1838/39 sind zusammen mit einigen anderen Münchner Ansichten die ältesten deutschen Photographien. Daß sich in der Stadt mit Steinheil und Rodenstock, der 1884 aus Würzburg zuzog, mit Agfa, Linhof (gegründet 1887), Perutz, Arri oder Sachtler bedeutende Unternehmen der optischen und der Filmindustrie niedergelassen haben, ist daher kein Zufall.

Es hatte dann aber auch seine Logik, wenn man in dieser Stadt schon bald nach ihrer Erfindung die mit einem Filmapparat aufgenommenen bewegten Bilder sehen konnte. Im Winter 1895, ein paar Tage nach Weihnachten, hatten die Brüder Lumière in Paris ihre Kamera vorgestellt, und schon im Juli des darauffolgenden Jahres zeigte Carl Gabriel in seinem Panoptikum an der Neuhauser Straße für eine Mark Eintritt aufsehenerregende, nervenkitzelnde Kreationen wie »Ein heranbrausender Zug«, »Eine Schlangendompteuse« oder »Das Aufziehen der Hauptwache«. Das alles natürlich stumm!

Im gleichen Jahr 1896 bewarb sich Herr Dienstknecht aus Hamburg um einen Wies'n-Platz für seine Edison-Cinematographen, und in den folgenden Jahren gehören die Laufbilder zu den Attraktionen des Oktoberfestes (auf dem übrigens Münchens erster Kinobesitzer Carl Gabriel seit den frühen sechziger Jahren zunächst ein Wachsfigurenkabinett und später seine berühmte Völkerschau zeigte).

Am Ostersonntag 1906, nachmittags um zwei, eröffnete in der Liebfrauenpassage Kaufingerstraße 14 die Freiburger Firma »Weltkinematograph« das erste Münchner Kino, im Inserat noch angekündigt als »Theater lebender Bilder«. (Die Stadt hat damit innerhalb kurzer Zeit zwei wichtige Schau-Plätze bekommen. Drei Wochen zuvor waren nämlich »d'Dachauer« mit ihrem Programm ins »Platzl« am Hofbräuhaus eingezogen; in den kommenden Jahren und Jahrzehnten konnten hier nun vor allem Touristen und die Leute vom Land den Baiern in seiner komödie- und gaudihaften Ausprägung beklatschen, und hier auch waren die berühmtesten Vertreter des volkstümlichen Humors zu besichtigen: der Weiß Ferdl, Ludwig Schmid-Wildy, Michl Lang, Georg Blädl, Ernie Singerl, usw.)

Man war in den frühen Filmjahren glücklich, wenn sich die Bilder nur bewegten. *Was* sich bewegte, war gar nicht so wichtig, und die ältesten erhaltenen Münchner Filmaufnahmen – sie stammen aus dem Jahre 1902 – zeigen daher auch nichts weiter als die Pferdetrambahn am Promenade- und Maximiliansplatz. Vier Jahre später wurde dann die Grundsteinlegung des Deutschen Museums gefilmt, 1909 der spätere König Ludwig III. bei der Wildschweinjagd und 1910 der Prinzregent auf dem Pferdemarkt und – standesgemäßer – bei der Prozession der Georgiritter.

Im Jahr zuvor hatte, ohne daß das irgendjemand ahnen konnte, ein großes Kapitel der Münchner Filmgeschichte begonnen. Der Photographensohn Peter Ostermayr, der 1907 mit seinem Bruder Franz das Wanderkino »Original Physograph Compagnie« gegründet hatte, richtete sich nämlich am Karlsplatz 6 ein fünf mal sieben Meter großes Filmatelier ein, das gleichsam die Geburtsstätte der Filmstadt Geiselgasteig wurde. Der erste Spielfilm im Stachus-Atelier entstand 1910 unter dem lapidaren Titel »Die Wahrheit«; die aber war: daß sich niemand dafür interessierte und daß die Ausgaben nicht wieder eingespielt wurden. Ein weiterer Film, für zweieinhalbtausend Mark unter dem Titel »Die Musette« produziert, fand dann Interesse: die Polizei beschlagnahmte ihn!

Die Produktion ging aber weiter und irgendwann 1913 oder 1914 muß der hageldürre, elendsmagere Karl Valentin in das unterm Dach gelegene Atelier hochgestiegen sein, denn damals wurde der etwa fünf Minuten lange Stummfilm über jenen neuen Schreibtisch gedreht, den Valentin nach dem Motto »dreimal abgeschnitten und noch zu kurz« bearbeitet.

Als Valentin seine Säge ansetzte, hatte er freilich bereits seine ganz eigenen Filmerfahrungen gesammelt; mit seiner eigenen, 1912 in der Nähe des Hofbräuhauses gegründeten Filmfirma. Die Produzentenkarriere war schnell wieder zu Ende, angeblich weil er seine fünf teuren Atelierscheinwerfer mit einem einzigen Schlag kaputtmachte.

Erhalten sind jedoch einige Filme aus der Vorweltkriegszeit, in denen er als Schauspieler mitwirkte: etwa sechsundzwanzig Sekunden dauert der vielleicht älteste Valentin-Film, eine Kußszene; vier Minuten lang ist das von Martin Kopp gedrehte Filmchen »Karl Valentins Hochzeit«, von dem der Hochzeiter behauptet, dies sei sein erster Film gewesen; drei Minuten dauert das Opus, in dem der Gendarm Valentin zwei Vagabunden verfolgt...

Hitchcocks verbotene Lüste

Die fünfunddreißig Quadratmeter sind Peter Ostermayr schließlich zu klein geworden und so vergrößerte er sich 1919. Auf siebenunddreißig Hektar, die er in Geiselgasteig kaufte und auf denen er ein großes Glasatelier baute. Sein erster Film war 1920 eine Verfilmung von Ludwig Ganghofers »Ochsenkrieg«. Und diesem ersten folgten noch viele Ganghofer-Filme, denn Peter Ostermayr hatte sich rechtzeitig die Alleinverfilmungsrechte gesichert. Und Ganghofer hat viele Romane geschrieben!

Beim »Ochsenkrieg« führte noch Bruder Franz – der sich Franz Osten nannte – Regie, doch bald kam für den die Einladung nach Indien, wo er vor allem mit dem Buddha-Film »Die Leuchte Asiens« von 1925 und mit dem »Grabmal einer großen Liebe« über das Tadsch Mahal zum Begründer des indischen Films wurde.

Peter Ostermayr aber ging immer wieder aus seinem Glaspalast heraus, um an den Steilhängen des Isartals und den Wäldern ringsherum seine Bavaro-Western zu drehen (und in einem von ihnen spielte auch die Schwabinger Wirtin Kathi Kobus mit).

Sieben Film-Firmen hatten sich, um gegen die große Berliner UFA-Konkurrenz bestehen zu können, 1920 zu einer »Münchner Lichtspielkunst AG« zusammengeschlossen, die sich MLK abkürzte und Emelka genannt wurde. Banken gaben Geld, Ostermayr, der das Gelände hatte, wurde Produktionschef – das Geschäft in Geiselgasteig florierte. Valentins »Im Photoatelier« und die »Orchesterprobe« sind hier entstanden. Im Jahre 1925 kam der noch unbekannte Alfred Hitchcock, um preisgünstig den »Garten der Lüste« zu drehen (nicht bedenkend, daß man im München von damals nicht gar so frei war: der Titel mußte in »Irrgarten der Leidenschaft« geändert werden. Und dies in justament dem Jahr, in dem München ein eigenes Filmreferat einrichtete). Geiselgasteig, seit 1932 Sitz der Bavaria-Filmkunst, wurde einer der großen Drehorte des deutschen wie des internationalen Filmes. Hier, wo allein Peter Ostermayr mehr als fünfhundert Filme produzierte, entstanden nach dem Krieg unter anderem: »Cabaret« mit Liza Minelli, »Das Schlangenei« von Ingmar Bergman, die Buchheim-Verfilmung »Das Boot« und der Ende-Film »Die unendliche Geschichte«.

Inzwischen sind die Ateliers der 1959 gegründeten Bavaria-Ateliergesellschaft (Umsatz »Bavaria Film« 1991/92: 225 Millionen Mark) vor allem für Fernsehproduktionen gebucht.

Die Münchner Filmemacher drehten in den frühen Jahren, ehe ihnen in Geiselgasteig die größten Atelieranlagen Europas zur Verfügung standen, in den verschiedensten Stadtteilen, in der äußeren Ungererstraße, in der Schellingstraße 50/III, in Nymphenburg oder Grünwald, und ihre Firmen hießen beispielsweise Münchner Lichtspielkunst (gegründet von Peter Ostermayr), Bavaria Film (sie gehörte Erich Wagowski), Kopp Film, Bayerische Filmgesellschaft, Leo Film oder Union Film. Zu den sechzehn Produktionsfirmen der Jahre 1918/19 müßte aber eigentlich auch der kleine Laden gezählt werden, den sich die beiden minderjährigen Abiturienten August Arnold und Robert Richter in der Türkenstraße gemietet hatten und aus dem später die Weltfirma ARRI wurde.

Oscar-würdiges aus der Tüftelfabrik AA & RR

Der erste Erfolg war 1916 gekommen, als die beiden Burschen A. A. und R. R. aus alten Kamerateilen eine Filmkopiermaschine konstruierten, die besser war als alles, was die Konkurrenz liefern konnte. Das berühmteste Stück aus der Tüftelfabrik von Arnold und Richter – im Jahre 1988, immer noch an der Türkenstraße, aber längst schon dem kleinen Laden entwachsen, hatte sie rund tausend Beschäftigte – wurde ihre weltweit unübertroffene und von den Astronauten sogar bei der Mondreise mitgeführte »Arriflex 35«, für die sie im Herbst 1938 aus Berlin das Patent Nr. 736 423 und später in Hollywood einen »Oscar« erhielten, der ihnen dann auch für Nachfolgemodelle noch einige Male zugesprochen wurde. Der goldglänzende Oscar kam noch ein paarmal nach München, Rolf Zehetbauer erhielt ihn beispielsweise für die Szenerie des Films »Cabaret« und eine kleine Oberhachinger Firma für einen computergesteuerten Kamerawagen namens »Panther«.

Zum Bedauern des Münchner Steuer-Mannes lag das von Peter Ostermayr gebaute Glashaus und liegt heute die ganze um dieses Atelier herumgebaute Filmstadt in Ruf- und Sichtweite außerhalb des Münchner Burgfriedens. Aber da Geiselgasteig zum Landkreis München gehört und die Stadt durch Umwegrentabilität an den Filmgeschäften partizipiert, kann die Landeshauptstadt das Filmgelände vor ihren Toren mitzählen, wenn sie sich »Medienstadt« nennt.

Die Industrie- und Handelskammer verfolgt deren Entwicklung seit längerer Zeit mit Aufmerksamkeit und legte Ende 1989 zum zweitenmal eine Studie »Medienstadt München« vor, und darin wurde festgestellt: »Die Medien sind eine ihrer (d. i. Münchens) Wachstumsbranchen«, mit einer Zunahme der Betriebe um nahezu dreißig Prozent innerhalb von sechs Jahren. Vorne lagen dabei immer noch (wenn auch an Bedeutung zurückgehend): die Printmedien mit dreißigtausend Beschäftigten in anderthalbtausend Unternehmen. Es folgten die audiovisuellen Medien (Tendenz: steigend) mit 960 Unternehmen und fünfzehntausend Beschäftigten. An dritter Stelle: Werbung und

Marktkommunikation mit 1441 Unternehmen und rund elftausend Mitarbeitern. Insgesamt zählte man in den mehr als viertausend Betrieben der Medienbranche 57 216 Beschäftigte.

In den Tagen des Prinzregenten, als sich die Bilder erstmals bewegten, war das Wort »Medien« im heutigen Sinn noch unbekannt: Medien war damals noch die Mehrzahl von Medium, und dieses war ein Begriff aus dem Okkultismus. Im München nach der Jahrhundertwende war ein unumstrittener »Medienzar« (um ein neues Wort in alter Bedeutung zu verwenden) der Nervenarzt Albert von Schrenck-Notzing; Thomas Mann hat an der Jahreswende von 1932 auf 1933 an drei Sitzungen teilgenommen und darüber in einem langen Essay Rechenschaft gegeben.

Eine »Lieblingsfreude« der Münchner

Bevor München eine Stadt der (modernen) Medien wurde, war es die Stadt der Bilder und dann auch der Bücher. Noch länger aber, seit den Tagen von Ludwig Senfl und Orlando di Lasso, war München auch eine Stadt der Musik. Vor etwa zweihundert Jahren bereits hatte Lorenz von Westenrieder gemeint: »Die Musik gehört zu den Lieblingsfreuden der Einwohner und in wohlgeordneten Häusern wird sie ohne Ausnahmen als ein wichtiges Stück einer guten Erziehung betrachtet.«

Dr. Franz Kaim mußte das gefallen, und er hatte auch ein sehr persönliches Interesse daran, daß diese Lieblingsfreude an der Musik und am Musizieren den Münchnern erhalten bleibe, schließlich fabrizierte sein Vater Klaviere. Und die mußten verkauft werden.

Bei seinem Missionierungswerk ging der junge Herr Kaim sehr überlegt vor. Er organisierte zunächst Konzerte im Odeon, die sogenannten Kaim-Konzerte, gründete dann sein eigenes Orchester und seinen eigenen Chor. Als es mit dem Odeon Schwierigkeiten gab, baute er mit Familiengeld auch noch einen eigenen Konzertsaal mit 1700 Plätzen, den Kaim-Saal an der Ecke Türken-/Prinz-Ludwig-Straße.

Das Unternehmen fand allerhöchstes Wohlwollen und das königliche Haus hätte keinen berufeneren Protektor für die Eröffnung abordnen können als den Prinzen Ludwig Ferdinand. Er, ein Enkel König Ludwigs I., saß nämlich selbst – obwohl von Beruf Arzt – im Hofopernorchester. Unmittelbar nach seinem Amtsantritt als Generalmusikdirektor schrieb Felix Mottl 1904 über ihn ins Tagebuch: »Er scheint ein guter bayerischer Prinz zu sein... spielt im Orchester Violine mit, und macht außerdem chirurgische Operationen. Für einen Prinzen Alles, was man verlangen kann.«

Dirigiert wurde das Eröffnungskonzert durch Herman Zumpe, der fünf Jahre später, als Nachfolger von Generalmusikdirektor Hermann Levi die Leitung der Münchner Hofoper übernahm. Den zweiten Abend im neuen Saal (der später Tonhalle genannt wurde) leitete Felix Mottl, der wiederum Zumpe nach dessen Tod als Generalmusikdirektor nachfolgen sollte.

Diesen beiden folgten in den kommenden Zeiten viele bekannte Dirigenten nach: Felix Weingartner, Orchesterleiter von 1895 bis 1905, Hans Pfitzner, der in den unruhigen Monaten von 1918/19 dem Orchester vorstand. Ihm folgte Siegmund von Hausegger, unter dessen Leitung das Kaim-Orchester städtisch und 1928 in Münchner Philharmoniker umbenannt wurde. Oswald Kabasta übernahm sie 1938, Hans Rosbaud kam nach dem Krieg, und zwischen 1949 und 1966 stand Fritz Rieger den Philharmonikern vor. Dem frühen Tod von Rudolf Kempe im Frühjahr 1976 folgte eine längere Interimszeit, die schließlich 1979 mit der Berufung Sergiu Celibidaches beendet wurde.

Unter den vielen Künstlern, die im Kaim-Saal auftraten, war zum Beispiel Gustav Mahler, der hier 1901 die Uraufführung seiner Vierten Sinfonie dirigierte, und im gleichen Jahr die englische Pianistin Gertrude Peppercorn – gab sie Thomas Mann für seine Gerhart-Hauptmann-Parodie im *Zauberberg* den unvergleichlichen Namen Mr. Peppercorn?

Zum historischen Tag für das Kaim-Orchester und die Musikwelt wurde, ohne daß irgend ein Beteiligter dies ahnen konnte, der 19. Februar 1906, als der zwanzigjährige Sohn eines Münchner Archäologieprofessors erstmals ein Orchester dirigierte. Sein Name: Wilhelm Furtwängler.

Ein Festmarsch für die »Wilde Gung'l«

Doch weil die Musik, wenn Westenrieder recht hat, zu den Lieblingsfreuden der Münchner gehört, haben hier zu allen Zeiten auch die Amateure gesungen und gespielt. Seit 1840 etwa in der Bürger-Sänger-Zunft (und immerhin gehörte ihr auch der berühmte »Fugen-Seppl« Josef Rheinberger an). Zwanzig Jahre nach den gewerbetreibenden Sanges-Bürgern taten sich auch musikbegeisterte lustige Studenten zusammen und gründeten den Akademischen Gesangverein. Wiederum vier Jahre später, also 1864, setzten sich Amateurmusiker zusammen und spielten in einem Orchester, das sie »Wilde Gung'l« nannten. Von 1875 an leitete der angesehene Hofopern-Hornist und Antiwagnerianer Franz Strauss die Musikanten. Weil dessen Sohn Richard seinen Vater aber liebte und überdies komponierte, schrieb er den »Wilden Gung'lern« einen Festmarsch.

Amateure waren es auch, die sich 1879 im Orchester-Verein München zusammenschlossen, den Architekten Emanuel von Seidl zum Vorstand wählten und in ihren Konzerten jene Stücke spielten, die von den anderen Münchner Orchestern beiseitegeschoben wurden. Und während sie hier fiedelten, bliesen und trommelten, hat man anderswo gesungen. In Liedertafeln, Gesangvereinen oder den aus der Arbeiterbewegung hervorgegangenen sogenannten Volkschören.

Den größten Chor dirigierte freilich Gustav Mahler. Bei der Uraufführung seiner 8. Sinfonie, der »Sinfonie der Tausend« am 12. September 1910 wirkten 500 Sänger und 350 Kinder mit (sowie ein Orchester von 140 Musikern). »Kaum je«, schrieb der Musikwissenschaftler Dr. Robert Münster 1987, »hat ein Konzert in München in der ganzen Kulturwelt größere Beachtung gefunden als dieser Triumph.«

So also musizierte man in München. »Viele Fenster stehen geöffnet«, heißt es 1902 bei Thomas Mann, in der Erzählung *Gladius Dei*, »und aus vielen klingt Musik auf die Straßen hinaus. Übungen auf dem Klavier, der Geige oder dem Violoncell, redliche und wohlgemeinte dilettantische Bemühungen«, und die jungen Leute pfeifen das Nothung-Motiv.

Musik, so schien es, war tatsächlich die Lieblingsfreude der Münchner, und die Götter hießen Mozart und Wagner. Mit Richard Strauss, dem Sohn eines Münchner Musikers und einer Enkelin des Bierbrauers Pschorr – eine münchnerischere Mischung ist schwer vorstellbar! – ist man freilich noch vorsichtig, der muß sich zunächst anderswo die ersten Sporen verdienen. Man gibt ihm dann zwar – er ist zweiundzwanzig – den Posten eines dritten Kapellmeisters an der Hofoper, läßt ihn aber nach drei für ihn enttäuschenden Jahren ziehen. So werden die meisten seiner Opern in Dresden uraufgeführt, und Wien wird für ihn bald sehr viel wichtiger als seine Geburtsstadt. Dort fragt ihn der alte Prinzregent Luitpold 1896 bei einer Audienz, ob und wie er mit dem Wiener Strauß verwandt sei, und NS-Oberbürgermeister Fiehler wendet sich vierzig Jahre später, bei einem Bankett zum 75. Geburtstag des Komponisten an diesen mit den Worten: »Sie, Herr Doktor Strauss, als Wiener...«

Im Jahre 1907 schrieb Annette Kolb: »Das Jahrhundert war noch sehr jung. München stand im Zenit seines Glücks, und diesmal hielt es an, dieses Glück. Zwar hatte sein Musikleben nach dem Hingang Hermann Levis einen Tiefstand erfahren. Nur seine Militärmusik war noch die schönste der Welt geblieben und riß den Zuhörer hin.«

Es vergingen nur noch wenige Jahre, dann spielte diese Militärmusik zum Auszug in den Krieg. Das Glück, es hatte nicht angehalten.

Am 28. Juni 1914 war der österreichische Thronfolger Erzherzog Franz Ferdinand – den der Hof in München im April noch mit großem Zeremoniell empfangen hatte – in Sarajevo ermordet worden, und am 31. Juli endete die Friedenszeit. Im Prinzregententheater dirigierte Bruno Walter an diesem Tag den *Parsifal*, denn es war Festspielzeit. Und Richard Voß, der Autor von *Zwei Menschen*, saß unter den Besuchern: »In der großen Pause vor dem letzten Aufzug trat ich aus dem Festspielhaus auf die nach der Straße führende Terrasse, hörte eine Fanfare, sah eine sich drängende Menge, sah einen Berittenen, der mit schallender Stimme einen Aufruf ablas: Über München war der Kriegszustand verhängt.«

Stadt-Bild II

München leuchtete, aber es glänzte und es funkelte nicht.

Es war keine »Lichterstadt« wie das Paris der Belle Epoque, und doch zog es in dieser Zeit wie ein Magnet die Menschen an. Als wäre dies nun wirklich die Stadt, »wo man Weihe und Wunder / immer als Inhalt hat«.

München zog die Menschen an. In den nicht ganz drei Jahrzehnten, die der Prinzregent regierte, stieg die Einwohnerzahl von etwa 250 000 auf 620 000. Man hätte glauben können, es wäre die Parole ausgegeben, man möge sich in der bayerischen Haupt- und Residenzstadt sammeln.

Am Anbruch der Moderne, des technischen Zeitalters, in einer Epoche der rauchenden Schlote, der stampfenden Maschinen und auch der sozialen Spannungen schien hier noch ein Verweilen in einer spätbürgerlichen Welt möglich. Man lebte in einer Stadt von mehr bäuerlicher als großstädtischer Eleganz. Alles gab es hier – als frühe Postmoderne gleichsam – nebeneinander, Jugendstil und Neobarock, nachempfundene Renaissance und Gotik-Imitationen.

Die wittelsbachische Majestät interessierte sich für die Kunst (wenn auch mehr noch für die Jagd), doch sie wollte nicht, wie der Hohenzoller in Berlin, dekretieren, was Kunst sei. Luitpold war ein Mann, tief in seinem 19. Jahrhundert verhaftet, doch jeder konnte nach seiner Fasson selig werden. München leuchtete. Den Meistern der Münchner Schule wie den Avantgardisten. Jenen freilich ein bißchen mehr.

Als München in alle Richtungen wuchs und wucherte, haben Photographen die alten Quartiere und die neuen Viertel in vielen Bildern festgehalten – es ist dies der erste Abschnitt der Stadtgeschichte, der in Photos dokumentiert wurde. Kein offizieller

Auftrag war dazu gegeben worden und niemand, so scheint es, hatte sich dafür sonderlich interessiert. Hätte nicht Karl Valentin etwa von 1925 an mit großem Eifer gesammelt, wären viele Bilder für immer verloren gegangen. Sein Wunsch war es, alte »Photos zu gewinnen und zu einer Sammlung zu vereinigen, in welcher ich die Stadt München wieder aufbaue, aber nicht in Stein, sondern in Papier, um dadurch unseren Kindern und Kindeskindern zeigen zu können, wie es vom 18. bis zum 19. Jahrhundert in München ausgesehen hat.« Jahrzehnte nach Valentins Tod hat man diese Stadt aus Papier erbaut, in einem Band mit mehr als zweihundert Bildern der Sammlung: »Photographien 1855–1912.«

Einer, der seinen Photographierapparat an allen Ecken der Stadt aufgebaut hat und dem Valentin den Titel eines Stadtphotographen gab, war Georg Pettendorfer. Sechshundert seiner Stadt-Bilder sind seit 1989 veröffentlicht worden, scharfgestochene Photos aus den Jahren 1895 bis 1936. Sie erinnern eindrucksvoll an ein altes München, das bis in die fünfziger Jahre hinein noch immer an vielen Ecken erhalten war, dann freilich vom sogenannten Wirtschaftswunder weggedrängt wurde.

Daß schon in früherer Zeit aus Profitgier mancherlei in dieser Stadt mißlang, hat Gabriel von Seidl 1912 in dem Monumentalbuch »München und seine Bauten« geschrieben. Er bemerkte, daß anderswo im Reich die Einfamilienhäuser und Villenviertel »früher und stärker entwickelt waren als hier« und daß die »Erzeugnisse ... im Miethausbau mit wenigen Ausnahmen sehr minderwertig sind. Dunkle Gänge und enge Treppen, in welche die Fenster der Magdkammer münden, sind ihre Merkmale. Der Begriff ›Komfort‹ war auch im bürgerlichen Sinne nicht lebendig, da alles nur von unsicherem Spekulationsgeist geschaffen wurde.« Aber die Verhältnisse, meinte Seidl, hätten sich in den letzten Jahrzehnten gebessert.

Mit dem Beginn des Jahrhunderts wurden auch aus Ballonen und Flugzeugen erstmals Aufnahmen gemacht, und sie zeigten, wie die Stadt an den Rändern ausfranste und ins Ungenaue, Ungewisse expandierte.

Was da ringsum geschah, wollte man im Magistrat nicht außer Kontrolle geraten lassen, und so schrieb man 1892 (übrigens als erste Stadt) einen Wettbewerb für Stadterweiterungspläne aus. Man ging dann sogar noch einen Schritt weiter und schuf im Herbst 1893 beim Stadtbauamt eine Abteilung für Stadterweiterung. Deren Leiter wurde der soeben noch beim Bau des Berliner Reichstags beschäftigte Thiersch-Schüler Theodor Fischer.

Der gebürtige Schweinfurter fand zwar eine Bauordnung aus den 1860er Jahren vor, aber wie war wirkliche Ordnung in das Bauen zu bringen, wenn etwa 140 verschiedene Haustypen zugelassen waren? Die Überlegungen von Fischers Stadterweiterungsbüro wurden im Sommer 1901 dem Magistrat als ein 267 Seiten starkes Konvolut vorgelegt. Nachdem genügend beraten und geredet war, trat im Frühjahr 1904 der »Staffelbauplan der K. Haupt- und Residenzstadt München« in Kraft (und blieb, ergänzt, bis 1979 gültig).

Das Bauen hatte nun seine Ordnung: neun Staffeln, die so angelegt waren, daß die Dichte der Bebauung von der Altstadt aus abnahm. Die Staffel 1 zum Beispiel mit Erdgeschoß + 4 Stockwerken im Vordergebäude (und E + 3 im Rückgebäude) galt vor allem für das Zentrum, Teile von Haidhausen, der Ludwig- und der Maxvorstadt; die Staffel 2 mit E + 3 Stockwerken bis 18 Metern Höhe im Vorder- und Rückgebäude war beispielsweise für Berg am Laim und Sendling verbindlich; Staffel 3 glich der Staffel 2, erlaubte aber im Rückgebäude nur E + 1 Stockwerk... und so ging es, immer flacher werdend, dem Stadtrand zu, wo es dann – Menterschwaige, Ludwigshöhe, Teile von Bogenhausen oder Gern – die Staffel 9 gab: Erdgeschoß + 2 Stockwerke bis 12 Meter im Vorder- und Erdgeschoß bis 9 Meter im Rückgebäude.

Das war nun fein geregelt, doch Fischer hatte auch darauf gesehen, daß kein zu uniformer Stadtplan entstehe, daß bei der Baulinienplanung der Baumbestand nach Möglichkeit erhalten bleibe und die Straßen organisch verlaufen und nicht mit dem Lineal gezogen werden.

Es reichte nicht aus, daß die Architekten für die vielen neuen Menschen Häuser bauten; Jahr um Jahr wuchs die Stadt damals ja um mehr als zehntausend Menschen, und diese Menschen brauchten Straßen, brauchten Geschäfte, Schulen und Kirchen, sie brauchten Verkehrsmittel, und sie brauchten zuletzt auch noch Friedhöfe. Während die Schulen und die Kirchen auf mehrere Architekten verteilt wurden, war der Bau von Friedhöfen die Aufgabe eines Mannes, des Stadtbaudirektors Hans Grässel. Zwischen 1894 und 1908 entstanden der Ost-, der Nord-, der West-, der Wald- sowie der Israelitische Friedhof. Und in einer dieser Schöpfungen, im Waldfriedhof, hat man ihn dann 1939 auch selbst beigesetzt. Natürlich, angemessen, in einem Sondergrab.

Es gab also für die Architekten in München viele Aufträge, und zuletzt dann doch wohl weniger als erhofft, denn die Planer hatten hochgerechnet (ohne freilich dieses griffige Wort für ihre Tätigkeit schon zu kennen), daß die Stadt, wenn das Wachstum anhalte, möglicherweise noch vor dem Jahre 1920 die Millionengrenze erreiche. Es ist, wie man weiß, anders gekommen und die magische Zahl wurde erst vierzig Jahre später überschritten.

Das Ende des großen Wachstums – und auch das Inkrafttreten der Staffelbauordnung – hat Theodor Fischer nicht mehr als Leiter des Planungsamtes beobachten können, denn seit 1901 war er Professor in Stuttgart. Neben Gabriel von Seidl, mit dem es Unstimmigkeiten gegeben hatte, scheint ihm vor allem ein Gemeindebevollmächtigter, selbst Architekt, das Leben in seinem Stadtplanungsbüro mit unqualifizierten Angriffen schwer gemacht zu haben. So verlor die Stadt einen bedeutenden Baumeister, die Ursache dieser Abwanderung aber – reduzieren wir den Namen auf seine Initialen W. G. – ist vergessen. Und dabei soll es bleiben.

Theodor Fischer kehrte 1908 wieder nach München zurück. Als Professor an der Technischen Hochschule. Er baute wieder, zum Beispiel die Laimer Bauhandwerkersiedlung, die Siedlung Alte Heide und 1927 das Ledigenheim in der Bergmannstraße. Seine großen, für das Stadtbild wichtigen Bauten hatte er freilich vor der Berufung nach Stuttgart geschaffen, die Erlöserkirche in Schwabing, die Chirurgie an der Nußbaumstraße, das Marionettentheater, die Schulen an der Haimhauser- und Hirschbergstraße sowie am Elisabethplatz, die Höhere-Töchter-Schule an der Luisenstraße, das Polizeipräsidium und die Prinzregentenbrücke. Daß sein Plan von 1899, auf der Kohleninsel ein Ausstellungsgelände zu schaffen, nicht ausgeführt wurde, hatte er Oskar von Miller zu verdanken, der sich für diesen Platz das Deutsche Museum ausdachte. Und dessen Bau plante Gabriel von Seidl.

III.
1912–1933

> Es riecht nicht,
> es stinkt nach Reaktion...
>
> Artur Kutscher, 1926

Es ging mit der Wirtschaft wiedereinmal talwärts.

Seit etwa 1895 hatten die Geschäfte floriert und zwischen 1910 und 1912 sogar Rekordhöhen erreicht. Daß das Ende dieses Booms in Bayern mit dem Tod des Prinzregenten zusammenfiel, war freilich zufällig, denn längst schon war das Geschehen an die Entwicklung im übrigen Reich gekoppelt. »Entsprechend der Ausweitung des Kapitalismus«, schrieb Werner Sombart im dritten Band seines *Modernen Kapitalismus,* »hat der Verlauf des Wirtschaftslebens sich über ein immer größeres Gebiet gleichmäßig vollzogen, das heißt die Konjunktur hat ein immer internationaleres Gepräge angenommen.« So war es beim Niedergang von 1873 gewesen, so auch beim Aufstieg zwanzig Jahre später und nun wieder bei der neuerlichen Krise.

Die Stadt München spürte diesen Niedergang zunächst vor allem in den höheren Arbeitslosenzahlen, und 1912 wie 1913 stand die Stadt in der Erwerbslosenstatistik der deutschen Städte an zweiter Stelle. Das Jahr 1914 begann dann auch am 14. Januar mit einer Demonstration von 15 000 Arbeitslosen vor dem Rathaus.

Unter denen, die keine Arbeit fanden, waren sicher viele Maurer, da vor allem auch der Wohnungsbau stark zurückgegangen war. Und er sollte noch weiter sinken: 1900 entstanden in der Stadt München 6349 neue Wohnungen, 1912 waren es etwa tausend weniger, im Jahr darauf konnten 3500 und 1914 nur noch 1629 neue Wohnungen bezogen werden. (Zum Vergleich: 1950 wurden in München 9859, im Jahre 1960 sogar 16 360 und zwischen 1980 und 1990 jeweils zwischen 6000 und 8500 Wohnungen gebaut).

Und so, mit wirtschaftlichen Schwierigkeiten und unterwegs zur Talsohle, ging man im Spätsommer 1914 in den Krieg.

Die Münchner und ein Postkartenmaler bejubeln den Krieg

Anfang Mai noch hatten vierzigtausend Münchner bei einem Flugtag in Puchheim dem »französischen Sturzflieger« Pégoud begeistert applaudiert. Doch nun war mit einemmal alles anders. In jedem Fremden witterte man einen feindlichen Spion; einem Cafetier in der Innenstadt zertrümmerte man das Mobiliar, weil er nicht zulassen wollte, daß man auch noch um zwei Uhr früh patriotische Lieder grölte; dem serbischen Gesandten warf man die Fenster ein, und Gerüchte gingen um, das Münchner Leitungswasser sei vergiftet. Doch dann, am Nachmittag des 31. August, die lange erwartete, sehnlich herbeigewünschte und nur von wenigen befürchtete Nachricht: an den Grenzen wird mobilisiert!

Jubelnd und hüteschwenkend versammelten sich begeisterte, berauschte Patrioten am späten Nachmittag des darauffolgenden Tages vor dem Wittelsbacher Palais in der Briennerstraße, wo der greise König vom Balkon aus die Mobilmachung bekanntgab. Jubelnd und Hurra rufend fanden sie sich bald darauf vor dem Gebäude der *Münchner Neuesten Nachrichten* wieder und lasen, daß der Krieg nun endgültig beschlossen sei. Jubelnd und vaterländische Lieder singend standen sie am darauffolgenden Tag dichtgedrängt vor der Feldherrnhalle. Auf einem Bild, das der Photograph Heinrich Hoffmann von dieser Kundgebung gemacht hat, glaubte man viele Jahre später zwischen all den vielen Strohhüten einen jungen Mann zu erkennen: den fünfundzwanzigjährigen Postkartenmaler Adolf Hitler aus der Schleißheimer Straße 34. Als er 1931 auf dem Bilde entdeckt wurde, war er im Münchner Adreßbuch bereits als Schriftsteller registriert, wohnhaft am Prinzregentenplatz.

Während die einen »Die Wacht am Rhein« sangen und vor der österreichischen Gesandtschaft im Prinz-Carl-Palais dem Kaiser Franz Joseph huldigten, verließen viele andere die noch friedliche, die trunkene Stadt; allein am 1. August reisten 58 000 Personen ab.

Es wurde gejubelt, man war stolz auf die schimmernde Wehr und entdeckte plötzlich, daß die Nachbarn von jenseits des

Rheins und überm Kanal in Wirklichkeit ja schändliche, verachtenswerte Feinde waren. Selbst der *Simplicissimus* zeigte nun vaterländische Gesinnung. Vergessen waren die preußischen Leutnants, die man lange und mit so viel karikierendem Witz lächerlich gemacht hatte – sie waren jetzt die Helden der Schlachten, und der Kaiser, eine Figur, so oft dem Spotte preisgegeben, war nun der oberste Kriegsherr.

Und weil das Jahr 1914 Siegesmeldungen von allen Fronten brachte, achtete man kaum darauf, daß in diesen ersten fünf Kriegsmonaten bereits 1819 Münchner fielen.

Im darauffolgenden Jahr 1915 – in dem nahezu dreitausend Münchner an der Front starben (darunter auch der Maler Albert Weisgerber) – spürte man auch in der bayerischen Haupt- und Residenzstadt die Folgen des Krieges. Bereits im Frühjahr wurden die ersten Mehl-, Brot- und Lebensmittelkarten ausgegeben, und 1916 gab es auch Milch, Fleisch, Zucker sowie Seife nur noch gegen Marken und Textilien gegen Bezugsscheine. Die vom 17. April an geltenden Milchrationen betrugen zum Beispiel für Kinder unter zwei Jahren sowie für stillende Mütter einen Liter pro Tag, für Frauen und Jugendliche bis 16 Jahren einen halben Liter, für männliche Erwachsene einen Viertelliter.

Hinzu kam in diesem Jahr 1916 auch das Verbot, Starkbier zu brauen, Semmeln zu backen und – als eher paradoxe Anordnung – Ostereier zu färben. An der Ost- und Westfront starben in diesem Jahr 3207 junge Münchner, darunter der Maler Franz Marc und im Dezember der achtundzwanzigjährige Hölderlinforscher Norbert von Hellingrath.

Dem König aber erfüllte sich in diesem Jahr ein großer Wunsch: Er bekam in Freimann seine Kruppsche Kanonenfabrik! Das Stammhaus in Essen übte freilich Zurückhaltung und beteiligte sich mit nur 60 Prozent. Man war nämlich davon überzeugt – und diese Ansicht wurde von vielen geteilt –, daß dieses Unternehmen wenig Sinn mache, da es in München an allen Rohstoffen fehlte. Doch die Majestät wünschte sich das Werk, und sie erhielt es.

Sie hätte aber besser verzichtet. Denn mit den Facharbeitern, die ebenso wie das Eisen und die Kohle importiert werden mußten, kam Unruhe in die Stadt. Etwa tausend Arbeiter waren aus Sachsen geholt worden und sie wurden später, wie es hieß, zur Prätorianergarde, die Kurt Eisner half, die Monarchie zu stürzen.

Das Ende wäre aber wohl auch ohne die sächsischen Gastarbeiter gekommen, da sich die Lage in München (wie im ganzen Reich) dramatisch verschlechtert hatte. Schon im Winter von 1916/17, im sogenannten »Dotschnwinter« war die ausreichende Versorgung mit Lebensmitteln und mit Kohle nicht mehr sichergestellt, und bereits im Juni 1916 waren Münchner Hausfrauen vors Rathaus gezogen, um gegen die vielfältigen Mängel zu demonstrieren. Am 31. Januar 1918 waren dann die Münchner Kruppianer in Streik getreten und zur Schwabinger Brauerei marschiert, wo Kurt Eisner zu ihnen sprach. Arbeiter aus anderen Betrieben schlossen sich ihnen an und gemeinsam zog man – inzwischen eine Ansammlung von etwa zweitausend Menschen – zu Rüstungsbetrieben und in Richtung Hauptbahnhof.

Am nächsten Tag verweigerten bereits an die achttausend Personen in München die Arbeit, und während neben anderen auch Kurt Eisner als Streikführer verhaftet wurde, redete der sozialdemokratische Landtagsabgeordnete Erhard Auer den Ausständischen zu, sie sollten, da doch alles ohne rechten Sinn und Plan ablaufe, am 4. Februar wieder an die Arbeitsplätze zurückkehren. Es gab noch eine große Versammlung auf der Theresienwiese am 2. Februar, noch eine weitere am 3. Februar – und am 4. Februar war der große Streik zu Ende. Eisner aber saß für mehr als neun Monate in Stadelheim und ließ sich aus Protest Bart und Haare wachsen.

In den Fabriken wurde wieder gearbeitet, doch der Anlaß des Streiks blieb – der Krieg ging weiter, der Mangel nahm zu, die Preise stiegen. Hatte vor dem Krieg der Pro-Kopf-Verbrauch an Fleisch 68 Kilogramm betragen, so lag er nun bei 14 Kilogramm, und seit 1914 war die Milch bis zu 170 Prozent, das Mehl sogar bis zu 400 Prozent teurer geworden. Um auf ihre Not aufmerksam zu machen, zogen einige hundert Münchner Hausfrauen

Anfang August 1918 wieder vors Rathaus – ergebnislos, man konnte ihnen nicht helfen. In dieser Lage, von den Entbehrungen geschwächt, waren die Einwohner der bayerischen Hauptstadt im Oktober einer Grippeepidemie fast hilflos ausgeliefert. Etwa zweihundert Personen starben.

Die Zeit war wohl reif für eine große Veränderung. Aber offensichtlich nahmen die Regierenden dies kaum wahr. Im späten September wurde in Riem die Herbstrennsaison in Anwesenheit der königlichen Familie eröffnet. *The same procedure as every year...* und es war dies dann wohl doch einer der letzten öffentlichen Auftritte der Hofgesellschaft.

Drei Wochen später wurde Kurt Eisner auf Intervention des Leipziger Reichsgerichtes aus dem Gefängnis entlassen, damit er sich als Kandidat der Unabhängigen Sozialdemokraten (USPD) am Wahlkampf um den Reichstagssitz des zurückgetretenen Abgeordneten und bayerischen SPD-Vorsitzenden Georg von Vollmar beteiligen könne. Am 17. November sollten die Wähler ihre Stimmen abgeben, doch zehn Tage zuvor nahmen die Münchner und die bayerischen Angelegenheiten eine Wendung, die diese Wahlen zunächst einmal überflüssig machten.

Das doppelte Beben

Die Erde bebte. Am 6. November 1918, abends um drei vor halb neun und dann noch einmal, zwanzig Minuten später, klirrten in etlichen Münchner Stadtteilen die Fensterscheiben, Türen flogen auf und Tische wurden wie von Geisterhand verrückt.

Vierundzwanzig Stunden später, am Abend des 7. November, erzitterte München auf andere Weise: desertierte Soldaten zogen durch die Straßen, um sieben Uhr verließ die Residenzwache ihren Posten, eine Stunde später besetzte rebellierendes Militär den Hauptbahnhof und das Telegraphenamt, um zehn Uhr waren auch die Zeitungsverlage und der Landtag kampflos in die Hände der Aufständischen gefallen. Und um halb elf verließ die königliche Familie durch einen unbeleuchteten Hinterausgang die Residenz, um sich mit einigen nur bedingt fahrtüchtigen Automobilen ins Exil zu begeben.

Eine unblutige Revolution verwandelte Bayern in eine Republik, und die Hauptstadt hat dieses Ereignis verschlafen.
Der Obersthofmeister kam am Morgen zur gewohnten Stunde in die Residenz und erfuhr dort, daß es den Hof nicht mehr gab. Bruno Walter, seit sechs Jahren Münchner Generalmusikdirektor, erfuhr die Nachricht aus der Zeitung. Josef Hofmiller, draußen in Haidhausen, packte seine Tasche und ging zum Unterricht ins Ludwigsgymnasium. Hintem Maximilianeum, am Rondell, sah er an der Plakatsäule eine knallrote Proklamation, die mit dem Satze schloß: »Die Dynastie Wittelsbach ist abgesetzt. Hoch die Republik!«, unterschrieben: »Der Arbeiter- und Soldatenrat: Kurt Eisner.« Von einem vor dem Generalkommando stehenden Posten hoffte Hofmiller mehr zu erfahren, doch der junge Bursche von den Schleißheimer Fliegern meinte, er wisse nichts, man habe ihn halt hierhergestellt.
Die Revolution hat München also offensichtlich überrascht. Es hatte Warnungen gegeben, doch niemand scheint ihnen viel Bedeutung beigemessen zu haben. Der Chemiker Richard Willstätter erzählt in seinen Erinnerungen von einem Freund, der Anfang November 1918 durch Innenminister Friedrich von Brettreich empfangen wurde. Auf die beschwörende Warnung, etwas gegen die Revolution zu unternehmen, erhob sich der Minister von seinem Lehnsessel »und deutete mit ausgestrecktem Arm auf die den Audienzsaal zierenden Porträts der bayerischen Könige der Reihe nach. Und er schloß die Unterredung mit den Worten: ›In diesem Hause darf das Wort Revolution nicht ausgesprochen werden.‹«
So wie der Innenminister waren sie wohl alle auf die eine oder andere Weise auf das Nahende hingewiesen worden, sogar von Kurt Eisner selbst, der am 5. November bei einer Versammlung auf der Theresienwiese vorhersagte, »daß München in den nächsten Tagen aufstehen und die Regierung stürzen werde«.
Als die Sozialdemokraten und die von Eisner geführten Unabhängigen Sozialdemokraten für den 7. November eine ge-

meinsame Friedensdemonstration auf der Theresienwiese ankündigten, gab es dann tatsächlich im Kabinett Bedenken, ob das gut enden werde. Kriegsminister Philipp von Hellingrath aber winkte ab: »Aber meine Herren«, sagte er, »Sie können ganz beruhigt sein. Die Armee als Ganzes ist noch fest in unserer Hand. Es wird nichts passieren«, und SPD-Vorsitzender Erhard Auer meinte, man solle doch nicht immer von Eisner reden, »Eisner ist erledigt«.

Und wenn Eisner keine Gefahr mehr war, warum sollte man ihn dann wieder nach Stadelheim zurückbringen, wie einige Kabinettsmitglieder vorschlugen? Der Mann sollte seine Chance bekommen, die ihm ohnedies nichts bringen würde. Mit struppigem, dichtem Vollbart trat Eisner dann am 7. November, nachmittags gegen drei Uhr vor seine Zuhörer.

Die Kapitulation vor Ersatzabteilungen

Die Stadt bereitete sich auf die große Friedensdemonstration vor. Die meisten Geschäfte wurden mittags geschlossen, die Stadtverwaltung schickte ihre Leute heim, und selbst im Kriegsministerium gab es an diesem 7. November einen frühen Feierabend.

Aus allen Richtungen, vor allem aber aus Freimann und aus Giesing zogen Arbeiter zur Theresienwiese. Unter sie mischten sich auch viele Matrosen, die in München gestrandet und dort schnell als »blaue Pest« verrufen waren: Nach dem Zusammenbruch der habsburgischen Monarchie hatten sie von Pola aus die Rückreise zu ihren Heimathäfen Wilhelmshaven und Kiel angetreten, doch als sie, tausend Mann stark, am 3. November mit der Bahn in München ankamen, gab es für sie keine Möglichkeit mehr zur Weiterfahrt. So mischten sie sich, Touristen ohne Ticket, unter die Revolution.

An die fünfzigtausend Menschen haben sich schließlich gegen 15 Uhr auf der Theresienwiese versammelt, wo ein Dutzend Redner Zuhörer um sich sammelten. Man forderte die Demokratisierung der Verwaltung und des Wahlrechts, den Rücktritt des Kaisers und den Thronverzicht seines Kronprinzen und erklärte, auf Streik und Aufstand zu verzichten. Zuletzt rief Erhard Auer, der unter der Bavaria stand, zum friedlichen Marsch durch die Stadt auf, und die meisten der Demonstranten folgten dem Zuge, der mit einer Musikkapelle an der Spitze über den Stachus und durch die Maximilianstraße zum Friedensengel marschierte.

Offensichtlich war nicht aufgefallen, daß Kurt Eisner sich für seine Rede einen Platz am Rande der Theresienwiese ausgesucht hatte, nahe dem Pschorr- und Hackerkeller. Und während die Masse hinter der Musik herzog, marschierte Eisner Arm in Arm mit Hans Unterleitner, dem blinden Bauernführer Ludwig Gandorfer sowie Felix Fechenbach und gefolgt von etwa Zweitausend in die entgegengesetzte Richtung. Zuerst in die Kazmairstraße, wo eine Kraftwagenkolonne stationiert war, und dann weiter zu den Landsturmsoldaten in der Guldeinstraße und dem bei ihnen deponierten Waffenlager.

Die Eisnersche Schar zog weiter, verstärkt um Soldaten der beiden Stützpunkte. Man kam zur Marskaserne, von dort zur Türken- und schließlich zur Max-II.-Kaserne. Das Militär stand zuletzt auf Seiten der Rebellen, München war kampflos gefallen, ohne Blutvergießen.

Dies, notierte der konservative Gymnasiallehrer Josef Hofmiller in seinem Tagebuch, sei »das eigentlich Schmähliche am alten System, daß es vor lauter Ersatzabteilungen kapituliert hat«. Und diese Kapitulation wurde nachts um null Uhr, nicht einmal neun Stunden nach Beginn des Aufstandes, im Landtag an der Prannerstraße besiegelt, als der zuvor zusammengetretene Arbeiter- und Soldatenrat seine erste Sitzung unter seinem 1. Vorsitzenden Kurt Eisner abhielt und einige Stunden später einen Aufruf erließ, in dem es hieß: »Volksgenossen! Um nach jahrelanger Vernichtung aufzubauen, hat das Volk die Macht der Zivil- und Militärbehörde gestürzt und die Regierung selbst in die Hand genommen. Die bayerische Republik wird hierdurch proklamiert... Die Dynastie Wittelsbach ist abgesetzt. Hoch die Republik!«

Wer war dieses *Volk*, das die Mächtigen stürzte? Es waren

jedenfalls nicht die Münchner Bürger gewesen, die sich Eisner und seinem revolutionären Häuflein anschlossen.

Zunächst ist es wohl kaum jemandem aufgefallen, daß da einer in seinem Großhaderner Häuschen und in Münchner Bierlokalen ernsthaft den Umsturz vorbereitete, und als es dann passiert war, hat man die Entwicklung nicht immer ganz ernst genommen. Am Max-Weber-Platz war ein Aufruf des Anarchisten Sontheimer angeschlagen, der mit großen Buchstaben »Alles für alle« verlangte. Hofmiller erzählt, wie einer das liest und meint: »Alles für alle, so ist es recht. Ich habe nämlich einen doppelten Leistenbruch«, und ein Kaminkehrer antwortete ihm: »Sind wir schon beisammen, ich habe nämlich zwei Plattfüße.« Alles lachte und Sontheimers Satz war erledigt.

Und noch ein anderer Dialog aus jenen Münchner Tagen: Es gäbe schon längst Mord, Totschlag, Plünderung und Bürgerkrieg, meint einer, wenn das Bier um drei Prozent stärker wäre. Nein, kommt die Antwort, die Revolution wäre überhaupt nicht gekommen, wenn es ein trinkbares Bier gegeben hätte.

So also gingen die Münchner mit der Revolution um. Sie hatten zwar 1397 schon einmal heftig aufgebegrt, waren vor die Herzogburg gezogen und hatten die Mächtigen der Stadt aus den Ämtern gejagt; sie waren viereinhalb Jahrhunderte später, im unruhigen Jahr 1848, mit geballten Fäusten vor die wittelsbachische Residenz gezogen, hatten Steine geworfen und schließlich das Zeughaus gestürmt (die entwendeten Waffen aber vor Gebrauch wieder ordentlich abgeliefert, nachdem ein königlicher Prinz ihnen gut zugeredet hatte), sie hatten dann aber im gleichen Jahr, weil man nun schon einmal beim Rebellieren war, auch einen Aufstand gegen die Brauer und ihre Preise angefangen – doch diesmal, im schlimmen Kriegsjahr 1918, waren sie nicht dabei, das war nicht *ihre* Revolution.

Der Aufstand, hieß es, komme von Schwabing und seiner Bohème. Und seien sie nicht alle Zugereiste, Juden: der Eisner, der Mühsam, der Jaffé, der Landauer, der Toller... Thomas Mann hat schon am 8. November 1918 in seinem Tagebuch geschrieben: »München wie Bayern regiert von jüdischen Literaten. Wie lange wird es sich das gefallen lassen?« Die greuliche Farce, resümierte er einige Monate später, sei nur möglich gewesen, weil es in dieser Stadt ein »Ineinander von bodenständiger ›Gemütlichkeit‹ und kolonialem Literaten-Radikalismus« gegeben habe. Was auch heißt, daß das oft zitierte baiwarisch-münchnerische Motto »leben und leben lassen« auch Wurstigkeit, teilnahmsloses Desinteresse und häufig auch geistige Dumpfheit bedeutet.

Aus Versehen in die Revolution

Aber dann gab es da auch noch die Arbeiter der Kruppschen Kanonenfabrik. Aus Sachsen waren sie geholt worden, und Kurt Eisner, glaubte man, habe bei ihrer Anwerbung mitgewirkt. Aber die Arbeiter hätten die Revolution alleine nicht machen können, meint Hofmiller, »es mußten die Schwabinger Intellektuellen dazukommen. Nicht umsonst war der ›Große Wirt‹ in Schwabing das Lokal, wo Eisner unmittelbar nach seiner Entlassung aus dem Gefängnis jene aufreizende Rede hielt, in der er die Revolution ankündigte.«

Daß es nur eine Minderheit war, die sich an dem bayerischen Staatsstreich beteiligte, wurde von den Augenzeugen immer wieder bestätigt. Und manch einer, der dabei war, ist vielleicht nur zufällig in die Turbulenzen geraten. Der Soldat N. zum Beispiel, den die Militärbehörden nach einer Kriegsverwundung in die Waffenfabrik Sedlmayr an der Tegernseer Landstraße abkommandiert hatten. Er war am Abend des 7. November in die Stadt gegangen, um irgendwo Zigaretten aufzutreiben. Vor der Residenz fand er sich plötzlich in einer Schar von laut schreienden und gestikulierenden Menschen. Er wußte zunächst gar nicht, worum es den Krawallern ging und glaubte nur, immer wieder das Wort »Kropfert' Res« zu verstehen – einen Ruf, auf den er sich keinen Reim zu machen wußte. Daß er, ein Unbeteiligter, Augenzeuge einer von ihm nicht gewünschten Revolution geworden war, erfuhr er erst hinterher.

Die Revolution einer »unbegeisterten Minderheit«

Daß es den Aufrührern an Rückhalt fehlte, war offensichtlich. Im Dezember 1918 schrieb Rainer Maria Rilke aus der Ainmillerstraße 34 an Dorothea Gräfin Ledebur, daß er selbst zunächst eine »rasche und freudige Zuversicht zu fassen vermochte«, daß aber der Umsturz nur von einer »zufälligen und im Tiefsten unbegeisterten Minderheit erfaßt und ausgeübt worden« sei. Die Mehrzahl der Münchner nahm von den Vorgängen nur wenig Notiz.

Thomas Mann zum Beispiel wußte von der Volksversammlung, die auf der Theresienwiese stattfinden sollte, und er kommentierte den Bericht von einem Massenumzug in seinem Tagebuch mit einem knappen »albernes Pack«. Abends ging er an diesem 7. November zusammen mit seiner Frau Katia in die Tonhalle zu einem Pfitzner-Konzert. Die Zusage, den Komponisten anschließend in den »Vier Jahreszeiten« zum Essen zu treffen, hat er dann freilich nicht gehalten, dazu war ihm das Treiben in der Stadt wohl doch zu laut und zu riskant. So ging er heim, trank zwei Gläser Punsch und notierte sich: »Sonderbare, zweideutig-ungewisse Stimmung in der Stadt, bei klarem, feuchtem Sternenhimmel. Revolutionär, aber friedlich und festlich. Fortwährend Feuerwerkschüsse, die auch jetzt um Mitternacht hier draußen hörbar sind. Irgendwie begehen die Menschen den Anbruch einer neuen Zeit...«

In der Stunde, da er dies in seiner Villa im Herzogpark niederschrieb, rief Eisner – der »Kollege Eisner«, wie Thomas Mann ihn nannte – vor seinen Anhängern die Revolution aus. Am nächsten Tag dann die Eintragung und das Eingeständnis: »Ich habe es denn doch zu harmlos genommen.« Zwar fuhr er am 9. November in die Stadt, doch was in München in jenen Tagen wirklich vorging, erfuhr er anfangs vor allem durch die Telefonate mit seinen Schwiegereltern in der Arcisstraße. Diese Revolution, befand er, kenne »keine französische Wildheit, keine russisch-kommunistische Trunkenheit«.

Es ging bei der Münchner Novemberrevolution so moderat zu, daß man schon zum 17. November ins Nationaltheater laden konnte, zu einer Revolutions-Feier des Soldaten-, Arbeiter- und Bauern-Rates mit Beethovens Leonoren-Ouvertüre Nr. 3 und ein wenig Händel (Dirigent: Bruno Walter), einem Goethe-Chor, einer Eisner-Rede und einem revolutionären Hymnus, gedichtet von Kurt Eisner. Das Szenarium für dieses Fest entwarf Emanuel von Seidl.

Einige Wochen später, am 21. Dezember, erinnerte die Technische Hochschule in einer festlichen Veranstaltung (und durch Verleihung von etlichen Ehrendoktorwürden) daran, daß sie fünfzig Jahre zuvor gegründet worden war – durch Ludwig II., den Vetter des eben verjagten Königs.

Das Karussell der Feste, so mochte die Münchner Gesellschaft hoffen, würde sich bald wieder in der vertrauten Geschwindigkeit drehen, auch wenn jetzt noch gelegentlich geschossen wurde (vor allem in die Luft) oder wenn es am 1. Dezember vor der Feldherrnhalle sowie anschließend vor Eisners Ministerium zu einer ersten lautstarken Demonstration gegen den Ministerpräsidenten kam, der bald schon weitere folgten.

Mehr Sorgen als der Arbeiter-, Soldaten- und Bauernrat machte den Münchnern eine neue Grippeepidemie, die etwa tausend Menschen hinraffte, oder die Zahl der Arbeitslosen, die innerhalb weniger Wochen bis zu vierzigtausend anstieg. Viertausend von ihnen versammelten sich am Nachmittag des 7. Januar 1919 auf der Theresienwiese. Bei der anschließenden Demonstration vor dem Ministerium für Soziale Fürsorge am Promenadeplatz kam es zu Schießereien – drei Tote, acht Verletzte. Drei Tage später, bei neuerlichen Unruhen, starben sechs Personen. Die sanfte Revolution hatte ihre Unschuld verloren und erste blutige Opfer gefordert.

Lange hatte sich Eisner dagegen gewehrt, doch am 12. Januar 1919 bekamen die Bayern eine Möglichkeit, einen Landtag zu wählen. In München gaben 356 917 Bürger – darunter erstmals auch Frauen – ihre Stimme ab: 47 Prozent wählten die Mehrheitssozialisten (MSPD), 25 Prozent die Bayerische Volkspartei (BVP), 19 Prozent die Deutsche Volkspartei (DVP), 5 Prozent

Eisners Unabhängige Sozialdemokraten (USPD), 1,5 Prozent die Nationalliberalen sowie die Mittelstandspartei, 0,5 Prozent die Demokratisch-Sozialistische Bürgerpartei. In Bayern war das Ergebnis für den Inszenator der Revolution noch schlechter, denn nur 2,5 Prozent der Wähler entschieden sich für Eisner (doch 35 Prozent für die BVP und 33 Prozent für die SPD).

Da er also nur drei von 180 Sitzen im Landtag errungen hatte, entschloß sich Ministerpräsident Eisner, zur Eröffnung des Landtages am 21. Februar seinen Rücktritt zu erklären.

Zwei Schüsse von hinten

Wenige Minuten vor zehn Uhr vormittags verließ er zusammen mit zwei Begleitern sein Ministerium im Palais Montgelas. Wider die Bestimmung und gegen die Vernunft gingen die beiden zu Eisners Schutz kommandierten Offiziere vor und nicht hinter dem Ministerpräsidenten. Nach etwa siebzig, fünfundsiebzig Schritten näherte sich ihnen in der Promenadenstraße – heute Kardinal-Faulhaber-Straße – unbemerkt von hinten ein Mann. Er hatte auf der gegenüberliegenden Seite, vor der Vereinsbank, gewartet und zog nun, unmittelbar hinter Eisner, die Hand mit einem Revolver aus dem Mantel. Zwei Schüsse aus nächster Nähe töteten den Ministerpräsidenten.

Und nun, da es geschehen, stürzten sich die Bewacher auf den Attentäter, den einundzwanzigjährigen Leutnant Anton Graf von Arco-Valley und verletzten ihn durch zwei Schüsse lebensgefährlich. Später wird man fragen, wie das alles möglich war, warum die Ordonnanzen an diesem – nur an diesem – Tag vorausgingen, warum beim Verfahren gegen Arco die Untersuchungsbeamten ausgewechselt wurden? Vieles, so meinen kritische Rechercheure, spreche dafür, daß der Mord an Eisner von der rechten Thule-Gesellschaft organisiert worden sei und daß Arco, ohne es recht zu ahnen, Teil und zugleich auch tätiges Opfer dieses Komplotts gewesen sei. Die Indizien dafür sind zahlreich, dennoch konnte kein Beweis vorgelegt werden; offizielle Stellen haben sich darum wohl auch nie bemüht.

»Erschütterung, Entsetzen und Widerwillen gegen das Ganze«, notierte Thomas Mann, als er telefonisch von der Ermordung Eisners erfuhr. Und er schrieb an diesem Tage auch noch: »Die Schulkameraden unserer Jungen haben bei der Nachricht applaudiert und getanzt.« Und zwei Wochen später schreibt Oswald Spengler an seinen Freund Hans Klöres: »Ich war zufällig in der Nähe und habe die Schüsse auf Eisner fallen hören... Leider ist ja nun der Trottel Eisner zum Märtyrer geworden – wie einst Marat –, und das ist das Unverzeihliche an der Tat.«

Hofmiller wiederum berichtete von einem alten Mutterl, das am Nachmittag des 21. Februar das Extrablatt vom Mord an Eisner sah. Da sie es nicht lesen kann, fragt sie einen Mann, was denn passiert sei. Als man es ihr sagt, meint sie: »Heut früh hab ich ihn in mein Gebet eingeschlossen, daß ihn der Teufel holt.«

Ähnliches wiederholte sich etliche Monate später, als Ernst Toller am frühen Morgen des 4. Juni 1919 im Suresnes-Schlößchen, in der Wohnung des Malers Lech, verhaftet wurde. Drei Soldaten marschierten voran, zwei Kommissare, die ihn an den Handschellen führten, gingen an seiner Seite, drei Soldaten mit Gewehren folgten. So führte man den Revolutionär durch den frühen Morgen und die leeren Straßen. In der Gegend des Justizpalastes begegnete die kleine Truppe einer alten Frau, die zur Morgenmesse schlurfte. »An der Kirchentür«, schreibt Toller in seiner Autobiographie, »wendet sie sich um und erblickt mich. ›Habt ihr ihn?‹, schreit sie, sie senkt den Blick zu Boden, läßt betend den Rosenkranz durch die Finger gleiten, dann, an der geöffneten Kirchentür, kreischt der zerknitterte Mund: ›Totschlagen!‹«

Das christliche Bayern ist gnadenlos.

In rechten Kreisen hat die Nachricht von Eisners Tod zweifellos Vielen Freude bereitet, doch als zur Beisetzung des ermordeten Ministerpräsidenten aufgerufen wurde, erwiesen am 26. Februar rund hunderttausend Münchner dem toten Politiker die letzte Ehre. Von der Theresienwiese aus, wo sich die Menschen sammelten, zog man, von zwanzig Musikkapellen begleitet, durch die beflaggte Stadt zum Krematorium im Ostfriedhof. »Tafeln und Schilde mit Aufschriften«, so war gewünscht worden, sollten im Zuge nicht mitgeführt werden, »dagegen sind Fahnen erwünscht. Die Teilnehmer werden gebeten, keine Zylinder zu tragen.« Unterschrieben war der Aufruf von Eisners Sekretär, Dr. Merkel, und dem später berühmten Schauspieler Albert Florath.

Die Revolutionäre im Schloß

Der Ermordung des Ministerpräsidenten folgten aufregende und aufgeregte Wochen. Auch die am 17. März berufene Regierung unter dem Mehrheitssozialisten Johannes Hoffmann konnte die Ruhe nicht wieder herstellen, und in der Nacht zum 7. April rief der Zentralrat im Wittelsbacher Palais die »Räterepublik Baiern« aus. »Wo früher Zofen und betreßte Lakaien herumwedelten«, beschrieb Ernst Toller die Nacht vom 6. zum 7. April, »stapften jetzt die groben Stiefel von Arbeitern, Bauern und Soldaten, an den seidenen Vorhängen der Fenster des Schlafzimmers der Königin von Bayern lehnten Wachen, Kuriere, übernächtigte Sekretärinnen.«

Ähnlich mag es in der Residenz zugegangen sein, wo der dreiundzwanzigjährige Matrose Rudolf Egelhofer, der Sohn eines Malermeisters aus der Belgradstraße 71, zunächst als Stadtkommandant und vom 16. April an als Oberkommandierender der Roten Armee sein Hauptquartier eingerichtet hatte.

Die Revolutionäre hatten sich die feinsten Adressen ausgesucht, das Beste war offensichtlich gerade gut genug. Der Bettelmann saß hoch zu Roß.

Die Münchner aber konnten darüber rätseln, wer sie eigentlich regierte, denn auf den Plakaten, in Aufrufen, Deklarationen und Verlautbarungen lasen sie die Namen der verschiedensten Gruppierungen. So gab es einen Arbeiter- und Soldatenrat (ASR), einen Betriebs- und Soldatenrat (BSR), einen Landessoldatenrat, einen Kasernenrat, einen Vollzugsrat, einen Vollzugsausschuß, einen Provisorischen Revolutionären Zentralrat und einen Aktionsausschuß.

Und sie alle stritten sich um eine Macht, die trotz eines Sieges der Roten Armee bei Dachau schon knapp hinter der Stadtgrenze zu Ende war. Denn von Bamberg aus, wohin sie nach der Ausrufung der Räterepublik geflohen war, herrschte noch immer die Regierung von SPD-Ministerpräsident Hoffmann.

München aber war in der Hand von Idealisten und Kriminellen, wobei die Polizeipräsidenten zeitweise noch schneller wechselten als die Revolutionsregierungen. So folgte auf den Drogisten Johann Dorsch – vorbestraft wegen Schleichhandel, Fahrraddiebstahl und Zuhälterei – der Stadtreisende in Dauerwäsche Hans Köberl – einundzwanzig Vorstrafen –, dieser wiederum wurde abgelöst durch den mehrfach vorbestraften Dentisten Johann Klemens Waldschmidt, der sein Amt nach nur einem Tag an den Installateur und KPD-Journalisten Ferdinand Mairgünther abtreten mußte, der in seiner kurzen Amtszeit von wenigen Tagen am 28./29. April einen wegen Einbruchsdiebstahl gesuchten Kellner namens Storhas, Sturhas oder Steiner zum Stellvertreter hatte. Dieser Mann mit der ungenauen Identität schaffte Ordnung auf seine Weise – er vernichtete nämlich, da er ja nun Herr über seine Akte war, die ihn belastenden kriminellen Spuren.

Unter solch revolutionär-chaotischen Umständen und mit dieser Ausstattung der Polizeiführung konnten Ordnung und Sicherheit nicht hergestellt werden, und manch einer machte den Versuch, die Situation für sich zu nutzen. So kam in der zweiten Märzhälfte der italienische Marchese Imperiali, zeigte ein von den mächtigen Herren Woodrow Wilson, Lloyd George, Georges Clemenceau sowie Vittorio Emanuele Orlando unterzeichnetes Dokument, das versprach, gegen eine Zahlung von zwei Millionen Mark Lebensmittel aus Beständen der Siegermächte zu liefern. Ein Vertrag wurde nicht mehr geschlossen, denn zuvor enttarnte Ernst Niekisch den Mann mit seinem bombastischen Namen als Hochstapler.

Es gab Geiselnahmen, willkürliche Beschlagnahmungen und in der Nacht zum 14. April einen Überfall von fünf mit Handgranaten bewaffneten Männern auf das Erzbischöfliche Palais. Da sich Michael von Faulhaber, seit 1917 Oberhirte der Erzdiözese München-Freising aber nicht in seinem Hause aufhielt, zogen die Eindringlinge wieder ab. Eine Woche später wurde in der Nacht zum Ostermontag – am Tag zuvor hatte übrigens der Gefreite Adolf Hitler seinen dreißigsten Geburtstag begangen – ein zweiter, wieder vergeblicher Versuch zur Verhaftung Faulhabers unternommen.

Bei einem anderen hohen Geistlichen hatte man es am 29. April, und somit kurz vor dem Untergang des Räteregimes nicht auf Leib und Leben, sondern auf das Auto abgesehen: Nachmittags um drei kamen zwei Offiziere und etliche Soldaten der sogenannten »Südarmee« zur Nuntiatur in der Brienner Straße 15, um von Nuntius Eugenio Pacelli (von 1939 an Papst Pius XII.) die Herausgabe des Autos zu verlangen. Der Hinweis, daß man sich hier auf exterritorialem Gebiet befinde, wurde von den Revolutionären wie auch von dem telefonisch informierten roten Kriegsministerium mißachtet. Erst als die Stadtkommandantur die Beschlagnahme verbot, zogen die Rotarmisten ab. Jedoch nur, um am darauffolgenden Vormittag mit einem schriftlichen Befehl Egelhofers zurückzukehren. Statt an die Front zu fahren (die man an diesem 30. April bereits mühelos zu Fuß erreichen konnte), mußten die Krieger mit dem Vehikel zunächst in eine Werkstätte.

Der Wagen wurde anschließend in die Brienner Straße zurückgebracht, doch dem Vertreter des Papstes war die Lage mittlerweile zu unsicher, und da er sich nicht weiter der revolutionären Willkür aussetzen wollte, floh er in die Schweiz, um dort den weiteren Gang der Ereignisse in Bayern abzuwarten. Erst am 8. August kehrte er wieder nach München zurück.

In der Auseinandersetzung mit dem Requirierungskommando scheint man handgreiflich geworden zu sein, denn das Bischofskreuz, so heißt es, sei beschädigt worden; später soll Papst Pius es dem New Yorker Kardinal Francis Spellman geschenkt haben.

Einige Wochen lang waren die Soldaten der Räteregierung die Herren in der vormaligen königlich-bayerischen Haupt- und Residenzstadt gewesen, inzwischen aber erwies sich ihre Lage als aussichtslos. Denn ihnen, die eher einem Partisanenhaufen als einer wohlorganisierten Armee glichen, stand eine von kriegserfahrenen Offizieren geführte Truppe gegenüber, die zur Verstärkung noch preußische und württembergische Einheiten erhielt. Zuletzt waren es an die hunderttausend (vielleicht aber doch auch nur fünfzig- oder sechzigtausend) regierungstreue »weiße« Soldaten, die einer Roten Armee gegenüberstanden, deren Stärke nie gezählt worden ist: waren es »wenige tausend Mann«, wie gelegentlich behauptet wird? Waren es »weniger als tausend« (was unwahrscheinlich ist) oder doch an die dreißigtausend?

Während sich der Ring um München immer enger schloß, verschlechterten sich die Verhältnisse in der Stadt von Tag zu Tag. Bereits am 9. April waren die Telefonverbindungen mit vielen bayerischen und den wichtigsten deutschen Städten unterbrochen worden, seit dem gleichen Tag überwies die Berliner Reichsbank kein Geld mehr, so daß sich die Räteregierung von Originalplatten ihre eigenen Geldscheine drucken ließ; fünfhunderttausend Zwanzig-Mark-Scheine insgesamt.

Die ohnedies seit Jahren schon unzulängliche Versorgung verschlechterte sich nun noch weiter, da die Bauern kaum noch Lebensmittel lieferten. So gab es zeitweise statt der 150 000 Liter, wie vor der Revolution, täglich nur noch 17 000 Liter Milch, und wenige Tage vor dem Einmarsch der »Weißen« – als zum Beispiel das Kuchenbacken oder die Produktion von Butter und von Käse bereits verboten war – durfte Milch nur noch an lebensgefährlich Erkrankte ausgegeben werden; gleichsam auf Krankenschein.

Und während einige Anführer der Revolution ihre Flucht vorbereiteten, verkündeten Flugblätter am schneekalten 30. April: »Die ›Weiße Garde‹ steht vor den Toren Münchens! Nieder mit den Hunden der ›Weißen Garde‹!« An diesem Tag, der das Ende ihrer Herrschaft bedeutete, begingen die Roten im Hof des Luitpoldgymnasiums an der Müllerstraße (an der Stelle des 1956 gebauten Heizwerks) ihr schändlichstes, grausamstes Verbrechen: nachmittags zwischen fünf und halb sechs Uhr ließen sie acht Geiseln erschießen, sieben davon waren Mitglieder der völkischen Thule-Gesellschaft gewesen, die man einige Male verhört, schließlich aber ohne Gerichtsverfahren und ohne Grund ermordet hat. Ebenso wie einige Stunden zuvor an der gleichen Stelle zwei gefangene Ulanen der Regierungstruppen, denen man das Geständnis abgepreßt hatte, sie wären im Januar an der Ermordung von Rosa Luxemburg und Karl Liebknecht in Berlin beteiligt gewesen.

Die blutige Rache

Die Roten und die Weißen waren, abgesehen von dem Geplänkel bei Dachau, nie ernsthaft gegeneinander aufmarschiert, doch nun, etwa drei Wochen nach der Flucht aus der Hauptstadt, hatten die Bamberger ihre Armee versammelt, jetzt kam für den achtundfünfzigjährigen Generalleutnant Ernst von Oven die große Stunde. Berlin hatte ihm das Kommando über die bayerischen, württembergischen und seine eigenen preußischen Einheiten übertragen, und mit dieser Vollmacht ausgestattet gab er den Befehl zum letzten Gefecht: Am Freitag, dem 2. Mai, pünktlich um zwölf Uhr mittags sollten die »weißen« Truppen in München einziehen.

In der Stadt war freilich die Ungeduld groß, und da auch die Gelegenheit günstig schien, brachten zweihundert Mann des Leibregiments bereits in der Nacht zum 1. Mai einen Teil der Türkenkaserne unter ihre Kontrolle. Etwa zur gleichen Zeit eroberte eine kleine Einheit der Republikanischen Schutztruppen das Luitpoldgymnasium in der Müllerstraße. Von diesen Erfolgen ermuntert und durch Gegenwehr kaum behindert, besetzten Freiwillige, die sich am Odeonsplatz gesammelt hatten, das Wittelsbacher Palais, das Zeughaus und das Rathaus. Hunderte, ja sogar Tausende Bürger, erinnerte sich der bei Hof angestellte Jakob Wimmer später, seien an diesem 1. Mai vor die Residenz gekommen und hatten Einlaß begehrt. Da die Roten in der Nacht vorher bereits abgezogen waren, konnte die rote Fahne eingeholt und Weißblau gehißt werden. Etwa zur gleichen Stunde verkündete Lenin auf dem Roten Platz zu Moskau, daß die Arbeiterschaft in »Sowjetbayern« diesen 1. Mai frei und offen feiere...

Inzwischen waren auch einzelne kleinere Trupps der Bamberger Armee aufgebrochen, um unter Mißachtung des Befehls in die Stadt einzumarschieren. Von Berg am Laim aus wurde bei einer dieser Expeditionen die Haidhausener Kirchenschule erobert. Acht Soldaten marschierten, bejubelt von den Passanten, bis zur Feldherrnhalle; von Oberschleißheim zog ein Trupp nach Schwabing und weiter zum Sendlinger-Tor-Platz. Der generalstabsmäßig geplante, sorgfältig inszenierte *show down* fand nicht statt. Kein *High Noon* in München. Statt einer einzigen Schlacht gab es nun viele einzelne Aktionen und Gefechte. Und zuletzt dann doch noch den Einmarsch. Daß Ovens eigene Soldaten dabei zu preußischen Märschen paradierten, hat die Münchner – wie man auch aus Thomas Manns Tagebüchern weiß – sehr verärgert.

Davon hat man offensichtlich selbst in Berlin gehört, und der Diplomat Harry Graf Kessler fragte seinen Kollegen Kurt Riezler, ob dieser Einmarsch der Preußen nicht womöglich das bayerische Volk im nachhinein noch für die Räteregierung einigen werde, doch Riezler beruhigte ihn: die Angst vor dem Bolschewismus sei noch größer als der Haß gegen Preußen. »Das bayerische Volk«, fügte er hinzu, »sei ein Sauvolk, leidenschaftlich, aber unbeständig; vor den Preußen würden alle weglaufen.«

Die Bayern haben freilich ein einfaches Rezept angewandt, um die Schmach, vor allem preußischen Truppen die Befreiung Münchens zu verdanken, verdrängen und bewältigen zu können: Sie bewerteten den Anteil der bayerischen Freikorps an den Kämpfen höher, als er in Wirklichkeit gewesen ist. Der Münchner Malerssohn Franz Xaver Ritter von Epp, vormals Kommandeur des Leibregiments und Pour-le-mérite-geschmückte Symbolgestalt dieses Kampfes, hat Hitler später zwölf Jahre lang als Reichsstatthalter in Bayern gedient. Der

»Befreier Bayerns« hat mitgeholfen, Bayerns Freiheit zu zerstören.

Als am 2. Mai die Schlacht um München zu Ende war – kleinere Schießereien gab es freilich auch in den folgenden Tagen noch –, begann das große, grausame Aufräumen und die blutige Rache. Dabei hatte die Polizeidirektion in einer Denkschrift befunden: »Abgesehen von der Erschießung der Geiseln ist es in der Zeit der Räteregierung zu Mordtaten, zu Brandstiftung, zu Vergewaltigung von Frauen, zu großen Lebensmittelgeschäftsplünderungen, zur allgemeinen Enteignung von Privatbesitz nicht gekommen. Auch die unsinnigen Gerüchte über völlige Zerstörung des Bahnhofs und anderer Stadtteile, über Kommunisierung der Frauen u.s.f. waren falsch.«

Schon vor dem Geiselmord, als es in der Stadt noch vergleichsweise ruhig zuging – immerhin fanden an der Feldherrnhalle noch Standkonzerte statt –, hatte die Bamberger Regierung auf Flugblättern geschrieben: »In München rast der rote Terror.« Nun hatte man dafür den Beweis. Man wollte Opfer rächen und zeigte sich dabei in einem unvorstellbaren Maße grausamer, als die Roten es je gewesen waren: Am 2. Mai wurden 52 russische Kriegsgefangene, die sich der besseren Verpflegung wegen der Roten Armee angeschlossen hatten, in einer Gräfelfinger Kiesgrube erschossen (obwohl sie bei ihrer Gefangennahme keine Waffen bei sich führten). Am gleichen Tag exekutierten die Weißen in München 38 Spartakisten; 50 Spartakisten waren es am darauffolgenden Tag. Wiederum einen Tag später, am Sonntag, dem 4. Mai, folgte die Hinrichtung von 27 Aufständischen; 12 sozialdemokratische Arbeiter aus Perlach erschoß das Freikorps Lützow am 5. Mai im Hofbräukeller an der Inneren Wiener Straße, und am Abend des 6. Mai wurden 21 Mitglieder des Katholischen Gesellenvereins St. Joseph in ihrem Vereinsheim Augustenstraße 21 von Regierungssoldaten verhaftet und im Keller des Prinz-Georg-Palais am Karolinenplatz brutal gefoltert und ermordet. Die Soldaten waren einer Denunziation gefolgt und hatten sich gar nicht die Mühe gemacht, die Angaben zu überprüfen.

Bei den Kämpfen um München waren mehr als sechshundert Menschen ums Leben gekommen, darunter 82 Angehörige der Regierungstruppen und 350 Revolutionäre, doch bis zum Juni 1920 erhöhte sich die Zahl der Toten vor allem durch standrechtliche Erschießungen auf 719.

Und als das Morden endete, begann die Justiz ihre kurzen Prozesse – allein in den dreieinhalb Monaten, in denen das Standrecht galt, führte sie mehr als viertausend Strafverfahren durch. Durchschnittlich also mehr als vierzig an einem Tag!

Zu den Revolutionären, die zum Tode verurteilt und hingerichtet wurden, gehörte der für die Ermordung der Thule-Geiseln verantwortliche KPD-Führer Eugen Leviné. Dem Pazifisten Gustav Landauer hat man nicht einmal das schnelle Verfahren vor einem Standgericht gewährt. Am 2. Mai wurde er in der Großhaderner Villa von Kurt Eisner verhaftet und bei der Einlieferung in das Gefängnis Stadelheim mißhandelt und auf dem Gefängnishof ermordet.

Vielleicht wäre es seinem Stellvertreter Ret Marut in der nur kurz ausgeübten Tätigkeit eines Volksbeauftragten für Volksaufklärung ähnlich ergangen, wenn er nicht rechtzeitig über die Grenze entkommen wäre. In eine Zukunft, die trotz vielfacher detektivischer Recherchen von Journalisten (darunter des Beschaffers der Hitler-»Tagebücher«, Gerd Heidemann), bis zum heutigen Tag voller Rätsel geblieben ist. Auch trotz eines nahezu neunhundert Seiten starken Buches, das ein Harvard-Germanist über ihn geschrieben hat.

Der Mann war angeblich 37 (nach anderen Angaben 28) Jahre alt und vielleicht in San Francisco – oder doch in Chicago? – geboren, möglicherweise als Richard Maurhut (oder etwa als Otto Feige?) und vorgeblich (doch sehr unwahrscheinlich) als illegitimer Sohn Kaiser Wilhelms II. und einer irischen Schauspielerin. Aber vielleicht war er tatsächlich, wie es ja auch hieß, als August Bibljé in Grabow zur Welt gekommen, als Sohn eines Zigarrenfabrikanten.

Gesichert scheint: Dieser Mann mit einer vielfach verwischten Identität lebte seit 1915 in München, Clemensstraße 84; er nannte sich Ret Marut, war befreundet mit Mühsam, Landauer und Eisner und gab zusammen mit seiner jungen Freundin Irene Mermet aus der Herzogstraße die anarchistische Zeitschrift *Der Ziegelbrenner* heraus. In den Maitagen von 1919 verlor sich seine Spur ... und wurde erst viele Jahre später wieder gefunden: Ret Marut, der sich auch T. Torsvan oder Hal Croves nannte, lebte danach (und bis zu seinem Tod am 26. März 1969) inkognito – und doch auch enttarnt – in Mexiko, wo er unter dem Namen B. Traven so erfolgreiche Romane schrieb wie *Das Totenschiff* (1926) oder *Der Schatz der Sierra Madre* (1927).

Applaus für einen Mörder

Der Eisnermörder Arco mußte auf sein Verfahren länger warten als die roten Aufständischen, denn er lag, durch zwei Schüsse schwer verletzt, in der Chirurgischen Klinik von Professor Sauerbruch.

Der Mediziner, der in Zürich eine Privatklinik betrieben hatte, war im Herbst 1918 einem Ruf an die Münchner Universität gefolgt. Er war gerade noch rechtzeitig gekommen, um als letzter Geheimer Hofrat und als Ordinarius von der königlich-bayerischen Regierung ernannt zu werden. Die wenig später geplante Audienz bei König Ludwig III., für die er sich die vorgeschriebene Uniform eines Generalarztes der bayerischen Armee hatte schneidern lassen, mußte bereits ausfallen, denn die Majestät hatte überraschend die Residenzstadt verlassen. In München war die Revolution ausgebrochen.

Und sie hätte dem berühmten Chirurgen beinahe das Leben gekostet. Nach dem Attentat auf Eisner hatte man den schwerverletzten Grafen Arco zu Sauerbruch gebracht, der ihn nach einer Operation in einem Zimmer des Dachgeschosses versteckte. Mehrere Versuche der Rätesoldaten, ihn aufzuspüren und zu entführen, konnten verhindert werden, und als schließlich wieder eine Revolutionskommission erschien und von dem gerade im Operationssaal arbeitenden Sauerbruch die Herausgabe des Attentäters verlangte – die Regierung, so sagten sie, hätte den Mann zum Tode verurteilt – schimpfte der Arzt und sagte, daß er sich weigere, »eurer Sauregierung« den Patienten auszuliefern.

Statt des Attentäters nahm man nun Sauerbruch mit und brachte ihn in eine Haidhauser Schule, wo auch bereits der Maler Franz von Stuck inhaftiert war. Ohne daß man gegen beide verhandelte und ohne daß man ein Urteil vorlegte, teilte man Sauerbruch mit, er werde um Mitternacht erschossen.

Die Rettung kam von einem der Revolutionäre, von einem Russen, einem seiner ehemaligen Studenten: »Du gutes Sauerbruch«, verkündete er, »ich in Zürich zu dir kommen und sagen, arme alte kranke Mutter, jetzt ganz krank. Nix Geld. Du gutes Sauerbruch kommen und Mutter gesund machen!« Sprach's – und ging. Allerdings mit dem geflüsterten Versprechen, ihn vor der Exekution zu retten. Und kurz vor Mitternacht kehrte er zurück, ganz martialischer Revolutionär, und verlangte die Auslieferung des Gefangenen Sauerbruch, da er verwundeten Roten helfen müsse.

Als Arco am 15. Januar 1920 vor Gericht erschien, gab es auch für ihn, wie zuvor für die Räterevolutionäre, einen kurzen Prozeß, denn schon am darauffolgenden Tag, nachmittags um vier, sprach Landgerichtsdirektor Georg Neithardt das Urteil: Leutnant a.D. Anton Graf Arco-Valley, geboren am 5. Februar 1897 in St. Martin bei Ried/Oberösterreich, wird zum Tode verurteilt.

Beim Verlassen des Gerichtsgebäudes empfing den soeben wegen Mordes zur Höchststrafe Verurteilten eine jubelnde Menge. Arco, schrieb der württembergische Gesandte Moser von Filseck, »fuhr wie ein Triumphator durch die winkende und Tücher schwenkende Menschenmasse«. Als wenige Tage später der Soziologe Max Weber in seiner Vorlesung kritisch über Arco sprach, wurde er – so schreibt Thomas Mann in seinem Tagebuch – von den Studenten »ausgescharrt und bei seinem Wiedererscheinen mit solchem Lärm begrüßt..., daß der herbeigerufene Rektor das Kolleg hat aufheben müssen«. Und der großbürgerliche Schriftsteller im Herzogpark fügt der Eintragung hinzu: »Die antirevolutionär-nationale Gesinnung beruhigt mich im Grunde, möge auch Arco ein Tropf und der einzelne Träger jener Gesinnung ein Flegel sein.«

Das Schicksal des jungen Adeligen schien dem des Kneißl Hias zu gleichen – den haben sie bekanntlich »zugricht, dann hergricht, dann hingricht« –, doch anders als beim legendären Räuber oder den zum Tode verurteilten Roten blieb Arco der Weg zur Hinrichtung erspart.

Schon Staatsanwalt Hahn hatte »die gnadenweise Umwandlung der Todesstrafe in Freiheitsstrafe« befürwortet; die Tat, meinte er, sei verwerflich und verbrecherisch, doch »wäre unsere Jugend insgesamt von so glühender Vaterlandsliebe beseelt, wir hätten die Hoffnung, mit froher Zuversicht der Zukunft unseres Vaterlands entgegenzublicken«.

Am Freitagnachmittag war das Urteil gesprochen worden und schon am Samstagvormittag um zehn Uhr trat der Ministerrat zusammen, der eine halbe Stunde später bekanntgab, was einige Kabinettsmitglieder am Tag zuvor bereits angekündigt hatten: Graf Arco wurde zu lebenslanger Festungshaft begnadigt.

In der Universität waren zu dieser Stunde mehrere tausend Menschen versammelt, die auf diese Entscheidung warteten. Auch das Militär, berichtete Moser-Filseck nach Stuttgart, sei nach seinen Informationen bereitgestanden, um bei einer Bestätigung des Todesurteils die Regierung zu stürzen. Und er schreibt auch, daß man eigentlich Unruhen und Störungen von radikaler (und das heißt bei ihm: von linker Seite) erwartet habe, »die dann ausblieben, während dagegen die Kreise, die für Arco eintraten, diesmal sich sehr tätig und entschlossen zeigten, so daß von ihnen der Regierung eine gewisse Gefahr drohte«.

Und diese Regierung beeilte sich, dem Verurteilten in Landsberg ein vergleichsweise komfortables Festungs-Quartier einzurichten. Schließlich kam aber dann ohnedies die amtliche Mitteilung: »Die Strafverfolgung gegen den Graf Arco wurde auf Grund eines Ministerialratsbeschlusses am 13. April 1924 mit Aussicht auf spätere Bewilligung einer Bewährungsfrist unterbrochen.«

In München verhandelte man an diesem Tag bereits in der dritten Woche gegen Adolf Hitler.

Der Witwe des ermordeten Ministerpräsidenten hatte die Justiz nicht so viel mildtätige Anteilnahme entgegengebracht. In einer zivilrechtlichen Auseinandersetzung war ihr eine Entschädigung zugesprochen worden, gleichzeitig hat man ihr sowie ihrer Tochter eine Rente von je 1200 Mark im Jahr gewährt. Der Anspruch war so gering, da Eisner auf Dreifünftel seines Ministerpräsidentengehaltes verzichtet hatte; und weil diese Rente so gering und überdies ohne Inflationsausgleich festgesetzt war, wurde die Zahlung 1923 wegen Geringfügigkeit eingestellt.

Der Fall, der Bayerns und Münchens Geschichte so sehr veränderte, ist verjährt, doch noch immer gibt es Kreise, die ihren Frieden mit der Revolution nicht machen können. So entschied der Stadtrat erst mehr als fünfzig Jahre nach dem Mord, daß am Montgelas-Palais, in dem Eisner seinen Regierungssitz hatte und vor dem er erschossen wurde, eine Gedenktafel angebracht werde. Da aber der Besitzer des Hauses Bomben fürchtete, legte man die Bronzeplatte, schier unzugänglich und kaum sichtbar, in die Grünanlagen des Promenadenplatzes. Erst siebzig Jahre nach der Ermordung erhielt Kurt Eisner im Februar 1989 denn doch auch noch eine Gedenkstätte am rechten Platz: eine in das Trottoir eingelassene stählerne Umrißzeichnung (wie Polizisten sie mit Kreide am Tatort anfertigen). Der Errichtung dieses Mahn-Mals war im Rathaus eine Diskussion vorausgegangen, die zeigte, wie viel Haß der Name Eisner auch heute noch zu mobilisieren vermag.

»München droht eine unmögliche Stadt zu werden«

Der Aufstand vom November 1918 und die Rätezeit hätten eine kurze Episode der Münchner Stadtgeschichte werden können, die sich auf einigen Seiten, in einem einzigen Kapitelchen hätte abhandeln lassen (wie etwa der Aufstand von 1397, von dem man freilich auch ungleich weniger weiß). Aber die Revolution, in der eine fast achthundertjährige Dynastie gestürzt und damit eine lange Tradition abgebrochen wurde, war ein Wendepunkt. Sie hatte Nachwirkungen, die München, die Deutschland und schließlich die Welt veränderten. Denn die Art, wie mit der Revolution und den Revolutionären umgegangen wurde, damals und vor allem auch hinterher, machte den Weg frei für die Diktatur von rechts.

Ruhe und Ordnung waren zurückgekehrt, Weiß hatte über Rot gesiegt. Und die Münchner? Im Februar 1919 waren sie in langen Kolonnen zu Eisners Totenfeier zum Ostfriedhofe gezogen, um dann, im Januar 1920, dichtgedrängt vor dem Gerichtsgebäude dem Mörder zuzujubeln. Die Stadt wurde lauter, sie wurde aggressiver, und trotz mancher sozialer und politischer Verbesserungen schien die Prinzregentenzeit nun eine verklärte, besonnte Vergangenheit.

Die Veränderungen, die in der Stadt und mit ihren Bewohnern vor sich gegangen waren, wurden sehr wohl bemerkt. Thomas Mann schrieb am 4. Mai 1919 in seinem Tagebuch von »Münchens untilgbarer Blamage, ... das sich die wüste Narrenwirtschaft so lange stumpfsinnig gefallen ließ. Es ist das Ineinander von bodenständiger ›Gemütlichkeit‹ und kolonialem Literatur-Radikalismus, wodurch die greuliche Farce möglich wurde.« Und etwa einen Monat später notiert er, daß München »ein unmöglicher Boden zu werden droht« (und tatsächlich überlegt er sich zu dieser Zeit einige Male, ob er nicht doch besser nach Lübeck ziehen sollte).

Am 7. August 1919 – das Kriegsrecht in Bayern ist seit einer Woche wieder aufgehoben – klagt auch Oswald Spengler in einem Briefe, München ekle ihn an, denn seit der Revolution »ist es schmutziger als ein polnisches Dorf«; die wohlhabenden Familien, vor allem der Hof und der Adel zögen weg und auch er denke daran, für einige Zeit nach Hamburg zu gehen. In jene Stadt also, die er des Klimas wegen gegen München getauscht hatte.

Obwohl er zweifellos eine andere, positivere Einstellung zur

Revolution gehabt hatte als Oswald Spengler oder der großbürgerliche Thomas Mann (wahrscheinlich aber: gerade weil er andere Vorstellungen gehabt hatte), war auch Rainer Maria Rilke von der Entwicklung enttäuscht. So schrieb er am 20. Mai aus seiner Wohnung Ainmillerstraße 34/IV an Karl von der Heydt ganz ähnliche Gedanken. Man wünschte nichts mehr, »als schweigen zu dürfen über die Wirrnisse des April, wie über das, was wir jetzt durchmachen; das ›Gift‹ war freilich arg und ein Gegenstand unabsehlichen Mißbrauchs, aber der Jubel zum ›Gegengift‹, wie ihn der Bürger aufbringt, ist für mich doch erst das eigentlich Unmenschliche und Heillose.«

Und zwei Tage später zweifelt er in einem Brief an seinen Verleger, ob er an der Münchner Ansiedlung festhalten werde, »man hört und sieht nichts als Aufbruch, viele der Ansässigsten lösen ihre Häuser auf, die großen Umzugswagen übernachten da und dort vor den Haustoren; denn die meisten halten dafür, daß das harmlose München fortab eine arge und unruhige Stelle bleiben dürfte, und das, zu allem Unglück, nicht aus Temperament, sondern aus Trägheit der nun einmal angestoßenen Masse.«

Der weiße Terror, schrieb Wilhelm Hausenstein in seinen Rilke-Erinnerungen von 1930, habe den Dichter vernichtet. »Wer des Geistes verdächtig war, wurde von Gewehrkolben heimgesucht. Bei Rilke schlugen Kolben und Kommißstiefel eines Morgens um fünf Uhr an die Tür; er sei ein Bolschewist. Dieses Ereignis hat ihn aus München, aus Deutschland vertrieben.«

Am 11. Juni 1919, frühmorgens, reiste er mit einem Zehntagevisum zu einer seit langem geplanten und mehrmals verschobenen Lesung in die Schweiz. Nach München kehrte er nicht mehr zurück. Seit dem Sommer 1914 hatte er, mit einigen Unterbrechungen, hier gelebt und hier auch hatte er neben anderem die vierte seiner *Duineser Elegien* geschrieben: »O Bäume Lebens, o wann winterlich...« (Auch die fünfte Elegie hat einen Münchner Bezug: Im Frühsommer 1915 zog Rilke von der Pension Pfanner, Finkenstraße 2/IV, wo er mit der Malerin Lou Albert-Lasard und deren Tochter logiert hatte, in die Wohnung von

Hertha König, Widenmayerstraße 32/III. Während die Freundin den Sommer auf ihrem westfälischen Gut verbrachte, lebte der Dichter in ihren Münchner Räumen, in denen Picassos »Saltimbanques« hingen, die Hertha König auf Rilkes Empfehlung bei Thannhauser gekauft hatte. Die Elegie aus dem Jahre 1922 zitiert dieses Gemälde: »Wer aber sind sie, sag mir, die Fahrenden, / diese ein wenig Flüchtigeren als wir selbst...«)

Max Weber erlebt die Macht der Dummheit

Wenige Wochen nach der Abreise Rilkes gab es dann aber doch auch einen prominenten Zuzug. Der berühmte Soziologe Max Weber übernahm den Lehrstuhl Lujo Brentanos an der Münchner Universität und litt von da an bis zu seinem frühen, schnellen Tod ein Jahr später an den Krawallen der Rechten und am Münchner Klima.

Die Berufung war noch durch die Regierung Hoffmann und gegen den Widerstand der bayerischen Ministerialbürokratie erfolgt. Und obwohl Weber vor dem Krieg eine Professur in München abgelehnt hatte und nun zwischen mehreren günstigen Angeboten wählen konnte, entschied er sich für die bayerische Hauptstadt. Doch zwischen der Berufung im Frühjahr 1919 und der ersten Vorlesung im Frühsommer hatten sich die Verhältnisse umgekehrt. Wie die Stimmung an der Universität war, erfuhr er sehr bald.

Als er, der selbst ein erklärter Gegner der Versailler Verträge war, den Studenten riet, sie sollten, wenn sie schon Trauer über die deutsche Niederlage empfänden, zunächst einmal doch Brustbänder, Bierzipfel und bunte Mützen ablegen, warf man mit Kolleghaften nach ihm. Zu einer weiteren, sehr heftigen Konfrontation zwischen dem weltberühmten Gelehrten und den jungen Studenten kam es, als Weber das Arco-Urteil kommentierte, nachdem nationalistische Studenten in den Räumen der Universität die Begnadigung gefeiert hatten. Weber empfand wohl Sympathien für Arco, »trotzdem«, sagte er, »ist es eine schlimme Sache, ihn zu begnadigen, so lange das Gesetz gilt; und ich als Minister hätte ihn erschießen lassen. Ihre (d. i. der rechten Studenten) Demonstration hätte mich nicht gehindert. Im Gegenteil.« Und er meinte auch: »Zur Wiederaufrichtung Deutschlands in seiner alten Herrlichkeit würde ich mich gewiß mit jeder Macht der Erde und auch mit dem leibhaftigen Teufel verbinden, nur nicht mit der Macht der Dummheit. Solange aber von rechts nach links Irrsinnige in der Politik ihr Wesen treiben, halte ich mich von ihr fern.«

Die Macht der Dummheit wurde ihm bei der nächsten Vorlesung demonstriert: Die rechtsgeleiteten Studenten hatten sich Verstärkung bei den Kommilitonen der Tiermedizin geholt und gemeinsam empfingen sie Weber mit Pfeifen und Johlen. Da aber der so Empfangene nicht zurückwich und die Schreier nur auslachte, verstärkte sich der Radau so sehr, daß der Saal geräumt werden mußte.

Die Stimmung an der Universität hat sich in den folgenden Jahren nicht geändert, und nach dem Novemberputsch von 1923 ging die Polizei davon aus, daß siebzig Prozent der Studenten für Hitler seien. Im darauffolgenden Jahr 1924 schien es dem zweiundfünfzigjährigen Chemie-Nobelpreisträger Richard Willstätter angebracht, ein warnendes Zeichen zu setzen: Er hatte allenthalben antisemitische Strömungen an der Universität beobachten können, als dann aber die Berufung des Mineralogen Viktor M. Goldschmidt von der Fakultät offensichtlich nur deswegen abgelehnt wurde, weil der Gelehrte Jude war, legte Willstätter seine Professur nieder. Auch eine von 337 Mitarbeitern und Studenten unterzeichnete Bittschrift konnte ihn zu keiner Rücknahme der Kündigung bewegen. Wie recht er mit seiner Warnung hatte, konnte er selbst noch erleben – im März 1939 mußte der weltbekannte Erforscher des Chlorophylls (und Miterfinder der Gasmasken) sein Haus in der Möhlstraße 25 verlassen und in die Schweiz emigrieren.

Das einstmals behagliche München war nun also tatsächlich, wie Rilke im Frühjahr 1919 an von der Heydt geschrieben hatte, ein Ausgangspunkt von Beunruhigung geworden. Und ist es dann wirklich Zufall, daß während der Kriegsjahre ein aus

Hamburg zugezogener, vorzeitig in den Ruhestand entlassener Lehrer in seiner Wohnung Agnesstraße 54 ein Buch schrieb, das unter dem nicht zutreffenden, doch treffenden Titel *Der Untergang des Abendlandes* ein halbes Jahr vor Kriegsende erschien (und dessen zweiter Band, so hoffte sein Autor Oswald Spengler, zum deutschen Sieg vorliegen werde)?

Der »Untergang des Abendlandes« war wohl auch eine Chiffre und die griffige Formel für das, was man ahnte und was man, da es heraufzog, zu spüren glaubte.

Rainer Maria Rilke begann die Lektüre in der Neujahrsnacht 1918/19, und am 7. Februar schreibt er aus der Ainmillerstraße 34 an Lou Andreas-Salomé vom Nutzen dieser Lektüre: »Ich stehe noch mitten drin, und so ließ ich Dir heute ein anderes Exemplar senden, durch Eilboten.«

Thomas Mann (der Spengler später einmal Nietzsches »klugen Affen« nannte) bestellte sich das Buch am 9. Mai 1919, und auch Kronprinz Rupprecht – zwei Monate vor Hitlers Machtergreifung endet er einen Brief an Spengler als »Ihr aufrichtig geneigter Rupprecht« – hat es irgendwann in diesen Monaten gelesen, denn Ludwig Thoma schreibt im November 1919 an Maidi von Liebermann, der Wittelsbacher habe ihn in der Jagdhütte besucht und dabei sei auch über Geschichtliches gesprochen worden. »Er lobte ein neues Buch ›Der Untergang Europas‹ oder so ähnlich. Ich kannte es nicht, sagte ihm aber, nach dem, was er mir schildere, sei es wohl eines von den Geschichtsphilosophierenden... und ich sagte ihm, daß ich alle Geschichtsphilosophie für falsch und unwissenschaftlich halte.«

Das Abendland ist damals nicht untergegangen und München kehrte zu einer vielfach gefährdeten Normalität zurück. So war das große Ereignis jener Woche die Ausstellung des Isenheimer Altars in der Alten Pinakothek, und auch die Revolution hatte daran nichts geändert. Anfang 1917 war er aus konservatorischen Gründen von Colmar nach München gebracht worden, und nun, vor dem Rücktransport in die mittlerweile französische Stadt, gab es noch die fleißig genutzte Gelegenheit, ihn zu sehen.

Am Samstag nach der Revolution dann, am 10. Mai, konnte der Zirkusdirektor Carl Krone endlich zur Einweihung seines neugebauten Hauses an der Marsstraße einladen. Zweimal hatte er wegen der revolutionären Unruhen die Eröffnungsvorstellung absagen müssen, und wenn auch an diesem Wochenende noch gelegentlich Schüsse fielen und die Sperrstunde auf zehn Uhr abends festgesetzt wurde, so konnten die viertausend Gäste doch über die Clowns lachen, und zittern, wenn die Artisten in der Zirkuskuppel ihre Saltos sprangen.

Einen Tag zuvor hatte wohl manch einer draußen am Oberwiesenfeld gezittert, als der einundzwanzigjährige Oberleutnant Zeno Diemer in eine DFW C IV stieg, denn die alliierten Sieger, die in München ja eine Kommission hatten, durften davon nichts wissen. Mit einem Höhenweltrekord, den man nicht registrierte, kehrte Diemer zurück. Um aber sicher zu sein, daß sich der Höhenmesser nicht vergaloppiert hatte, stieg er am 17. Juni noch einmal auf und erreicht die neue Weltrekordhöhe von 9700 Metern. Doch auch dieser Flug wurde im Buch der Rekorde nicht notiert. Und am 28. Juni kam die Kommission zu BMW, die den Motor des Oberleutnants Diemer gebaut hatte, und schlug alles kurz und klein, wie die Versailler Verträge es vorsahen – die Normalität war also doch noch unzulänglich.

Und daß sie unzulänglich blieb, dafür sorgten vor allem jene Männer, die versprochen hatten, die Ordnung wieder herzustellen und Deutschland vor einer neuen Räterevolution zu bewahren. Auf daß sie gerüstet seien, hatten sie sich Waffen besorgt und heimliche Waffenlager angelegt. Gegen diese Deponien der Heimwehren richtete sich das Gesetz vom August 1920, in dem – gegen Prämie – zur Ablieferung von Waffen und zur Meldung illegaler Waffenlager aufgerufen wurde.

Die traurige Geschichte der Marie Sandmayer

Die neunzehnjährige Marie Sandmayer hatte etwa ein Jahr lang als Köchin auf einem Schloß bei Wertingen gedient. Nun, im Herbst 1920, war sie nach Odelzhausen heimgekehrt und hier las sie das Plakat der Entwaffnungskommission. Sie riß es ab und ging damit am 24. September zu einer der drei angegebenen Münchner Meldestellen, zur Waldbauerschen Druckerei in der Sendlinger Straße 54, um ihre Beobachtung zu melden: In dem Schloß, sagte sie, gebe es Kanonen und Gewehre, die man versteckt halte. Damit man ihr die ausgeschriebene Belohnung zustellen könne, gab sie ihre (falsch notierte) Adresse an: Sandmann, Odelzhausen.

Am 5. Oktober, nachmittags gegen fünf Uhr, fragte ein Mann in Odelzhausen nach einem Fräulein Marie Sandmann. Er erfuhr den richtigen Namen und man sagte ihm auch, das Mädchen arbeite seit dem 1. Oktober in München im Haushalt des türkischen Generalkonsuls, Kommerzienrat Max Kemmerich, Tengstraße 20.

Am gleichen Tag, abends gegen neun oder halb zehn, kam ein etwa zwanzigjähriger Mann in die Tengstraße. Er sprach mit Marie Sandmayer im Flur, und obwohl das Gespräch sehr leise geführt wurde, glauben Zeugen gehört zu haben: Er komme von der Kommission, es sei nichts gefunden worden. Der Unbekannte, so heißt es, sei schlank gewesen, habe mit der Zunge angestoßen und in einem singenden Tonfall gesprochen.

Etwa eine dreiviertel Stunde später sah man Marie Sandmayer zu Fuß unterwegs in Richtung Pionierkaserne. In ihrer Schlafstelle Elisabethstraße 20 hatte sie das Licht brennen lassen, die Schranktüre stand offen, sie wollte offensichtlich bald zurücksein.

Am Donnerstag, dem 7. Oktober 1920, erschien in der Frühausgabe der *Münchener-Augsburger Abendzeitung* unter der Überschrift »Eine dunkle Mordgeschichte« eine einspaltige Nachricht: Zwei Burschen hätten am 6. Oktober gegen 13 Uhr angezeigt, daß sie im Forstenrieder Park beim Kilometerstein 12, etwa 50 Meter von der Starnberger Straße entfernt, eine junge Frau ermordet aufgefunden hätten. Sie hing mit einem Strick um den Hals etwa einen halben Meter über dem Boden. An einem Ast über ihrem Kopf sei ein etwa 30 mal 20 Zentimeter großer Zettel angebracht gewesen, auf dem mit Tinte und in lateinischen

Druckbuchstaben geschrieben stand: »Du Schandweib hast verraten dein Vaterland. Du wurdest gerichtet von der schwarzen Hand.«

»Es handelt sich um eine mittelgroße hübsche Frau mit braunen Haaren, die Ende der zwanziger Jahre stand und mit schwarzem Rock, schwarzen Strümpfen, grauer Bluse, guten, neugesohlten Schuhen und schwarzer Jacke bekleidet war.« Bei der Frau, die wahrscheinlich erwürgt und offensichtlich an den Haaren zum Fundort geschleift worden war, hätte man zwei Schlüssel, ein Medaillon und zwei kleine Ohrringe gefunden. »Augenscheinlich gehörte die Ermordete den besseren Ständen an.«

In der Abendausgabe der *Münchener-Augsburger Abendzeitung* hieß es dann, daß es sich bei der Toten vermutlich um das neunzehnjährige Dienstmädchen Marie Sandmayer, eine Bauerntochter aus Odelzhausen, handle.

In der Waldbauerschen Druckerei hatte Marie Sandmayer mit einem Mann gesprochen, der selbst zur Einwohnerwehr gehörte. Er führte sie zu einem anderen Angestellten, der wiederum einige Herren von der Leitung der Münchner Einwohnerwehr informierte. Sie verständigten den ehemaligen Leutnant Johann Schweighart, der Marie Sandmayer aufsuchte. Die Meldestelle war also zugleich eine Informationsstelle der Einwohnerwehr – der Bock war auch der Gärtner.

In einem geschlossenen Fiat mit dem Kennzeichen II A-1894 - – einem Fahrzeug, das der Landesleitung der Einwohnerwehr gehörte – brachten vier Männer die Neunzehnjährige in den Forstenrieder Park und hängten sie auf.

Alles wurde aufgeklärt. Man kannte die Namen aller Beteiligten, wußte auch, wer dem Leutnant a.D. Schweighart noch am 6. Oktober einen Auslandspaß ausstellte, wer ihm das Geld für die Flucht ins Ausland gab – doch nichts geschah. Im März 1925 (!) wurde gegen Schweighart zwar eine Anklage wegen Mord, gegen seine Geldgeber wegen Begünstigung erhoben. Zur Eröffnung des Verfahrens ist es aber nie gekommen.

Das Bauernmädchen aus dem Dachauer Hinterland war das erste Opfer der Fememörder. Ein weiteres war der im Weltkrieg schwer verwundete zweiunddreißigjährige Gymnasiallehrer Karl Gareis, Landtagsabgeordneter der Unabhängigen Sozialdemokraten, der Partei des ermordeten Kurt Eisner. Am frühen Morgen des 10. Juni 1921, bei seiner Heimkehr von einer Diskussionsveranstaltung, wurde Gareis, ein streitbarer Gegner der Einwohnerwehren, vor seiner Haustüre in der Schwabinger Freystraße von rückwärts erschossen.

Eine indirekte Schuld an diesem Verbrechen gab man dem *Miesbacher Anzeiger* und somit ihrem (zu dieser Zeit noch nicht »enttarnten«) Mitarbeiter Ludwig Thoma, der Gareis in vulgärer, juristisch einklagbarer Weise immer wieder beschimpft hat, beispielsweise als den »Schandfleck der Familie Gareis«, als einen »typisch Geisteskranken aus der Umsturzzeit«, als »entnervten, dekreptiven Narren«.

Zwei Polizeibeamte in der reaktionärsten Stadt

München war in dieser ersten Nachkriegszeit ein Treff- und Fluchtpunkt der Rechtsextremen. Unter ihnen war auch einer der einflußreichsten Freikorpsführer, der ehemalige Korvettenkapitän Hermann Ehrhardt. Mit der von ihm aufgestellten »Brigade Ehrhardt« hatte er im März 1920 Wolfgang Kapp bei seinem Putsch gegen die Weimarer Regierung unterstützt. Ehrhardt wurde gefangengenommen, konnte aber nach München entfliehen und die nach seinem Decknamen »Consul Eichmann« benannte »Organisation Consul« gründen. Diese an der Ermordung des Zentrumspolitikers Matthias Erzberger und von Außenminister Walther Rathenau beteiligte terroristische Vereinigung hatte ihre Zentrale getarnt hinter dem Namen »Bayerische Holzverarbeitungsgesellschaft«.

Als man Ehrhardt schließlich doch verhaftete, gelang ihm neuerlich die Flucht – und unter dem Namen Hugo von Eschwege, versehen mit einem gefälschten ungarischen Paß, dann wieder die Rückkehr nach München.

Und in München gab es seit dem 3. Mai 1919 einen Polizeipräsidenten Ernst Pöhner, der darauf achtete, daß die Rechtsradikalen in ihrem antidemokratischen und kriminellen Treiben nicht behindert und daß ihre Taten vertuscht wurden. So verdiente er sich das Lob des reaktionären *Miesbacher Anzeigers*: »Die Sicherheit in München«, schrieb Ludwig Thoma im Dezember 1920, »ist unter Pöhner Gott sei Dank so gefestigt, daß man ganz unbeschadet das Maul gegen die Sicherheit und gegen Pöhner aufreißen kann.« Wenige Wochen vor seinem Tod wiederholte Thoma im Juni 1921 seine Lobpreisung: »Es steht ein Mann an der Spitze der Sicherheitsbehörde und sein Ernst, der sich immer von Phrasen und von Provokationen freigehalten hat, wirkt prachtvoll.«

Zu prachtvoll vielleicht. Im Oktober 1921 mußte er jedenfalls zurücktreten. In Hitlers Umkreis und als Landtagsabgeordneter im Völkischen Bund hat er seiner »rechten« Sache weiter gedient und beim Putsch vom 9. November 1923 sogar das Amt des bayerischen Ministerpräsidenten zugesprochen erhalten. Er sollte für die Teilnahme an diesem Umsturzversuch mit Festungshaft büßen. Doch ehe er in Landsberg antreten mußte, ist er im April 1925 bei einem Autounfall ums Leben gekommen.

Seinen eifrigsten Helfer im Polizeipräsidium hatte er im Amtmann Wilhelm Frick gefunden – Antidemokrat und Antisemit wie er selbst. Als Leiter der politischen Polizei in der Ettstraße war dieser Beamte seinen politischen Gesinnungsgenossen von großem Nutzen und allzeit zu Diensten. Auch in jener unruhigen Novembernacht von 1923, in der er, der Protegé von Ernst Pöhner, als dessen Nachfolger zum Polizeipräsidenten von München ernannt – in derselben Nacht aber auch verhaftet wurde. Später konnte er Hitler dann doch noch in hohem Amte dienen. Als Reichsinnenminister. Nach dem Kriegsverbrecherprozeß von Nürnberg wurde er hingerichtet.

Die beiden hochrangigen Wach-Männer haben unter Mißachtung ihrer Amtspflicht entschieden dazu beigetragen, daß München zur reaktionärsten Stadt des Reiches wurde.

Rheinisches Geld für das Hirth-Erbe

Schon damals galt, was Klaus Mann in seinem Lebensbericht *Der Wendepunkt* über das München der späten zwanziger Jahre schrieb. Die Stadt, heißt es dort, hatte »in liberalen Kreisen eine schlechte Presse. München galt als die Hochburg der Reaktion, das Zentrum antidemokratischer Strömungen und Intrigen. Der Herausgeber einer Berliner linken Wochenschrift präsentierte alle Nachrichten aus der Isarstadt unter der Schlagzeile: ›Aus dem feindlichen Ausland‹. Die Münchner ihrerseits waren davon überzeugt, daß Berlin von einer Bande jüdischer Schieber und bolschewistischer Agitatoren regiert werde.«

Trotzdem – oder wahrscheinlicher: gerade auch deshalb – kaufte sich das große rheinische Geld in München ein. Als 1920 das Knorr & Hirth-Erbe zum Verkauf stand – Georg Hirth war 1916 gestorben – erwarben die Gutehoffnungshütte 52 und die zu den Vereinigten Stahlwerken gehörende Gelsenkirchener Bergwerks AG 16 Prozent der *Münchner Neuesten Nachrichten*. Der kleinere Rest verblieb in Bayern. Vor allem beim bulgarischen Generalkonsul Eduard August Scharrer, dem Ehemann der legendären amerikanischen Biererbin und Bernried-Herrin Mrs. Bush, sowie bei etlichen bayerischen Brauern.

Im unruhigen Frühjahr 1848, etwa drei Wochen nach der Abdankung König Ludwigs I., hatte Karl Robert Schurich erstmals seine *Neuesten Nachrichten* herausgebracht, ein vierseitiges, kleines Blättchen, das sich, vor allem nach dem Verkauf an Julius Knorr im Jahre 1862, zur großen und liberalen Zeitung Süddeutschlands entwickelte.

Ein revolutionär gesinnter Sachse, der nach einiger Zeit und verlegerischem Erfolg (Auflage: 15 000) gemäßigtere Ansichten vertrat, hatte die *Neuesten Nachrichten* geschaffen, der Mitbegründer der Bayerischen Fortschrittspartei hat sie weitergeführt und »zu einer Waffe für Freiheit und nationale Einheit« gemacht, ehe er sie 1881 an seinen reichstreuen, antirömisch gesinnten thüringischen Schwiegersohn Georg Hirth vererbte.

Nun aber, von 1920 an, gehörte die Mehrheit der westdeutschen Großindustrie, die sich den 52jährigen Paul Nicolaus Cossmann als Vertreter ihrer Interessen und als politischen Berater der *Münchner Neuesten Nachrichten* engagierte. Mit gutem Grund und fester Absicht: Er sollte darauf sehen, daß die Zeitung auf treudeutsch-bürgerlichem Kurs bleibe, den Marxismus bekämpfe und nach Rechts freundliche Sympathie zeige. Cossmann war für diese Aufgabe eine erste und erstklassige Wahl.

Im Mai 1903 hatten einige Herren in München die Frage diskutiert, »wie der süddeutschen Kultur zu helfen sei«. Durch eine Zeitschrift, sagten sie, und sie gaben ihr den Titel *Süddeutsche Monatshefte*. Wilhelm Weigand, einer der Gesprächsteilnehmer, wurde Herausgeber, übergab das Blatt aber schon sehr bald an ein anderes Gründungsmitglied, an Paul Nicolaus Cossmann, und der redigierte in seiner Wohnung Königinstraße 103/III das Blatt nun so, wie er und seine Mitherausgeber Wilhelm Weigand, Karl Alexander von Müller, Josef Hofmiller, Friedrich Naumann, Hans Thoma und sein Jugendfreund Hans Pfitzner es sich vorgestellt hatten: als eine süddeutsche Kulturzeitschrift, in der die Politik – wie von Müller später schrieb – »nur eine Art selbstverständliche allgemeine Begleitung abgab und alles Tageswesen im engeren Sinn grundsätzlich ferngehalten war«.

Das änderte sich mit Beginn des Ersten Weltkriegs. Die *Süddeutschen Monatshefte* wurden politisch, patriotisch, nationalistisch. Wie der *Simplicissimus* wechselte die Zeitschrift ihren Charakter. Und sie blieb auf diesem Kurs auch nach dem Krieg. Zunächst mit dem einen Ziel: zu beweisen, daß Deutschland am Krieg nicht schuld und der entsprechende Artikel 231 des Versailler Vertrages daher zu streichen sei. In immer neuen Heften wurden Dokumente vorgelegt und Argumente gereicht, zuletzt aber gab es dann im April 1922 vor dem Amtsgericht München I. einen Prozeß, in dem Eisners Sekretär verlangte, daß man Cossmann wegen eines Vergehens der üblen Nachrede verurteile. Er hatte nämlich (der Witwe Kurt Eisners folgend) behauptet, Fechenbach habe im November 1919 Dokumente der bayerischen Bundesratsgesandtschaft in Berlin aus dem Sommer 1914 so gekürzt, daß sich daraus eine Schuld Deutschlands am Krieg ergab. Cossmann, inzwischen Berater bei Knorr & Hirth, wurde freigesprochen und fand als neues Thema: den Dolchstoß, der das deutsche Heer um den Sieg gebracht habe.

Die »Kuhhaut« verweigert eine Kursänderung

Schuld daran, daß die »im Felde unbesiegte« Armee kapitulieren mußte, seien die Defaitisten in der Heimat gewesen, die Revolutionäre des Novembers 1918. Sie hätten das Heer gleichsam »von hinten erdolcht«. Das sagte Hindenburg, diese Meinung vertraten auch Ludendorff und der pensionierte Kaiser. Und so stand es auch in vielen Ausgaben von Cossmanns *Süddeutschen Monatsheften*, beispielsweise im Aprilheft 1924, Titel: »Der Dolchstoß«, und im Maiheft 1924: »Die Auswirkung des Dolchstoßes«. Die Deutschen, hieß es, hätten den Sieg zuletzt ja gar nicht mehr gewollt. »Nicht England, sondern die USPD war der gefährlichste Kriegsgegner.«

Darauf erfolgte die heftige Replik der *Münchner Post* und ihres Redakteurs Martin Gruber, der von einer »Cossmannschen Geschichtsfälschung« schrieb und daraufhin von Cossmann verklagt wurde. Die Folge: der große, berühmte Dolchstoßprozeß vom Oktober 1925. Nach vierundzwanzig Verhandlungstagen und einem mehr als dreistündigen Schlußplädoyer Cossmanns wurde am 9. Dezember vor dem Amtsgericht in der Au das Urteil gefällt – Martin Gruber wurde »wegen fortgesetzter Beleidigung und Verleumdung« zu einer Strafe von 3000 Mark und zur Übernahme der Verfahrenskosten verurteilt.

Die *Süddeutschen Monatshefte* und Cossmann blieben auf nationalistischem Kurs. Ohne Sympathie für die Republik.

Als Chefredakteur für die *Münchner Neuesten Nachrichten* hatte Cossmann den in bayerischem Archivdienst stehenden Stettiner Fritz Gerlich verpflichtet, einen Mann, der gegen alles Linke mit heftigem Eifer anschrieb, der aber auch die Nationalsozialisten bekämpfte. Diese zuletzt wohl noch entschiedener. Nachdem er nämlich 1928 die Zeitung verlassen hatte (und unter dem Eindruck der stigmatisierten Therese von Konnersreuth zum katholischen Glauben übergetreten war), kaufte er ein illustriertes Blättchen und verwandelte es in die Zeitschrift *Der gerade Weg*, in der das kriminelle, vulgäre Treiben der Nationalsozialisten enthüllt wurde. So gehörte Fritz Gerlich auch zu den ersten Opfern der Hitlerpartei in München: Am 9. März 1933 wurde er in seiner Redaktion überfallen, mißhandelt und im Juni 1934 im Konzentrationslager Dachau ermordet.

Die Mehrheitsherren von Rhein und Ruhr hätten in den zwanziger und frühen dreißiger Jahren die *Neuesten Nachrichten* gerne auch in ihrem Sinne geführt, und der mächtige Paul Reusch von der Gutehoffnungshütte hatte zum Beispiel im Frühjahr 1932 sehr nachdrücklich gewünscht, daß die Zeitung – so wie er – der NSDAP hinfort freundlicher entgegenkomme.

Zwar hat die »Kuhhaut« (so wurden die *Münchner Neuesten Nachrichten* liebevoll-respektlos genannt) schon gelegentlich leichte Kursänderungen vorgenommen, doch in diesem Fall lehnte man ab. Mit Hitlers Programm und Hitlers Leuten wollte man sich nicht anfreunden. Im Lager der NSDAP war diese Haltung natürlich bekannt, und so begann das braune Regiment in München auch damit, daß bereits in den ersten Tagen und Wochen im Verlagshaus an der Sendlinger Straße Rache geübt wurde: Der Verlagsleiter Anton Betz, der Chefredakteur Fritz Büchner, der Leiter des innenpolitischen Ressorts Erwein von Aretin und die Redakteurin Dorothea Federschmidt wurden verhaftet, ebenso wie Stefan Lorant, Chefredakteur der *Münchner Illustrierten Presse*, Walter Tschuppik, Chefredakteur der *Süddeutschen Sonntagspost* sowie Werner Friedmann, Reporter der *Süddeutschen Sonntagspost*. Andere Journalisten und Mitarbeiter der *Münchner Neuesten Nachrichten* wie Eugen Roth, Ernst Heimeran und René Prevost wurden entlassen.

Für Paul Nicolaus Cossmann gab es eine kleine Gnadenfrist,

doch am 4. April wurde auch er festgenommen. Gerade als er – ein seit 1903 zum Katholizismus konvertierter Jude – die Kirche in Wörishofen verließ.

Der Krieg hatte ihn, den frommen, gebildeten Mann zum Nationalisten und zu einem verblendeten, streitbaren Patrioten gemacht, der dann freilich nie eine gemeinsame Sache mit jener Partei machte, die doch vorgab, für die gleichen Ziele zu kämpfen.

In seinen Zeitungsjahren hatte Cossmann neun Zehntel seines Einkommens an die Armen verschenkt, nun wollte er seine Mitarbeiter bei den *Neuesten Nachrichten* entlasten, und so nahm er in einem Brief die Schuld für das, was die Zeitung gegen die Nationalsozialisten geschrieben hatte, auf sich.

Nach einiger Zeit wurde er aus dem Gefängnis entlassen, Ende 1941 aber ins Getto Berg am Laim gebracht und im Sommer 1942 nach Theresienstadt deportiert, wo er am 19. Dezember verstarb. Cossmann, der sich in seinen letzten Jahren mit dem Studium der Kirchenväter beschäftigt hatte, war 73 Jahre alt.

Der verhängnisvolle Auftrag des Hauptmann Mayr

Sechs Wochen nach der Revolution, am 19. Juni 1919, konnten die Münchner erstmals einen neuen Stadtrat wählen. Statt der zwei Kammern (mit 60 Gemeindebevollmächtigten und 20 Magistratsräten) gab es nach dem neuen Gesetz ein einziges Gremium von 50 Stadträten.

Ein halbes Jahr früher hatten die Wahlberechtigten der bayerischen Landeshauptstadt bei der Landtagswahl Kurt Eisners USPD fünf, den Mehrheitssozialisten aber 47 Prozent der Stimmen gegeben. Nun kehrten sie die Verhältnisse beinahe um. Mit 32 Prozent der Stimmen erhielt die USPD 16 Sitze im Stadtrat, während die MSPD bei 18 Prozent nur 10 Sitze erhielt. Vor ihr lag, mit etwa 28 Prozent, gleich 15 Sitzen, die Bayerische Volkspartei BVP. Der Rest: Sieben Stadträte stellte die Deutsche Demokratische Partei und je eine zwei kleinere Gruppierungen.

Eine Woche nach der Wahl mußten die neuen Stadträte selbst wählen. Da die Bevölkerung keinem der Kandidaten eine absolute Mehrheit verschafft hatte, wählten die Fünfzig – und sie entschieden sich mit genau der Hälfte ihrer Stimmen für den Sozialdemokraten Eduard Schmid. (Am 19. Juni hatten der BVP-Kandidat von Knilling und der USPD-Mann Richard Scheid vor Schmid gelegen.)

Es kehrte sich in den folgenden Jahren manches um in der Stadt. Daß die Münchner wohl in ihrer großen Mehrheit nicht für die Revolution gewesen waren, mag zu verstehen sein – doch mußte man, um den Teufel auszutreiben, ausgerechnet Beelzebub engagieren? Und um ihn wieder loszuwerden, bedurfte es schließlich der ganzen Welt und aller vereinten Kräfte.

Die mordenden Rechtsextremen waren (wie der 1891 in München geborene Mathematikprofessor Emil J. Gumbel nachgewiesen hat) auch anderswo im Reiche zu finden, in Berlin so gut wie in Mecklenburg oder in Garnisonstädten der Reichswehr. Eines der Zentren dieser nationalen Terroristen aber war München. Hier wußten sie sich geborgen, denn im Polizeipräsidium saßen die Männer, die schützend die Hand über sie hielten und die, wenn es nötig war, auch Hilfe gaben.

Die Weimarer Republik hätte an die Revolution von 1848 anknüpfen können, das wäre ein kleine Tradition gewesen. Aber gab es denn in München eine 48er Tradition? Waren hier im Frühjahr 1848 der Bierpreis und eine harmlose Weibergeschichte für viele nicht wichtiger gewesen als die bürgerlichen Freiheiten?

Und siebzig Jahre später: Viele wollten sich nicht damit abfinden, daß Deutschland den Krieg verloren hatte und alle Opfer umsonst gewesen sind. Man war bereit, den Revanchisten zu folgen, die von Anfang an keine Zweifel daran ließen, daß ihnen die eben errungenen demokratischen Rechte und Freiheiten nichts bedeuteten.

Die Revolution war vorbei, und jetzt, da ein jeder reden konnte, redete auch jeder. Der militärische Abwehrdienst aber hörte dabei aufmerksam zu. So schickte Hauptmann Karl Mayr von der Nachrichten- und Pressestelle des Reichswehrgruppenkommandos IV am 12. September 1919 einen seiner Leute zu einer Versammlung der Deutschen Arbeiter Partei (DAP) im Sterneckerbräu. Diplomingenieur Gottfried Feder, so war angekündigt, werde zu dem Thema sprechen: »Wie und mit welchen Mitteln beseitigt man den Kapitalismus?«

Hauptmann Mayrs Beobachter, gekleidet in Zivil, wurde schnell zum Mitredner. Es war der Gefreite Adolf Hitler, bei der Versammlung eingeführt als »Bildungsoffizier beim Schützenregiment Nr. 41«.

»Der hat a Goschn, den kunt ma braucha«

An jenem für die deutsche Geschichte und den ganzen Weltenlauf so verhängnisvollen Abend des 12. September war dem Vortrag eine Diskussion gefolgt, in der sich Hitler zu Wort meldete und dieses Wort dann fünfzehn Minuten nicht mehr abgab. Der Parteigründer Anton Drexler, Werkzeugschlosser vom Eisenbahnausbesserungswerk in Freimann, soll während Hitlers Rede zu seinem Schriftführer bewundernd gesagt haben: »Mensch, der hat a Goschn, den kunt ma braucha.«

Und sie haben ihn bekommen, als die Nr. 555 ihres Vereins. Und weil man ihn mit der Nr. 7 als Werbeobmann in den Arbeitsausschuß aufnahm, konnte er sich später die Wahrheit ein wenig zurechtbiegen und behaupten, er habe die Mitgliedsnummer 7 – die heilige Zahl 7! – erhalten.

Am 12. September hatte der Gefreite Hitler im Leiberzimmer des Sterneckerbräu an der Versammlung teilgenommen, bereits am 16. Oktober wird er bei einer Veranstaltung im Hofbräukeller an der Inneren Wiener Straße als Redner genannt.

Der Mann mit der »Goschn« hatte seinen amtlich erstmals registrierten Auftritt etliche Monate früher, am 23. Mai 1919, als er seinen Regimentskameraden Georg Dufter als einen »der ärgsten und radikalsten Hetzer des Regiments« denunzierte. Seine Personalien werden angegeben mit »Hiedler Adolf, 30

Jhr., kath., ledig, Kunstmaler, jetzt Soldat«; doch auf der nächsten Seite wird er (in anderer Handschrift) zum »Gefr. Hietler 2. Rgt.« – man hat es nicht sonderlich genau genommen, wer wird sich den Namen dieses Gefreiten schon merken?

Der aber hat es offensichtlich auch selbst mit seiner Biographie nicht so genau genommen. »Im Frühjahr 1912«, behauptet er nämlich, »kam ich endgültig nach München«, in Wirklichkeit aber traf er erst am 24. Mai 1913 ein und war dann ab 26. Mai als Untermieter beim Schneidermeister Popp in der Schleißheimer Straße 34, dritter Stock, registriert.

Ein Dutzend Jahre später wird er in seinem Buch *Mein Kampf* über München schreiben: »Eine deutsche Stadt. Welch ein Unterschied gegen Wien. Mir wurde schlecht, wenn ich an dieses Rassenbabylon auch nur zurückdachte. Dazu der mir viel näherliegende Dialekt, der mich besonders im Umgang mit Niederbayern an meine eigene Jugendzeit erinnern konnte... Am meisten aber zog mich die wunderbare Vermählung von urwüchsiger Kraft und feiner künstlerischer Stimmung, diese einzige Linie vom Hofbräuhaus zum Odeon, Oktoberfest zur Pinakothek usw. an.«

Die »künstlerische Stimmung« hat er wohl in jenen Postkarten festzuhalten versucht, die er, nicht ohne Talent, fotografisch getreu malte. So wäre das wohl weitergegangen (denn dem Militärdienst in Österreich wich er aus), wenn nicht im August 1914 der Krieg ausgebrochen wäre. Der sechsundzwanzigjährige Postkartenmaler Hitler meldete sich freiwillig und diente im Münchener 16. Reserve-Infanterieregiment, nach seinem Kommandeur »List-Regiment« genannt.

Zurückgekehrt aus dem Krieg und für einige Zeit aus den Akten verschwunden – wo war er während der Revolutionsmonate? –, nahm das Leben für ihn im Herbst 1919 in München eine Wendung, die ihn in den mittleren zwanziger Jahren in einem etwas derangierten Satz schreiben ließ: »Daß ich heute an dieser Stadt hänge, mehr als an irgendeinem anderen Fleck der Erde auf dieser Welt, liegt wohl mitbegründet in der Tatsache, daß sie mit der Entwicklung meines Lebens unzertrennlich verbunden ist und bleibt.« Und umgekehrt, hätte er zwei Jahrzehnte später hinzufügen können. Denn auch die Entwicklung Münchens ist unzertrennlich und auf die verhängnisvollste Weise mit seinem Leben verbunden.

Und angefangen hat es an jenem 12. September 1919 im Leiberzimmer des Sterneckerbräu, mit seinem Auftritt als Spitzel und als Diskussionsredner. Es war der Platz und die Zeit für einen großen Schwätzer und Schwadroneur, und schon im Mai 1920 wußte auch die *Münchner Post*, die Zeitung der Sozialdemokraten, von ihm. Sie berichtete von der Veranstaltung eines »Parteigebildes... das hin und wieder unter der Bezeichnung ›NSDAP‹ an die Öffentlichkeit tritt«. Dabei, hieß es, habe »ein Herr Hitler über das Programm dieser Partei (gesprochen). Er verzapfte die gleichen Sprüche und warf mit den gleichen Schlagworten um sich, wie man sie in deutsch-völkischen Propagandaveranstaltungen schlucken muß.«

Als man zwei Monate später wieder über diesen Mann zu berichten hatte, nannte man ihn – da offensichtlich immer noch nicht sehr viel über ihn bekannt war – den »Referenten Dr. Hitler«.

Ein Mann mit Chaplin-Schnauzer charmiert

Der aber konnte in der Stadt München, die nach dem Schock der Revolution allem Rechten wohlgesonnen war, Karriere machen. Zwar lief er, inzwischen Untermieter bei Frau Reichert in der Thierschstraße 47/I, noch längere Zeit im immer gleichen Anzug und Trenchcoat herum, doch seine Versammlungen waren überfüllt, und im Mai 1921 wurde er zusammen mit einigen seiner Parteigenossen durch Ministerpräsident Gustav von Kahr empfangen; etwa zur gleichen Zeit traf er, seit März 1920 ein Gefreiter a.D., mit General a.D. Erich Ludendorff zusammen. Den Herrn Hitler konnte man nicht mehr übersehen, und unter den vielen rechten und extrem rechten Gruppierungen war seine NSDAP die stärkste.

Und sie konnte es sich wenige Monate vor dem Besuch ihres ›Führers‹ beim Ministerpräsidenten leisten, für 120 000 Mark von den rechten Freunden der Thule-Gesellschaft eine wöchentlich zweimal erscheinende Zeitung zu kaufen. Der Redakteur Franz Xaver Josef Eher hatte das 1887 unter dem Titel *Münchner Beobachter* gegründete Blättchen im Jahre 1900 erworben. Daraus wurde 1919, nach dem Kauf durch Sebottendorfs Verein, ein *Völkischer Beobachter*, und unter diesem Titel führte die NSDAP die bald täglich erscheinende Zeitung weiter.

Dies geschah unter großen Schwierigkeiten, da zum offiziellen Kaufpreis noch die *VB*-Schulden in Höhe von 250 000 Mark kamen, die der neue Besitzer übernehmen mußte. Viel Geld für ein Blatt, das nur wenig mehr als zehntausend Käufer fand. So wurden im Verlag in der Schellingstraße 39, obwohl vermögende Gönner einsprangen und die Reichswehr für das Blatt 60 000 Mark aus einem ihrer Fonds abzweigte, in den Bilanzen noch lange Zeit rote Zahlen addiert. Zuletzt hat sich die Investition für dieses »Kampfblatt der national-sozialen Bewegung« dann aber doch auch wirtschaftlich noch gelohnt: Bei der Machtübernahme betrug die Auflage bereits 130 000 Exemplare, und sie stieg noch weiter an bis zu 1,7 Millionen im Jahre 1944.

Seine Anhänger holte sich Hitler aber nicht am Zeitungskiosk, sondern in Versammlungen, und einen gleichsam offiziellen Anfang machte er am 24. Februar 1920, als er vor zweitausend Besuchern im Hofbräuhaus-Festsaal das 25-Punkte-Programm seiner Partei bekanntgab. Eingeladen war an diesem Abend – bei einem Eintritt von 40 Pfennigen – zu einer Rede von Dr. Johannes Singefeld, während der Name Hitler auf dem Plakat nicht genannt worden war. Doch als Hitler dann auftrat, gab es Radau und Handgemenge, und das wiederholte sich, so oft der Mann mit dem Chaplin-Schnauzer in den kommenden Monaten und Jahren ans Rednerpult ging. Und er trat häufig auf, offensichtlich berauscht von dem neu entdeckten Gefühl, daß er Menschen beeindrucken und überzeugen könne.

Für die früheste Zeit der Partei, für den Januar 1920, ist nachgewiesen, daß unter den eingeschriebenen Gefolgsleuten vor allem Facharbeiter und Handwerker waren (nämlich 33 Prozent), sodann Angehörige freier und akademischer Berufe (14,5 Prozent), Beamte und Angestellte (14 Prozent), Militärangehörige wie Hitler selbst (13 Prozent) sowie Mitglieder kaufmännischer Berufe (12 Prozent). Am Ende der Liste standen die ungelernten Arbeiter (2,5 Prozent).

Der Historiker Karl Alexander von Müller hat Hitlers Aufstieg interessiert und wohl auch fasziniert beobachtet und dabei den Eindruck gewonnen, daß in den Hitler-Versammlungen »überwiegend der herabgleitende Mittelstand« die Zuhörer stellte. Doch die Parolen fanden auch bei Münchner Großbürgern Zustimmung und Applaus. Zum Beispiel bei Julius Friedrich Lehmann, der bereits in der Thule-Gesellschaft ein extremes patriotisches Engagement und militanten Antisemitismus bewiesen hat. Als nun eine Partei auftrat, die diese Ideen vertrat, wurde er zu deren eifrigem Förderer. Sein 1890 in München gegründeter Verlag, in dem auch die *Münchner Medizinische Wochenschrift* erschien, gab ihm die reichen Mittel dazu, und zum 70. Geburtstag im November 1934 dankte Hitler dem »lieben Pg. Lehmann« für diese Hilfe schriftlich: »Sie haben ... zu einer Zeit, in der unsere Freunde zu zählen waren, persönlich Alles, was in Ihren Kräften stand, getan, um der Idee des Nationalsozialismus zum Siege zu verhelfen. Sie haben sich somit um die NSDAP außerordentlich verdient gemacht.« Zum Dank erhielt der Verleger, der wenig später starb, den »Adlerschild« des Deutschen Reiches und die Goldene Ehrennadel der NSDAP.

Alles was in ihrer Kraft stand, hat auch die Frau des Verlegers Hugo Bruckmann für die Partei getan. Sie, eine geborene Prinzessin Cantacuzène aus sehr hohem, aber tief verarmtem rumänischem Adel, lud Hitler in seinen frühen Jahren häufig in ihre Wohnung am Karolinenplatz 5, wo er Münchens nobler Gesellschaft sein Programm vortragen konnte und beispielsweise im Sommer 1927 mit Emil Kirdorf, dem alten, einflußreichen Mann des Ruhrbergbau bekanntgemacht wurde.

Später, zu spät, mag sie dies bereut haben. In den Tagebüchern des im September 1944 hingerichteten Diplomaten Ulrich von Hassel ist überliefert, wie Elsa Bruckmann die Entwicklung mit großer Sorge verfolgte. So schrieb Hassel am 25. Dezember 1938: »Frau B. ist immer stärker verzweifelt über die Entwicklung des Mannes, für den sie alles eingesetzt hat. Sie klammert sich noch an die Restbestände ihrer sentimentalen Anhänglichkeit und ihrer Hoffnungen, aber in ihrem Verstand hat sie ihn gänzlich abgeschrieben.«

Ein gern gesehener Gast war Hitler auch bei den Bechsteins aus Berlin, denen es die fürwahr wohlklingenden Profite aus ihrer Klavierfabrik erlaubten, während der häufigen München-Aufenthalte in einer Suite des »Bayerischen Hof« zu logieren (und, wie es heißt, im Stillen zu hoffen, daß Hitler ihre Tochter Lotte heirate). Mit dem Goldenen Parteiabzeichen, das er ihr im Dezember 1934 verlieh, hat sich Wolf – so nannte sie Hitler – bei Helene Bechstein für vielfach gewährte Hilfe bedankt.

Im Januar 1942, in einem seiner nächtlichen Monologe, erinnerte sich »Wolf« in seiner Wolfsschanze auch der kleinen Helfer in München. Jeder, sagte er, konnte nur verlieren. »Wenn ich von den kleinen Leuten jemand treffe, das geht mir so nah, die sind an mir gehängt und sind gesaust. Kleine Viktualienmarkthändler sind zu mir in die Wohnung gelaufen um ihrem Herrn Hitler zwei Eier zu bringen. Die Pöschl zum Beispiel, die Fuess, die Gahrs... Ich habe sie so lieb, die Menschen! Die oberen Zehntausend, die tun's alle aus Berechnung, sie sehen in mir eine Attraktion für ihren Salon, andere denken an Protektion.«

Höflicher Gast mit Hundepeitsche und Pistole

Von reaktionären Aktivitäten in Bayern und von diesem Mann, der inzwischen bessere Kleidung anlegte und im Umgang mit den reifen Damen der Gesellschaft feinere Lebensart gelernt hat, sprach man auch anderswo im Reich, und als die amerikanische Botschaft in Berlin wissen wollte, was in München vorging, schickte man Captain Truman Smith im November 1922 südwärts, und Ernst Hanfstaengl, der von 1911 bis 1918 den Hanfstaengl-Kunstsalon an der Fifth Avenue in New York geleitet hat und der seit seinem Harvard-Studium viele hochgestellte, einflußreiche amerikanische Freunde besaß, sollte als Cicerone dienen.

Hanfstaengl vermittelte Kontakte, doch den Mann, der in den Bierhallen den Ton angab, den das Innenministerium in einem Bericht den »Antisemitenführer Hitler« und seine Anhänger gelegentlich den »König von München« nannten, kannte er nicht. Den lernte er erst jetzt kennen. Durch amerikanische Vermittlung: Im überfüllten Kindl-Keller an der Rosenheimer Straße begegnete er einem Mann, dessen Stimme ihn beeindruckte: »Wer Hitler als Redner nur aus den Veranstaltungen der späten Jahre kennt«, schrieb Hanfstaengl Jahrzehnte später, »hat keine Vorstellung von dem registerreichen und volltönenden Instrument seiner natürlichen, nicht künstlich verstärkten Stimme in den ersten Jahren seines politischen Debüts. Da hatte sein Bariton noch Schmelz und Resonanz, da standen ihm noch Kehltöne zur Verfügung, die einem unter die Haut gingen.« Es hat sich ihm bestätigt, was Truman Smith gesagt hatte: »Der Bursche hat genau die richtige Melodie auf der Zunge, die die heutigen Deutschen hören wollen: national und sozial.«

An dem Erlebnis wollte Hanfstaengl auch andere teilnehmen lassen, und so lud er wenig später zu einer Hitler-Veranstaltung im Zirkus Krone seine Frau, die Schwester Erna, Grete Gulbransson und die Malerswitwe Frieda von Kaulbach ein. Nach der Rede wurden die Damen dem Redner vorgestellt. Man machte sich miteinander bekannt, man verkehrte miteinander. Und in der Wohnung von Erna Hanfstaengl, Mauerkircherstraße 12/IV, begegnete Karl Alexander von Müller, der im gleichen Haus wohnte, dem zum Kaffee geladenen Führer der NSDAP: »Wir saßen schon am blanken Mahagonitisch vor dem Fenster, als die Wohnungsglocke klang«, schreibt Müller im *Wandel einer Welt*, dem dritten seiner Erinnerungsbücher, »durch die offene Tür sah man, wie er auf dem schmalen Gang die Gastgeberin fast unterwürfig höflich begrüßte, wie er Reitpeitsche, Velourhut und Trenchcoat ablegte, schließlich einen Gürtel mit Revolver abschnallte und gleichfalls am Kleiderhaken aufhängte. Das sah kurios aus und erinnerte an Karl May.«

Sehr bald schon wurde Karl Alexander von Müller Augen- und Ohrenzeuge, wie dieser höfliche Mann mit seiner Pistole umging, und das erinnerte ihn dann doch wohl eher an den Wilden Westen als an den Indianer von Radebeul, denn wie ein Cowboy beim Betreten des Saloons schoß Hitler am 8. November 1923 in die Decke des Bürgerbräukellers.

Der Historiker war an diesem Abend, wie viele angesehene, einflußreiche Münchner der erst kurz zuvor ausgesprochenen Einladung zu einer Rede Gustav von Kahrs gefolgt. Das Datum für den Auftritt des Generalstaatskommissars war nicht zufällig gewählt – am darauffolgenden Tag jährte sich nämlich zum fünften Mal die deutsche Kapitulation mit all ihren schrecklichen Folgen.

Die Inflation hatte Höhen erreicht, die jede Vorstellung überstiegen: Für einen Dollar, zu Beginn des Krieges mit 4,20 Mark gehandelt, mußte im Juli 1922 bereits der hundertfache Preis bezahlt werden, ein Jahr später stand er bei 350 000 Mark, im August 1923 bereits bei 4,6 Millionen, im November aber bei 2,19 Billionen Mark.

Der Brotpreis war in München zwischen dem 26. Oktober und dem 9. November, also innerhalb einer Woche, von 1,8 auf 32 Milliarden Mark gestiegen. Für den 10. November kündigte die Straßenbahn eine Preiserhöhung an: die Fahrt kostete von nun an, je nach Streckenlänge, fünf oder zehn Milliarden Mark; am 24. November war der Preis bis zu 200 Milliarden angestiegen und drei Tage später auf 250 Milliarden. Die Lage war so chaotisch, daß der Magistrat das Oktoberfest 1923 – wie dann auch das von 1924 – absagte.

Auch wenn die Löhne ständig stiegen und beispielsweise ein städtischer Arbeiter im Sommer 1923 vierzigtausendmal so viel verdiente wie zu Beginn des Krieges – die Preise galoppierten immer ein gutes Stück voraus und waren uneinholbar.

Wollten die Münchner die jeweils neuesten (bei der Veröffentlichung aber doch schon wieder überholten) Preise in den *Münchner Neuesten Nachrichten* lesen, so mußten sie für das Blatt am 9. November 1923 zehn Milliarden Mark zahlen.

Der Schuß in die Decke

In den Tagen zuvor hatten sie in den Zeitungen lesen können, daß ähnlich der Währung nun auch das von Bismarck zusammengezimmerte Deutschland zu zerfallen beginne. Die von Franzosen besetzte Pfalz wollte sich vom Reich lösen, hieß es. In Aachen wurde eine »Unabhängige Rheinische Provinz« ausgerufen und in Thüringen wie in Sachsen waren am 22. Oktober Reichstruppen aufmarschiert, um einen befürchteten kommunistischen Umsturz zu verhindern.

Aus München drohte dem Reich freilich eine sehr viel größere, akutere Gefahr, und sie kam aus der entgegengesetzten Ecke, nämlich von rechts. Ein erster Anlaß war, daß Gustav von Kahr sich weigerte, den aus Berlin ergangenen Befehl auszuführen, Hitlers *Völkischen Beobachter* zu verbieten. Der Streit eskalierte. »Bayern betrachtet es als seine Pflicht«, schrieb Herr von Kahr, »in dieser Stunde eine Hochburg des bedrängten Deutschtums zu sein.«

Die Reichsregierung wiederum erklärte, die Befehlsverweigerung sei Rechtsbruch und habe mit dem von Bayern verlangten Kampf gegen den Marxismus nichts zu tun. Während Berlin noch versuchte, den Konflikt zu lösen, gab es in München Gerüchte von einer bevorstehenden Rechtsdiktatur unter Gustav von Kahr, von einer mit Unterstützung völkischer Verbände betriebenen Abspaltung Bayerns vom Reich und von einem Marsch nach Berlin.

Als in dieser Situation kurzfristig zu einer vaterländischen Kundgebung in den Bürgerbräukeller an der Rosenheimer Straße geladen wurde, mochten viele der Gäste erwarten, an diesem Abend Zeugen eines historischen Ereignisses zu werden. Und ihre Erwartung wurde – wenn auch auf andere als die erwartete Weise – erfüllt.

Der Vorraum, beobachtete Ernst Hanfstaengl, »übervoll mit Zylinderhüten, Damen- und Herrenpelzen, Uniformmützen, Militärmänteln und aufgehängten Offiziersdegen« – ein vornehmes, ein ausgesuchtes Publikum also, und unter all den feinen Herrschaften, an einen Pfeiler gelehnt, Adolf Hitler mit einigen seiner Freunde. Auch er im Gehrock, mit dem Eisernen Kreuz Erster Klasse an der Brust. Etwa zwanzig Minuten hatte von Kahr gesprochen, »als die beiden Flügel der Schwingtüre aufgestoßen wurden und unter der Führung von Göring ein Trupp bewaffneter SA-Leute hereinstürmte und ein Maschinengewehr an der Tür in Stellung brachten.« Für Hitler war dies das Zeichen. Er zog seine Pistole und ging, eskortiert von den Seinen, die etwa zwanzig Meter zum Rednerpult. Er sprang auf einen Stuhl und feuerte einen Schuß in die Saaldecke – Karl Alexander von Müller, der im Publikum saß (und der auch über diesen 9. November in seinen Erinnerungen schreiben sollte), wußte nun, daß die Pistole kein Dekorations- und Renommierstück war –, und als auf solche Weise Ruhe geschaffen war, schrie Hitler in den Saal: »Die nationale Revolution ist ausgebrochen! Die bayerische Regierung ist abgesetzt! Eine provisorische Reichsregierung wird gebildet!...«

Nachdem er noch gedroht hatte, bei Unruhen ein Maschinengewehr auf die Galerie stellen zu lassen, verlangte er: »Exzellenz von Kahr, Exzellenz von Lossow, Herr Oberst von Seisser – ich muß die Herren bitten, mit mir zu kommen. Ich garantiere für Ihre Sicherheit.« Und zusammen mit dem Generalstaatskommissar, dem Landeskommandanten von Bayern sowie dem Chef der bayerischen Landespolizei ging Hitler in einen Nebenraum, während Göring – auch er mit einem pathetischen Pistolenschuß zur Decke – den Zuhörern im Saal erklärte, daß den Herren nichts passieren werde, es müsse nur dafür gesorgt werden, daß die nationale Revolution auch wirklich komme.

Den Herren ist in der Tat nichts passiert, sie mußten nur einer Erpressung nachgeben. Sie kamen also in den Saal zurück und erklärten sich, ein wenig ausweichend, ein wenig verklausuliert, mit den Putschisten solidarisch. Und Hitler schloß daran das (leider nicht eingehaltene) Versprechen: Der nächste Morgen sieht die Träger der Revolution tot oder ein freies Deutschland. Das sollte heißen: Ein Deutschland, in dem er Reichskanzler und Erich Ludendorff Reichsverweser sowie Führer der künftigen Nationalarmee sein sollte. Auch für andere Posten hatte Hitler seine Kandidaten parat: Herrn von Lossow für das Reichswehrministerium, Herrn von Seisser für das Polizeiministerium, seinen Parteifreund Gottfried Feder für das Finanzministerium und den bisherigen Münchner Polizeipräsidenten Ernst Pöhner für das Amt des bayerischen Ministerpräsidenten; der Parteigenosse Wilhelm Frick, bisher im Polizeipräsidium als Sympathisant für die Hitlerbewegung aktiv, sollte mit dem Posten des Münchner Polizeipräsidenten belohnt werden, während Gustav von Kahr ausersehen war, das Amt des Landesverwesers für Bayern zu übernehmen.

Noch ehe der 9. November graute – es sollte ein regnerischer, trüber Tag werden –, waren aber dem selbsternannten Kanzler einige Minister seiner »provisorischen National-Regierung« schon wieder verlorengegangen. Die Herren von Kahr, von Lossow und von Seisser hatten sich nämlich in die Infanteriekaserne am Oberwiesenfeld abgesetzt und dem Staatsstreich abgeschworen. So saß Hitler mit dem aus seiner Sollner Villa herbeigeeilten Ludendorff im Bürgerbräukeller und hoffte, daß es mit dem Staatsstreich vielleicht doch noch ein gutes Ende nehmen möge.

Der Auftakt hatte für die Putschisten erfolgreich begonnen und daran hatte sich, wie es schien, bis zum Redaktionsschluß der Zeitungen auch wenig geändert. Die Münchner konnten daher am Morgen lesen, daß der Aufstand gegen »die Regierung der November-Verbrecher in Berlin« gelungen sei. Hitlers *Völkischer Beobachter* zum Beispiel erschien mit der Schlagzeile: »Proklamation einer deutschen Nationalregierung in München«, und als Unterzeile: »Hitler und Ludendorff übernehmen die völkische Diktatur«.

Da sich aber weder die Reichswehr noch Seissers Landespolizei der Putsch-Regierung anschlossen, konnten die beiden völkischen Usurpatoren ihr Amt nicht antreten. Der Marsch nach Berlin entfiel, die Berliner Regierung – von Ludendorff, Hitler, Lossow und Seisser auf einem Flugblatt eben noch für abgesetzt erklärt – regierte noch immer. Und der bayerische Kultusminister Franz Matt schrieb in einem in der Nacht verfaßten Aufruf, die Regierung des Ministerpräsidenten Eugen von Knilling sei noch im Amt und man hoffe, das bayerische Volk werde dem »Preußen Ludendorff« nicht folgen.

Ministerpräsident von Knilling und seine Minister konnten diese Proklamation freilich nicht unterzeichnen, da sie noch im Bürgerbräukeller, wo sie die Rede Kahrs hatten hören wollen, durch Rudolf Heß verhaftet und in der Villa des Verlegers Lehmann interniert worden waren.

In dieser Nacht und am Vormittag des nächsten Tages, des 9. November, gaben die Anhänger noch weitere Beispiele dafür, wie sie in ihrem Staate mit politischen Gegnern umgehen würden (und wie sie zehn Jahre später dann auch umgingen): der Oberrabbiner von München wurde verschleppt und in einem Wald bei München mit der Erschießung bedroht, ehe er dann wieder freigelassen wurde; am Bavariaring wurden Juden aus ihren Betten heraus verhaftet; Nationalsozialisten drangen in die Wohnung des Landtagsvizepräsidenten Erhard Auer ein, sie verwüsteten aber auch die Redaktionsräume der sozialdemokratischen *Münchner Post* und verhafteten den ersten Bürgermeister der Stadt, Eduard Schmid, sowie sozialdemokratische und kommunistische Stadträte...

Der Morgen war gekommen und die Kasse war leer. Mit zwei Lastwagen und einem von Hitler unterschriebenen Zettel fuhren SA-Leute in die Stadt, um dort Geld zu beschaffen, wo es Geld gab – in den Geldscheindruckereien. Zuerst lud man bei Parcus am Promenadeplatz auf, was in der Nacht vom 8. zum 9. November gedruckt worden war – 14 Billionen Mark, gleich 22 000 Dollar –, dann wiederholte man die Prozedur in der Druckerei Mühlthaler, wo 12,6 in Kisten abgefüllte Billionen – gleich 20 000 Dollar – requiriert wurden; im Namen der neuen Reichsregierung, die es eigentlich schon gar nicht mehr gab (wenn es sie denn je gegeben hatte). So mit Barem versehen, konnte man jedem der SA-Männer und den Angehörigen der Freikorps-Einheit »Oberland« seinen kleinen Revolutions-Sold in die Hand drücken. Auch Putschisten haben ihren Preis!

Hitler aber saß weiterhin im Bürgerbräukeller und wartete. Der Münchner Anwalt und Publizist Dr. Otto Gritschneder hat in den Akten den handgeschriebenen Bestellzettel der Bedienung gefunden, der zeigt, wie sich der neue Reichskanzler – dessen erste Amtshandlung ein kapitaler Geldraub war – für den Tag stärkte: »Herrn Hittler 9. 11. 23 früh: 1 Glühwein, 2 Eier, 1 Portion Tee, 2 Brot, 1 Leberk.« Eine weitere Portion war auf dem Zettel durchgestrichen, wahrscheinlich hatte Hitler sie abbestellt, als man zu marschieren begann. Das Spiel schien zwar verloren, aber noch gab es eine kleine Hoffnung: In einem »Erkundungs- und Demonstrationszug« wollte man herausfinden, ob nicht vielleicht die Münchner Bevölkerung der ganzen verpfuschten Aktion noch eine Wendung zum Besseren geben könnte.

Gegen Mittag sammelten sich die Aufständischen zu einem etwa zweitausend Mann starken Zug, der die Rosenheimer Straße hinab zur Ludwigsbrücke zog, dort die zur Absperrung aufgestellte Polizei beiseitedrängte und weitermarschierte durchs Tal zum Marienplatz, wo vom Rathausturm die Hakenkreuz- und die alte schwarzweißrote Reichsfahne wehten. Unter dem Applaus einer großen Menschenmenge zog der Hitler-Troß in breiten Achterreihen durch die Weinstraße Richtung Odeonsplatz. Als sich aber zeigte, daß am Ende der Theatinerstraße die Landpolizei wartete, bogen die Marschierer rechts ab zur Perusa- und von dieser, »links schwenkt Marsch«, in die Residenzstraße. Der zweiundzwanzigjährige George F. W. Hallgarten stand unterm Kühbogen. Später (er war von Hitler nach Amerika vertrieben worden) erinnerte er sich an einen »langen Zug in Vierer- und Sechserreihen«, der nahe seinem Beobachtungsposten »nach rechts in die kleine Querstraße abschwenkte, die zur Residenzstraße führte« – und das würde wohl heißen, daß die später als »Blutzeugen« geehrten Putschisten nicht durch die Perusastraße, sondern durch das Viscardigäßchen zur Feldherrnhalle marschiert wären. Dies freilich ist sehr unwahrscheinlich, doch es zeigt, wie leicht selbst Augenzeugen sich täuschen lassen.

Voran zwei Fahnen und in der ersten Reihe Hitler, auf der einen Seite untergehakt bei Max Erwin von Scheubner-Richter (der hier sterben sollte), auf der anderen Seite bei seinem Leibwächter Ulrich Graf, daneben Ludendorff im Mantel mit Hakenkreuzbinde, ihm zur Seite sein Diener Kurt Neubauer (der ebenfalls getötet wird), daneben Hermann Göring im enggeschnürten Gummimantel mit Stahlhelm und umgehängtem Pour-le-mérite-Orden; den Abschluß dieser ersten Reihe bildete der SA-Führer Wilhelm Brückner.

Das ferne Ziel der Marschierer mag Berlin gewesen sein, doch zunächst wollte man nur in die Schönfeldstraße, wo Ernst Röhm mit seinen Hitlertreuen im Kriegsministerium ausharrte.

Gegen 13 Uhr kam der Zug zur Feldherrnhalle – und traf auf ein Kordon von etwa hundert Polizisten, die den Weg zur Ludwigstraße versperrten. Es fiel ein Schuß. Wurde er von einem Polizisten abgegeben? Oder war es ein Pistolenschuß aus der Hitlerkolonne? Oder hatte doch, wie behauptet wurde, ein Schütze aus dem Hinterhalt gefeuert, aus einem Fenster des Preysing-Palais?

Innerhalb weniger Augenblicke – angeblich sogar innerhalb einer einzigen Minute – war der Kampf an der Feldherrnhalle zu Ende. Sechzehn Nationalsozialisten und vier junge Polizisten waren tot. In München gingen die Unruhen auch in den folgenden Tagen weiter, und die Anhänger Hitlers fanden bei vielen Sympathien, denn die Verräter, so hieß es, seien ja Kahr, Lossow und Seisser gewesen, sie hätten ihr Wort gebrochen. Am 10. November schrieb Karl Alexander von Müller über eine Demonstration mit etwa viertausend Teilnehmern in sein Tagebuch: »Große Menschentrupps, darunter viele Studenten, die mit lauten Schmähreden gegen den ›Judas‹ Kahr und den ›Verräter‹ Lossow durch die Straßen zogen, überall wohin man kam, eine ratlose Verwirrung und Erbitterung.«

Auch noch am Montag, dem 12. November, kam es vor der

Münchner Universität zu einem großen Aufruhr der Studenten. Unter ihnen waren viele Kriegsheimkehrer, aus dem Militär entlassene junge Offiziere, die sich zur Partei Hitlers bekannten, da sie sich weigerten, die demütigenden Ergebnisse des Krieges anzuerkennen.

Vier schwerbewaffnete Kompanien der Landespolizei mußten an jenem Montag aufmarschieren, doch sie konnten nicht verhindern, daß dieser fanatisierte akademische Mob, immer wieder »Wir wollen Hitler!« und »Wo ist Hitler?« schreiend, eine Straßenschlacht begann.

Mit verrenktem Arm ins Oberland

Aber wo war Hitler? War er wirklich, wie erzählt wurde, zusammen mit Ludendorff an der Feldherrnhalle gefallen?

Er war in der Tat zu Boden gestürzt, niedergerissen von Scheubner-Richter. Anschließend floh er, wie viele seiner Gefährten; Hermann Göring zum Beispiel hatte sich, verwundet, in den Laden des jüdischen Möbelhändlers Ballin und nach einem kurzen Klinikaufenthalt nach Österreich gerettet. Hitler, mit schmerzhafter Oberarmluxation, ließ sich in einem Auto der SA aus der Stadt bringen und suchte, als man in die Gegend des Staffelsees kam, Unterschlupf im Uffinger Haus von Ernst Hanfstaengl (der ebenfalls auf der Flucht war). Aber wie lange war er hier sicher?

Am späten Sonntagnachmittag, als die Polizei in zwei Lastwagen vorfuhr, gab es kein Entkommen mehr. »Als meine Frau in fliegender Hast die Treppe zu Hitlers Bodenkammer emporstürmte«, schrieb Hanfstaengl etliche Jahrzehnte später, »trat ihr dieser im Vorraum seines Schlupfwinkels mit gezücktem Revolver entgegen.

›Das ist das Ende!‹ schrie er. ›Mich von diesen Schweinen verhaften lassen – niemals! Lieber tot!‹

Doch bevor er seinen Worten noch die Tat folgen lassen konnte, hatte meine Frau bereits den wirksamen Jiu-Jitsu-Griff des Polizeimannes aus Boston praktiziert und – in hohem Bogen flog der Revolver in ein entfernt stehendes Faß, rasch begraben von einem darin befindlichen Hamstervorrat an Mehl.«

Da er also lebte, brachte man ihn in das Gefängnis nach Landsberg, wo Anton von Arco seine Prominentenzelle für einen offensichtlich noch Prominenteren räumen mußte.

Ein Fluchtauto, das sich Hitler von den Bechsteins erbeten hatte, traf vor dem Hanfstaenglschen Haus in Uffing ein, kurz nachdem man den gefangenen Hitler abtransportiert hatte.

Wenig ruhmreich war am 9. November die Abreise aus München gewesen, doch triumphal war der Auftritt nach seiner Rückkehr: Am 26. Februar 1924 begann im Speisesaal der ehemaligen Münchner Kriegsschule an der Blutenburgstraße der Prozeß gegen Ludendorff, Hitler, Oberstleutnant a. D. Kriebel, Lehmann-Schwiegersohn Dr. Weber, Pöhner, Frick, Röhm, Brückner, Pernet und Wagner. Zehn Angeklagte, und auf der anderen Seite, im Zeugenstand: Kahr, Lossow und Seisser.

Man war bei Gericht von Anfang an darauf bedacht, dem (Haupt-) Angeklagten Hitler keine Ungelegenheiten zu bereiten und ließ ihn – ganz offensichtlich mit seinen Ansichten sympathisierend – für seine Sache und somit gegen die Republik von Weimar agitieren. An vierundzwanzig Verhandlungstagen ersetzte ihm der Gerichtssaal die vertrauten, gewohnten Wirtshaussäle, und am 1. April zeigte das unter Dr. Georg Neithardt tagende Volksgericht München I in seinem Urteilsspruch, daß es in dem versuchten Staatsstreich kein großes Verbrechen sah. Es verhängte die für Hochverrat zulässige Mindeststrafe von fünf Jahren Festungshaft ohne Aberkennung der bürgerlichen Ehrenrechte und gab die Zusicherung einer frühen Haftverschonung. Der Mitverschwörer Ludendorff wurde freigesprochen.

Und wieder gab es Jubel von rechts, wie schon nach dem Arco-Prozeß, den ebenfalls Neithardt geleitet hatte. (Der Jurist wurde bald nach Hitlers Machtübernahme für seine Urteile mit dem Posten des Münchner Oberlandesgerichtsdirektors belohnt).

So kam also Hitler wieder nach Landsberg zurück, wo er *Mein Kampf* schreiben konnte. Arco wurde vorzeitig freigelassen, ebenso wie acht Monate später Adolf Hitler. Kurz vor Weihnachten, am 20. Dezember 1924, war der Putschist wieder in München. Sein Fotograf Heinrich Hoffmann hat ihn an diesem Tag am Landsberger Stadttor aufgenommen: mit finster-entschlossenem Blick vor dem langen Auto des Druckereibesitzers Adolf Müller, das ihn nach München zurückbrachte.

Otto Gritschneder hat das skandalöse Versagen der bayerischen Justiz im Fall des Adolf Hitler dokumentiert und analysiert. Er zeigte auf, wie sie den Fall an sich zog, obwohl das Reichsgericht in Leipzig zuständig gewesen wäre (und sicher sehr viel strenger, vielleicht sogar mit der Todesstrafe geurteilt hätte); er wies darauf hin, wie das Gericht die Tatsache, daß vier Polizisten vor der Feldherrnhalle erschossen wurden, gar nicht zum Gegenstand der Verhandlung machte. Den wahrhaft hoch- und landesverräterischen Entwurf einer Verfassung aber, die das Ende der Weimarer Republik und die Verfolgung von Juden vorsah und die man in der Tasche eines der gefallenen Putschisten gefunden hatte, erwähnte man gar nicht erst.

Während des Prozesses war gefragt worden, ob man den Mann, der sich in München nun schon seit einigen Jahren so aggressiv politisch betätigte, nicht in seine Heimat zurückexpedieren solle, schließlich sei er ja kein deutscher Staatsbürger. Auf keinen Fall könne man ihn abschieben, befand das Gericht, da er doch freiwillig und mit Auszeichnung in der bayerischen Armee gedient habe. In Lindau sprachen Ministerpräsident Held und Österreichs Kanzler Ignaz Seipel dennoch darüber, und es wurde erwogen, den in Braunau am Inn geborenen Adolf H. über Passau nach Österreich abzuschieben. Der Plan wurde ebensowenig verwirklicht wie der Vorschlag des bayerischen Innenministers Schweyer, der auf einer Versammlung bayerischer Parteiführer bereits 1922 die Ausweisung jenes Mannes vorschlug, den seine Anhänger »Führer« nannten. Doch Erhard Auer, der ja auch schon kurz vor der Novemberrevolution von 1918 gesagt hatte, Eisner sei erledigt, er meinte nun, eine solche Aktion sei überflüssig, da dieser Hitler inzwischen bedeutungslos geworden sei.

Er täuschte sich, wie nach ihm auch die beiden Autoren Peter

Scher und Hermann Sinsheimer, die 1928 in ihrem Buch *München – Was nicht im Baedeker steht* schrieben, die meisten Einwohner Münchens »befleißigen sich eines Aussehens und einer Haltung der Mitte«, Extreme seien nur zeit- und fallweise erlaubt. »Auch Hitler ist, nein *war* (denn er ›ist‹ kaum noch!) eine Saisonerscheinung. Man ließ ihn reden, man ließ ihn putschen –aus! Das Stadtbild von München, das er von Fremdstämmigen reinigen wollte, hat ihn verschluckt und verdaut. Er ist nur noch ein historisches Exkrement...«

So sah es auch der Graf von Soden, Kronprinz Rupprechts Kabinettschef. Im November 1929 erzählte er dem württembergischen Gesandten Moser von Filseck von einem höchst unangenehmen Telefongespräch mit einem Beauftragten Hitlers. »Aber«, meinte er, »Hitler selbst sei doch nur pathologisch zu nehmen.«

Ein Mikrophon und tausend Motten

Zwei Tage vor der Urteilsverkündung im Hitler-Prozeß und nur einen Kilometer vom Gerichtssaal entfernt trafen sich im Verkehrsministerium an der Arnulfstraße einige Personen zu einem Unternehmen, von dem so recht wohl niemand wußte, wie es ausgehen, und schon gar nicht, was daraus einmal werden könnte. Und niemand konnte damals vorhersagen, daß der Angeklagte von nebenan sich dieses Instruments einst virtuos bedienen würde.

Der Holzgroßhändler Hermann Klöpfer, der Bankdirektor Kommerzienrat Josef Böhm und der Likörfabrikant Dr. Robert Riemerschmid hatten sich im Herbst 1922 der Sache angenommen, hatten eine Eintragung ins Handelsregister vornehmen lassen und nun, da ein 30-Quadratmeter-Zimmer im vierten Stock des Verkehrsministeriums mit mehr als einer Tonne Baumwollwatte tapeziert und die übrigen technischen wie juristischen Voraussetzungen geschaffen waren, konnte am Nachmittag des 30. März 1924 die »Deutsche Stunde in Bayern« auf der Wellenlänge 486 Meter und mit einer Leistung von 0,3

Kilowatt ihr erstes Programm senden. Und 355 zahlende Zuhörer (sowie geschätzte dreitausend Schwarzhörer) saßen an ihren einfachen Empfängern und hörten erstmals einen Sender, der vom 1. Januar 1931 an Bayerische Rundfunk GmbH heißen sollte. Die Premiere – unter anderem vier Schubertlieder, ein von Hermann Roth verfaßter Prolog sowie eine Rezitation der Kammerspiel-Intendantin Hermine Körner – war freilich ein sehr exklusives Unternehmen, da der schwache Sender Mühen hatte, das weitere Münchner Umland zu erreichen (auch wenn sich ein besonders geschickter Radiobastler aus dem 85 Kilometer entfernten Dingolfing meldete und voller Stolz berichtete, er habe das Eröffnungsprogramm empfangen können).

Schon im darauffolgenden Jahr strahlte von Stadelheim ein Sender das Programm mit sechsfacher Leistung aus, und im Jahre 1932 wurde dann der 80-Kilowatt-Sender in Ismaning in Betrieb genommen, dessen hoher Sendemast jahrzehntelang das Münchner Rundfunkprogramm in die Welt sandte.

Zu dieser Zeit zahlten bereits 150 000 Hörer ihre Gebühren, und die ständig wachsenden Einnahmen hatten es möglich gemacht, daß Richard Riemerschmid, der Architekt der Kammerspiele, für die »Deutsche Stunde in Bayern« ein eigenes, im Sommer 1929 eingeweihtes Haus bauen konnte – das erste für eine Sendeanstalt errichtete Gebäude in Deutschland, und noch heute Sitz des Bayerischen Rundfunks.

Das Studio im Verkehrsministerium – ein Raum, den man zuvor für die ministerielle Aktenablage genutzt hatte – war eng, er war heiß und mit seiner schalldämpfenden Watte das beliebteste Quartier, das es für Motten dazumal in München gab. Die Funkleute hatten aber bald schon so viel Geschick im Umgang mit ihren Gerätschaften, daß sie den ungastlichen Raum unter der Ministeriumskuppel von Fall zu Fall verlassen konnten.

Die erste Gelegenheit war dabei nicht ohne sinnfälligen Bezug: Die erste Außenübertragung, zu der sie mit ihren Mikrophonen aufbrachen, war die Eröffnung des der Technik gewidmeten Deutschen Museums am 7. Mai 1925. Neben München und Nürnberg waren die Sender mehrerer deutscher Städte angeschlossen, außerdem waren auf den Propyläen drei Lautsprecher montiert, aus denen man die feierlichen, pathetischen Worte hören konnte, die etwas mehr als zweitausend Meter Luftlinie entfernt in ein Mikrophon gesprochen wurden.

Keine Chance für den Plan des Kaisers

Drei Tage lang feierte München die Eröffnung des größten Technik-Museums der Welt. Die Stadt ehrte aber auch den Gründer und Organisator dieses Werks, den Ingenieur Oskar von Miller, der an diesem 7. Mai 1925 seinen siebzigsten Geburtstag beging.

Der Verein der Deutschen Ingenieure (VDI) hatte seine Jahreshauptversammlung für das Jahr 1903 nach München einberufen, und diese Veranstaltung gab Miller die Gelegenheit, den Plan jenes »Museums von Meisterwerken der Naturwissenschaften und Technik« vorzulegen, den er in den vorausgegangenen Monaten ausgearbeitet und auf den Weg gebracht hatte. Im Juni war zur Gründungsversammlung in die Akademie der Wissenschaften geladen worden, und von dieser Stunde an wurde das Projekt mit Millerschem Eifer, also ungebremststürmisch vorangetrieben. Der Weg von der Idee zur Tat war bei diesem Sohn (und zehnten Kind) des Erzgießers Ferdinand von Miller für gewöhnlich eine Gerade, hier freilich zog sich alles ein wenig in die Länge.

Begeistert war der Plan aufgenommen worden, und Gustav Krauss war gar so enthusiasmiert, daß er – der erste Spender – eine seiner Lokomotiven und 100 000 Mark stiftete, Carl von Linde folgte dem Beispiel eine Nummer kleiner und trug sich mit 25 000 Mark in die Spendenliste ein. Prinz Ludwig (der spätere König Ludwig III.) übernahm das Patronat, die Stadt München sicherte den Bauplatz – sie stellte im Erbbaurecht die Kohleninsel zur Verfügung –, und am 13. November 1906 um halb zehn Uhr vormittags fuhr der Kaiser vor, angetan mit seiner geliebten Husarenuniform. In Gegenwart des Prinzregenten legte er den Grundstein.

Die Majestät hätte gern gesehen, daß man die von ihr gezeichneten Entwürfe verwirklichte. München war aber in der glücklichen Lage, auf die Bauordnung verweisen zu können: Ein so großer, bedeutender Bau, sagte man, verlange eine öffentliche Ausschreibung. Und so kam, was im München jener Jahre und Jahrzehnte bei wichtigen Bauaufträgen (fast) immer kam – Gabriel von Seidl, des Prinzregenten wie des Millers Freund, bekam den Zuschlag. Und als er 1913 starb, durfte sein Bruder Emanuel weiterbauen (doch auch er erlebte die Eröffnung nicht mehr).

Beim Kostenvoranschlag des Gabriel von Seidl hatte sich unter dem Strich eine Summe von 7,5 Millionen Mark ergeben. Für Oskar von Miller sah die Rechnung nun so aus: eine Million gibt die Stadt München, zwei Millionen kommen vom Königreich Bayern, zwei Millionen vom Deutschen Reich – schließlich baut man ja ein *Deutsches* Museum –, und den Rest soll die Industrie aufbringen.

Mit annähernd zweitausend Stahlbetonpfeilern, die in den instabilen, zwischen zwei Isararmen gelegenen Untergrund gerammt wurden, nahmen die Arbeiten ihren Anfang, im Herbst 1911 konnte zum Richtfest geladen werden, und in dem monumentalen Band *München und seine Bauten*, den der Bayerische Architekten- und Ingenieur-Verein 1912 herausgab, war angekündigt: »Die Eröffnung des Ausstellungsbaues soll voraussichtlich im Jahre 1915 stattfinden.«

Der Krieg begann, es folgten Revolution und Wirtschaftskrise und so konnten die zunächst provisorisch im alten Nationalmuseum an der Maximilianstraße und in der Isarkaserne untergebrachten technischen Sammlungen – der Grundstock des späteren Museums – erst nahezu zwei Jahrzehnte nach der Grundsteinlegung im neuen, großen Bau aufgestellt werden.

Zu dieser Zeit hatte Oskar von Miller längst schon Pläne entwickelt, sein Museum um einen Bibliotheks- und einen Kongreßsaal zu erweitern. Wieder gab es einen Wettbewerb –

ein Architekt namens Freese gewann zwar den ehrenvollen ersten Preis, doch der in München wohlgelittene German Bestelmeyer von Platz vier bekam den Zuschlag.

Wie beim Museumsbau verging auch diesmal zwischen der Grundsteinlegung und der Weihe des Hauses viel Zeit. Im Herbst 1928 waren zwar die Maurer auf dem Bauplatz erschienen, doch man mußte sie bald schon zum Stempeln schicken, da die galoppierende Wirtschaftskrise den Finanzplan ruinierte. Erst 1935 – im Jahr zuvor war Oskar von Miller gestorben – konnte der Kongreßsaal eingeweiht werden, und in den folgenden Jahrzehnten (bis zur Schließung im Sommer 1991) gab es in diesem Saale für jeden etwas: Den Auftritt von NS-Größen für Münchens Braunhemden, eine provisorische Bühne für die ausgebombte Staatsoper, ein Sportfeld für baseballspielende US-Soldaten, ein Drahtseil für Artisten, einen langen Tisch für die Aufsichtsräte bei Aktionärsversammlungen, viel Platz für viele Ärzte bei vielen Kongressen, eine Bühne für die Regensburger Domspatzen und den Trientiner Bergsteigerchor, viele Tische und Uhren für die Teilnehmer der Schachweltmeisterschaft von 1958, ein Pult für große Dirigenten wie Wilhelm Furtwängler, Igor Strawinsky oder auch Fritz Lehmann (der 1956 während einer Aufführung der »Matthäuspassion« zusammenbrach und starb). Vor allem aber war der Kongreßsaal ein Platz der großen Jazz-Konzerte!

Das sei doch gewiß kein Zufall, meinte Wilhelm Hausenstein 1929 in seinem großen München-Essay *Sinn und Verhängnis einer Stadt*, daß auf dem Boden Münchens »auch das Technische den Weg in die museale Repräsentation gefunden hat« und daß hier zwar keine ausgebreitete Industrie, doch ein Museum für Naturwissenschaft und Technik zu finden sei.

Als dieses Museum durch den Reichspräsidenten Paul von Hindenburg eingeweiht wurde, gab es aber draußen in Milbertshofen bereits jenes Unternehmen, das einmal den Stolz der Münchner, der bayerischen Industrie bilden sollte: die Bayerischen Motoren-Werke, abgekürzt BMW.

Die schnellen Räder mit den rotierenden Propellern

Die Firmengründung, wiewohl ein höchst komplizierter Vorgang, läßt sich kurz beschreiben: Aus der im Jahre 1911 in der Schleißheimer Straße 135 gegründeten »Gustav Otto Flugmaschinenfabrik« und den 1913 in der Schleißheimer Straße 288 installierten »Rapp Motoren-Werken« entstanden im Frühjahr 1916 (also etwa zur gleichen Zeit, als König Ludwig III. im nahegelegenen Freimann seine Krupp-Kanonenfabrik erhielt) die »Bayerischen Flugzeugwerke AG«, die im darauffolgenden Jahr in »Bayerische Motoren Werke« umbenannt wurden.

Zu den Flugmotoren – das Firmensignet zeigt noch heute zwei weiße, rotierende Propellerflügel vor blauem Hintergrund – kam 1923 das erste Motorrad, eine 8,5 PS starke und 80 km/h schnelle 500er-Maschine, mit der Typenbezeichnung R 32. Ein großer Erfolg, eine bewunderte Konstruktionsleistung. Aber man wollte schneller sein als andere, und so baute man bald für Ernst Henne, den Münchner, und für Schorsch Meier, den Mühldorfer, etliche Maschinen, mit denen Rennerfolge und Weltrekorde gesammelt wurden. An einem Novembertag des Jahres 1937 schließlich setzte Henne auf seiner verkleideten 500er Kompressor-BMW für lange Zeit die entscheidende Marke: 279,503 Stundenkilometer.

Zu dieser Zeit fuhr BMW auch längst schon auf vier Rädern durch die Welt. Am 14. November 1928 hatte man sich nämlich die Fahrzeugwerke Eisenach und damit auch die Lizenz zum Bau jenes kleinen Austin gekauft, der, ein wenig weiterentwickelt, unter dem Namen »Dixi« legendär und zum Stamm-Auto aller künftigen BMWs wurde. Doch immer noch baute man in Milbertshofen auch Flugmotoren, zum Beispiel jenen 9-Zylinder-Sternmotor, der in der JU 52 seine Kraft und Zuverlässigkeit so lange und so vielfach bewiesen hat.

Die Fabrikationsstätte war gut gewählt, denn nebenan, auf dem Oberwiesenfeld, hatte Münchens Fluggeschichte begonnen, und hier hatte die Stadt seit den Mittzwanzigern ihren ersten Verkehrsflughafen, der erst im Oktober 1939 nach München-

Riem verlegt wurde (das wiederum im Mai 1992 die Flugzeuge und die Passagiere an München II im Erdinger Moos abgeben mußte). Auch wenn das Deutsche Museum eröffnet und im gleichen Jahr 1925 die Neue Sammlung für angewandte Kunst begründet wurde, wenn Flugzeuge in Rekordhöhen stiegen (was ihnen die Sieger von 1918 bald schon verboten) und 1922 erstmals eine »Radlermaß« eingeschenkt wurde – die berühmten zwanziger Jahre des neuen Jahrhunderts waren entschieden keine gute Zeit für München. Um die Jahrhundertwende waren die Künstler in diese Stadt gekommen, die man (und die sich) »Isar-Athen« nannte, nun kamen Ludendorff, im Sommer 1920, oder Reinhard Heydrich, im Sommer 1931.

Münchens Uhren gingen diesmal wirklich anders.

Die »posthum-quasi-preußische Luft Münchens«

Der verlorene Krieg, die Revolution, dazu Inflation und Weltwirtschaftskrise – wie katastrophal sich die Lage in diesem Jahrzehnt entwickelte, zeigte sich besonders deutlich im Jahre 1922, als der Stadthaushalt – den eine alliierte Kommission zu genehmigen hatte – nicht weniger als zwölfmal korrigiert werden mußte, bis er zuletzt den ursprünglichen Ansatz neunfach überstieg.

Auf der Suche nach Geld machte sich Bürgermeister Karl Scharnagl im frühen Januar 1926 auf die Reise nach Amerika, um beim New Yorker Bankhaus Harris, Forbes & Co einen 8,9 Millionen-Dollar-Kredit aufzunehmen, der vor allem den Ausbau von Elektrizitäts- und Gaswerken sowie den Wohnungsbau finanzieren sollte (und von dem 1953 noch 2,3 Millionen Mark in New York auf der Sollseite verbucht waren).

Das Geld reichte nicht, und so folgte diesem 7-Prozent-Kredit im Jahre 1928 noch ein 1,6-Millionen-Pfund-Kredit des Londoner Bankhauses Lazard Brothers & Co (das nach dem Kriege ein Guthaben von knapp 15 Millionen Mark anmelden konnte).

Die Stadt hatte sich mit diesen Schulden ein wenig Luft verschafft, aber wie sollten sich die Verhältnisse grundlegend ändern, da doch bereits 1929 die Weltwirtschaft in ihre tiefste Krise stürzte. So war die Zahl der Münchner Arbeitslosen von 15 000 am Jahresende 1920 über 48 000 im Jahre 1927 auf mehr als 67 000 Ende 1930 angestiegen, und daß die Depression auch in Villen und Palästen zu spüren war, konnte beispielsweise die Kunst- und Antiquitätenhandlung Bernheimer aus ihren Bilanzen herauslesen: Die in aller Welt hochgeschätzte Firma (deren 900 000 Goldmark teueres Geschäftshaus am Lenbachplatz im Jahre 1889 der Prinzregent eingeweiht hatte) erzielte 1929 nur ein Fünftel der Geschäfte des Vorjahres und kam entsprechend in Liquidationsschwierigkeiten. Freilich, wer damals in München ein Haus verkaufen wollte oder mußte, konnte für ein Objekt, das hunderttausend Mark wert war, nur wenig mehr als fünfzehntausend Mark kassieren.

Die Lage war ernst und so warnte der für Finanzfragen zuständige Referent Andreas Pfeiffer Oberbürgermeister Scharnagl bereits im Juli 1929 – also ein Vierteljahr vor dem Schwarzen Freitag – in einem vertraulichen Brief (den Peter Steinborn in seiner kundigen, materialreichen Arbeit über *Grundlagen und Grundzüge Münchner Kommunalpolitik in den Jahren der Weimarer Republik* zitiert): »Es ist auf die Dauer unmöglich, daß eine in ihren Einnahmeverhältnissen so beschränkte Stadt wie München nebeneinander ihre Werke in großzügigstem Maße ausbaut, die beste Wasserversorgung haben will, die Hygiene in hervorragendem Maße pflegen will, einen der modernsten und im Betrieb wohl teuersten Flughäfen besitzen will, erstklassige Theater mit hohen Zuschüssen unterhalten will, eine weit über Deutschlands Grenzen hinaus berühmte Volksbücherei betreibt, die besten Schulen und schönsten Stadien und Badeanstalten Deutschlands haben will, der bildenden Kunst größere Aufwendungen wie anderwärts zubilligt, zahlreiche Museen und Kunstdenkmäler unterhält, das Ausstellungswesen mit erhöhten Zubußen fördert, unrentable Mustergüter betreibt, im modernen Krankenhausbau an der Spitze der deutschen Städte steht, die bestgebauten Straßen besitzen will, ein großzügigeres Wohnungsbauprogramm wie irgend anderswo finanziert, eine besonders gehobene, die Hälfte der Steuereinnahmen verschlingende Wohlfahrtsfürsorge durchführt...«

Am Ende dieses Katalogs der Leistungen und der Wünsche aber meinte Pfeiffer, daß es keiner großen Sehergabe bedürfe, »um zu erkennen, daß wir, wenn wir in dieser Art der Gemeindeverwaltung fortfahren, recht bald am absoluten Ende unserer Weisheit stehen werden«. Und deshalb, so forderte der ansonsten aufs Sparen bedachte Stadtrat Pfeiffer, müsse München Geld für die Kunst und die Wissenschaft geben; das habe Vorrang, denn an Kunst und Wissenschaft hänge das Ansehen der Stadt.

Davon, daß die Kunst nach Brot gehe, war auch der zweite Bürgermeister Hans Küfner überzeugt, und das, meinte er 1925, sei ja auch die Gefahr, »denn in Berlin sitzt nun halt einmal mehr Geld«. Daran schloß er die Mahnung: »Wenn da die Stadt nicht systematisch und geschlossen auf diesem Gebiet arbeitet, werden wir in absehbarer Zeit – ob wir es heute noch sind weiß ich nicht – nicht mehr in der vordersten Linie stehen.«

Aber was half es, daß der Kulturetat von 0,8 Prozent im Jahre 1924 auf 2,1 Prozent im Jahre 1930 anstieg (um freilich im darauffolgenden Krisenjahr wieder auf 1,1 Prozent abzusinken) – München war, wie Oskar Maria Graf in seinem *Notizbuch des Provinzschriftstellers* schrieb, »seit langer, langer Zeit sozusagen auf den Hund gekommen, München ist sicher von allen deutschen Städten die provinzlerischste.« Wilhelm Hausenstein formulierte das in seinem großen München-Essay etwas vornehmer: »Man plaudert öffentliche Geheimnisse aus, wenn man darauf verweist, daß für den kritischeren Begriff die geistige Spannung der Stadt nachgelassen hat, seitdem Krieg und Quasirevolution und Pseudorestauration München in die Armut unserer Epoche hineingezogen haben.« Und er meinte auch, daß die Atmosphäre Berlins »heute liberaler sei als die posthum-quasi-preußische Luft Münchens«.

Bürgermeister Küfner irrte: Es lag nicht am Geld, wenn München an Ansehen verlor. Die »glückliche Phäakenstadt« (so hatte Annette Kolb ihre Geburtsstadt einst genannt) war laut und unduldsam geworden. Der Bodensatz, so schien es, war nach oben gewirbelt und die »Liberalitas Bavarica«, die man sich so gerne schulterklopfend bestätigte, war nur noch eine ferne Erinnerung.

»Johnny spielt auf« mit Johlen, faulen Äpfeln, stinkenden Eiern

Unduldsam und laut zeigten sich die rechten Münchner Leute, als Otto Falckenberg 1926 in seinen Kammerspielen Carl Zuckmayers *Fröhlichen Weinberg* inszenierte. In Berlin hatten das Publikum und selbst noch jene Kritiker gejubelt, die sonst immer zu verschiedenen Urteilen kamen, in Frankfurt, wo Heinz Hilpert Regie führte, gab es stürmischen Beifall. Und dann München, wo Zuckmayer einige Jahre zuvor, noch in der Intendanz von Hermine Körner, als zweiter, schlecht bezahlter Dramaturg gearbeitet hatte: Am Ende der Premiere sammelte sich »ein Trupp wütender Studenten mit Stöcken und Knüppeln vor dem Bühneneingang, durch den ich mit Falckenberg und den Darstellern das Theater verlassen mußte. Die Taxichauffeure, die draußen auf uns warteten, um uns zu einer Feier zu fahren, kamen herein und boten sich als Schutztruppe an; sie hatten, berufshalber, Schlagringe dabei. Inmitten dieser bajuwarischen Kraftgestalten schritt ich kampfbereit auf die Straße, die Theaterleute dicht hinterher.«

Natürlich waren die Brüller auch wieder dabei, als im Juni 1928 Ernst Křeneks Jazz-Oper *Johnny spielt auf* im Gärtnerplatztheater Premiere hatte. Schließlich widersprach solch schräge Musik nach Meinung der gesunden Volksempfinder phonstark allem gesunden Volksempfinden. So argumentierte man, wie man immer argumentiert, wenn die verbalen Argumente fehlen: mit Johlen, stinkenden Eiern, faulen Äpfeln, Knallfröschen und Stinkbomben. Man wurde im Parkett handgreiflich und attackierte zuletzt auch noch die herbeigerufenen Polizisten.

München, das muß zur (kleinen) Entschuldigung angemerkt sein, fand sich in großer Gesellschaft, denn innerhalb eines Jahres gab es bei *Weinberg*-Premieren im Reich 63 vom Verlag feinsäuberlich registrierte Skandale. Vornehmlich wohl in Kulturprovinz-Städten. Und München wurde von vielen dazu gezählt. Mit Gründen. Im März 1930 – im Rathaus gab es die erste heftige Prügelei zwischen den Nationalsozialisten und den Kommunisten – schrieb Oskar Maria Graf dem (auch von ihm) hochgeschätzten Bibliotheksdirektor Hans Ludwig Held, er wolle der Dichter-Handschriftensammlung keines seiner Manuskripte schenken, »denn ich lege absolut keinen Wert darauf, beim offiziellen München bekannt zu sein. Mit einer Stadt, die Theater-Aufführungen einem Spießbürgertum zuliebe inhibiert, die die besten Filme nicht hereinläßt, und mit einer ›Geistigkeit‹, die das duldet, habe ich nichts zu tun.«

Doch kenne sich einer aus mit der Provinzialität von großen Städten.

Während Graf in seinem Atelier Barer Straße 37 die Absage formulierte, applaudierte München bereits seit Monaten der so gar nicht bürgerfrommen, doch offensichtlich auch nicht bürgerschreckenden *Dreigroschenoper* von Brecht/Weill. Seit der von Hans Schweikart inszenierten Premiere im Sommer 1929 füllte diese *Dreigroschenoper* übrigens die strapazierte Kasse der Kammerspiele mit vielen Groschen (und konnte dann doch nicht verhindern, daß das Theater im Herbst 1932 Konkurs machte). Und Beifall hatte es auch gegeben, als fünf Monate nach dem Křenek-Krach Wedekinds *Lulu* erstaufgeführt wurde.

Vom europäischen Zentrum zur deutschen Provinzstadt

Der Anspruch Münchens, die erste Kunststadt des Reiches zu sein, war bereits früher zur Diskussion gestellt worden. Die Secessionisten sahen ihn gefährdet (und sich als Rettung), der Schriftsteller Michael Georg Conrad meinte 1894, Berlin sei »das Mekka deutscher Kunst« und nicht München, Hans Rosenhagen aber war das Thema »Münchens Niedergang als Kunststadt« im Jahre 1901 zwei Artikel in der Berliner Zeitung *Der Tag* wert. Für Eduard Engels wiederum waren diese Aufsätze ein Anlaß, bei den Betroffenen nachzufragen, ob »Münchens Stellung als führende deutsche Kunststadt erschüttert sei oder nicht«. Dreiunddreißig Antworten bündelt er zum schmalen Buch, und er tat dies – bemerkenswerter Zufall! – justament in jenem Jahr 1902, in dem Thomas Mann sein »München leuchtete« schrieb.

Waren Münchens Stellung und Münchens Anspruch erschüttert?

Nein, widersprach der sonst so streitbare Schriftsteller M. G. Conrad seiner These von 1894, München sei einer der fesselndsten Orte auf dem Planeten, und zu danken sei das vor allem – so die fürwahr verblüffende These – »dem idealen Schaffenstriebe und tragischen Schicksal Ludwig II.«.

Nein, sagte der Maler Albert von Keller, denn »auf drei Berliner Künstler von Rang kommen in München mindestens fünfundzwanzig von gleichem oder höherem Rang«.

Auch Franz von Lenbach (dem von vielen ja die Schuld an dem besagten Niedergang zugeschrieben wurde), sah die Stellung Münchens als Kunststadt nicht erschüttert: »Auf alle Fälle schlagen Sie sich das mit dem Rückgang Münchens aus dem Sinn«, antwortete er Eduard Engels, »von dergleichen kann gar nicht die Rede sein.« Und er fügte hinzu: »Die Stadt, wo gerade ein führender Künstler wirkt, ist eben eine führende Kunststadt« – so einfach ist das. Und wer, Herr von Lenbach, ist wohl der führende Künstler in der führenden Kunststadt München?

Es gab freilich auch kritische Antworten, und eine kam aus Berlin von Max Liebermann: »In Ihrer Frage... ist eigentlich schon deren Antwort enthalten. Denn wer hätte vor fünf oder gar zehn Jahren daran gedacht, eine derartige Frage zu stellen.«

Ein Vierteljahrhundert später waren die Verhältnisse so verändert und hatten sich die Zustände so zum Schlechteren gewandt, daß die Frage von 1902 mehrfach wiederholt und von der *Münchner Post* so resümiert wurde: »München war vor dem Krieg ein europäisches Zentrum; es ist im Begriffe, eine deutsche Provinzstadt zu werden.«

Thomas Mann hatte freilich noch Hoffnung, daß sich das verhindern lasse, als er am 2. November 1926 zur Gründung der

»Münchner Gesellschaft 1926« im Steinickesaal sprach. Auch wenn er beklagte, daß man in einer Zeit lebe, »deren verächtliche Fidelität uns zuweilen ein bißchen auf die Nerven geht, einer Zeit von wahrem Jazz-Band-Charakter, deren Helden der Preisboxer und der Kinostar sind, und in der Verrohung und Verflachung ungeahnte Orgien feiern«. (Und doch sah die Welt Münchens wachsende Provinzialität unter anderem dadurch bestätigt, daß hier die Lichtreklame verboten und 1929 ein Auftritt der mit einem Bananenröckchen mehr kokett als korrekt bekleideten Josephine Baker nicht zugelassen wurde.)

Die Gefahr des drohenden Niederganges wurde mit »richtigem Gefühl« erkannt und so lud die (liberale) Deutsche Demokratische Partei für den 30. November 1926 sechs Redner ein, in der Tonhalle über den »Kampf um München als Kulturzentrum« zu sprechen. Und wieder Thomas Mann. Er, der berühmteste unter den Rednern (zu denen auch Bruder Heinrich sowie der Maler Willy Geiger und der Typograph Paul Renner gehörten), sprach von dem Bild, das man sich von der bayerischen Hauptstadt mache: »Wir mußten es erleben, daß München in Deutschland und darüber hinaus als Hort der Reaktion, als Sitz aller Verstocktheit und Widerspenstigkeit gegen den Willen der Zeit verschrien war, mußten hören, daß man es eine dumme, die eigentlich dumme Stadt nannte!« Dieses München, meinte er, werde gemieden, wenn es in den »dauernden Ruf der Unwirtlichkeit geriete«. Eine der Folgen würde dann sein – und Thomas Mann sprach hier, wie Thomas Mann sonst nicht sprach –, »daß es der Fremdenindustrie an den Kragen gehen« wird: »München wird einer schönen Frau gleichen, die jedoch im Rufe so verdrießlicher Beschränktheit steht, daß sie keinen Liebhaber findet.«

Bruder Heinrich formulierte seine Kritik in einem Wunsch: München, so hoffe er, werde »jene wohlwollende Neutralität (wiederbekommen), auf deren Boden sich hier gut leben ließ und wieder gut wird leben lassen«.

»Es riecht nicht, es stinkt nach Reaktion«

Das Thema blieb in der Diskussion und bei einer Umfrage des *Zwiebelfisch* gab auch der Theaterprofessor Artur Kutscher sein Urteil ab: »Das konservative Element, vor Jahren noch zitternd, unruhig, zu Verhandlungen bereit, ist ein wulstiger Koloß geworden. Es riecht nicht, es stinkt nach Reaktion!«

So viele Stimmen, so viele Warnungen – doch München ging den verhängnisvollen Weg borniertter Unduldsamkeit und rechthaberischer Dummheit weiter. Man glaubte hehre Werte zu retten und arbeitete, ohne es vielleicht zu wollen oder zu erkennen, jenem Herrn Hitler zu, der seit 1927 wieder öffentlich reden durfte und der es sich 1929, wenige Wochen vor dem großen Bankenkrach, leisten konnte, sein möbliertes Untermietzimmer bei Frau Reichert in der Thierschstraße aufzugeben und in eine Neunzimmerwohnung am Prinzregentenplatz 16 zu ziehen. Noch mußte freilich Herr Bruckmann für ihn bürgen.

Was sich in den zwanziger Jahren in dieser Stadt und in diesem Land vorbereitete, hat man vielfach nicht ganz ernst genommen und als bayerische Kuriosa oder als die ethnischen Absonderlichkeiten eines eigenwilligen Stammes registriert. Der amerikanische Schriftsteller Thomas Wolfe war einige Male in München gewesen, und 1939 konnte man in seinem (nachgelassenen) Roman *Geweb und Fels* lesen, welche Eindrücke er gewonnen hat: »Was könnte man über München anderes sagen, als daß es eine Art von deutschem Paradies sei? Viele Menschen schlafen und träumen manchmal, sie seien in den Himmel gekommen – in ganz Deutschland aber träumen die Leute oft, sie seien nach München, nach Bayern gefahren. Und tatsächlich ist diese Stadt auf erstaunliche Art und Weise ein großer deutscher, ins Leben übersetzter Traum.«

Dabei hätte Wolfe guten Anlaß gehabt, der Welt eine ganz andere Münchner Geschichte zu erzählen. Am regnerischen 30. September 1928 war er mit einem amerikanischen Ehepaar zum Oktoberfest gegangen, hatte heftig gezecht (sieben, acht Maß, meint er, seien es wohl gewesen – aber er war ja auch ein Hüne von einem Mann), und im Rausch geriet er, wohlgelaunt, mit etlichen Wies'nbesuchern in eine Rauferei, bei der man ihn mit einem eisenarmierten Klappstuhl fürs Krankenhaus präparierte. »München«, schrieb er wenig später, mittlerweile wieder aus dem Spital entlassen, »hat mich fast umgebracht... Es hat mir mehrere Kopfwunden und eine gebrochene Nase eingebracht... Aber es hat mir in fünf Wochen mehr menschliche Erfahrung geschenkt, als den meisten Menschen in fünf Jahren zuteil wird...«

Über die Stadt und jene Menschen, die ihn so zurichteten (wenn es denn auch wirklich angestammte Bayern waren) schrieb er dann in seinem Roman: »Der Bayer ist der ›nette Kerl der Nation‹. In anderen Gegenden Deutschlands erheben die Menschen ihre Augen, wenn man ihnen erzählt, man werde nach München fahren, und seufzen vor Entzücken: ›Ach, München ist schön!‹«

War es wirklich so schön? Leuchtete es noch immer? Wer kritischer hinsah, konnte sehr wohl die Augen erheben und seufzen. Doch nicht vor Entzücken.

Der Schriftsteller Lion Feuchtwanger zum Beispiel hat das Treiben in seiner Geburtsstadt München sehr genau beobachtet, seine Erfahrungen gemacht und dann wohl Anlaß gehabt, in seiner »Selbstdarstellung« zu schreiben: Er sehe ein Zeichen seiner Vitalität darin, »daß er in der Luft dieser Stadt 407 263 054 Atemzüge tun konnte, ohne an seiner geistigen Gesundheit erkennbaren Schaden zu nehmen«. Auch wenn die »Weißen« nach ihrem Einzug 1919 seine Wohnung durchwühlten und Jugendliche zu Beginn der zwanziger Jahre an die Wand seines Hauses antisemitische Parolen schmierten.

»Erfolg« – das zur Kenntlichkeit verfremdete München

Die Feuchtwangers ertrugen es – doch am Faschingsdienstag des Jahres 1925 gaben sie ihre Wohnung in der Georgenstraße 24/III auf, um nach Berlin zu ziehen. Aus dieser räumlichen Distanz (und der Fiktion, daß er schreibend aus dem Jahre 2000 zurückblicke) verfaßte Lion Feuchtwanger den Roman *Erfolg*, der trotz des Untertitels »Drei Jahre Geschichte einer Provinz« vor allem von der Stadt München in den Jahren 1921 bis 1924 erzählte: von Prozessen, in denen die Linken so unvergleichlich strenger bestraft wurden als die Rechten, vom Marsch zur Feldherrnhalle oder von der Ermordung der Marie Sandmayer (die im Buche Amalie Sandhuber heißt)...

In dieser bis zur Kenntlichkeit verfremdeten Münchner Chronik treten natürlich auch viele jener Personen auf, die dazumal agierten und agitierten. Hitler heißt Rupert Kutzner, er ist Monteur und Führer der »Wahrhaft Deutschen«, Gustav von Kahr ist in der Romanfigur des Dr. Franz Flaucher mühelos zu erkennen. Andere Mitwirkende in dieser bösen münchnerischen Maskerade sind der Ingenieur Kaspar Pröckl alias Bert Brecht, der Komiker Balthasar Hierl alias Karl Valentin; General Vehsemann war im wirklichen Leben General Ludendorff, dazu der Autor Jacques Tüverlin, bürgerlich Lion Feuchtwanger, sowie die Herren Josef Pfisterer und Dr. Lorenz Matthäi, bekannt unter ihrem Namen Ludwig Ganghofer und Ludwig Thoma (die gleichsam posthum in dieses Spiel einbezogen wurden, sie waren nämlich 1920 beziehungsweise 1921 verstorben).

Feuchtwanger, der Sohn eines münchnerisch-jüdischen Margarinefabrikanten (mit Firmensitz Grillparzerstraße 6 und Zweigbetrieben in Ägypten, Holland und Rumänien), hat in diesem Zukunftsroman aus einer nahen, noch nicht beendeten Vergangenheit den kranken Geist jener Münchner Jahre genau diagnostiziert und beschrieben. Über all dem Richtigen und all den vielen Details hat er dann aber doch keine griffige, überzeugende Geschichte gefunden. Er erzählt von einem (fiktiven) Münchner Justizskandal, dessen Opfer ein Subdirektor der Staatlichen Gemäldesammlungen wird und für den seine Freundin gegen alle bayerische Reaktion kämpft. (In der Figur dieser Johanna Krain wird gelegentlich Zenzl Mühsam, die niederbayerische Frau von Erich Mühsam gesehen, die für ihren inhaftierten Mann und seine Freunde stritt).

Der »*Erfolg*« wurde zu einer Reihung von scharf gezeichneten Momentaufnahmen aus einer Stadt, die sich noch immer nicht von der Revolution erholt hat und die zuletzt in noch größeres Elend geraten wird. Der *Völkische Beobachter* sprach von dieser kommenden Zeit, als er bei Erscheinen des Romans Feuchtwanger androhte, er habe sich mit *Erfolg* die Anwartschaft auf das Exil erworben. Im Herbst 1930 wurde das Buch ausgeliefert, nur wenig mehr als zwei Jahre später war das Exil Wirklichkeit.

Künstler und Professoren packen die Koffer

Wie vor dem Kriege die bayerische Haupt- und Residenzstadt, so leuchtete jetzt Berlin, und so waren es vielleicht auch weniger die Brüllreden des Adolf Hitler in Münchner Wirtshaussälen oder die Aufmärsche der Braunhemden, die zum Wegzug von Künstlern führten (denn Hitler-Männer gab es auch an der Spree in reicher Zahl) – es war die zunehmende Provinzialisierung.

Paul Klee, während des Krieges als Flugzeugbemaler eingezogen und zuletzt wohnhaft in der Ainmillerstraße 32, erhielt 1920 einen Ruf ans Bauhaus nach Weimar; zwei Jahre später nahm Bruno Walter den Posten eines Generalmusikdirektors in Berlin an: »Ich befand mich zu jener Zeit«, schreibt er in seinen Erinnerungen, «in einer schweren Lage leidenschaftlicher Verstrickung.« (Daß keine politischen Motive den Anlaß gaben, läßt sich der Feststellung entnehmen, daß er bis 1933 – und somit auch in seiner Münchner Zeit – »nie eine gegen mich gerichtete politische Demonstration in einer meiner Konzert- oder Opernaufführungen« erlebt habe.)

Und der Exodus setzte sich fort: Im Jahre 1924 kehrte der seit 1912 in München lehrende sechzigjährige Kunsthistoriker Heinrich Wölfflin in seine Schweizer Heimat zurück und übernahm eine Professur an der Universität Zürich. Ebenfalls 1924 zog Alfred Neumann, Schwiegersohn und zeitweise auch Lektor des Verlegers Georg Müller, in sein Florentiner Haus (wo er den Adele-Spitzeder-Roman *Der Goldquell* schrieb); im darauffolgenden Jahr wurde Alexander Kanoldt – einer der bedeutendsten Maler der Münchner »Neuen Sachlichkeit« – Professor an der Akademie Breslau; von 1926 an leitete Richard Riemerschmid (der einzige gebürtige Münchner unter den Abgeworbenen) die Werkschule Köln; 1928 gingen Ferdinand Sauerbruch und der in der Leopoldstraße 59 gemeldete (aber immer ein wenig umherreisende, die Münchner Wohnung aber auch nicht aufgebende) Heinrich Mann nach Berlin; im gleichen Jahr wurde der Maler Willy Geiger – Redner bei der »Kulturstadt«-Diskussion von 1926 – Professor in Leipzig; ein Jahr später folgte der Literaturwissenschaftler Fritz Strich einer Berufung nach Bern.

Alles normale Vorgänge, üblich im akademischen Betrieb – und doch, in der Häufung und zusammen mit anderen Symptomen ein Zeichen dafür, daß München an Bedeutung, an künstlerischem Ansehen verlor.

Das zeigte sich auch am Beispiel eines jungen Mannes, der im September 1924 nach Berlin zog. Ein paar Jahre lang hatte er sich nicht entscheiden können, ob er in Augsburg oder München leben wollte, zuletzt aber dann doch, vom Januar 1923 an, mit seiner Frau Marianne Zoff in der Münchner Akademiestraße 15 eine kleine Zweizimmerwohnung gemietet. Diesem Einzug des Bert Brecht vorausgegangen war eine Theaterpremiere: die Uraufführung seiner *Trommeln in der Nacht* am 29. September 1922 an den Kammerspielen in der Augustenstraße 89. Regie hatte Otto Falckenberg geführt, und gespielt hatten neben anderen Maria Koppenhöfer, Erwin Faber, Hans Leibelt sowie Kurt Horwitz. Und im Publikum: Karl Valentin (der ein paar Tage später an gleicher Stelle zusammen mit Liesl Karlstadt erstmals sein *Christbaumbrettl* aufführen wird).

Ein Jahr zuvor, im Sommer von 1921, hatte Brecht als Klarinettist in Karl Valentins Oktoberfestschau mitgewirkt, und nun, während des Oktoberfestes von 1922 – die Maß Bier zu fünfzig, das Hendl zu zweihundert Mark – das Debüt, bei dem freilich außer dem einflußreichen, angesehenen und wohlgesinnten Herbert Ihering wohl niemand erkannte, daß dieser 22. September ein wichtiger Tag in der Geschichte des Münchner, des deutschen Theaters sein würde. Ein Tag, vergleichbar vielleicht jenem 12. Juni 1917, an dem im Prinzregententheater Hans Pfitzners *Palestrina* uraufgeführt wurde. (Noch Jahrzehnte später schrieb Bruno Walter, die von ihm dirigierte Premiere – mit Karl Erb und Maria Ivogün – zähle »zu den großen Ereignissen meines Lebens«.)

Ähnlich mag Ihering nach dem Brecht-Debüt empfunden haben. In seiner Kritik im Berliner *Börsen-Courier* formulierte er seine Begeisterung so: »Der vierundzwanzigjährige Dichter Bert Brecht hat über Nacht das dichterische Antlitz Deutschlands verändert. Mit Bert Brecht ist ein neuer Ton, eine neue Melodie, eine neue Vision in der Zeit. Seine Dramen... sind neue Weltkörper.« Schrieb's und setzte durch, daß der junge Dramatiker den Kleist-Preis erhielt.

Eines der Brecht-Dramen aber, *Im Dickicht der Städte*, wurde knapp fünf Monate später unter Erich Engels Regie sowie in den Bühnenbildern von Brechts Augsburger Freund Caspar Neher im Residenztheater uraufgeführt... und nach sechs Vorführungen wieder abgesetzt. Noch einmal gab es, im Frühjahr 1924, in der Augustenstraße eine Brecht-Uraufführung. Das Stück war zwar in doppelter Weise nicht ganz von Brecht – denn zusammen mit seinem Förderer Lion Feuchtwanger hatte er Christopher Marlowes *Leben Eduards des Zweiten von England* umgearbeitet –, doch erstmals führte er Regie. Erfolgreich!

In der ehemaligen Kriegsschule an der Blutenburgstraße verhandelte man dazumal gerade gegen die Putschisten des 9. Novembers, doch der junge B. B. nahm das alles nicht sehr ernst. Im Frühjahr 1923 nannte er die Aufzüge der Hitler-Männer (die im Januar ihren ersten Parteitag abgehalten hatten) die »Kavalkaden von trüben Hundsföttchen«, und nach der bekanntesten dieser Kavalkaden, als am 9. November der Marsch nach Berlin bereits an der Feldherrnhalle gestoppt wurde, war Brecht mit Freunden bei Feuchtwangers zusammengetroffen. »Man konnte meinen«, schrieb einer dieser Freunde, »wir säßen in einem Provinztheater letzten Rangs und sähen gerade den Aufzug der spanischen Wache im ›Egmont‹.« Als man sich bei guter Laune verabschiedete, heißt es, hätten Brechts Augen spöttisch geglänzt.

Sein Ziel hieß nun Berlin, denn diese Stadt wurde in diesem aufregenden, gefährlichen Jahrzehnt eine europäische Metropole: schnell, frech, witzig. Vielleicht hat er aber auch geahnt, daß für seine Stücke bald kein rechter Platz mehr sein würde in diesem München, das im Dezember 1924 erstmals drei NSDAP-Männer in den Stadtrat wählte und einen Ersten Bürgermeister Karl Scharnagl – einen ehrbaren, konservativen Bäckermeister –, der bei seinem Amtsantritt bekanntgab, sein kulturpolitisches Ziel sei die »Fortführung edler hochstehender Äußerungen des Volkslebens für alle Kreise der Bevölkerung, die Hochhaltung alter Bräuche und Gewohnheiten, die Verdrängung neumodischer, undeutscher und demoralisierender Gewohnheiten und Lebensäußerungen durch Pflege bodenständiger, wahrhaft volkstümlicher Überlieferung.«

Der kleine Dicke und der lange Dürre:
Weiß Ferdl und Karl Valentin

Solch schlichter Kunstverstand fand zweifellos Gefallen an der oft anspruchslosen, derben Lustigkeit der Münchner Volkssänger, die ihr Publikum mit Sketchen und Couplets unterhielten. Der legendäre Papa Geis, der in der Singspielhalle beim Oberpollinger auftrat, gehörte dazu, auch der Papa Kern vom Café Metropol, der Hans Blädl vom Café Perzl, der Karl Lindermaier, der Anderl Welsch oder der 1872 geborene August Junker vom Apollo-Theater, dessen »Stolz von der Au« zum Münchner Volkslied wurde.

Der populärste dieser Münchner Volkssänger war aber der nach München zugereiste Ferdinand Weisheitinger, der Weiß Ferdl. Bei seinen Auftritten im Platzl (dessen Mitdirektor er von 1921 an war) fand er für alle Welt- und Lebenslagen den rechten bayerischen Reim. Und der gefiel den Leuten, und er gefiel auch den ganz rechten, in der NSDAP organisierten Parteigenossen, die ihn schon 1921 als Humoristen zur Weihnachtsfeier einluden (»Julrede: Herr Adolf Hitler«). Auch vor dem Putschprozeß von 1924 gab der Weiß Ferdl in Versen seinen Kommentar, und der gefiel Hitler und seinen Mitverschworenen so sehr, daß sie ihm von Landsberg aus einen Lorbeerkranz schickten.

Der populäre Volkskomiker benahm sich nicht anders als viele Münchner, die von dem Mann am Prinzregentenplatz eine Rettung erhofften – und er, der Weiß Ferdl, durfte diesen »Führer« 1933 sogar auf dem Berghof besuchen (aber dorthin sind auch Kardinal Faulhaber und ausländische Politiker gefahren). Daß man ihn für einen treuen Anhänger der »Bewegung« hielt und halten konnte, hat ihm später sicher genutzt, als während des Krieges Antinazi-Witze häufig mit dem Satz eingeleitet wurden: »Hat der Weiß Ferdl gsagt...«

Ein anderer Volkssänger, der mit weitem Abstand bedeutendste (und den Volkssängerbühnen schließlich auch entwachsen), hat mit Hitler weniger im Sinn gehabt, auch wenn er, der immer ängstliche Karl Valentin, seine kleinen, unvermeidlichen Verbeugungen vor den braunen Herren machte; und schließlich war Hitler ja einer der wenigen, die sich für seine alten Münchner Photographien interessierten. Als man ihn 1935 fragte, was er von der neuen Zeit halte, soll er gesagt haben: »I sag gar nix, des werd man do no sag'n dürf'n.«

Sie waren beide etwa gleich alt: Im Juni 1882 war Valentin Ludwig Fey, der sich später Karl Valentin nannte, in der Entenbachstraße 63 geboren worden; im Juni 1883 kam zu Altötting Ferdinand Weisheitinger zur Welt, der dann als Weiß Ferdl berühmt wurde. Beide haben sie auch ungefähr zur gleichen Zeit mit ihren humoristischen Vorträgen angefangen: 1902 bekam der Schriftsetzerlehrling Weisheitinger von der Münchner Polizei die Auftrittserlaubnis, im gleichen Jahr mußte »Charles Fey« – ein Jahr zuvor noch Lehrling beim Schreiner Hallhuber in Haidhausen – sein erstes Engagement in Nürnberg abbrechen, da sein Vater gestorben war. Fünf Jahre später, im November 1907 holte man den Weiß Ferdl ans »Platzl«. Valentin (der 1906 das Speditionsgeschäft des Vaters und kurz danach auch noch das Haus verkauft, nach Rückzahlung der Hypotheken aber kaum noch Geld in der Hand behalten hatte) war zu dieser Zeit mit einem sechs Zentner schweren Musik-Apparat in Deutschland unterwegs. Vor allem unterwegs, denn niemand hatte offensichtlich den Wunsch, den Musik-Komiker für längere Zeit zu engagieren. So kehrte er schließlich ohne den schweren Apparat in seine Geburtsstadt zurück und begann seine Laufbahn als Komiker ohne großes Musik-Gerät. Viele kleine Auftritte, doch kein großer Erfolg.

Er ist 29 Jahre alt, als er bei einem seiner Auftritte im »Frankfurter Hof« Elisabeth Wellano, eine Verkäuferin beim Hermann Tietz und nebenbei Volkssängerin, kennenlernt. Sie wird von 1913 an als Liesl Karlstadt seine kongeniale Partnerin. Doch die berühmten, unsterblichen Auftritte der beiden kommen erst später: 1922 das *Christbaumbrettl* sowie *Der Firmling*, 1924 *Die Raubritter vor München*, 1926 das *Brillantfeuerwerk*, 1927 *Im Photoatelier* – der Ruhm des Karl Valentin reicht bald schon weit über München hinaus. Kurt Tucholsky und Alfred Kerr preisen ihn, Lion Feuchtwanger macht ihn zu einer der Figuren seines *Erfolg*, Wilhelm Hausenstein, ein Verehrer seit vielen Jahren, schreibt 1948 *Die Masken des Komikers Karl Valentin*.

Als dieses kleine Bändchen erscheint, ist Valentin bereits tot, gestorben am Rosenmontag, beerdigt am Faschingsdienstag 1948. In seinen letzten Jahren war er fast vergessen. Radio München mußte 1946 eine Sendereihe mit ihm absetzen, weil die Hörer ihn nicht hören wollten. Sagte man. Weiß Ferdls *Ganslverkäuferin* war den Leuten damals lieber als beispielsweise der *Theaterbesuch*.

Die Bayern entschieden sich also gegen Valentin, und sie unterschieden sehr fein. Während sie den pyknischen Mann vom »Platzl« Weiß Ferdl nannten, nach alter Landessitte also den Vor- gleichsam zum Nachnamen machten, hat man bei seinem leptosomen Kollegen Ähnliches nie versucht, er blieb immer der Karl Valentin und seine Partnerin die Liesl Karlstadt. War das Respekt? War's Distanzierung?

Die Freundschaft mit dem *Buchbinder Wanninger* – inzwischen längst eine sprichwörtliche Figur – oder mit dem ententräumenden Wachsoldaten hat man erst später geschlossen. Hannes

König sorgte zwar dafür, daß 1959 im »Juhe« eines Isartorturms das »Valentin-Musäum« eingerichtet wurde, aber der Nachlaß war, nachdem die Stadt München sich völlig desinteressiert gezeigt hatte, wohl für immer verloren – er war 1953 für 7000 Mark nach Köln gegangen. Viele Jahre später kaufte München dann zwar, um nicht noch einmal einen so schweren Fehler zu begehen, das Valentin-Geburtshaus, wußte dann aber – bei leerer Kasse – nichts Rechtes damit anzufangen.

Das funkensprühende Vorzeichen

Seit dem 16. Mai 1931 und noch bis zum 30. Juni trat Valentin im »Colosseum« mit seiner *Rosenau* auf. Doch mittendrin, in der Nacht vom 5. zum 6. Juni, morgens kurz nach drei, wurde das Spiel mit dem Feuer – beim Valentin ging es um ein Feuerwerk und wie man es anzündet – auf einer anderen Bühne zur rotleuchtenden, funkensprühenden Wirklichkeit. Was eigentlich unmöglich schien, trat ein: Der Glaspalast, dieses Werk aus Eisen und Glas, mit dem das technische Zeitalter in München einst begonnen hatte, brannte nieder. (Man geht heute davon aus, daß sich Öllappen, mit denen kurz zuvor Bilderrahmen gereinigt wurden, selbst entzündet haben.) Und mit ihm verbrannten 110 Bilder einer großen Romantiker-Ausstellung, darunter Werke von Karl Blechen, Peter Cornelius, Carl Gustav Carus sowie neun Gemälde von Caspar David Friedrich und drei von Philipp Otto Runge.

Da man geglaubt hatte, Eisen und Glas würde niemals brennen, hatte man in der wirtschaftlich so beengten Zeit darauf verzichtet, für dieses Jahr 1931 die Versicherungsgebühr zu bezahlen. Nur die Romantiker-Bilder standen unter Versicherungsschutz, doch ihr Verlust war mit Geld nicht zu ersetzen.

Der Brand war – das merkte man erst später – wie ein Symbol gewesen. Nur wenig mehr als anderthalb Jahre vergingen, dann übergab Reichspräsident von Hindenburg die Kanzlermacht und Kanzlerwürde an Adolf Hitler. Dessen Regime begann mit dem Brand des Reichstags, und als es zwölf Jahre später endete, blieben neben Millionen Toter, verbrannte Städte und ein zerstörtes Land zurück.

Dabei hatte Thomas Mann noch Ende 1932 im Rückblick auf das Goethe-Jahr im *Querschnitt* geschrieben, München könnte künftighin die Rolle Weimars spielen.

Stadt-Bild III

Da der Bedarf anders wohl nicht mehr zu decken war, baute man seit dem späten 19. Jahrhundert die Häuser häufig reihenweise. Etwa in Form von Mietsblöcken, wie sie bereits in den sechziger und siebziger Jahren beim Gärtnerplatz oder im sogenannten Franzosenviertel am Ostbahnhof errichtet wurden. Im Bürgertum, wo man über eigenes Kapital verfügte (aber längst nicht über viel genug, um sich eine palaisartig-große eigene Immobilie zu leisten), nutzte man gerne die Erfahrungen der in England entstandenen Gartenstadt-Bewegung. Deren berühmtestes deutsches Beispiel schuf der Münchner Richard Riemerschmid von 1906 an. Doch er baute nicht in seiner Geburtsstadt, sondern in Hellerau bei Dresden, wo dann auch die Deutschen Werkstätten ihren Platz fanden.

Den Anfang in München machte man bereits 1880 (und bis zum Jahre 1920) beim Rondell Neu-Wittelsbach in Neuhausen, wo eine parkähnlich angelegte kleine Villenkolonie entstand. Und während hier noch gebaut wurde, schickte die Firma Heilmann & Littmann Maurer in die Nachbarschaft jenseits des Kanals, wo in den frühen neunziger Jahren um Kratzer- und Böcklinstraße die Villenkolonie Gern errichtet wurde. Die Terraingesellschaft West wiederum hatte Bauland nord-nordwestlich des Pasinger Bahnhofs, und dort ließ sie, links und rechts der Würm, von 1893 an die Villenkolonien Pasing I und Pasing II bauen.

Das Militär schuf noch kurz vor dem Ersten Weltkrieg, als noch nicht alles Geld für die Waffenbeschaffung verwendet wurde, für seine Leute an der Schweren-Reiter-/Barbarastraße eine bis heute bestehende kasernennahe Wohnanlage mit putzigen Häusern und kleinem gefälligem Grün.

Aber dann fand alles Bauen ein Ende, und erst von 1919 an

konnten wieder Häuser auf großen Flächen errichtet werden. Mit 700 kleinen Wohnungen zu je 48 bis 60 Quadratmetern gab Theodor Fischer westlich der Ungererstraße gleichsam das Startsignal. Zu den 30 Wohnblöcken dieser durch die »Gemeinnützige Baugesellschaft Alte Heide« errichteten Arbeitersiedlung – der ersten ihrer Art in Deutschland, wie es heißt – gehören kleine Gärten, eine Badeanstalt und ein Kinderspielplatz.

In der Pasinger Villenkolonie erhielt ein fünfundzwanzigjähriger Architekt von der Terraingesellschaft im Jahre 1908 seinen ersten Auftrag. Da er die Erfahrungen nutzte, konnte er drei Jahre später mit eigener Firma auftreten: »Bernhard Borst – Spezialist für Einfamilienhausbau«. Daß er noch mehr wurde – nämlich der Erbauer einer vielgerühmten Mustersiedlung – hatte er dann der Stadt München zu danken, die seinem Unternehmen 1922, ein paar Tage vor Weihnachten, den gemieteten Lagerplatz an der Thalkirchner Straße 179 aufkündigte.

Nun verkauften aber die Erben des Herrn von Lutz eben zu dieser Zeit an der Dachauer Straße ein nahezu 90000 Quadratmeter großes Gelände. Bernhard Borst griff zu, zahlte 18 Millionen Mark (die Inflation kam bald danach) – und bekam von der Stadt München die Mitteilung, daß sie die Kündigung rückgängig mache.

So entstand, wie Klaus Weschenfelder in seinem Borst-Buch schrieb, der Plan, im Auftrag der Stadt München auf dem Gelände eine Siedlung zu errichten. Ein Wettbewerb wurde ausgeschrieben, und während die Braunhemden am 9. November 1923 vom Bürgerbräukeller zur Feldherrnhalle marschierten, entschied eine Jury im Glaspalast, daß unter den eingesandten Plänen und Modellen das Erhoffte und Gewünschte nicht zu finden sei. Daraufhin entwarf Bernhard Borst zusammen mit Oswald E. Bieber (der an der Planung der Münchner Rückversicherung entscheidend beteiligt war) die Muster-Wohnanlage selbst: 77 drei- bis vierstöckige Häuser mit 772 Wohnungen, 280 Garagen, 15 Ladengeschäften, 1 Apotheke, 1 Zentralwäscherei, 1 Postamt, 2 Kindergärten, etwa 50 Skulpturen (darunter der aus dem niedergebrannten Glaspalast gerettete Merkur von Joseph Wackerle), Brunnen und Gärten.

Daß man der ganzen, bis ins kleinste Detail mit handwerklicher Sorgfalt gestalteten Anlage, die ein wenig wie eine in sich geschlossene mittelalterliche Stadt wirkt, den Namen ihres Erbauers gab – das Wort »Borstei« war das Ergebnis eines Wettbewerbs –, hat seinen guten Sinn, denn Bernhard Borst, der nach der Beschlagnahme seiner Pasinger Villa bei Kriegsende 1945 selbst in seine Borstei zog, kümmerte sich um das Wohlergehen seiner Schöpfung und ihrer Bewohner. Und drei Generationen nach ihm wird diese solide Mittelstandssiedlung der Stadt München gehören.

In den zwanziger Jahren, ausgerechnet in dieser Zeit der großen Not, des zerfallenden Geldes, der rabiaten Radikalen, *gerade* in dieser Zeit entstehen in München neben der Arbeitersiedlung Alte Heide und der Borstei mehrere Groß-Siedlungen: die von Robert Vorhoelzer und Walter Schmidt entworfene »Postversuchssiedlung« an der Arnulfstraße (ein Versuch, modernes Bauen und moderne Materialien zu testen); die aus 1900 Wohnungen bestehende, unter der Oberleitung von Hans Döllgast errichtete Siedlung Neuhausen; die 865 Wohnungen der Siedlung Neuharlaching; die 1343 Wohnungen der Siedlung Neu-Ramersdorf; die 862 Wohnungen der Siedlung am Walchenseeplatz; die 558 Wohnungen der Siedlung Friedenheim.

Und dann kam einer, der alles besser und schöner machen wollte, der die Weimarer Zeit verdammte und sich als Retter empfahl. In seinen Jahren entstanden die Mustersiedlung Ramersdorf, die Ludwig-Siebert-Mustersiedlung in Neuhausen, eine aus 123 Einheiten bestehende Wohnanlage in Bogenhausen und die Oberlandsiedlung an der Olympiastraße... und das war's dann, in den ihm noch verbleibenden Jahren kam es nur noch zur Wohnraumdezimierung aus der Luft.

Und nach dem Zweiten Weltkrieg begann man 1952 wieder »reihenweise« zu bauen. Erstes Projekt: die Siemenssiedlung in Obersendling, an der Boschetsrieder-/Halskestraße, bei der erstmals Sternhäuser mit 17 Stockwerken errichtet wurden. Es folgten unter anderen: 1954 die Parkstadt Bogenhausen (2084

Wohnungen), 1959 Fürstenried I (2656), später auch noch Fürstenried II (2529) sowie Fürstenried III (2194), 1965 sodann Neuaubing-Ost (3500), Lerchenauer See (2640), Neuaubing-West (2400), Cosima-Park (1300), zwischen 1960 und 1970 das Hasenbergl (8600), von 1968 bis 1972 das Olympiadorf (4312) und ebenfalls von 1960 an Neuperlach (16 523)...

Rings um das alte München entstanden in den vergangenen hundert Jahren solche Siedlungs-Nester. Welcher Wandel dabei mit der Stadt vorgegangen ist, zeigt der Vergleich zwischen den idyllischen Villenkolonien der Prinzregentenzeit und den großen neuen Wohnsiedlungen, die München auf seinem Gebiet, (doch auch im Umland) vor allem in der Nachkriegszeit zugewachsen sind.

Obwohl zwischen 1945 und 1990 mehr als 77 000 Gebäude mit 439 196 Wohnungen gebaut wurden, obwohl man in die Breite und die Höhe ging, fehlen noch immer viele Wohnungen: München mit seiner erfolgreichen Wirtschaft ist zu beliebt und der Ruf zu gut. Noch, sagen die Pessimisten!

IV.
1933–1945

In einem Hauch von Weißwürsten,
Senf und Kraut ging ich durch die
Straßen; Braunhemden, Schaftstiefel,
BDM-Mädchen mit Zopffrisuren
überall...

Hilde Spiel

So waren ihn die Münchner zunächst einmal losgeworden.
Am 30. Januar 1933 hatte nämlich Reichspräsident von Hindenburg gegen mancherlei ernste Warnungen den polizeilich in der bayerischen Landeshauptstadt gemeldeten Führer der Nationalsozialisten zum Reichskanzler ernannt. Während in Berlin am Abend dieses Tages die Braunhemden mit Fackeln an Hitlers neuem Amtssitz vorbeimarschierten, feierten die Genossen in München sehr viel moderater. Sie versammelten sich zu einem kleinen Jubelfest auf dem Königsplatz, denn für einen Fackelzug war ihnen das Pflaster zu gefährlich – extremes Glatteis machte die Straßen unpassierbar. Und im übrigen war Fasching in München.

»*Das Exil begann in München...*«

Zwei Wochen nach jenem 30. Januar, am 10. Februar, hielt Thomas Mann, eingeladen von der Münchner Goethe-Gesellschaft, in der Universität seinen Festvortrag zum fünfzigsten Todestag von Richard Wagner; am darauffolgenden 11. Februar fuhr er mit dem Redemanuskript in der Tasche nach Amsterdam, um dort im Contergebouw die Rede »Leiden und Größe Richard Wagners« zu wiederholen. Er kehrte von dieser Reise nicht mehr nach München zurück. Das Exil begann.
»Das Exil begann in München«, schrieb Sohn Klaus in seinem *Wendepunkt*, und er fuhr fort: »Preußen und andere Teile des Reichs standen schon unter dem Nazi-Terror; aber Bayern trotzte noch, freilich nicht mehr lange... Immerhin, es bleibt bemerkenswert, daß der süddeutsche Katholizismus die totale ›Gleichschaltung‹ ein wenig verzögerte.«

Während Vater Thomas von Amsterdam nach Brüssel und von dort nach Paris fuhr, um auch hier seine Wagner-Rede zu halten, wurde München zu einem Flucht-Punkt: »Im Februar 1933 – kurz vor dem Reichstagsbrand und besonders nach diesem Ereignis – gab es manchen politisch oder rassisch Kompromittierten, der vorsichtshalber seinen Wohnsitz von den Ufern der Spree nach der Isarstadt verlegte. Leute, die man in Berlin schon eingesperrt und mißhandelt hätte, erfreuten sich in München vollkommener Freiheit: Sie durften im Englischen Garten spazierengehen oder sich auf Maskenbällen amüsieren.«

Oder auch im Kabarett »Die Pfeffermühle«, das Erika Mann am 1. Januar 1933 zusammen mit der jungen Therese Giehse von den Kammerspielen und anderen Freunden in der »Bonbonnière« eröffnet hatte. Dieses literarische Unternehmen wollte vor den Leuten warnen, die sich anschickten, in Deutschland die Regierung zu übernehmen. Man spielte im Januar – auch am 30. –, man spielte im Februar, und da der Erfolg groß war, mietete man in Schwabing ein größeres Lokal, das »Serenissimus«. Es wurde umgebaut, aber nicht mehr eröffnet. Die Verhältnisse hatten sich geändert. »Ich ging zum Besitzer des ›Serenissismus‹, um unseren Vertrag zu lösen. Der Mann war außer sich. Politik hin oder her, – er sei alter Pg., und niemals würden seine Parteigenossen zulassen, daß er geschäftlich dermaßen geschädigt würde. Einen SA-Saalschutz würde er uns stellen, und wir sollten gefälligst nicht vertragsbrüchig werden, sonst würde er dafür sorgen, daß wir eingelocht würden... Ich versprach alles – und wir reisten ab.«

Am 12. März 1933. Vorher warnte Erika Mann ihre Eltern, die in der Schweiz Urlaub machten, vor der geplanten Rückkehr nach München. Das Wetter, sagte sie ihnen am Telefon, sei schlecht.

Vor der Abreise, noch im Februar, hatte es im Hause Mann in der Poschingerstraße einen »Pfeffermühle«-Ball gegeben. Aus der Erinnerung gab Klaus Mann eine für die Atmosphäre der damaligen Tage eindrucksvolle Schilderung: »...Einige der feinsten Gäste erschienen freilich mit erheblicher Verspätung; man verzieh es ihnen, erstens weil immer noch Fasching war, zweitens weil sie eine gute Entschuldigung vorzubringen wußten. Die Herren kamen soeben von einer ausführlichen Konferenz mit dem Prinzen Rupprecht von Wittelsbach, den eine monarchistisch-separatistische Gruppe damals auf den bayerischen Thron zu bringen hoffte. Es wäre ein famoser Streich gewesen, peinlich für Hitler, ergötzlich fürs Bayernvolk. Aber Königliche Hoheit hatten keine Lust zu solchem Wagnis...

Zwischen einem Tango und einem Walzer erzählte man sich die neuesten Schreckensnachrichten aus Berlin. Wir tanzten im Regina-Palast-Hotel, während in der Hauptstadt das Reichstagsgebäude in Flammen stand. Wir tanzten im Hotel Vier Jahreszeiten, während die Brandstifter Unschuldige des Verbrechens bezichtigten, das sie begangen hatten. Das war am 28. Februar – Faschingsdienstag –, und tags darauf war Aschermittwoch. Als der Anarchist Erich Mühsam, der Pazifist Carl von Ossietzky und der Kommunist Ernst Thälmann von der Gestapo verhaftet wurden, kehrte man in München Luftschlangen und Konfetti von den Straßen. Man war verkatert. Der Fasching war vorüber...«

Und am Morgen des Aschermittwoch, nach einer durchzechten, durchtanzten Nacht, ließ sich ein Mann mit einem Handkoffer zum Hauptbahnhof fahren, von wo aus er in die Schweiz reiste – Karl Wolfskehl, der »Zeus von Schwabing« begab sich in ein Exil, aus dem er nicht mehr zurückkehrte. Kaum den Verfolgern entkommen, kündigten ihm die Rotarier die Mitgliedschaft. Und keines der anderen Mitglieder trat aus Protest aus.

Über die Schweiz und Italien flüchtete er an den fernsten Punkt des Globus, zu den Antipoden in Neuseeland: Er versuchte »so weit wegzugehen, als dies überhaupt auf diesem Kleinplaneten möglich ist«. Dort, in dieser fernsten Ferne, ist er, einstmals in München, wie Emil Preetorius feststellte »allbekannt, allbegehrt, allbestaunt«, gestorben. Auf seinem Grabstein in Auckland steht die schlichte, ergreifende Inschrift: »Exul poeta. Karl Wolfskehl 1869–1948«.

Zwei Jahre vor seinem Tod hatte er einem Freund geklagt, »daß ich für die Stadt, deren Liebling ich in Wort und Schrift genannt wurde, deren Ruhm und Art ich verkündet habe und gemehrt wie nur Einer, daß ich für diese Stadt München verschollen bin«. Seit dem Jahre 1991 ehrt die Bayerische Akademie der Schönen Künste das Andenken an diesen hochgebildeten deutsch-jüdischen Poeten durch einen Karl-Wolfskehl-Preis für Exilliteratur. Erster Preisträger: Golo Mann.

Machtübernahme zur Starkbierzeit

Während man in München noch durch die Nächte tanzte, bereiteten sich die Anhänger des neuen Kanzlers darauf vor, endlich auch im Lande Bayern die Macht an sich zu bringen. Am 24. Februar, dem Vorabend des letzten Faschingswochenendes und drei Tage vor dem Reichstagsbrand, kam Hitler nach München, um im Ausstellungspark vor seinen Anhängern zu sprechen. Dies, schrieben die Zeitungen, sei der dritte Besuch, den Herr Hitler der Stadt als Reichskanzler abstatte. Doch sie konnten damals auch noch berichten, daß man ihre Vertreter äußerst ungünstig plaziert habe – und dies war dann für zwölf Jahre die letzte Kritik.

Und während Hitler nach der Veranstaltung seine etwa zweitausend alten Kämpfer im Hofbräuhaus-Festsaal besuchte, holten die Genossen von 22 Uhr 20 an auf einer etwas ungewöhnlichen, verwinkelten Route den Fackelzug vom 30. Januar nach und marschierten zur Landwehr-, dann über die Sonnenstraße zum Stachus, von dort zur Brienner Straße – inzwischen stand ihr Führer mit gestrecktem Arm auf dem Balkon des Braunen Hauses. Schließlich erreichten die Marschierer über die Luisen-, Ziebland- und Tengstraße den Josephsplatz.

Neun Tage später, am 5. März, wählte Deutschland einen neuen Reichstag. Von 467 264 gültigen Münchner Stimmen erhielt die NSDAP (auf die bei der Novemberwahl 1932 wenig mehr als 95 000 Stimmen entfallen waren) 176 490, die BVP 102 497 (gegenüber 95 241 im November), die SPD 96 284 (79 104) und die KPD 55 483 (75 550) Stimmen. In München lag der Anteil der Hitlerpartei mit 37,8 Prozent zwar unter dem bayerischen (43,1) und dem Reichsdurchschnitt (43,9 Prozent), doch das Ende war nun nicht mehr abzuwenden: Am Donnerstag nach der Wahl, am 9. März, demonstrierten braun Uniformierte und Zivilisten rund um den Marienplatz, als um dreiviertel eins das braune Quartett der Herren Ernst Röhm, Adolf Wagner, Heinrich Himmler und Franz Ritter von Epp bei Ministerpräsident Heinrich Held im Montgelaspalais erschien und die Einsetzung des Herrn von Epp als Generalstaatskommissar verlangte. Das sei nicht möglich, sagte Held, dazu habe er keine Kompetenz; und er blieb auch dabei, als Adolf Wagner mit der Reitpeitsche auf den Tisch schlug.

Ohne die Macht gewonnen zu haben, zogen die Vier ab, und als sie nach ein paar Stunden noch einmal erschienen und vom »Volkswillen« sprachen, der die Machtübernahme nun endlich auch in Bayern verlange – in Bayern, als dem letzten noch nicht gleichgeschalteten Land im Reiche –, weigerte sich Ministerpräsident Held erneut.

Die Massen aber zogen weiter durch die Innenstadt, sie sangen Hitlerlieder und sammelten sich um halb vier Uhr nachmittags zu einer Kundgebung vor dem Rathaus. Noch waren die Nationalsozialisten nicht die bayerische Regierungspartei, noch war Münchens Erster Bürgermeister der BVP-Mann Karl Scharnagl. Und der hatte das Rathaus durch einen Hinterausgang längst verlassen, als gegen ein halb acht Uhr Hitlers Weltkriegs-Feldwebel Max Amann auf den Balkon des Rathauses trat und den jubelnden Zuhörern mitteilte: »Ritter von Epp hat soeben die Macht übernommen...«

Das aber ist gelogen. Denn erst um 20.30 Uhr wird in Berlin 1 ein von Innenminister Dr. Frick gezeichnetes Blitztelegramm an den Ministerpräsidenten Dr. Held in München aufgegeben, in dem Wilhelm Frick die Verantwortung für Ruhe und Ordnung in Bayern übernimmt und die »Wahrnehmung dieser Befugnisse Generalleutnant Ritter von Epp in München« überträgt.

Die Post muß mit dieser eiligen Nachricht keinen ihrer Boten losschicken, denn Reinhard Heydrich, der seit gut anderthalb Jahren für Himmler einen Sicherheitsdienst organisiert, hatte Angst, die Botschaft könnte unterschlagen werden und so holt er sie mit einem Stoßtrupp seiner Leute im Telegrafenamt selbst ab.

Der Befehl aus Berlin wird dann aber doch nicht in der gewünschten Form ausgeführt. Der Forderung »Ersuche diesem (d. i. Epp) sofort Geschäfte zu übergeben. Drahtnachricht von Übergabe erbeten«, kann nicht gefolgt werden. Der Ministerpräsident ist nämlich nicht mehr in seinem Büro. Ein Inspektor empfängt die NS-Herren, erst später kommen auch Dr. Held und Innenminister Dr. Karl Stützel; die Übergabe der Amtsgeschäfte wird für den folgenden Tag, elf Uhr verabredet.

Bayern hört damit auf, als selbständiger Staat zu bestehen.

Am späten Abend des 9. März – Held schickt ein Protesttelegramm an Hitler – feiern die Münchner NSDAP-Anhänger vor der Feldherrnhalle. Am nächsten Tag werden viele von denen, die hier ihr »Heil!« schreien, zum Nockherberg gehen. Denn gleichzeitig mit einer neuen politischen Zeit beginnt in München auch die Starkbierzeit.

Jubel für den Triumphator

Der Triumphator kam dann am Sonntag, und er kam aus der Luft. Auf der Fahrt vom Flughafen Oberwiesenfeld in die Stadt jubelten ihm 150 000 zu, und vierzehn Tage später, am 26. April, reichte der Stadtrat die große Würde nach: Hitler, gerade vierundvierzig Jahre alt geworden, erhielt ebenso wie sein bayerischer Statthalter von Epp die Ehrenbürgerschaft. Um aber die Ehren voll zu machen, wurde beschlossen, daß die Brienner Straße zwischen Odeonsplatz und Königsplatz hinfort (und das meinte bei den neuen Herren immer: in den nächsten tausend Jahren) Adolf-Hitler-Straße heißen solle, der Promenadeplatz aber wurde in Ritter-von-Epp-Platz umbenannt. Der Führer, mittlerweile längst schon wieder in seiner Berliner Reichskanzlei, lehnte die Ehrenbürgerwürde ab. Und erhielt sie dann zu seinem fünfzigsten Geburtstag im April 1939.

Als Hitler am Nachmittag des 12. März in München landete, waren viele Gegner des Regimes in »Schutzhaft« genommen und auch die Säuberung des Rathauses hatte bereits begonnen. Acht Tage später wurde der verdiente konservative Oberbürgermeister Scharnagl mit dem wahrhaft absurden Vorwurf, er habe »bewußt die Ausbreitung der marxistischen Weltanschauung gefördert«, zum Rücktritt gezwungen. Zum kommissarischen und bald auch offiziellen Bürgermeister bestimmte man einen kleinen Rathausbeamten, den biederen Obersekretär Karl Fiehler, der sein Amt bis zum bitteren Ende behielt. In einem seiner Monologe hatte Hitler am 17. Dezember 1941 gemeint: »Unser bester Kommunalpolitiker ist ohne Zweifel Fiehler«, und das meinte auch 1949 die Spruchkammer. Sie reihte ihn in die vergleichsweise günstige Gruppe der Aktivisten ein und bestätigte ihm, daß »seine Tätigkeit für die Stadt München nützlich gewesen sei«!

Nachdem der Bürgermeister ausgewechselt war, wurde auch der Stadtrat den neuen Verhältnissen angepaßt. Man löste die alte Gemeindevertretung auf, und ohne Wahlen abzuhalten, bestimmten die Nationalsozialisten, daß man die Ergebnisse der Reichstagswahl zugrunde lege: 20 Sitze gehörten demnach der NSDAP, 11 der BVP, 10 der SPD und 3 der Kampffront Schwarz-Weiß-Rot. Die Kommunisten, denen Sitze zugestanden hätten, wurden nicht berücksichtigt. Und auch der beiden anderen großen Parteien hat man sich schnell und rüde entledigt. So war man schließlich unter sich. Zwölf Jahre lang.

Es hat seine Zeit gedauert, bis die Antwort formuliert und dann am 17. April 1933 unter der Überschrift »Protest der Richard-Wagner-Stadt München« veröffentlicht wurde. Mit den Unterschriften von: (NS-) Innenminister Adolf Wagner, (NS-) Kultusminister Hans Schemm sowie dem Präsidenten der Akademie der bildenden Künste Geheimrat German Bestelmeyer, dem Generaldirektor der Bayerischen Staatsgemäldesammlungen Geheimrat Friedrich Dörnhöffer, dem Generalintendanten der Bayerischen Staatstheater Clemens von Franckenstein, dem Vorstand der Musikalischen Akademie Eduard Niedermeyer, dem Präsidenten der Industrie- und Handelskammer Josef Pschorr, dem Dirigenten Hans Knappertsbusch, den Komponisten Richard Strauss und Hans Pfitzner, dem Zeichner Olaf Gulbransson, dem Maler Angelo Jank, dem Bildhauer Bernhard Bleeker und anderen.

Überraschend, wer da alles für Wagner eintrat! Manch einer war wenig später selbst in Ungnade gefallen. Josef Pschorr zum Beispiel mußte zurücktreten und Hans Knappertsbusch wurde 1936 als Generalmusikdirektor der Bayerischen Staatsoper abgesetzt.

So haben die Nationalsozialisten den Künsten, *auch* den Künsten, schon früh gezeigt, daß sie hinfort zu gehorchen hatten und daß nur das gefallen darf, was auch dem Führer und seinen hohen Genossen gefällt. Im Falle Thomas Manns werden es wohl Sätze wie diese gewesen sein, die bei den Regierenden jenen Ärger erregten, den sich andere (aus Anpassung oder Überzeugung) zu eigen machten: »Richard Wagner als Politiker war sein Leben lang mehr Sozialist und Kulturoptimist im Sinne einer klassenlosen, vom Luxus und vom Fluche des Goldes befreiten, auf Liebe gegründeten Gesellschaft, wie er sie sich als das ideale Publikum seiner Kunst erträumte, denn Patriot im Sinne des Machtstaates.«

Der Nobelpreisträger saß in Lugano, erholte sich von seiner Vortragsreise und wartete ungeduldig auf eine Möglichkeit, nach Deutschland zurückzukehren. Dort hatten die neuen Herren währenddessen ihre SA in die Poschingerstraße 1 geschickt und das Haus schließlich beschlagnahmt.

Im Mai 1933 war freilich Tochter Erika noch einmal heimlich nach München gekommen, versteckt hinter einer blauen Brille und angetan mit »einem seltsamen Kleid«. Bei Freunden fand sie ein Quartier, das sie nachts verließ, um ins Elternhaus zu schleichen und das weit fortgeschrittene Manuskript des dritten *Joseph*-Bandes zu retten. Fünf Monate später konnte der erste Teil dieses vielleicht tiefsten Erzählwerkes, das je in München entstanden ist, bei S. Fischer in Berlin erscheinen und bis Weihnachten noch dreimal nachgedruckt werden. Dem Autor hat man von Berlin aus das Honorar ordnungsgemäß in die Schweiz überwiesen, die Münchner Villa aber blieb beschlagnahmt.

Keine Anklage gegen Mörder

Zu denen, die zu dieser Zeit in München die Macht über Leben und Tod hatten, gehörte der 33jährige Heinrich Himmler, Fahnenträger des 9. Novembers 1923 und Sohn des Direktors des Wittelsbacher-Gymnasiums. Nach der Gleichschaltung Bayerns war Himmler zum kommissarischen Polizeipräsidenten von München ernannt worden und am 20. März gab er auf einer Pressekonferenz eine seiner ersten und zweifellos die folgenschwerste Entscheidung bekannt: »Am Mittwoch (d. i. am 22. 3.) wird in der Nähe von Dachau das erste Konzentrationslager eröffnet. Es hat ein Fassungsvermögen von 5000 Menschen.« Damit war Himmler, seit 1929 der sogenannte Reichsführer SS und vom 2. April 1933 an auch Politischer Polizeikommandeur für Bayern, endgültig auf dem Wege, einer der größten Verbrecher der Menschheitsgeschichte zu werden.

Unter den ersten Toten von Dachau waren der jüdische Kaufmann Erwin Kahn aus München, erschossen am 12. April, der KPD-Landtagsabgeordnete Josef Götz, erschossen am 9. Mai 1933 und der 31jährige Münchner Rechtsanwalt Dr. Alfred Strauss, erschossen durch den SS-Mann Johann Kantschuster am 24. Mai 1933. Vier Wochen zuvor, noch im Münchner Poizeigefängnis, hatte Strauss zu dem ebenfalls aus politischen Gründen inhaftierten Chefredakteur der *Münchner Illustrierten*, Stefan Lorant, gesagt, er verstehe nicht, warum man ihn nicht freilasse. »Ich vermute, daß ich das Opfer eines Racheaktes bin: Der Vater des jetzigen Justizministers Frank mochte meinen Vater nicht. Und ich selbst hatte mit Frank berufliche Zusammenstöße...«

Im Falle von Alfred Strauss und drei weiteren KZ-Morden verfaßte der Erste Staatsanwalt Josef Hartinger am 1. Juni 1933 zwar noch Anklageschriften – nach Otto Gritschneder waren dies die einzigen Anklagen, »die während des Dritten Reiches von einem deutschen Staatsanwalt gegen KZ-Funktionäre erhoben wurden« –, doch die Schriften verschwanden im Tresor von Gauleiter Wagner, und gegen den KZ-Kommandanten Hilmar Wäckerle und andere Angeklagte wurde nicht verhandelt.

Wie die Justiz – von dieser rühmlichen Ausnahme abgesehen –, so paßte sich auch die Universität den neuen Verhältnissen schnell an. Der Boden für die neue Saat war seit langem vorbereitet. Schon 1926 hatte Hitler in dem durch die beiden Jurastudenten Wilhelm Tempel und Helmut Podlich gegründeten Nationalsozialistischen Deutschen Hochschulbund eine Organisation erhalten, die seine Ziele militant vertrat. Aus der Münchner Universität kamen aber auch noch andere, später zu hohen Parteiehren aufgestiegene Mitstreiter. Rudolf Heß zum Beispiel, der Volkswirtschaft und Geographie studierte und seinem »Führer« – von ihm soll diese Anrede stammen – eine eigene SA-Studentenkompanie aufbaute, doch auch der Fememörder Edmund Heines oder der Germanistik- und Anglistikstudent Baldur von Schirach, den Hitler bei den Bruckmanns kennengelernt hatte und der ihm von 1928 an als Studentenführer, später als sogenannter Reichsjugendführer treu zu Diensten war.

Nun, da der Machtwechsel vollzogen war, entzog die Münchner Universität mehr als zwanzig Professoren die Lehrerlaubnis, darunter, seiner jüdischen Herkunft wegen, dem international angesehenen Staatsrechtslehrer Hans Nawiasky (der nach dem Kriege zu einem der wichtigsten Mitarbeiter an der bayerischen Verfassung wurde) und dem ebenfalls jüdischen, doch evangelisch getauften Philosophen Richard Hönigswald. An der Technischen Hochschule wurde der Architekturprofessor Robert Vorhoelzer abberufen; als Vertreter des Neuen Bauens (unter anderem mit den Postämtern in der Agnes-, Fraunhofer- und Tegernseer Landstraße sowie am Harras und am Goetheplatz) mißfiel er den Freunden jenes zu großer Macht gekommenen Mannes, der München nach seinen Vorstellungen umgestalten wollte. Und der davon überzeugt war, sich dabei einmal mit Ludwig I. vergleichen zu können.

»München soll werden die Hauptstadt der Kunst«

Einen Anfang, programmatisch und groß, setzte er gleich in seinem ersten Regierungsjahr, als Paul Ludwig Troost den Auftrag erhielt, an der Arcisstraße die sogenannten Führerbauten, und zwischen ihnen, durch die Briennner Straße getrennt, zwei Ehrentempel für die Gefallenen des 9. November 1923 zu errichten.

Zu Beginn des Jahrhunderts hatte Troost das Büro des Jugendstil-Baumeisters Dülfer geleitet und später vor allem als Innenarchitekt – Spezialität: die Ausstattung von Passagierschiffen der gehobenen Klasse – Ansehen gewonnen. Als die NSDAP trotz der sehr kritischen Wirtschaftslage zu großem Geld kam und 1930 für 700 000 Mark das Barlow-Palais gegenüber der päpstlichen Nuntiatur kaufte, erhielt Troost seinen ersten Parteiauftrag – er machte aus dem großbürgerlichen Palais das Braune Haus.

Der Auftraggeber war offensichtlich hoch zufrieden, denn neben den Bauten an der Arcis- und Briennner Straße durfte Troost nun auch noch das »Haus der Deutschen Kunst« entwerfen, das den abgebrannten Glaspalast ersetzen und Münchens Rang als Kunststadt neu begründen sollte. Denn, so sprach Hitler bei der Grundsteinlegung: »Wenn Berlin Hauptstadt des Reiches ist, Hamburg und Bremen die Hauptstädte der deutschen Schiffahrt, Leipzig und Köln Hauptstädte des deutschen Handels, Essen und Chemnitz Hauptstädte der deutschen Industrie, dann soll München wieder werden Hauptstadt der deutschen Kunst.« Er hat fein unterschieden, wenn auch nicht ganz korrekt formuliert: Alle Städte hat er in ihren Funktionen bereits vorgefunden – er wird sie darin natürlich noch festigen, der neue Herr Kanzler –, nur München muß zu seiner Aufgabe erst wieder geführt werden, durch ihn und die Seinen.

Obwohl der Architekt Adolf Abel bereits mit Entwürfen eines neuen Glaspalastes beschäftigt war, erhielt Troost den Auftrag für dieses Ausstellungsgebäude, das die Industrie dem Führer schenken sollte, da er »in Deutschlands schlimmster Not die Last der Verantwortung auf sich geladen hat«. Das jedenfalls meinte

Gauleiter Wagner, als er dieses Präsent im März 1933 erbat; wobei die Anregung zu dieser Stiftung wohl einer Forderung gleichkam.

Fünf bis sechs Millionen, dachte er, sollten etwa zusammenkommen, und Ende August 1933 waren für das künftige »Haus der Deutschen Kunst (Neuer Glaspalast)« bereits drei Millionen bereitgestellt.

So kam der reich Beschenkte angereist, um am 15. Oktober 1933 den Grundstein zu legen: »Das junge Deutschland baut seiner Kunst sein eigenes Haus«, sprach der Führer... und begann diese Bauarbeit dann mit unzulänglichem Handwerkszeug: Nach dem ersten Schlag zerbrach ihm der Hammer.

Und war der Hämmerer auch abergläubisch, am Nachmittag gab es dann doch den vom Bildhauer Josef Wackerle inszenierten Festzug »Glanzzeiten deutscher Kultur«.

Und wie die Hoch-, so bekamen auch die Tiefbauer in diesen ersten Jahren des neuen Reiches ihre Aufträge. Die Donnersberger- und die Ludwigsbrücke wurden erweitert, ebenso die Luisen-, die Rosenheimer, die Landsberger und die Schwanthalerstraße; den Bedürfnissen des Verkehrs angepaßt wurden der Giesinger und der Rosenheimer Berg. Zum Baubeginn der Autobahn nach Salzburg kam dann der uniformierte Hitler angereist, um in Unterhaching den ersten Spatenstich zu tun.

Weil bei den großen Aufmärschen, die das Regime so sehr liebte, der Rasen störte und immer wieder zertreten wurde, gab man bereits im ersten Jahr jenes Reiches, das tausend Jahre dauern sollte, den Auftrag, den Königsplatz mit Betonplatten auszulegen. Erst im Frühjahr 1988 hat man sie, alle zwanzigtausend, entfernt und durch Rasenflächen ersetzt.

Vor dem Umbau aber, am 10. Mai 1933, hatten hier wie auch anderswo im Reich die Bücher gebrannt: Im Lichthof der Universität (dort also, wo zehn Jahre später die Geschwister Scholl ihre Flugblätter werfen sollten) hatte eine »Feier der nationalen Revolution« stattgefunden. Anschließend, nach 22 Uhr, sammelten sich die Studenten der Universität und der Technischen Hochschule in der Amalienstraße sowie vor der Akademie.

»Glühende Häuserfronten, wehende Fahnen in den Farben des neuen Reiches und Menschenmauern umsäumten den Fackelzug der Studentenschaft vom Siegestor bis zum Königsplatz«, wo vor großem Publikum »als Symbol der Abkehr vom undeutschen Geist in einer feierlichen Verbrennungsakte volkszersetzende Bücher und Schriften in Brand gesetzt wurden«.

Die Kurvenzeichner des Führers

In den zwanziger Jahren waren mehrere große Siedlungsanlagen gebaut worden, so zum Beispiel die Alte Heide, die Borstei, die Siedlung Neu-Friedenheim oder die Anlage Neuhausen – von all dem sprach man jetzt freilich nicht mehr, jetzt sprach man nur noch von den Baustellen, die man dem »Führer« verdanke. Ging es nicht, sichtbar für jedermann, aufwärts mit der Stadt und mit dem Reich!

In einem üppig bebilderten, vom »Reichsleiter Oberbürgermeister« Karl Fiehler herausgegebenen Band *München baut auf* hat es sich die Partei etwa 1937 bestätigt: Alle Kurven (mit Ausnahme der von Konkursverfahren, Verbrechen oder der Zahl von Unterstützungsempfängern) führten, mit unterschiedlichem Schwung, von links unten nach rechts oben.

Im Jahre 1932 zählten die Statistiker 736 000 Münchner, zwei Jahre später 742 000, und nach wiederum zwei Jahren 755 000. Vor Hitlers Machtübernahme, im Jahre 1932, waren 729 Wohngebäude errichtet worden, ein Jahr später waren es 837, und es ging weiter, auf 1128 Häuser im Jahre 1934 folgten 1420 anno 1935, und 1936 schließlich wurden 1563 Wohngebäude fertiggestellt. Gestiegen waren dementsprechend auch die bei der Lokalbaukommission eingegangenen Baugesuche, von 2792 im Jahre 1932 auf 6132 vier Jahre später.

Und aufwärts ging auch die Zahl der Kinobesucher, von 5,32 Millionen 1933 auf 8,76 Millionen im Jahre 1936. (Im Jahre 1978, zum Vergleich, zählten die 76 Münchner Kinos 5,45 Millionen Besucher, zehn Jahre später – bei 70 Kinos – waren es 4,73, und 1990 noch 4,26 Millionen Besucher.)

In der Rubrik »Kraftfahrzeuge« führte die Kurve von 27 677 im Jahre 1930 auf 30 021 zwei Jahre später, auf 36 272 nach wiederum zwei Jahren, und unter der Jahreszahl 1936 wurde sie bei 48 371 markiert.

Selbst noch die Zahl der aufgestellten Wassermesser wurde im Erfolgsbuch erfaßt: 34 740 waren es 1932, und 41 476 im dritten Hitler-Jahr. Und weil die Stadt am runden, vulgär auftrumpfenden (und korrupten) Ratsherrn Christian Wagner, vormals »Hausl« und/oder Rausschmeißer im »Blauen Bock«, einen Pferdenarren an einflußreicher Stelle besaß, stieg auch die Zahl der Pferderennen, von 481 auf 749...

»Vor der Machtübernahme«, stand in diesem offiziösen Buch zu lesen, »ist öffentlich ausgesprochen und im alten Stadtrat den Nationalsozialisten wiederholt vorgehalten worden, sie seien schuld daran, daß der Fremdenverkehr ständig zurückginge. Wie leichtfertig diese Behauptungen waren zeigt die bloße Tatsache, daß der Fremdenverkehr vom Jahr 1933 ab ständig gestiegen ist. Die Zahl der Fremden ist vom Jahr 1932 mit rund 600 000 auf 1 071 000 im Jahre 1936 angewachsen. Der Besucherzahl der Ausländer von 100 000 im Jahre 1932 steht eine Verdoppelung im Jahre 1936 gegenüber.«

Eine dieser Ausländerinnen des Jahres 1936 war die 25jährige Dr. Hilde Spiel aus Wien: »An einem einzigen langen Tag lernte ich dessen (d. i. des Dritten Reiches) abstoßende Züge kennen. In München überwog in jenen Jahren ohnehin das Bäuerliche die Eleganz. In einem Hauch von Weißwürsten, Senf und Kraut ging ich durch die Straßen; Braunhemden, Schaftstiefel, BDM-Mädchen mit Zopffrisuren überall. Ich... saß kurz in einem Park und puderte mir ahnungslos die Nase. Feindliche Blicke der Passanten stachen auf mich ein. Ich wanderte weiter, geriet in die Nähe der Feldherrnhalle und wurde von Uniformierten aufgefordert, die Hand zum Hitlergruß zu heben. Sollte ich lange Erklärungen abgeben? Ich habe es getan...«

So erinnerte sich die jüdische Schriftstellerin kurz vor ihrem Tod an einen Tag, der mehr als fünfzig Jahre zurücklag.

Etwa zur gleichen Zeit wie Hilde Spiel hielt sich auch der aus Ostpreußen stammende, auf einem kleinen Gut bei Truchtlaching lebende Friedrich Percyval Reck-Malleczewen – ein Mann mit offensichtlich hohen und mit höchsten Verbindungen – in dieser Stadt auf, »in diesem von Preußen okkupierten München«, wie er in sein Tagebuch schrieb. Und er wiederholte diese Feststellung in abgeänderter Form noch einige Male: »München, diese von der preußischen Barbarei verwüstete Stadt«, hieß es im Herbst 1937, und am 9. November 1940 nannte er München die »ehedem so elegante, von den Preußen ruinierte Stadt«.

Und die Münchner? In einer Aufführung des *Vogelhändler* am 10. Februar 1933 hatte der Regisseur bei einer Szene, in der einem Fürsten gehuldigt wird, weißblaue Fahnen aufziehen lassen – das Publikum verstand dieses Zeichen und applaudierte dem bei dieser Vorstellung (sicher nicht zufällig) anwesenden Kronprinzen Rupprecht mit enthusiastischem, demonstrativem Beifall.

Einen knappen Monat später, bei der Wahl, zeigten sich die Bewohner der Landeshauptstadt mit ihren Stimmen für Hitler zwar ein bißchen weniger freigebig als der Rest des Reiches, aber zuletzt fanden sie sich mit den neuen Herren ab oder waren in der Mehrzahl vielleicht sogar mit ihnen zufrieden. Der krankhafte Judenhaß, werden sie gedacht haben, legt sich ganz bestimmt, und daß man für ein verkehrtes Wort ins verkehrte Ohr nach Dachau kommt, das wußte man, dagegen konnte man sich ja vorsehen.

Aber es war dann doch wie ein Abschied vom Vertrauten und Überlieferten, daß einige Freunde um Carlo Proebst im November 1934 die »Vereinigung Alt-München« gründeten. Es mag freilich auch die große Hoffnung dabei gewesen sein, daß sich dieses München wenigstens zum Teil über eine Zeit, die so anders ist – so viel lauter, so viel vulgärer –, hinwegretten ließe.

Zum Ende des Jahres, in dem dieser Verein gegründet wurde, hatte die NSDAP, die bis zum Kriegsende ihren Sitz in der bayerischen Hauptstadt behielt, zwar bereits mehr als anderthalbtausend Beschäftigte, doch München galt allgemein, und nicht nur in Deutschland, als die »Stadt der Grüß-Gott-Bewegung«. Hier sprach Kardinal Faulhaber in den Adventspredigten von 1933 über »Judentum und Christentum« sowie in der Silvesterpredigt des gleichen Jahres über »Christentum und Germanentum« ein in den Formulierungen fein austariertes, doch unmißverständliches Wort gegen den Antisemitismus, und hier stiegen die Teilnehmerzahlen bei den Fronleichnamsprozessionen trotz mancherlei staatlich verordneter Schikanen sogar an, so daß beispielsweise 1938 mehr als achtzehntausend, im Kriegsjahr 1943 aber knapp fünfundzwanzigtausend Teilnehmer gezählt wurden.

Eine Nacht der langen Messer

Im Sommer 1934 zeigte das Regime erstmals ganz offen und für alle sichtbar sein brutales Gesicht. Der oberste SA-Führer Röhm, ein in Physiognomie und Statur höchst vulgärer »alter Kämpfer«, war mit der politischen Entwicklung in Deutschland nicht zufrieden, er wollte (so befürchtete man) eine zweite Revolution, die ihm und seiner SA zu mehr Macht verhelfen sollte. Die Reichswehr verfolgte diese Aktivitäten des ehemaligen Weltkriegsoffiziers Ernst Röhm mit Mißtrauen, und nicht wenige Genossen aus Hitlers engerer Umgebung wünschten, daß ein weiterer Aufstieg des bulligen Münchners verhindert werde. Ende Juni schien ein Staatsstreich der SA unmittelbar bevorzustehen. Zumindest weckten Röhm-Gegner diesen Verdacht. Hitler erhielt die Nachricht, als er in Essen an der Hochzeit eines Gauleiters teilnahm. Noch in der Nacht zum 30. Juni flog er nach München. Um vier Uhr früh landete er auf dem Oberwiesenfeld, und bereits kurze Zeit später fuhr er nach Bad Wiessee, wo er den in der Pension Hanselbaur logierenden Röhm und dessen hochrangige SA-Freunde aus den warmen Betten holte.

Eben noch treue Streiter ihres Führers, fanden sie sich schließlich im Gefängnis München-Stadelheim wieder, wo sechs von ihnen – Hitler selbst hatte ihre Namen auf einer Liste angestrichen – ohne Verhör und ohne Verfahren noch am

30. Juni erschossen wurden. Unter ihnen war, auf der Liste an erster Stelle, der Münchner Polizeipräsident, SA-Obergruppenführer August Schneidhuber.

Dem obersten SA-Führer, einem der ganz wenigen Menschen, die sich mit Hitler duzten, legte man eine Pistole in die Zelle. Als er den verlangten Selbstmord verweigerte, wurde er am 1. Juli durch Theodor Eicke, den Kommandanten des Konzentrationslagers Dachau, erschossen.

Und weil man dabei war, mit Gegnern abzurechnen, wurden zahlreiche weitere unliebsame Personen in diesen Tagen nach dem 30. Juni ebenfalls getötet. In München starb dabei auch der Musikkritiker Willy Schmidt – die Aktion war überstürzt durchgeführt worden und so hatte man ihn im hastigen Eifer mit einem SA-Führer des gleichen Namens verwechselt.

In der Zeitung vom 2. Juli lasen die Münchner unter der Schlagzeile »Röhm als Hochverräter entlarvt und erschossen« die Meldung: »Am Samstag ist über eine kleine Gilde von ehrgeizigen Hochverrätern ein Strafgericht niedergegangen, das wie ein reinigendes Gewitter gewirkt hat...« Und jetzt, da er als Staatsfeind ausgestoßen war, wies man mit dem Finger auf den so lange gefeierten SA-Führer und warf ihm vor, was den Münchnern längst bekannt war – daß Ernst Röhm, wie auch etliche seiner hohen Führungskumpane, homosexuell war.

Man wird's zumeist als ein blutiges Gerangel angesehen haben, das sich innerhalb der Partei abspielte, als einen Machtkampf unter den Großen der Partei oder als Auseinandersetzung in einer Gang. Viele Gegner des Hitlerregimes mögen auch gehofft haben, daß diese Nacht der langen Messer der Anfang vom Ende der NS-Diktatur werden könne.

In der Stadt aber nahm das Leben seinen Lauf, und zur gleichen Zeit, in der ein angeblich bevorstehender SA-Putsch unter Mißachtung aller Rechtsbräuche niedergeschlagen wurde, meldeten die Zeitungen, daß die Mustersiedlung Ramersdorf eröffnet worden sei. »In den Straßennamen«, so hieß es, »werden die Namen der Gefallenen des 9. November 1923 geehrt.«

Herr Weber und die Mythologie, wie er sie liebt

Hitler war mit der Stadt und mit der Rolle, die sie in seinem Dritten Reich einnahm, offensichtlich zufrieden, hätte er ihr sonst im August 1935 den Titel »Hauptstadt der Bewegung« und im darauffolgenden Jahr ein neues Stadtwappen mit Reichsadler und Hakenkreuz verliehen?

Vielen mag dieser Gunstbeweis zwar geschmeichelt haben, aber mehr hatten sie dann doch von den Aktivitäten des Christian Weber, dieses aus Bayerisch-Schwaben stammenden Hitler–Duzfreundes und Alt-Parteigenossen. Unter allen NS-Ratsherren – so altfränkisch titulierten sich die Stadträte im neuen Reich – war er der einflußreichste, mächtigste und in der Durchsetzung seiner Ziele rücksichtsloseste, ausgewiesen durch 125 Vorstrafen (angeblich erworben wegen seines couragierten, wahrhaft zupackenden Eintretens für die Partei).

Weil dieser Ratsherr Weber aber ein Roßnarrischer war und weil er jetzt den Einfluß und auch den Zugriff auf großes Geld hatte, organisierte er sich zur Freude im Sommer 1936 (ganz sicher auch als Konkurrenz zu Berlin, wo am 1. August die Spiele der Sommerolympiade eröffnet wurden) eine Festwoche »500 Jahre deutsche Pferderennen«, deren Höhepunkt das von nun an jährlich ausgetragene Galopprennen um das »Braune Band von Deutschland« war.

Zwar ging es dabei um die dazumal ungeheure Summe von 100 000 Mark, aber das war dem Christian Weber noch nicht genug, und so lud er zum Abend des 27. Juli in den Nymphenburger Park. Zu einem Fest im Stil der alten, der kurfürstlich-bayerischen Zeit, mit 340 berittenen Fackelträgern, mit Pauken und Trompeten, mit Ballettmädchen und 16 nixengrün gewandeten Damen. Fünfzehntausend Münchner hatten zwischen drei und fünf Mark bezahlt, um dieses Spiel vorm Schloß zu sehen; und hatten dann doch zum Teil das Nachsehen, da von vielen Plätzen aus die Sicht auf das glänzende Spektakel und ein wenig nackte Haut miserabel war.

Doch am 31. Juli 1937 wurde vor zwölftausend Gästen und mit nahezu dreitausend Mitwirkenden ein neues, von 1,2 Millionen Kerzen illuminiertes Spiel im Park inszeniert. »Ein betörender, rasender, aufregender Kampf, der Kampf der Amazonen, deren reiterlichem Mut diese Nacht gehört«, eröffnete den letzten Akt. »Zarte Nymphen, unterm Wellenschlag ihres Zauberschleiers geborgen, behelmte Amazonen mit klirrendem Schild... halbnackt im Pantherfell... – bis das Siegesfest der jungfräulichen Kämpferinnen den Streit beschließt und eine siegreiche Penthesilea im stolzen Triumphzug einhergeleitet wird.« So schilderten die *Münchner Neuesten Nachrichten* das Ereignis.

Ob der Ratsherr das alles so mythologisch sah, darf man, muß man bezweifeln. Da von ihm der Ausspruch überliefert ist: »Es gibt nix Schöner's als wia a nackerts Weiberleut und a Roß«, hat er im Park von Nymphenburg wohl die eine, die hippologische mit seiner anderen Leidenschaft zusammengespannt. Und nie hat er sich seinen Roß-&-Weiber-Traum ausschweifender erfüllt als in jener Sommernacht des Jahres 1938, in der er unter dem Motto »Hochzeit des Kurprinzen Max« die dritte »Nacht der Amazonen« veranstaltete und dabei eine Tänzerin der Folies Bergère in folies-bergère-eigener Gewandung (also textilfrei) als Amazonenkönigin durch den nächtlichen Park reiten ließ. Andere Schöne der Nacht waren mit Goldbronze lackiert oder nur leicht(est) geschürzt. Wie glücklich muß er gewesen sein, der Ratsherr Weber, und wie beschäftigten diese Schauspiele die Phantasie der Münchner noch über die nächste und übernächste Generation hinweg. (Und erst als der Journalist und Schauspieler Michael Harles in den späten 80er Jahren den auf irgendeinem Speicher entdeckten Farbfilm von der »Nacht der Amazonen« vorführte – wahrscheinlich übrigens einen der ersten deutschen Dokumentarfilme in Farbe – zeigte sich, was auch Herbert Rosendorfer in seinem Roman *Die Nacht der Amazonen* beschrieben hat: daß dies ein Spektakel von aufwendiger Biederkeit und nichts weiter als eines Spießers schwüler Traum von einem barocken Fest war.)

Knapp fünf Wochen vor Kriegsbeginn trumpfte Christian Weber noch einmal auf, zum letzten Mal. An die siebentausend Pferde und zweieinhalbtausend Mitwirkende spielten drei nächtliche Stunden lang Rokoko, und einige der Akteure – selbstverständlich war der vormalige Hausl vom »Blauen Bock« darunter – durften gar in kostbaren Kutschen aus dem Marstallmuseum vorfahren. Es war dies das angemessene Gefährt für den Veranstalter, schließlich war seit November 1933 seine Adresse: Christian Weber, Residenz, Kaiserhof, T. 277 28. Auch wenn ein Roßknecht aufs Roß kommt, kann ihn der Teufel nicht mehr erreichen...

Der Münchner Volksmund hat sich über diesen ungewöhnlich gewöhnlichen Ratsherrn vielfach lustig gemacht und sich delikate Geschichtchen erzählt. So schrieb der scharfäugige, scharfzüngige Friedrich Reck-Malleczewen am 9. November 1940 in sein Tagebuch, in München erzähle man sich den Witz: Göring habe den Titel eines Weltmarschalls, Goebbels den eines Halbweltmarschalls und Weber den des Senefeldmarschalls erhalten. Diese Auszeichnung, sagte Reck-Malleczewen, verdanke Weber einem diskreten Etablissement, das er in der Senefelderstraße betreibe. Ganz so diskret wird es nicht gewesen sein, denn in diesem Tagebuch steht auch, daß er, Friedrich Reck-Malleczewen, bei einem Münchenbesuch eine vom Bahnhofsplatz bis zu diesem Haus reichende Schlange von Urlaubern und Rüstungsarbeitern habe stehen sehen.

Bildauswahl unter Donner und Blitz

Man darf also davon ausgehen, daß den Herrn Weber der Neubau in der Prinzregentenstraße nicht sonderlich interessierte, und als das Kunst-Haus am 18. Juli 1937 durch Gauleiter Wagner und August von Finck an Hitler übergeben wurde – Weber war natürlich dabei –, beschäftigten sich die Gedanken des Ratsherrn sicher mit einer ganz anderen Festlichkeit, an der sein Freund Wolf alias Adolf leider nicht teilnehmen würde – in genau zwei Wochen spielte man ja die zweite Amazonennacht.

Daß der abgebrannte Glaspalast durch ein neues Ausstellungsgebäude ersetzt werden sollte, stand bald nach der Katastrophe vom Juni 1931 fest, und obwohl die Wirtschaftskrise noch nicht überwunden war, begann bereits das Geldsammeln. So las zum Beispiel Thomas Mann auf den Tag genau einen Monat nach dem Brand in der Universität zugunsten der »Glaspalasthilfe« (übrigens in Gegenwart von André Gide) aus seinem *Joseph*-Roman.

Noch ehe der Plan eines Neu- oder eines Wiederaufbaus aber entschieden war, erhielt Adolf Hitler seine Ernennungsurkunde als Reichskanzler, und ihm mußte die deutsche Industrie nun diesen neuen Glaspalast freiwillig und freudig schenken, das »Haus der Deutschen Kunst«. Weil das Geld in diesem Staate aber wenig zu bedeuten schien, wurde gleich auch noch die zum Ausstellungsgebäude führende Von-der-Tann-Straße dadurch verbreitert, daß die südliche Häuserzeile mit Ausnahme des Prinz-Carl-Palais niedergerissen wurde. Später sollte dann vis-à-vis des »Hauses der Deutschen Kunst« auch noch ein monumentales, weit in Richtung Maximilianstraße geführtes »Haus der Deutschen Architektur« errichtet werden.

Da das von Paul Ludwig Troost geschaffene Kunstgebäude dem Führer gehörte, wollte der auch darauf sehen, daß in ihm auch die richtigen Bilder gezeigt werden. Schließlich hatte er ja selbst einst Maler werden wollen (und hat dann ja auch vor dem Krieg amateurhaft-brav und gewissenhaft aquarellierte Münchner Ansichten gefertigt).

Für die erste Ausstellung in seinem Bau, von den Münchnern hinter vorgehaltener Hand gerne »Bahnhof von Athen« genannt, waren 15 000 Werke eingereicht und an die neunhundert davon zuletzt ausgewählt worden. Der Hausherr selbst hatte die letzte Entscheidung getroffen. Unter Donner und Blitz, da bei der Vorauswahl auch Kunstwerke passierten, die nach dem Verständnis von Hitler mit deutscher Kunst nichts zu tun hatten. »Z. T. direkt katastrophal«, schrieb Goebbels in sein Tagebuch, und: »Der Führer tobt vor Wut.«

Die Jury wurde abgesetzt, das große Angebot noch einmal gesichtet und so kam endlich der große Tag der Übergabe. Und wieder ging es etliche Stunden lang mit Roß und Wagen durch die Stadt, mit einem drei Kilometer langen Festzug »Zweitausend Jahre Deutsche Kultur«.

Eine Abschiedsvorstellung für die Moderne

Am nächsten Tag aber wurden ein paar Jahrzehnte dieser Kultur an den Pranger gestellt. Etliche hundert Meter von dem marmorweißen, marmorkalten neuen Kunst-Bau entfernt wurde in neun Räumen der Galeriestraße 4 die Ausstellung »Entartete Kunst« eröffnet.

Präsentieren durfte diese Schau der »Verfallskunst« der Münchner Maler Adolf Ziegler. Er, den Hitler unter Mißachtung des Wunsches der Akademie zum Professor berufen hatte und den Kunstfreunde seiner fotografisch-genauen Aktbilder wegen despektierlich den »Unter-Leibl« oder den »Reichsschamhaarpinsler« nannten, war für den Vandalenzug verantwortlich, durch den Kommissionen die etwa fünfhundert Kunstwerke dieser Ausstellung aus öffentlichen Sammlungen requirierten. Seine Ansprache schloß Ziegler mit der Aufforderung: »Deutsches Volk, komm und urteile selbst!«

Und die Volksgenossen folgten dieser Einladung eifriger, als Herrn Ziegler und seinen Freunden wohl lieb war. Während nebenan, bei den Bildern des Führers, 557851 Personen gezählt wurden, kamen in die beengten Räume am Hofgarten etwa zwei Millionen Besucher. Dicht an dicht gehängt, durch infame Texte in der bekannten Frakturschrift diffamiert, waren hier Werke von Nolde, Beckmann, Chagall, Dix, Heckel, Kirchner, Schmidt-Rottluff, Klee, Schwitters, Hofer, Kokoschka, Kandinsky, Marc, Corinth und anderen Künstlern der Moderne letztmals in Deutschland zu besichtigen. Es war eine Abschiedsvorstellung.

In Hitlers langgestrecktem Kunsttempel gab es neben viel handwerklicher Biederkeit aus der Fachabteilung »Blut und Boden« sowie einigem Meisterlichen auch etliche der in den folgenden Jahren oft reproduzierten Ikonen der NS-Kunst wie Elf Ebers »Appell am 23. Februar 1933«, Heinrich Knirrs »Führerbildnis« (in drei Ausführungen!) oder Hermann Otto Hoyers blasphemisches »Am Anfang war das Wort« (mit dem am Anfang seiner Karriere stehenden Hitler in einem Wirtshauszimmer).

Von den 895 Exponaten, so wurde am Ende der »Großen Deutschen Kunstausstellung« berichtet, wurden 448 verkauft. Erlös: eine dreiviertel Million Mark.

Die Bilder aus der Galeriestraße dagegen konnte in Deutschland niemand mehr erwerben. Man schob sie gleichsam ab und ließ sie am 30. Juni 1939 im Grand-Hotel »National« zu Luzern gegen Devisen versteigern. Für ausländische Museen und Sammler war dies eine einmalige Gelegenheit, erlesene Stücke für einen guten Preis zu erwerben; für Marc Chagalls »Rabbiner« zum Beispiel zahlte das Basler Kunstmuseum 1600 Franken, eines der Walchenseebilder von Corinth erbrachte 3700 Franken und die »Vögel« von Franz Marc fanden für 2500 Franken einen Käufer. Als dieses Bild 1983 für die Marc-Sammlung des Lenbachhauses zurückgekauft wurde, kostete es vier Millionen Mark.

Die geplanten Prächtigkeiten eines Gröbaz

Nachdem er in der »Stadt der deutschen Kunst« (wie er sie verstand) den Weg gewiesen hatte, wollte Hitler diese Stadt nach seinen Vorstellungen verändern, und da er das Monumentale liebte, war vorauszusehen, daß er die Dimensionen der alten, gewachsenen Residenz- und Bürgerstadt sprengen würde.

Er hatte ja schon bald nach seinem Amtsantritt die ersten Bauaufträge vergeben und im Frühjahr 1934 dafür gesorgt, daß die Planungen künftig bei der Obersten Baubehörde in einem eigenen Entwurfsbüro zusammengefaßt würden.

Obwohl er für sein Reich immer mehr Geld aufnahm – vom Januar 1933 bis zum August 1939 stieg die Neuverschuldung von 4,0 auf 40,5 Milliarden Mark –, baute er weiter, als ob all diese Architektur gratis zu bekommen wäre. Auf daß sein Werk in den rechten Dimensionen und nach Plan vorangehe, wurde im Herbst 1937 ein Rahmengesetz zur Stadtausgestaltung von München (doch auch von Berlin, Hamburg, Nürnberg und Stuttgart) erlassen. Ein Jahr später, im Dezember 1938, wurde Hermann Giesler, ein Bruder des späteren Münchner Gauleiters Paul Giesler, zum »Generalbaurat für die Hauptstadt der Bewegung« ernannt.

In einem akribisch recherchierten Buch hat Hans-Peter Rasp zusammengetragen, was der Meister und sein Architekt für München planten: »Eine Stadt für tausend Jahre«. Doch zum Glück sind die großen Projekte über die Planungen nicht hinausgediehen, da Hitler, gleichsam das Musterbeispiel eines »Ruinenbaumeisters«, den Neubau plante und parallel dazu auch jenen Krieg, der die Stadt dann zu vierzig Prozent in Trümmer zerbrach.

Der Hauptbahnhof, das war eine der entscheidenden Überlegungen des Bauherrn, müsse weiter nach Westen verlegt werden, in die Gegend der Friedenheimer Brücke. Und groß sollte er werden, ein Kuppelbau von 141 Metern Höhe und mit einem Durchmesser von 285 Metern. Der alte Bahnhofsplatz wäre nun für die Planungen der Herren Hitler & Giesler frei gewesen, und sie wollten auch hier die Welt in Erstaunen versetzen. (Alfred Speer hätte dann wohl neidvoll nach München geschaut, wo man mit seinen nicht minder gigantischen Berlin-Planungen mithielt).

Dort, wo seit nahezu hundert Jahren die Züge aus- und einfuhren, sollte eine große Straße gebaut werden, die – etwa drei Kilometer lang und 120 Meter breit – vom Stachus über das Bahngelände hinweg bis Pasing führen sollte. Am Anfang dieser Avenue der neuen Herrlichkeit war ein Denkmal der Partei geplant, ein Obelisk von 212 Metern: siebenmal die Höhe des Obelisken am Karolinenplatz.

Und dann, etwa auf der Höhe der Oberpostdirektion an der Arnulfstraße, wünschte sich der »Führer« die größte Oper der Welt, den »vornehmsten Bau des neuen München«, ein Haus mit 3000 Plätzen.

Noch im Juni 1943, als der Stern bereits zu sinken begann und eigentlich ganz andere Fragen zu besprechen waren, monologisierte er in seinem Hauptquartier: »Wir müssen schauen, daß wir in der neuen Münchner Oper alles Dagewesene schlagen, das ist die große Aufgabe.« Architektur als Schlachtenplan, der (vorgebliche) *Gröfaz*, der Größte Feldherr Aller Zeiten, wollte auch zum *Gröbaz*, zum Größten Bauherrn Aller Zeiten avancieren.

Veränderungen unter und über der Erde

Neben architektonischen Prächtigkeiten wollte Hitler der Stadt noch ein besonders hehres Geschenk vermachen – seinen Leichnam. Im Frühjahr 1938 glaubte er an Kehlkopfkrebs erkrankt zu sein, und so verfaßte er am 2. Mai dieses handgeschriebene Testament: »Für den Fall meines Todes verfüge ich: 1.) Mein Leichnam kommt nach München wird dort in der Feldherrnhalle aufgebahrt und im rechten Tempel der ewigen Wache beigesetzt (Also der Tempel neben dem Führerbau) Mein Sarg hat den übrigen zu gleichen...«

Dies war dann in dieser Angelegenheit doch noch nicht das letzte Wort und nicht sein allerletzter Wille. Später ließ er sich nämlich für die Gegend Gabelsberger-/Türkenstraße ein großes Mausoleum entwerfen und wollte noch später dann doch lieber in Linz beerdigt sein. Am Ende kam es aber für ihn und Eva Braun (die er im Testament von 1938 ebenso wie seine Schwester mit monatlich je 1000 Mark bedacht wissen wollte) ganz anders.

Davon, daß der eben neunundvierzigjährige Adolf Hitler über seinen Leichnam disponiert hat, erfuhr die Öffentlichkeit erst nach dem Krieg, und in München gab es in jenem Jahr 1938 ohnedies ein ganz anderes Gesprächsthema als diesen lebenden Leichnam, denn drei Wochen nach der Letztwilligen Verfügung wurde durch deren Verfasser an der Ecke Lindwurm-/Ziemssenstraße der Bau einer U-Bahn begonnen. Am letzten, einem etwas regnerischen Sonntag im Mai, mittags um elf, setzte Hitler eine Dampframme in Bewegung, die mit ohrenbetäubendem Lärm einen Stahlträger in den Boden trieb. Böller krachten, die Menge jubelte: Endlich wurde nun ein Werk in Angriff genommen, von dem man schon 1905 gesprochen hatte, als das Verkehrsministerium den Plan für eine zwischen Hauptbahnhof und Ostbahnhof sowie eine zwischen Hauptbahnhof–Stachus–Haidhausen und Hauptbahnhof verkehrende unterirdische Bahn entwerfen ließ.

Es ist damals nichts daraus geworden, doch nun, so stand es in der Zeitung, »beginnt ein neuer Abschnitt in der so vielfältigen Baugeschichte Münchens«.

Der »neue Abschnitt« ließ sich dann doch in Metern messen, denn als Ende 1941 die Bauarbeiten südlich des Goetheplatzes eingestellt wurden, war die U-Bahn-Röhre gerade 590 Meter lang. Tief unter der Erde, wo eigentlich die Züge fahren sollten, fanden Münchner nun ein wenig Sicherheit vor den Bomben. Die Reise im Münchner Untergrund aber verzögerte sich noch um mehr als dreißig Jahre.

An anderer Stelle in der Stadt und nur wenige Wochen später zeigten die Handlanger des »Führers« und Reichskanzlers, mit welcher Brutalität das neue München gebaut werden würde. Am 8. Juni 1938 wurde der Jüdischen Gemeinde mitgeteilt, die Synagoge hinter dem Künstlerhaus – die drittgrößte Synagoge Deutschlands – stehe den Planungen im Wege, sie werde daher am darauffolgenden Tage abgebrochen. Als Entschädigung für das 1887 geweihte Haus zahlte man hunderttausend Mark; das Grundstück hatte einst 350 000 und der Bau 794 063 Mark gekostet. Gleichzeitig wurden die der Israelitischen Gemeinde gehörenden angrenzenden Häuser Herzog-Max-Straße 3 und 5 für 85 000 Mark gekauft (und der SS-Zeugungs- und Züchtungsanstalt »Lebensborn« überlassen).

Da noch im gleichen Sommer – ebenfalls mit der Begründung, der Bau behindere die Stadtplanung – die auf dem Mittelstreifen der Sonnenstraße stehende evangelische Matthäuskirche niedergerissen wurde, konnten Münchens Juden hoffen (obwohl es bereits genügend Ausschreitungen gegen sie gegeben hatte), die Zerstörung der Synagoge sei vielleicht doch keine ausschließlich antisemitische Aktion gewesen. Sie sollten freilich noch im gleichen Jahr erleben, wozu das Regime fähig ist und mit welchem Haß es sie verfolgt. Und seinen Ausgang sollte dieses ungeheuerliche Verbrechen von München aus nehmen.

Vier hohe Herren im »Führerbau«

In diesem Sommer von 1938 sprach man freilich mehr von den Sudetendeutschen als von den Juden. Wie die Österreicher, so sollten nun auch sie heim ins Reich. Das, so fürchtete man, ginge aber nicht ohne einen Krieg. Hitler stellte ein Ultimatum; die Tschechoslowakei mobilisierte ihre Truppen; Großbritannien und Frankreich bereiteten sich darauf vor, ihre Beistandsverpflichtung zu erfüllen. Kurz vor Ablauf der Frist schaltete sich Mussolini als Vermittler ein, und nun mußte Hitler, um guten Willen wenigstens vorzutäuschen, einlenken. Er lud den britischen Premierminister Sir Neville Chamberlain, den französischen Premier Edouard Daladier und Italiens Benito Mussolini zu Verhandlungen ein, und da man den Eindruck vermeiden wollte, die hohen Herren würden vorgeladen, bat Hitler die Gäste für den 29. September 1938 nicht nach Berlin, sondern nach München. Die tschechische Regierung durfte keine Vertreter schicken.

Mittags um dreiviertel eins trafen sich die vier Regierungschefs im »Führerbau« (der heutigen Musikhochschule), und nachts zwischen eins und zwei setzten sie ihre Unterschrift unter den »Münchner Vertrag«: Die Existenz der Tschechoslowakei (ohne das Sudetenland) und der *peace for our time* schienen gerettet. Zumindest für Mr. Chamberlain.

Und für die Münchner, die Sir Neville im Regina Palast Hotel, Monsieur Daladier im Hotel Vier Jahreszeiten und *il Duce* im Prinz-Carl-Palais dankbar und herzlich applaudierten. Das gerade stattfindende Oktoberfest – als »Großdeutsches Oktoberfest« besonders prachtvoll inszeniert – hatte bis dahin nur mäßigen Besuch gehabt. Nun aber, da alles eine gute Wendung nahm, kamen auch die Besucher, und weil das Bier in den Krügen schäumte und die Kassen klingelten, waren auch noch die Wirte und die Schausteller mit dem Treffen im »Führerbau« zufrieden. Der Egerländer Marsch aber, der in den vergangenen Monaten immer wieder im Radio gespielt worden war und der dabei so trotzig und drohend klang, war nun die rechte frohe Melodie.

Die organisierte Spontaneität des Pöbels

Dem ausgelassenen Volksfest folgte, wie in allen NS-Jahren, nur wenig mehr als einen Monat später das düstere Totenspektakel des 9. November. Sie marschierten wieder zur Feldherrnhalle, legten Kränze nieder, riefen an den beiden Ehrentempeln die Namen der Erschossenen (darunter auch den des Kellners Karl Kuhn vom »Annast«, der nur durch Zufall – weil er im verkehrten Moment vor sein Lokal getreten war – ins Gewehrfeuer lief). Abends aber saßen die »Alten Kämpfer« mit ihrem Führer und den hohen Funktionären der Partei im Saal des Alten Rathauses bei einem sogenannten Kameradschaftstreffen.

Zwischen 19 und 20 Uhr traf die telegraphische Nachricht ein, der zwei Tage zuvor bei einem Attentat des siebzehnjährigen Juden Herschel Grynszpan in der Pariser Botschaft schwer verletzte Legationssekretär Ernst vom Rath sei seinen Verwundungen erlegen. Ein Bote verständigte Hitler. Der sprach lange mit dem neben ihm sitzenden Reichspropagandaminister Goebbels, verließ daraufhin, ohne die übliche Ansprache zu halten, den Saal und fuhr in seine Wohnung.

Nun teilte Goebbels auch den anwesenden Parteigenossen den Tod des Botschaftsangehörigen mit, verlangte Verschwiegenheit und fügte hinzu, daß es an verschiedenen Orten des Reiches bereits zu judenfeindlichen Kundgebungen gekommen sei und daß der »Führer« entschieden haben, solche Demonstrationen dürften von der Partei nicht organisiert werden. Wo sie freilich spontan entstünden, sei ihnen nicht entgegenzutreten. »Vielleicht«, hatte Hitler noch gesagt, »gibt uns das den Anlaß, die Judenfrage ein für allemal zu erledigen.«

Und in dieser Nacht wurde damit der Anfang gemacht.

So brannten in München die nach dem Abbruch der Hauptsynagoge noch verbliebenen zwei Synagogen; anders als in der Herzog-Rudolf-Straße, wo nur die Nachbarhäuser gesichert wurden, bemühte sich die Feuerwehr, das erst 1931 geweihte Gebetshaus in der Reichenbachstraße zu löschen, da anders die angrenzenden Gebäude und wohl auch das Gärtnerplatz-Theater nicht zu retten gewesen wären.

Dafür, daß der Mob in dieser Nacht die Ziele seines Hasses auch finden könne, hatte Oberbürgermeister Fiehler – ein spießbürgerlich-kleiner, bösartiger Antisemit – rechtzeitig gesorgt, denn schon lange vor der »Reichskristallnacht« – bewußt verharmlosend so amtlich genannt – hatte er für seine Genossen die Liste der 691 jüdischen Geschäftsinhaber in München zusammengestellt, und eine Liste der noch in München lebenden Juden lag ohnehin vor.

Allein in der Nacht vom 9. zum 10. November konnten in München, da die »spontane Aktion« ja seit langem gut vorbereitet war und nur noch einen Anlaß suchte, zweihundert jüdische Männer verhaftet werden, siebenhundert weitere folgten in den darauffolgenden Tagen. Mit welch blindwütender Wut in jener Nacht auch gegen Geschäfte vorgegangen wurde, läßt der Bericht der *Münchner Neuesten Nachrichten* ahnen: »Des Volkes Zorn nahm Vergeltung an den jüdischen Ladengeschäften, denen größtenteils sämtliche Fenster ausgeschlagen wurden; auch die Fenster im ersten Stock gingen durch Steinwürfe in Scherben. Zum Teil wurden die Eingänge zu den Geschäften demoliert; in einzelnen Fällen auch die Inneneinrichtung.«

Das Schuhgeschäft Speier gehörte dazu, das Wäschehaus Gerstle & Löffler, das Stoffgeschäft Meyer & Lißmann, das Musikhaus Koch, das Galanteriewarengeschäft Salberg und das alteingesessene, wohlangesehene Einrichtungs-, Teppich-, Antiquitäten- und Kunstgeschäft Bernheimer am Lenbachplatz.

Ein Kunde, der sich 1936 für 36 000 Mark bei Bernheimer zwei Teppiche kaufte – er war deswegen eigens vom Nürnberger Parteitag nach München gefahren – hatte darauf gesehen, daß in dieser Nacht die Kostbarkeiten in diesem Hause geschont würden. Jener Hermann Göring nämlich, von dem der Ausspruch stammt: »Wer Jude ist, bestimme ich«, soll die Anweisung gegeben haben, bei Bernheimers nicht allzu ungestüm vorzugehen.

Vier Mitglieder der Familie, darunter auch Konsul Otto Bernheimer, kamen zwar nach Dachau und später ins Münchner Gestapogefängnis, doch dann machte Göring mit der Familie seinen *deal*: Wenn die Bernheimers eine in Venezuela gelegene Kaffeehazienda seiner Tante kauften, und nur dann, dürfe die Familie ausreisen. Seine Rechnung sah so aus: Für die Erlaubnis, dieses Anwesen zu kaufen, gehen 480 000 Mark an Hermann Göring; für die (übrigens heruntergewirtschaftete) Hazienda sind dann noch 400 000 Mark zu zahlen. Außerdem müssen die Bernheimers Görings Tante und deren jüdischen Mann mit nach Venezuela nehmen; die Reisekosten haben natürlich die Bernheimers zu tragen.

So endete die Geschichte eines der angesehensten Kunsthäuser Europas.

Ein Millionenbau für Kommerzienrat Bernheimer

Um die Mitte des 19. Jahrhunderts verkaufte der aus dem schwäbischen Buttenhausen stammende Meier Bernheimer in seiner Bude 298 am Prannertor Seide, Schals und Modewaren. Sein Sohn Lehmann Bernheimer sah eine Möglichkeit, sein Geschäft zu vergrößern, als 1864 das Textilgeschäft Robert Warschauer an der Ecke Pranner- und Salvatorstraße seine Pleite angemeldet hatte. Der junge, gerade zweiundzwanzigjährige Lehmann Bernheimer gab den auf dem Dultplatz in der zweiten Reihe stehenden Verkaufsstand auf und war mit seinem neuen Unternehmen so erfolgreich, daß er 1870 in die Kaufingerstraße ziehen konnte. Er erweiterte sein Programm, lieferte auch kostbare Möbel und Einrichtungsgegenstände. Die Waren holte er aus Italien oder bekam sie von seinem eigenen Einkaufshaus, das er in Paris unterhielt, außerdem organisierte er sich die alten Teppiche wohl als erster deutscher Importeur direkt aus dem Orient.

Die Ware gefiel, Könige und der Kaiser in Berlin gehörten zu den Kunden, und am 10. Dezember 1889 konnte Lehmann Bernheimer, mittlerweile offizieller Hoflieferant und Kommerzienrat, auf dem Gartenareal des traditionsreichen alten Englischen Caféhauses das von Thiersch und Dülfer für etwa 900 000 Mark gebaute Palais beziehen – mit Seiner K. H. dem Prinzregenten (natürlich auch ein Bernheimer-Kunde) als Ehrengast. Zwanzig Jahre später wurde der stolze Bau für eine Million Mark zur Ottostraße hin großzügig erweitert.

Nach den Hitlerjahren und dem Exil hat vor allem Otto Bernheimer, der Enkel von Meier Bernheimer, die Firma in München wieder aufgebaut und dem Münchner Kunsthandel durch die von ihm 1956 mitbegründete Kunst- und Antiquitätenmesse zu Ansehen und Geschäften verholfen.

Im Jahre 1987, dreißig Jahre nach der Wiedereinbürgerung von Otto Bernheimer und knapp hundert Jahre nach der festlichen Eröffnung wurde das Bernheimer-Palais verkauft. Die Firma freilich wird durch einen Enkel Otto Bernheimers, den geänderten Verhältnissen des Kunstmarktes angepaßt, weitergeführt; durch Geschäfte am Promenadeplatz, am Familiensitz in der Burg Marquartstein und vor allem in einer Londoner Dependance.

Das Leben der Juden in München war auch früher häufig bedroht gewesen. Nur wenig mehr als hundert Jahre nach der frühesten Erwähnung des Ortes Munichen gab es 1285 bereits das erste Judenpogrom – in der Synagoge an der Gruftstraße (hinter dem sechshundert Jahre später gebauten Neuen Rathaus) verbrannten 185 Menschen, nachdem die Bevölkerung auf das Gerücht hin, die Juden hätten einen Ritualmord begangen, das Gebäude anzündete.

Die Verfolgungen, die Schikanen und die Diskriminierungen wiederholten sich. So mußten die Münchner Juden ihre Toten bis zum Jahre 1816 auf einem jüdischen Friedhof im Augsburger Stadtteil Kriegshaber beisetzen, und Lion Feuchtwangers Großmutter mußte zur Entbindung nach Nürnberg reisen, da sie, immerhin Angehörige einer angesehenen und vermögenden jüdischen Familie, nicht das Recht hatte, in ihrer Heimatstadt ein Kind zur Welt zu bringen.

Im 19. Jahrhundert hatten sich die Verhältnisse vielfach gebessert, doch bereits nach dem Ersten Weltkrieg begann die Hetze gegen Juden und Jüdisches. Und jene kleine Partei, die der Werkzeugschlosser Anton Drexler gegründet und die Adolf Hitler unter dem Namen NSDAP zur Macht geführt hat, war mit ihrem aggressiv antisemitischen Programm erfolgreich gewesen. Auch wenn sie bei Wahlen nie die absolute Mehrheit erreichte und gelegentlich sogar weit davon entfernt war.

»München ist judenfrei«

Die Verfolgung der Juden hatte mit der »Kristallnacht« einen Höhepunkt erreicht, doch begonnen hatte sie früher, und NS-Oberbürgermeister Fiehler sah darauf, daß München dabei anderen Städten voraus war: Sein eifernder Haß trübte ihm dabei den Blick so sehr, daß er in der frühen Hitlerzeit über das ohnedies weit gesteckte Ziel hinausschoß; man mußte ihn schließlich sogar auffordern, einzelne, den noch geltenden Gesetzen zuwiderlaufende Maßnahmen zurückzunehmen.

Nein, hieß es schon im Sommer 1933 in München, die Asche verstorbener Juden darf nicht auf christlichen Friedhöfen beigesetzt werden; nein, jüdische Händler dürfen nicht mehr an Versteigerungen im Leihhaus teilnehmen; nein, Straßennamen, die an Juden erinnern, darf es in der Stadt nicht mehr geben; nein, hieß es später, Juden dürfen nicht mehr in ihren Wohnungen bleiben, sie müssen in »Judenhäuser« ziehen; nein, die Jüdische Kultusgemeinde ist hinfort keine Körperschaft des Öffentlichen Rechtes mehr... und niemand durfte in Zukunft noch von jenen Juden sprechen, die, wie der Deutsch-Amerikaner James Loeb (der Stifter des Maria-Antonia-Studentinnenheimes in der Kaulbachstraße, eines Krankenhauses am Bavariaring, der Deutschen Forschungsanstalt für Psychiatrie, einer großen Antikensammlung usw.) zu den Wohltätern der Stadt gehörten.

Von 187 jüdischen Rechtsanwälten mußten 81 bereits kurz nach der Machtübernahme ihre Zulassung zurückgeben, und den 270 jüdischen Ärzten in München wurde am 1. Oktober 1938 die Approbation entzogen; nur einige von ihnen durften sich als »Krankenbehandler« noch um jüdische Patienten kümmern. Und da ein Deutscher bei Juden ja nicht kauft – arisches Ehrenwort! – brauchen auch jüdische Geschäfte nicht weiter zu bestehen. Ihre Umwandlung in arische Geschäfte, der Transfer im Schatten von Konzentrationslager und Emigration, wurde für viele ehrbare deutsche Kaufleute zum guten Geschäft, von dem man hinterher nicht mehr sprach – und die heute zu nennen der Datenschutz verbietet.

Da gab es – nur eines von vielen Beispielen – das große Kaufhaus Hermann Tietz mit seinem Münchner Geschäft am Hauptbahnhof. Das Unternehmen mit seinen 115 Filialen und dem Sitz in Berlin war einem Bankenkonsortium als Beute zugefallen (nachdem es vorher durch die politischen Umstände beinahe in den Ruin getrieben worden war). Von den Banken erwarb es ein vormaliger Einkäufer aus dem KaDeWe, dem Kaufhaus des Westens, der nach Hitlers Amtsantritt in der Hermann-Tietz- (und mittlerweile Hertie-) Geschäftsleitung saß. Für zwölf Millionen Mark ein Schnäppchen, das ihm auch nach dem Krieg verblieb; nachdem an die Tietz-Erben eine zweite Abfindung gezahlt war.

Die Tietz-Erben hatten emigrieren können. Auch Georg Tietz, Jahrgang 1889, der zeitweise in München gelebt, hier das Wilhelmsgymnasium besucht und dort Vater Himmler als Lateinlehrer hatte. Andere Juden, die nicht ausreisen konnten oder wollten, wurden von München aus in den Tod geschickt. Eines dieser Schicksale – eines von Tausenden – hat Wolfram Selig mit Hilfe der erhalten gebliebenen (und im Faksimile reproduzierten) Dokumente in einem erschütternden Buch aufgezeichnet:

Richard Seligmann, 1890 in München geboren, wohnhaft in der Mathildenstraße 12/III, hatte die von seinem Vater ererbte »Münchner Spiegelmanufaktur Gebr. Seligmann« Anfang 1939 durch Arisierung verloren. Wenig später mußte er seine Wohnung aufgeben und in eine Pension Amalienstraße 4 ziehen. Kurz vor seiner Emigration in die USA – für die in den USA bereits die Überfahrt bezahlt war – erklärte Deutschland Amerika den Krieg, eine Auswanderung war nun nicht mehr möglich. Noch im November 1941 wurde Richard Seligmann, Teilnehmer des Ersten Weltkriegs, aus seiner Geburtsstadt nach dem Osten deportiert. Zum 31. 12. 1945 wurde er für tot erklärt.

Das letzte Dokument, das sich unter seinen nachgelassenen Papieren befindet, ist ein hektographiertes Schreiben der Israelitischen Kultusgemeinde, in dem es heißt, der Empfänger sei von der Gestapo München »zu einem Evakuierungs-Transport eingeteilt«, ab Dienstag, den 11. November 1941, habe er sich in seiner Unterkunft dafür bereitzuhalten.

Die letzte Station in München war die »Judensiedlung Milbertshofen«, ein Barackenlager in der Knorrstraße 148, das Juden im Jahre 1941 ohne »Anspruch auf tarifliche oder sonstige Entlohnung« als soziale Leistung hatten errichten müssen.

Im Oktober war es fertiggestellt und am 15. November ging von hier aus der erste Transport in den Osten – etwa tausend jüdische Bürger wurden nach Riga gebracht und nach der Ankunft getötet. Andere Züge gingen nach Piaski bei Lemberg und nach Theresienstadt, von wo nach Kriegsende ungefähr 120 Deportierte nach München zurückkehren konnten.

Ein weiteres Lager für Alte und Kranke war im Kloster der Barmherzigen Schwestern in Berg am Laim eingerichtet; den Schwestern war dabei jeder persönliche Umgang mit den jüdischen Bewohnern – Professor Cossmann gehörte zeitweise zu ihnen – streng untersagt worden.

In seinem Hauptquartier in Winniza in der Ukraine hatte Hitler am 24. Juli 1942 beim Abendessen gemeint, zunächst müßten die Juden aus Wien »beseitigt« werden, aber »auch aus München müßten die letzten anderthalbtausend baldmöglichst verschwinden«. Und kaum ein Jahr später, am 20. Juni 1943, konnte die für Schikanen und Verschleppungen zuständige Stelle die Akten schließen und melden: sie habe ihren Auftrag erfüllt, München sei »judenfrei«.

Und die Münchner?

Es waren vor allem Münchner SA-Männer, die Brände legten, Scheiben einschlugen und jüdische Bürger verhafteten, es waren auch Münchner Bürger, die dabei zusahen (wahrscheinlich nicht sehr viele, denn die braunen Rabauken waren in der Nacht zu ihren Verbrechen ausgezogen).

Die Mehrzahl der Münchner wird es gemacht haben wie die Mehrzahl der Deutschen – sie sahen weg, sie schwiegen und ahnten wohl mehr als sie wußten.

Dann gab es aber doch auch Leute wie Paul Hessling, den Hertie-Geschäftsleiter in München, der sich, obwohl »Vollarier«, pensionieren ließ, als der Familie Tietz die Geschäfte weggenommen wurden, oder wie ein Dienstmädchen der Bernheimers, das nach der »Kristallnacht« der Herrschaft, bei der es nicht mehr arbeiten durfte, heimlich fünfzig Mark durch den Briefschlitz warf, oder wie den Zahnarzt, der hinter heruntergelassenen Rolläden das tat, was ihm verboten war, nämlich Juden zu behandeln.

Das 999-Mark-Auto in der Ehrenhalle

Es war, als eiferte die Stadt München auf eine allerdings friedliche Weise dem Beispiel des deutschen Kanzlers nach, denn im gleichen Jahr 1938, in dem dieser in Österreich und im Sudetenland einmarschierte, übernahm auch die bayerische Landeshauptstadt angrenzende Gemeinden. Bereits 1930 waren Perlach und Daglfing eingemeindet worden, 1931 war Freimann hinzugekommen, 1932 Trudering – und damit hatte das Wachstum zunächst ein Ende.

Im Frühjahr 1938 aber verloren auch die Pasinger ihre Selbständigkeit, und am 1. Oktober, wenige Tage nach der Unterzeichnung des »Münchner Vertrages«, wurden durch einen anderen Münchner Vertrag auch Feldmoching, Ludwigsfeld, Allach, Unter- und Obermenzing, Großhadern sowie Solln zu Münchner Stadtteilen. Vier Jahre später sind dann auch noch Langwied und Aubing der »Hauptstadt der Bewegung« zugeschlagen worden – und damit hatte München jenen Umfang erreicht, der seither nicht mehr verändert wurde.

Im Gegensatz zu allen anderen Zahlen. Zum Beispiel denen der Kraftfahrzeug-Statistik: Im Jahre 1938 wurden in der Stadt etwa 55 000 Autos und Motorräder gezählt – tausendmal so viele wie im Jahre 1900! –, und diese Fahrzeuge waren in 6168 Unfälle mit 83 Toten verwickelt. Drei Jahre zuvor waren – bei 41 000 registrierten Fahrzeugen – sogar 6424 Unfälle mit 118 Toten gemeldet worden. Im Vergleich dazu meldete die Polizei für das Jahr 1990 bei einem Bestand von 669 901 Kraftfahrzeugen 50 747 Unfälle mit 56 Toten.

Man hatte 1938 bei der Münchner Schutzpolizei also durchaus Anlaß, ein eigenes Verkehrsunfallkommando zu schaffen. Um Unfälle zu vermeiden, waren freilich andere Maßnahmen notwendig, etwa der Ausbau von Straßen oder die Installation von Schutzeinrichtungen. So machte man bereits 1926 am Odeonsplatz erste Versuche, den Verkehr mechanisch zu regeln, und im darauffolgenden Jahr arbeitete am Bahnhofsplatz die erste Münchner Verkehrsampel. (Sechzig Jahre später versuchten nahezu tausend Ampeln mit Rot-Gelb-Grün den Verkehr unter Kontrolle zu bringen.)

Als 1905 in München zur Rallye um einen vom landsbergisch-englischen Maler Sir Hubert von Herkomer gestifteten Preis gestartet wurde, waren die Automobilisten noch eine rare Spezies (und entsprechend klein war daher auch die Mitgliederzahl des Allgemeinen Deutschen Automobil Clubs ADAC, der in diesem Jahr 1905, zwei Jahre nach seiner Gründung, von Stuttgart nach München zog).

Doch schon im darauffolgenden Jahr – dem Jahr, in dem auch das erste Sanitätsauto in München in Dienst genommen wurde

– gab es 22, und zu Beginn des Ersten Weltkriegs bereits 425 Autos, doch auch noch 56 Pferdedroschken).

Für den Anstieg der Autozahlen seit dem Ende des Zweiten Weltkriegs ist sicher ein Ereignis mitverantwortlich, das im Herbst 1938 im Ausstellungspark stattfand. Dort zeigte man im Ehrenraum der Halle III das von Ferdinand Porsche entworfene KdF-Auto, das für 999 Mark zu einem wirklichen Volkswagen werden sollte. Im April des darauffolgenden Jahres konnte man das Auto bei Werbefahrten kreuz und quer durch Deutschland und unter anderem auch auf einem Parkplatz an der Sonnenstraße genauer betrachten.

Zum Fahren sind die Interessenten dann aber doch nicht mehr gekommen – ein Jahr nach der ersten Präsentation in München war Krieg.

Gleichgeschaltete Kultur

Und während die Herren in den braunen Uniformen das Volk auf diesen Krieg vorbereiteten (etwa durch eine große Luftschutzübung am 28. Juni 1938), sorgten sie doch auch mit Eifer dafür, daß das Leben im neuen Staate diesem neuen Staate noch besser angepaßt, daß alles Leben »gleichgeschaltet« werde. Natürlich galt die Aufmerksamkeit dabei auch dem kulturellen Leben in München.

Den Dirigenten Hans Knappertsbusch, seit den frühen zwanziger Jahren Generalmusikdirektor, schickte der Reichsstatthalter von Epp im Februar 1936 in den Ruhestand, und nun, zum 1. Mai 1938, holte man Clemens Krauß an seiner Stelle. Gleichzeitig übertrug man Alexander Golling das Staatsschauspiel, und der in Revuen verliebte Fritz Fischer wurde Herr am umgebauten und finanziell gut ausgestatteten Gärtnerplatztheater (mit Peter Kreuder als musikalischem Leiter). Oswald Kabasta schließlich (der seinem Leben 1946 ein Ende machte) folgte auf Siegmund von Hausegger als Chef der Philharmoniker.

Nicht immer auf Qualität achtete man bei den Autoren. Der Dichterpreis der Stadt München war spät, erst 1927, gestiftet und im ersten Jahr an Hans Carossa verliehen worden. Kleinere Meister folgten: Willy Seidel 1928, Josef Magnus Wehner 1929, Hans Brandenburg 1930, Ruth Schaumann 1931... und im Jahr der sogenannten Machtergreifung dann – natürlich – ein alter Kämpfer, der bis zuletzt fanatisch-linientreue Hans Zöberlein, dem Hitler 1931 das Vorwort zu dem kriegsverherrlichenden Roman *Der Glaube an Deutschland* geschrieben hat. (Von 1934 an leitete er, das Parteimitglied Nr. 896, das Kulturamt der Stadt München.) Im Jahre 1935 zeichnete die Stadt Georg Britting aus, 1936 dann wieder einen Schriftsteller, der besser in die Zeit paßte: Erwin Guido Kolbenheyer, der erst vier Jahre zuvor nach München-Solln zugezogen war, 1937 folgte Josef Ponten und 1938 der liebenswerte, aus maria-theresianischer Zeit übriggebliebene kakanische Alfons von Czibulka.

Karl Wolfskehl, den Thomas Mann in den Jahren vor 1933 mehrfach vorgeschlagen hatte, wurde mit diesem Preis genausowenig bedacht wie Oskar Maria Graf, der 1927 schon zu den Anregern des Preises gehört hatte. Graf ging 1933 ins Exil, ebenso wie Lion Feuchtwanger, dem die Stadt München mit der Verleihung des Dichter-Preises im Jahre 1957 eine späte Wiedergutmachung gewährte.

Die Lady grüßt »Heil Hitler!«

Noch war Frieden, und der Kanzler des Reiches, ein nicht sehr systematischer Arbeiter (nach dem Urteil vieler ein Bohemien, eher faul als fleißig), verbrachte überraschend viel Zeit fern seiner Reichshauptstadt. Während der vielen Münchner Aufenthalte war er ein regelmäßiger Gast in den Carlton Teestuben in der Brienner Straße, gegenüber dem Café Luitpold, und vor allem in Herrn Deutelmosers »Osteria Bavaria« in der Schellingstraße.

Dort traf er auch von 1934, 1935 an häufig mit einer seiner Adorantinnen zusammen, dem englischen Adelsfräulein Unity

Mitford. Wenn er mit seinem »Osteria«-Kreis ankam – der Fotograf Heinrich Hoffmann gehörte dazu, auch Gauleiter Wagner, Martin Bormann, die Ärzte Morell und Brandt, der Adjutant Brückner und der Chauffeur Schaub –, saß das Fräulein häufig schon an einem Tisch und wartete, daß der Verehrte, der Angebete, sie zu sich rief.

Hitler nahm diese etwas lächerliche Zuneigung nicht sehr ernst, war aber zweifellos geschmeichelt, daß ihm die Tochter des Lord Redesdale wie ein Hündchen hinterherlief. Er schenkte ihr sein signiertes Bild und ein Parteiabzeichen, er sorgte auch dafür, daß sie an Parteitagen teilnehmen konnte, und wenn er in ihrer Gegenwart von politischen Angelegenheiten sprach, legte er sich keine Rücksichten auf (auch wenn einige Herren seiner Umgebung, übrigens zu Unrecht, befürchteten, das Mädchen könnte den englischen Geheimdienst mit dem beliefern, was sie am Tisch des Mächtigsten gehört hat).

Es trieb sich in den dreißiger Jahren einiges Personal der britischen *upper-class* in den Münchner Nazi-Kreisen herum (und im Oktober 1937 besuchte sogar Prinz Edward, vormals König Edward VIII. von Großbritannien, zusammen mit seiner Wallis Simpson das Haus der Deutschen Kunst, den Hitler-Stellvertreter Rudolf Heß in dessen Münchner Wohnung und Hitler auf dem Obersalzberg), doch niemand war dem deutschen Führer so ergeben wie Unity Valkyrie Mitford, die exzentrische Schwester einiger kaum weniger exzentrischer Ladies, die Schwägerin des britischen Faschistenführers Sir Oswald Mosley und Nichte von Winston Churchill.

Im Eifer für die Sache ihres Idols grüßte Unity selbst Landsleute mit ausgestrecktem Arm und kräftigem »Heil Hitler«. Im übrigen aber, so erzählten ihre Bekannten, sprach sie von nichts lieber und ausdauernder als von ihrer Freundschaft zu Hitler. »Sie war ein dummes, ungebildetes Mädchen«, erinnerte sich ein Journalist des *Guardian*, der sie in München traf, und eine Bekannte aus diesen Münchner Tagen sagte: »Sie war alles in allem ziemlich gewöhnlich und hatte häßliche Hände.«

Obwohl, oder vielleicht gerade weil sie eine verbissene Antisemitin und der Ober-Antisemit Julius Streicher ihr »favourite among Nazis« war, wohnte sie vom Herbst 1934 an ein Jahr lang in dem vom jüdischen Mäzen James Loeb gestifteten Maria-Antonia-Studentinnenheim in der Kaulbachstraße; und auch ihre letzte Münchner Wohnung kam von jüdischen Bürgern: Hitlers Büro hatte ihr vier enteignete jüdische Wohnungen zur Auswahl angeboten. Unity entschied sich für die Agnesstraße 26/VI. Im Münchner Adreßbuch von 1940 nimmt sie, »Unity Mitford, Priv.«, die Stelle ein, an der zuvor »Lehmann Adolf, Kfm.« gestanden hatte.

Als das Adreßbuch ausgelegt wurde, war die Eintragung bereits überholt. Am 3. September 1939 – dem Tag der britischen Kriegserklärung – hatte Unity bei Gauleiter Wagner in der Kaulbachstraße einen versiegelten Brief mit dem signierten Hitlerbild und dem Parteiabzeichen übergeben. Anschließend war sie in den Englischen Garten gegangen, hatte sich auf eine Bank gesetzt und sich aus Enttäuschung über den Kriegsausbruch eine Kugel in den Kopf geschossen.

So wurde das dumme, kleine Mädchen zu einem der ersten Opfer des Krieges.

Man brachte die junge Unbekannte in die Anatomie und erst dort entdeckte man schwache Lebenszeichen. Die Identität war bald ermittelt, und nun meldete sich aus Berlin der Kanzler und teilte mit, er werde alle bei der Behandlung entstehenden Kosten übernehmen.

Es war Krieg, und Hitler hatte lange gezögert, ehe er schließlich doch noch und gleichsam in letzter Minute zu den traditionellen Feiern des 8./9. November nach München flog (wo ein paar Tage zuvor der neue Flughafen Riem eröffnet worden war). Ehe er zu seinen Marschierern in den Bürgerbräukeller ging, besuchte er Unity im Krankenhaus. Und sie, die seit dem Selbstmordversuch kein Wort mehr gesprochen hatte, brach nun das Schweigen und sagte ihrem Führer, sie wolle heimkehren nach England. Und so geschah es. Über die Schweiz wurde sie, sobald sie transportfähig war, in ihre Heimat repatriiert. Dort ist sie 1948 an den Folgen der Schußverletzungen gestorben, vierunddreißig Jahre alt.

Der Nachtzug 21.30 Uhr und die Vorsehung

Von Unitys Krankenlager fuhr Hitler in den Bürgerbräukeller, begann seine Ansprache früher als in den vorausgegangenen Jahren, faßte sich auch kürzer, da er den 21.30-Uhr-Nachtzug nach Berlin noch erreichen mußte. Um 21.07 Uhr verließ er das Lokal, und während er sich noch auf dem Weg zum Hauptbahnhof befand, um 21.20 Uhr, explodierte eine in dem Pfeiler hinter dem Rednerpult eingebaute Bombe und tötete acht »Alte Kämpfer« – Hitler war also auch bei diesem (angeblich) 27. gegen ihn verübten Attentat nicht verletzt worden. Die Vorsehung hatte den 21.30-Uhr-Zug bestellt.

Noch ehe die Nachricht von der Explosion verbreitet wurde, am 8. November um 20.45 Uhr, fing die Polizei bei Konstanz, im Garten des Wessenbergerschen Erziehungsheims, einen Mann, der heimlich die Grenze zur Schweiz überschreiten wollte. Man verhörte ihn, forschte seiner Identität hinterher, erfuhr von dem Attentat in München – und konnte zuletzt beweisen, daß er, der sechsunddreißigjährige Kunstschreiner Johann Georg Elser aus Hermatingen bei Heidenheim sich ein Jahr lang auf die Tat vorbereitet, daß er sich ein Zimmer in der Blumenstraße 19 und wenig später, weil er ja kein reicher Mann war, ein billigeres Quartier in der Türkenstraße 94 gemietet hatte. An dreißig oder fünfunddreißig Abenden hat er sich in den Saal des Bürgerbräukellers einsperren lassen und den Coup vorbereitet. Am 3. November plazierte er dann die Bombe und drei Tage später stellte er den Zünder ein.

Das alles konnte man ihm nachweisen, doch aus Gründen, die bis heute nicht bekannt sind, wurde Elser kein Prozeß gemacht. Im Konzentrationslager überlebte er bis in die letzten Tage. Am 9. April 1945 wurde er – warum in letzter Minute? – vom SS-Oberscharführer Bongartz erschossen – drei Wochen vor dem Selbstmord Hitlers.

Zur Zeit des Attentats hatten die Münchner vom Krieg noch nicht sehr viel gemerkt. Seit dem 28. August gab es zwar Lebensmittelkarten, doch mit den Zuteilungen ließ sich leben.

Am 3. September wurde damit begonnen, die kostbarsten Bilder der Pinakotheken auszulagern, und die Marienstatue wurde von ihrer Säule vorm Rathaus genommen und im Südturm der Frauenkirche untergebracht. Das waren Vorsichtsmaßnahmen, die viele noch nicht sehr ernst nahmen – schließlich wurde Polen in nur achtzehn Tagen besiegt und die Franzosen überm Rhein verhielten sich ruhig.

Und doch mögen andere einen makabren Zufall, ein schlechtes Omen darin gesehen haben, daß am Tag des Kriegsbeginns im Sendlinger-Tor-Kino und in der Schauburg am Elisabethplatz ein Film mit dem Titel »Der Vorhang fällt« lief, und dazu paßte dann ja auch der Film im Imperial am Stachus: »Morgen werde ich verhaftet«.

Und zwei Wochen später dann, am 14. September, nachts um 1.39 Uhr, heulten erstmals die Sirenen. Fünf Minuten später war der Spuk vorbei – Fehlalarm.

Zum zweitenmal wurde zehn Tage später, abends um viertel nach neun, in München Fliegeralarm gegeben und achtzehn Minuten später wieder aufgehoben.

Beinahe ein halbes Jahr lang wurden die Münchner in ihrem Schlaf nicht mehr gestört, dann aber, am 10. März 1940, nachts kurz vor eins, kamen die Briten und warfen Leuchtbomben. Am 4. Juni zwischen 1.01 und 2.15 Uhr waren wieder Flieger über der mit Luftschutzräumen unterversorgten Stadt, und diesmal fielen die ersten Bomben, sieben in der Nähe des Flughafens von Riem, einige Blindgänger bei Denning und etliche Bomben in Allach. Ein paar Verletzte, kaum Schaden – das Stadtgebiet war offensichtlich nicht überflogen worden. Man tastete sich erst an das Ziel heran. Es war also glimpflich abgegangen, wie im November 1916, als erstmals Bomben auf München fielen: Der französische Hauptmann Beauchamp war vom Westen gekommen, hatte sechs Bomben abgeworfen, die Sachschaden anrichteten sowie einen Kanarienvogel und einen Hund töteten.

Im Gegensatz zum Aviatiker von anno 1916 kamen die fliegenden Tommies aber wieder. Schon in der nächsten Nacht. Und diesmal fanden sie ein Ziel. Es gab Einschläge im Englischen Garten und im Reichsbahnausbesserungswerk Freimann. Einige der dreizehn Spreng- und zwanzig Phosphorbrandbomben trafen die Häuser Kaiserstraße 19, Moltkestraße 8, Destouchesstraße 8, Barer Straße 48. Eine Person verletzt, ansonsten Sachschaden. Von diesem Angriff hörte man auch in Amerika, und zehn Tage später schrieb Thomas Mann zu Princeton in sein Tagebuch: »Die R.A.F. (d. i. Royal Airforce) findet Zeit und Kraft zum Bombardement Münchens, was ich diesem dummen Nest gönne.«

Bomben auf die »Hauptstadt der Bewegung«

Da die »Hauptstadt der Bewegung« nicht mehr unverwundbar war und die britischen Flugzeuge immer nachts kamen, wurde am 8. November 1940 der Beginn der traditionellen Veranstaltung (mit obligater Hitlerrede) um eine Stunde vorverlegt. Und um 21.13 Uhr, sehr viel früher als in den vorausgegangenen Nächten, gab es Alarm. Als um 2.37 Uhr die Sirenen entwarnten, hatten etwa zwanzig Flugzeuge aus zweitausend Metern Höhe 49 Spreng- sowie 400 Stabbrandbomben abgeworfen und unter anderem die Residenz, das Arcopalais, das Alte Rathaus und den Tierpark Hellabrunn getroffen. Es gab sechs Verwundete und 247 Obdachlose.

Am darauffolgenden Tag wurde München erstmals im Wehrmachtsbericht genannt: »Der Gegner flog in der Nacht zum 9. November in das Reichsgebiet ein und warf eine Anzahl von Bomben ab. Einige Treffer wurden in München erzielt. Der angerichtete Sachschaden ist gering.«

Ein Jahr später haben viele Münchner vor dem 8. November die Stadt verlassen, denn das Gerücht ging um, die Briten planten für die Nacht einen Großangriff. Der Sicherheitsdienst der SS berichtete an seine Führung: »Diese Unruhe fand neue Nahrung durch Erzählungen über angeblich von den Engländern abgeworfene Flugblätter des Inhalts, daß München in der Nacht vom 8. und 9. 11. pulverisiert werde, und zahllose Gerüchte, daß z. B. bereits Massengräber für die zu erwartenden Toten ausgegraben... worden seien.«

Die Flieger kamen einen Tag früher, um 21.50 Uhr heulten die Sirenen und um 0.39 Uhr konnten die Münchner wieder in ihre Betten gehen. Keine Bombe war gefallen. Und in der folgenden Nacht blieb der Himmel über der bayerischen Landeshauptstadt leer. Die Katastrophe trat nicht ein.

Sie war freilich nur vertagt. Bis zum 20. September 1942.

Über Straßburg, Freiburg und das Allgäu waren etwa dreißig schwermotorige Bomber zum Ammersee und zum Starnberger See und von dort nach München geflogen. Eine Viertelstunde nach Mitternacht hatten die Sirenen den Anflug gemeldet, und als wenige Minuten nach zwei Uhr früh Entwarnung gegeben wurde, hatten 55 Minenbomben (jede 835 Kilogramm schwer), 26 Spreng-, 311 Leucht- und etwa 5000 Stabbrandbomben großen Schaden angerichtet. Es wurden insgesamt 149 Menschen getötet, über vierhundert Personen verletzt, mehr als viertausend Häuser (vor allem in Bogenhausen, der Maxvorstadt und Solln) waren beschädigt und 63 total zerstört worden.

Thomas Mann hat in Kalifornien diesen Angriff noch am gleichen Tag in seinem Journal mitleidslos kommentiert. München, schrieb er, sei bombardiert worden, »mit 200 Flugzeugen und größten Kalibern. Die Explosionen bis in die Schweiz hörbar. Die Erde viele Meilen weit erschüttert. Der alberne Platz hat es geschichtlich verdient.« In Ebenhausen aber notierte einige Tage später, am 26. September, Ulrich von Hassel in seinem Tagebuch, der Münchner-Rück-Vorstand Kurt Schmitt habe erzählt, »daß nach dem Luftangriff Hitlerbilder unter Verwünschungen auf die Straße geworfen worden seien«.

Die Fliegerwarnungen und die Angriffe folgten einander nun immer dichter. Ein Angriff am 21. Dezember, 21 Tote; weitere Angriffe am 9. März 1943 mit 221 Toten; am 17. April mit einem Todesopfer; am 17. Juli; am 7. September mit 208 Toten; am 2. Oktober mit 233 Toten; am 8. Oktober mit sechs Toten bei einer Panik vor dem Keller der Salvatorbrauerei...

Die Bomben fielen immer nachts. Am 18. März 1944 aber, als bereits viele Gebäude zerstört waren, kamen die Amerikaner in ihren »Fliegenden Festungen« nachmittags um viertel vor zwei Uhr. Innerhalb der darauf folgenden zwei Stunden fielen bei diesem ersten Tagesangriff auf München mehr als tausend Bomben, die 173 Menschen töteten, 296 verletzten, 8975 obdachlos machten und große Schäden anrichteten. Schwer beschädigt oder zerstört wurden unter anderem die Residenz, die Pinakotheken, die Staatsbibliothek, das Basargebäude am Odeonsplatz, das Leuchtenbergpalais, die Universität, die Kunstakademie sowie der Hohe Tempel der Partei, das Braune Haus.

Bomben schlugen an diesem Tag aber auch in das zweihundert Jahre alte, von François Cuvilliés erbaute Residenztheater. Getroffen wurde dabei aber, zum Glück, ein fast leeres Haus. Die Residenzverwaltung hatte nämlich bereits 1943 die kostbaren Logenverkleidungen abmontiert, Stück für Stück numeriert und im Pfarrhof von Obing sowie im Keller der Befreiungshalle von Kelheim deponiert.

Etwa einen Monat nach dem ersten Tagesangriff hatte Hitler eine Gelegenheit, sich anzusehen, was er in München angerichtet und wie sich seine »Hauptstadt der Bewegung« inzwischen verändert hat. Zur Beerdigung des mit 53 Jahren gestorbenen Gauleiters Wagner kam er am 17. April 1944 noch einmal an die Stätten zurück, wo alles angefangen hat. Es war, wie sich später zeigen sollte, sein letzter Besuch in München. Anschließend reiste er in sein Hauptquartier zurück, wo wenige Monate später das Attentat vom 20. Juli auf ihn verübt wurde. Die ihm noch verbleibende kurze Lebenszeit verbrachte er meist versteckt vor der Welt, einem Maulwurf gleich, tief unter der Erde, in massiven Bunkern. Ganz zuletzt erinnerte er sich aber wohl doch noch ein letztes Mal der Münchner Jahre, denn als Gauleiter Giesler die Münchner Brücken sprengen wollte, soll er es verboten haben.

»Die Stadt existiert nun wirklich fast nur noch in Trümmern...«

Nach jenem 18. März 1944 aber ging das Bombardement der alliierten Flieger verstärkt weiter. Sechzehn schwere Angriffe hatte es in den bis dahin vergangenen dreieinhalb Kriegsjahren gegeben, in den dreizehn Monaten aber, die noch bis zum Einmarsch der Amerikaner vergehen sollten, klinkten die alliierten Flugzeuge noch über fünfzigmal ihre Bomben über München aus. Der schwerste Angriff traf die Stadt am letzten Sonntag vor Weihnachten, am 17. Dezember 1944.

Gegen dreiviertel zehn Uhr abends flogen die ersten der dreihundert britischen Maschinen das Stadtgebiet an – und als um 23.13 Uhr entwarnt wurde, stand vor allem die Innenstadt rund um das Rathaus und die Peterskirche in Flammen. In diesen wenigen Nachtstunden, so ist in Richard Bauers *Fliegeralarm*, in dieser akribischen Auflistung der Münchner Luftwarnungen und Angriffe zu lesen, fielen 76 667 Bomben auf die Stadt, darunter 75 000 Stabbrandbomben sowie 75 Minenbomben von je 1,8 Tonnen. Es starben 562 Personen, darunter in der Schule am Simon-Knoll-Platz auch viele ukrainische Zwangsarbeiter; 1706 Gebäude wurden zerstört, weitere tausend schwer beschädigt; knapp 50 000 Münchner, so schätzte man, verloren ihre Wohnung.

Drei Tage später schreibt der in Tutzing lebende Essayist Wilhelm Hausenstein in seinem Tagebuch: »Gestern und vorgestern in München. Schwierige Reise: hin und zurück jeweils etwa acht Stunden, einschließlich der Aufenthalte auf den Bahnhöfen... Die Stadt nun absolut verwüstet; sie existiert nun wirklich fast nur noch in Trümmern; am Mittwoch brannte es noch vielerorten von der Sonntagnacht. An monumentalen Bauten habe ich bloß den Münzhof unversehrt gefunden...«

Erst am 25. April 1945 – dem Tag, an dem die Amerikaner Ulm bereits erobert und die Donau erreicht hatten – werden zum letztenmal Menschen durch Bomben getötet. Es gibt in den nächsten Tagen noch ein paar Bagatellattacken, und als am 29. April, vormittags um 9.20 Uhr Entwarnung gegeben wird, heulen in München zum letzten Male die Sirenen.

Die Bilanz der insgesamt 74 Angriffe auf die bayerische Landeshauptstadt: 6632 Tote, darunter 2966 Frauen und 425 Kinder, nahezu 16 000 Verletzte, 300 000 Obdachlose; etwa ein Viertel der bebauten Fläche ist von Bomben getroffen, die Schuttmenge wird auf 7,5, doch auch auf 12 und sogar 15 Millionen Kubikmeter geschätzt; 10 000 Wohngebäude sind vollständig zerstört, 33 000 sind beschädigt, 7000 davon schwer; von den 14 000 im Jahre 1938 registrierten Hotelbetten sind nur 300 übriggeblieben; 63 Kirchen sind zerstört oder so schwer beschädigt, daß in ihnen kein Gottesdienst mehr abgehalten werden kann; 11 Volksschulen erlitten einen Totalschaden, 42 wurden beschädigt; statt 2800 Gaststätten wie in der Vorkriegszeit gibt es nur noch 50; 90 Prozent der Einzelhandelsgeschäfte liegen in Trümmern und bei einem Fünftel der vormals 65 000 Telefone gibt es noch 1946 keinen Anschluß...

In den Tagen der Siege, als die Fronten sich immer weiter vom Reichsgebiet entfernten und Liszts Sondermeldungs-Fanfaren im Radio sehr viel häufiger zu hören waren als der vor feindlichen Fliegern warnende Kuckuck oder die Sirenen, doch auch nach Stalingrad, als die deutschen Armeen sich immer mehr ihren Heimatstandorten näherten – stets hatten die braunen Statthalter die Bürger fest im Griff. Noch am 20. April 1945, dem letzten Hitler-Geburtstag, fand in München ein allgemeiner Wehrmachtsappell statt, bei dem die Soldaten Treue »bis zum Letzten« schwören mußten.

Die kommunistische Zeitung aus dem Priesterhaus

Es gab aber seit den ersten Tagen nach der Machtergreifung doch auch Widerstand. Kommunisten versuchten gegen das Regime zu arbeiten, und im Geheimen wurde im Mai und Juni 1933 auch eine *Neue Zeitung* verbreitet. Sie kam aus einer illegalen KPD-Druckerei, die ein Mitglied der Marianischen Männerkongregation ohne Wissen der Kirche an unverdächtigem Ort betrieb: im Priesterhaus der Asamkirche. Nach nur sieben

Nummern flog das Unternehmen auf und der Redakteur des Blattes, Walter Häbisch, wurde im Oktober 1933 verhaftet, ins Konzentrationslager Dachau eingeliefert und im Zusammenhang mit dem sogenannten »Röhm-Putsch« am 1. Juli 1934 erschossen.

Etwa in dieser Zeit des ersten großen Mordens druckte auch der Dekorationsmaler Martin Grünwiedl Verbotenes. In der Pupplinger Au vervielfältigte er eine 32seitige Broschüre, in der er – selbst elf Monate als Kommunist in Dachau inhaftiert – den Terror des Lagers beschrieben hat.

Kommunisten haben sich in München noch mehrfach gegen die Nationalsozialisten organisiert. Eine dieser Gruppen wurde 1942 entdeckt, eine andere – sie nannte sich »Antinazistische Deutsche Volksfront« – flog ebenfalls auf; mehr als dreihundert Personen hat man dabei verhaftet. Der Leiter dieser Gruppe, der Schlosser Karl Zimmet, täuschte vor, verrückt zu sein – die Gestapo glaubte es und Zimmet überlebte.

Im Jahre 1942 bildete sich unter Oberleutnant Korbukow im Offizierslager Schwanseestraße ein konspirativer »Bruderbund der Kriegsgefangenen«. Auch er wurde entdeckt, nahezu hundert Mitglieder, allesamt sowjetische Soldaten, wurden in Dachau erschossen.

Eine sozialdemokratische Gruppe formierte sich unter dem Namen »Neu Beginnen«. Sie wurde entdeckt, 1942 kam es zu Verhaftungen, der Volkswirt Hermann Frieb aus der Schellingstraße und der Augsburger MAN-Elektrotechniker Beppo Wager wurden 1943 hingerichtet.

Der Widerstand lebte aber auch in vielen zum Teil sehr kleinen Zirkeln, die sich in Firmen wie BMW, Linde, Agfa, Krauss-Maffei, Zettler oder Steinheil gebildet hatten.

Früh im Dritten Reich sammelten sich die Königstreuen um den Rechtsanwalt Adolf Freiherr von Harnier aus der Hohenstaufenstraße 5 sowie den städtischen Bauaufseher Josef Zott, wohnhaft in der Geroltstraße 24. Einige eingeschleuste Spitzel verrieten die Aktivitäten und ab August 1939 wurden etwa fünfhundert Anhänger dieses Bundes festgenommen. Während Zott kurz vor dem Einmarsch der Amerikaner noch hingerichtet wurde, erlebte von Harnier die Befreiung aus dem Zuchthaus Straubing, starb aber bereits am darauffolgenden Tag an Entkräftung, 42 Jahre alt.

Obwohl der Kronprinz nicht in diese Aktivitäten eingeweiht war, setzten sich nach Beginn der Verhaftungen einige wittelsbachische Prinzen ins Ausland ab. Ulrich von Hassel, selbst ein Mann des Widerstandes gegen Hitler (und als solcher 1944 hingerichtet) wertete das Unternehmen am 11. Oktober 1939 in seinem Tagebuch als den »verbrecherisch dummen Versuch einiger Toren, einen monarchischen Putsch vorzubereiten«.

Die Einführung der Monarchie hätte auch Kardinal Faulhaber gefallen, der sich mit der Weimarer Republik nie anfreunden mochte, der dann behutsam-mutig kritisierte, anschließend vorsichtig taktierte (auch Hitler 1936 auf dem Obersalzberg zu einer dreistündigen Unterredung besuchte), doch entschieden bei Justizminister Gürtner protestierte, als er erfuhr, daß seit Beginn des Jahres 1940 Geisteskranke aus München-Eglfing mit Bussen abtransportiert und anschließend ermordet wurden.

Die evangelische Kirche hatte eine erste große Konfrontation bereits im Herbst 1934, als Landesbischof Hans Meiser unter Hausarrest gestellt wurde. Vor allem aus Franken kamen Gläubige nach München und verlangten, daß man ihnen den Bischof wieder gebe.

Die Öffentlichkeit hat von solchen Aktivitäten meist wenig erfahren, und hörte man davon, so galt in diesem Staate: nicht hinhören, wegsehen, schweigen. Was dem drohte, der sich nicht daran hielt, sagte der Witz, den man in München (und sicher auch anderswo im Reich) hinter vorgehaltener Hand erzählte: Dachau ist der am schärfsten bewachte Ort, er hat Mauern, Stacheldraht, bewaffnete Wachtposten – und trotzdem kommt man ganz leicht hinein.

»*Nieder mit Hitler!*«

Der große Feldherr hat den Bogen überspannt. Die Zeiten des Vormarsches sind vorbei und in Stalingrad ist seit beinahe zwei Monaten eine ganze Armee eingeschlossen, als die Münchner Universität am 13. Januar 1943 im Kongreßsaal des Deutschen Museums ihr 470. Stiftungsfest abhält. Der amtierende Gauleiter Paul Giesler – er vertritt den seit längerem erkrankten Adolf Wagner – hält die Rede: Er schimpft gegen Studenten, die sich vom Einsatz an der Front zu drücken versuchen und er empfiehlt den Studentinnen, dem Führer jährlich ein Kind zu schenken; sollte ein Mädchen nicht attraktiv genug sein, einen Mann für diese patriotische Tat zu finden, so wolle er gerne einen seiner Adjutanten zur Verfügung stellen.

Was Giesler, dieser plumpe, derbe Westfale, als Witz gedacht hatte, führte zu lautem Protest, vor allem auch bei den im Saale anwesenden Verwundeten, und zu einem Demonstrationszug der Studentinnen und Studenten zur Ludwigstraße.

Der Gauleiter verlangte, daß hart zugegriffen werde. Er war wohl nervös, denn in den vergangenen Monaten waren Flugblätter aufgetaucht, in denen zu Ungehorsam gegen den Staat, die Partei und deren Führer aufgerufen wurde: »Man kann sich mit dem Nationalsozialismus geistig nicht auseinandersetzen, weil er ungeistig ist...« An Münchner Hauswänden standen staatsfeindliche Parolen: »Nieder mit Hitler!«, »Hitler der Massenmörder!«, »Freiheit! Freiheit! Freiheit!«, und daneben ein mit einem großen X durchgestrichenes Hakenkreuz.

Wenig mehr als einen Monat nach der Feier auf der Museumsinsel, am Vormittag des 18. Februar 1943, wurden heimlich an verschiedenen Stellen der Münchner Universität durch einen jungen Mann und ein Mädchen Flugblätter mit einem Aufruf gegen Hitlers Herrschaft und Hitlers Krieg hinterlegt: »Der Krieg geht seinem sicheren Ende entgegen... Hitler kann den Krieg nicht gewinnen, nur noch verlängern! Seine und seiner Helfer Schuld hat jedes Maß unendlich überschritten. Die gerechte Strafe rückt näher und näher!...«

Da zuletzt noch ein Teil der etwa siebzehnhundert Blätter übriggeblieben war, warf das Mädchen sie von einer Empore in den Lichthof. Der Hausmeister Jakob Schmid sah, wie sie durch die hohe Kuppelhalle zu Boden flatterten, sperrte schnell die Ausgangstüren zu, stellte das Mädchen und den jungen Mann und führte beide zum Rektor Dr. Walter Wüst, der seinerseits die Gestapo verständigte. Und sie nahm sich nun des Falles an.

Die Identität war bald festgestellt. Bei den Verhafteten handelte es sich um die 21jährige Sophie Scholl und deren 24jährigen Bruder, den aus Rußland zum Medizinstudium abkommandierten Feldwebel Hans Scholl (den die Gestapo bereits seit einiger Zeit beobachtete), beide wohnhaft in der Franz-Joseph-Straße 13, Gartengebäude. Die Gestapo in ihrem Hauptquartier im Wittelsbacherpalais ermittelte auch, daß die Geschwister insgesamt fünf staats- und wehrkraftzersetzende Flugblätter (mit-) verfaßt, vervielfältigt, verteilt und in mehreren tausend Exemplaren versandt hatten. Es waren Flugblätter der »Weißen Rose«. Sie fand auch den Pinsel und die Farbe, mit denen die Wandinschriften gemalt worden waren, und sie entdeckte noch einen Helfer, den 23jährigen Medizinstudenten Christoph Probst.

Am Donnerstag, den 18. Februar – dem Tag, an dem Goebbels seine fanatische, demagogisch-aufpeitschende Sportpalastrede »Wollt ihr den totalen Krieg...« hielt –, waren die Geschwister verhaftet worden, am Montag, dem 22. Februar, wurde ihnen und Christoph Probst im Saal 216 des Justizpalastes der Prozeß gemacht. Der Präsident des Volksgerichtshofes, Roland Freisler, war aus Berlin gekommen, um die Verhandlung zu führen. Und er führte sie, als wäre er, der zu richten hatte, der Ankläger. Nach einem kurzen Verfahren, in dem selbst wichtige Zeugen nicht gehört wurden, fiel das Urteil: Todesstrafe. Noch am Nachmittag des gleichen Tages wurden die drei Mitglieder der »Weißen Rose« in München-Stadelheim durch das Fallbeil hingerichtet.

Am Abend dieses 22. Februar versammelten sich in der Universität einige tausend Studenten, um sich öffentlich von ihren Kommilitonen zu distanzieren und den Hausmeister Jakob Schmid zu ehren.

Gauleiter Giesler hatte zunächst gewünscht, daß die Geschwister und ihr Freund öffentlich hingerichtet werden (und der Studentenführer des »Traditionsgaues München-Oberbayern« bedauerte bei der Veranstaltung am 22. Februar, daß die Exekution nicht vor der Universität stattgefunden habe). Doch Himmler, so heißt es, habe anders entschieden. Er wollte verhindern, daß die Studenten zu Märtyrern werden.

»Wir haben alles auf uns genommen. Das wird Wellen schlagen«, hatte Sophie Scholl kurz vor der Hinrichtung zu ihrer Mutter gesagt. Und die Flugblätter der »Weißen Rose« schlugen Wellen!

So berichtete der Sicherheitsdienst (SD) im März 1943 in seinen *Meldungen aus dem Reich*, daß in Deutschland »von größeren Demonstrationen Münchner Studenten gesprochen« werde, und auf komplizierten, gefährlichen Wegen ist es dem deutschen Widerstand gelungen, Flugblätter sowie Nachrichten über die Münchner Studenten nach England und nach Rußland zu schmuggeln, von wo aus sie weiterverbreitet wurden.

Aber auch in Deutschland wirkte das Beispiel weiter. Friedrich Reck-Malleczewen schrieb im März 1943 darüber in sein Tagebuch, ebenso, unter dem Datum des 28. März 1943, Ulrich von Hassel: »München steht sehr unter dem Eindruck der aufgedeckten Studentenverschwörung. Man versucht, sie von oben als kommunistisch hinzustellen. Ich habe den einfach prachtvollen, tief sittlich-nationalen Aufruf gelesen, der ihnen den Tod gebracht hat... Es ist wichtig für später, daß solcher Aufruf das Licht der Welt erblickt hat. Wie es scheint, ist ein (inzwischen auch verhafteter) Professor der Verfasser.«

Der Professor war Kurt Huber, Leibniz-Forscher und zusammen mit seinem Freund Kiem Pauli der große Neu-Entdecker und Wiedererwecker der bayerischen Volksmusik. Er hatte Hans Scholl im Juni des vorangegangenen Jahres bei einer vom Verleger Heinrich Ellermann organisierten Lesung Sigismund von Radeckis kennengelernt. Es zeigte sich sehr schnell, daß man über die politischen Verhältnisse die gleichen Ansichten vertrat. Am 27. Februar wurde auch Kurt Huber, der Verfasser des fünften Flugblattes, verhaftet und am 13. Juli zusammen mit den ebenfalls zum Kreis der »Weißen Rose« gehörenden Studenten Alexander Schmorell und Willi Graf hingerichtet.

Weitere Verhaftungen und weitere Verurteilungen folgten. Die Gestapo aber suchte mit Eifer nach weiteren Mitwissern und Mittätern.

Die Abrechnung in der Aktentasche

Sie suchten im Hause Möhlstraße 34, bei dem katholischen Publizisten Theodor Haecker. Er hatte die Geschwister und deren Freunde gekannt und auch einige Male vor ihnen aus jenen Aufzeichnungen gelesen, die nach dem Krieg unter dem Titel *Tag- und Nachtbücher* erschienen und die eine gleichsam theologisch-metaphysische Abrechnung mit den Herrschenden darstellten.

Als die Gestapo erschien, lag ein Teil des Manuskripts in einer Aktentasche auf dem Sofa. Die Tochter Haeckers sah die Gefahr, nahm die Mappe an sich und sagte, sie müsse schnell zur Musikstunde. Im Bogenhauser Pfarrhof tauschte sie die Aufzeichnungen gegen Notenblätter aus, kehrte heim und sagte, die Klavierlehrerin sei nicht zu Hause gewesen. Bei der Durchsuchung der Tasche fanden die Beamten Klaviernoten.

Zur gleichen Zeit suchten die Staatspolizisten in der Sollner Wohnung des sechsundsiebzigjährigen Carl Muth nach belastenden Unterlagen. Sie hatten Anlaß zu Verdacht, denn der Einfluß dieses Mannes auf den Freundeskreis der »Weißen Rose« war groß, und so war es dann kein Zufall, daß ihm Hans Scholl die Bibliothek katalogisiert hatte. Außerdem machte die von Muth im Oktober 1903 in München gegründete Zeitschrift *Hochland* – eine katholische Kulturzeitschrift auf hohem intellektuellem Niveau – aus ihrer Verachtung für das satanische System kein Geheimnis; sie zeigte sie unter anderem dadurch, daß nach dem April 1933 der Name Hitler in ihr nicht mehr vorkam. Das Ergebnis: die Auflage verdoppelte sich. »Die Zahl der Bezieher stieg um so mehr, als die Kirche unter Druck geriet«, schrieb Curt Hohoff in seinen Münchner Erinnerungen *Unter den Fischen*. Am 1. Juni 1941 hatte dieser Widerstand ein Ende, die Zeitschrift wurde verboten.

Der aus Sicherheitsgründen im Hause Muth versteckte erste Teil der *Tag- und Nachtbücher* wurde nicht gefunden.

Opfer des Widerstandes

Zwei Wochen vor der Flugblattaktion der Geschwister Scholl, am 2. Februar 1943, hatte die in Stalingrad eingeschlossene 6. deutsche Armee kapituliert. Der Ausgang des Krieges war damit entschieden, seine Dauer eine Frage der Zeit. Sie abzukürzen, gründeten sich an vielen Orten kleine Widerstandsgruppen.

Im Wehrkreiskommando VII an der Ludwigstraße, im heutigen Staatsarchiv und ehemaligen Kriegsministerium, hatten sich etwa zwanzig, dreißig Mann unter dem ehemaligen KZ-Häftling Peter Göttgens zu einer Gruppe »0 7« zusammengefunden.

Auch der »Kreisauer Kreis« um Helmuth James von Moltke hatte Kontakte nach München, so zu Franz von Speer, dem früheren bayerischen Gesandten in Berlin, und zum achtunddreißigjährigen Jesuitenpater Alfred Delp, der nach der Vertreibung seines Ordens aus dem Haus in der Veterinärstraße im April 1941 als Kirchenrektor nach St. Georg in Bogenhausen gegangen war. Beide, Speer wie Delp, wurden kurz vor Kriegsende hingerichtet.

Zu den aus München stammenden Opfern des Widerstandes gehörte auch Albrecht Mertz von Quirnheim, der zum Verschwörerkreis um Claus Schenk von Stauffenberg gehörte und unmittelbar nach dem mißglückten Attentat vom 20. Juli erschossen wurde, ebenso wie ein anderer Angehöriger dieses Offizierskreises, der Münchner Major Ludwig von Leonrodt.

Da er das ihm von Leonrodt in der Beichte anvertraute Geheimnis des bevorstehenden Anschlages auf Hitler nicht angezeigt hatte, wurde am 25. August 1944 Kaplan Hermann Josef Wehrle von Heilig Blut und von St. Georg in Bogenhausen zum Tode verurteilt und in Berlin hingerichtet. Er war ein Vetter jenes Jesuitenpaters Rupert Mayer, der – als ein engagierter, mutiger Gegner des Regimes – zuerst in ein KZ eingeliefert und dann nach dem Kloster Ettal verbannt – zum populärsten Geistlichen der Landeshauptstadt und nach seinem Tod am 1. November 1945 zu einem von den Gläubigen vielfach angerufenen Nothelfer wurde. Im Mai 1987 hat ihn Papst Johannes Paul II. während eines Gottesdienstes auf dem Olympiagelände seliggesprochen.

Die letzte Aktion: Stichwort »Fasanenjagd«

Die letzte Aktion des Münchner Widerstandes war zugleich die spektakulärste. Am frühen Morgen des 28. April, eines Samstags, war auf der Welle des Reichssenders München zu hören: »Achtung! Achtung! Hier spricht die Freiheitsaktion Bayern, die FAB. Für die eingesetzten Einheiten gilt das Stichwort ›Fasanenjagd‹... Die FAB hat die Regierungsgewalt übernommen... Schließt euch zusammen zur Befreiung des bayerischen Heimatbodens.«

Hauptmann Dr. Rupprecht Gerngross hatte mit seiner zum Wehrkreis VII gehörenden, 280 Mann starken Dolmetscherkompanie, Einheiten der Grenadierersatzbataillone 19 und 61 sowie Arbeitern der Firma Steinheil diesen Coup vorbereitet. Die amerikanische 7. Armee war durch zwei Vertraute informiert und gebeten worden, die Luftangriffe auf München einzustellen (was sie auch tat).

Ein Teil seiner Truppe besetzte die Sendeanlagen in Freimann und bei Erding, Soldaten des 61er-Bataillons unter Leutnant Betz fuhren zum Bunker des Münchner Stadtkommandanten Westphal in Pullach, die 19er-Grenadiere unter Leutnant Putz zum Befehlsstand des Gauleiters im Zentralministerium in der Ludwigstraße (dem heutigen Landwirtschaftsministerium).

Gerngross selbst aber fuhr zusammen mit Oberleutnant Otto

Heinz Leiling, einem aus dem Gefangenenlager Freising geholten US-Offizier sowie einer kleinen Einheit seiner Soldaten an den Starnberger See, um Reichsstatthalter von Epp zu überreden, durch ein öffentliches Bekenntnis das Unternehmen zu unterstützen und die in Bayern verbliebenen Soldaten zur Kapitulation zu ermuntern. Der alte Offizier hatte Probleme, sich einem Hauptmann zu ergeben. Man brachte ihn zu einer höheren Charge nach Freising, doch als er dort am Morgen des 28. April im Radio hörte, daß Gerngross in seinem Aufruf die Abschaffung des Militärs verlangte, versagte er seine Zustimmung. Und die Aufständischen fuhren den General zurück in sein Haus.

Und um 9.56 Uhr unterbrach der Rundfunk sein Programm – Gauleiter Giesler gab bekannt, daß der Umsturzversuch »einiger verachtungswürdiger Schurken« zusammengebrochen sei. Zwar meldete sich eine Viertelstunde später auch Gerngross, doch das Ende ließ sich nicht mehr aufhalten, denn weder die kleine Einheit des Leutnant Betz noch die von Leutnant Putz hatten Erfolg gehabt.

Vier Tage vor dem Aufruf der »FAB« hatte Martin Bormann aus dem Keller der Berliner Reichskanzlei noch telegraphiert: »Lieber Kamerad Giesler! Große außenpolitische Erfolge stehen vor dem Abschluß. Verteidigen Sie Ihren Gau mit Rücksichtslosigkeit und Schärfe!«

Noch ein letztes Mal setzte Giesler seinen Terrorapparat ein und ließ in München und einigen anderen Orten blutige Rache nehmen. Dann floh er in Richtung Berchtesgaden, wo er sich und seine Familie tötete.

München aber war nun bereit, die Amerikaner kampflos zu empfangen.

Stadt-Bild IV

»Ich hoffte, dereinst als Baumeister mir einen Namen zu machen.« Diesen Lebensplan stieß der Gefreite Hitler im pommerschen Lazarett Pasewalk um: Er beschloß, Politiker zu werden. Zumindest behauptete er hinterher, daß dort beim Zusammenbruch des Hohenzollern-Reiches die Entscheidung gefallen sei. Da er aber, diesem neuen Ziele folgend, 1933 die ganze deutsche Macht in seine Hände bekam, konnte er das eine tun und mußte das andere nicht lassen. So wollte er nach König Ludwig I. der zweite große Baumeister Münchens werden.

Er begann vergleichsweise bescheiden. Hier ein Führerbau, da ein Parteibau, dann zwei Ehrentempel, ein Pflasterbelag für den Königsplatz, das Haus der Deutschen Kunst. Einzelobjekte, noch nicht die Anzeichen einer großen Vision. Allerdings wurde bereits in dieser Frühzeit manches Projekt geplant, das dann nicht oder noch nicht ausgeführt wurde, etwa ein »Palais« für den Reichsstatthalter an der Prinzregentenstraße, eine Reichsführerschule in Grünwald oder ein Freikorpsdenkmal in Ramersdorf.

Um alle Details kümmerte sich Hitler dabei selbst, und damit in München auch wirklich nach seinen Vorstellungen entschieden werde – als hätten Oberbürgermeister Fiehler und seine Braunhemden auch nur den leisesten Widerspruch gewagt! –, entschied er, daß nach der Pensionierung von Stadtbaurat Fritz Beblo 1936 die Entscheidung über den Nachfolger Chefsache sei.

Den kleinen Anfängen, diesen Fingerübungen in Sachen Stadtgestaltung, sollte der große Umbau folgen. Zuerst durfte ein Professor aus Karlsruhe dafür sorgen, daß es mit den großangelegten Projekten voranging; aber als dieser in Ungnade fiel, nahm ein Generalbaurat die Sache in die Hand. Hans-

Peter Rasp, der Geplantes und Gebautes zusammentrug, unterschied drei Etappen: die Stufe 1 beginnt bereits 1931 mit dem Umbau des Barlow-Palais an der Brienner Straße zum Braunen Haus und endet mit dem Tod von Professor Troost im Januar 1934. Stufe 2 setzt damit ein, daß Hitler im Frühjahr 1934 bei der Obersten Baubehörde ein eigenes Entwurfsbüro einrichtet, und diese wird übergeleitet in Stufe 3, als einige Tage vor Weihnachten 1938 der Architekt Hermann Giesler als ein mit vielen Vollmachten versehener, seinem Herrn ergebener »Generalbaurat für die Hauptstadt der Bewegung« berufen wird.

Dessen Planen trug freilich kaum Früchte, denn neun Monate später war Krieg, und den Modellbauern konnte der Generalbaurat jetzt mehr Arbeit verschaffen als den Maurern, und Ende Mai 1943 stellten die Planer ihre Arbeit offiziell ein. Hitler freilich mochte an das Ende seiner Münchner Bau-Arbeit deswegen noch nicht denken und noch einen Monat nach dem Attentat vom 20. Juli 1944 besprach er mit Giesler, wie sein München einmal aussehen solle, wenn der Krieg vorbei ist...

Etliches ist in dem Dutzend Jahre ja gebaut worden, so etwa das »Haus des Deutschen Rechts« beim Siegestor von 1935 bis 1938, das Luftgaukommando (und heutige Wirtschaftsministerium) 1935/1936 die »Reichszeugmeisterei« von 1935 bis 1937, das Zentral- (und jetzige Landwirtschafts-) Ministerium von 1937 bis 1939, das Nordbad von 1936 bis 1941 und das Oberfinanzpräsidium in der Sophienstraße von 1938 bis 1942.

Das meiste von dem, was Hitler für München vorsah, blieb eigentlich ein *work in progress*, denn immer wieder wurden Pläne beiseitegeschoben und durch neue ersetzt. Und der Meister höchstselbst lieferte häufig seine flüchtig hingeworfenen Skizzen als Planungsgrundlage. Er war der Anreger vieler Plan-Spiele.

Da war zum Beispiel die Oper, die Hitlers Architekten – letzter Stand vor dem Untergang des Reiches – an der Arnulfstraße, nahe der ehemaligen Hinrichtungsstätte, in ihre Pläne zeichneten. Im Jahre 1936 sollte der Bau noch »im jetzigen Hofgarten« entstehen. Die Begehrlichkeiten, an dieser herausragenden, hochempfindlichen Stelle zu bauen, waren also schon damals vorhanden. Kurz nach dem Krieg war dann für kurze Zeit daran gedacht, an die Stelle des zerstörten Armeemuseums ein Rundfunkhaus zu errichten. Doch erst unter S. & S. ist man dann in unseren Tagen zur großen Tat geschritten.

Das Großbauunternehmen Hitler & Co. hat übrigens seinen Plan bald wieder aufgegeben und entschieden, statt einer Oper am Hofgarten das Neue Odeon zu bauen. Es wäre nicht ohne schwere Verluste für den Hofgarten abgegangen. Da man den Odeonsplatz auf Königsplatz-Format erweitern wollte, wäre nämlich für den Bau das Terrain hinter dem Bazargebäude verwendet worden.

Die Stadt sollte an vielen Ecken und Enden umgekrempelt werden, nirgends freilich so gigantisch, so gigantomanisch wie zwischen dem Hauptbahnhof und Laim. Dabei waren die Ideen gar nicht so neu. Über die Verlegung des Hauptbahnhofs weiter nach Westen zum Beispiel war schon lange vorher nachgedacht worden. Im Jahre 1889 hieß es: »Man kassiere den Centralbahnhof und verlege ihn als Westbahnhof... an den Burgfrieden der Stadt.« Kurz vor der Jahrhundertwende wurde die Bahnhofsanlage mit einer mehr als vier Kilometer langen Chinesischen Mauer verglichen, die große Teile des Münchner Nordens vom Münchner Süden trenne – darum: weg damit! Und so ging es weiter, noch 1928 wurde ein Änderungs-Entwurf publiziert. Die Entwürfe der Planer Hitlers gipfelten dann darin, eine riesige Kuppel in Höhe der Friedenheimer Brücke über die Gleisanlagen zu stülpen.

Andere Planungen sahen schon 1900 vor, auf der Kohleninsel einen Entlastungsbahnhof zu errichten, oder eine unterirdische Bahn, die den Haupt- mit dem Ostbahnhof verbinden sollte. Was immer sich der Führer und Reichskanzler auch ausdachte (Autobahnen inkl.), fast alles war schon einmal dagewesen. Nur nicht so groß.

Groß waren die Projekte für die Hauptstadt der Bewegung gedacht, und größer wurde auch München selbst. Im April 1938 verloren Pasing, Feldmoching und Großhadern ihre Selbständigkeit, im Dezember kamen Allach, Ludwigsfeld, Ober- und

Untermenzing sowie Solln hinzu, und im April 1942 mußten auch die Bürgermeister von Aubing und Langwied ihre Schlüssel im Rathaus am Marienplatz abgeben.

Offensichtlich hätten die braunen Statthalter in München noch weiter arrondiert, denn einen Monat nach der Eingemeindung von Aubing und Langwied monologisierte Hitler in seiner Wolfsschanze, er sei dagegen, daß »weitere Städte vom Ausmaß Berlins« entstünden. Und der Protokollführer notierte, Hitler »habe es deshalb auch Christian Weber gegenüber als Idiotie bezeichnet, Starnberg nach München eingemeinden zu wollen. Im Gegenteil, gerade München müsse man so lassen, wie es sei, um ihm tatsächlich seinen Charakter zu erhalten.«

Und währenddessen ließ sein Bau-Mann Giesler Modelle basteln, die, in die Wirklichkeit umgesetzt, Münchens Charakter zerstört hätten. Aber diese Aufgabe war ohnedies bereits von den britischen Fliegern übernommen worden, die zu dieser Zeit bereits sechs Angriffe gegen München geflogen hatten.

V.
1945 bis zur Gegenwart

München wird auferstehen.

Alfred Kerr, 1947

Ein Dutzend Jahre lang hatte das Regime gelogen, und mit einer Lüge verabschiedete es sich dann auch von seiner »Hauptstadt der Bewegung«.

Im militärischen Lagebericht vom 2. Mai 1945 hieß es noch: »Im Stadtkern von München halten erbitterte Straßenkämpfe an«, und einen Tag später kam die Vollzugsmeldung (die Stadt wurde dabei in diesem Krieg zum 36. und letzten Mal in einem offiziellen Wehrmachtsbericht genannt): »Die Verteidiger von München sind der feindlichen Übermacht erlegen.«

In Wahrheit aber ist kein Schuß gefallen. Die Amerikaner waren bereits einige Tage zuvor kampflos in München eingezogen.

Die versehentliche Eroberung Münchens

Vor der Stadt lagen die 3., die 42. und die 45. US-Infanteriedivision zum Einmarsch bereit, als am 30. April zwei Jeeps von Schwäbisch-Gmünd aus in Richtung Front abfuhren. Die drei Offiziere und fünf Unteroffiziere gehörten zu einer Einheit, die sich (abgekürzt, wie in der US-Army üblich) PWB – CPT – HQ 7th Army nannte, was bedeutete: Psychological Warfare Branch – Combat Propaganda Team – Headquarter 7th Army. Es handelte sich also um Spezialisten, um Angehörige einer Propagandakompanie, erfahren in psychologischer Kriegführung (wie zum Beispiel im Verfertigen von Flugblättern, die über noch nicht eroberten Gebieten abgeworfen wurden).

So fuhren die Acht in zwei Jeeps gen München. Sie passierten das bereits besetzte Pasing, trafen an der Friedenheimer Brücke einen GI, der salutierte. Sie fuhren weiter... und wußten nicht, daß sie an der Brücke dem am weitesten vorgeschobenen US-Soldaten begegnet waren. Durch die Arnulfstraße ging die Fahrt stadteinwärts zum Marienplatz. Es war genau 16.05 Uhr und es war – ein makabrer Zufall – vermutlich genau die Zeit, zu der Hitler in seinem Berliner Bunker Selbstmord beging.

München war also auf die einfachste Weise erobert worden – durch ein paar Zeitungsleute, und einer von ihnen war Ernst Langendorf, der später bei der Vergabe von Zeitungslizenzen in Bayern und München eine wichtige Rolle spielen sollte.

Am entgegengesetzten Ende der Stadt war an diesem milden Frühlingstag ein anderer, etwa hundert Mann starker Trupp Amerikaner unterwegs zu einem offensichtlich vorab ausgesuchten Ziel. Er kam, wie im Mai 1632 der Schwedenkönig Gustav Adolf, von Ismaning her, fuhr dann zum Prinzregentenplatz und errichtete im Haus Nummer 16, in der Wohnung Adolf Hitlers, seinen Gefechtsstand.

Bei der SS-Kaserne draußen vor Freimann hatte es am Vormittag noch eine kleine Schießerei gegeben und auch aus dem Maximilianeum wurden ein paar Maschinengewehrsalven abgefeuert, doch die Besetzung Münchens am 1. Mai – in der Nacht waren zehn Zentimeter Schnee gefallen – verlief ruhig. Im ersten Wochenbericht der Militärregierung schrieb Oberstleutnant Ralph B. Hubbard jr., sein Kommando sei am 1. Mai 1945 in München einmarschiert und habe um 9.30 Uhr das Rathaus besetzt.

Der Krieg war nun aus. Am 12. Mai wurde die seit 2177 Nächten verhängte Verdunklungspflicht aufgehoben. Wer noch ein Haus oder eine Wohnung besaß, konnte nun sein Licht wieder leuchten lassen. Insgesamt 22 346 Münchner – knapp neuntausend mehr als im Ersten Weltkrieg – waren gefallen, 10 500 vermißt, und statt 835 000 Einwohner wie 1939, hatte die Stadt nur noch 501 145 Bewohner; mehr als 300 000 waren geflohen oder evakuiert worden.

Unter den fünfhunderttausend Menschen, die in der immer wieder von Bomben heimgesuchten Stadt hatten leben müssen, waren, wie Andreas Heusler ermittelte, auch etwa vierzigtausend (vor allem ukrainische) Zwangsarbeiter, KZ-Häftlinge und Kriegsgefangene, die auf mehr als einhundertdreißig Lager verteilt und vor allem in Industriebetrieben eingesetzt waren.

»Vom 4. bis einschließlich 12. Mai sind 2041 frühere Angestellte zurückgekehrt und haben die Fragebogen ausgefüllt« – so beschrieb Lt. Col. Hubbard den Beginn der Rathaus-Arbeit. »Vor unserer Besetzung beschäftigte die Stadt zwischen 10 000 und 12 000 Leute. Es gab dabei etwa 233 Beschäftigte in hohen und verantwortlichen Positionen, wovon nur 41 zurückgekehrt sind. Von diesen wiederum wurden nur sieben freigesprochen und 15 endgültig entlassen.«

»Rama dama« und viele Wiederaufbau-Phantasien

Auch Karl Scharnagl hatte die Stadt verlassen, und da sie ihn nicht finden konnten, beriefen die Amerikaner – und zwar bereits am 1. Mai – Dr. Franz Stadelmayer in das höchste Münchner Amt. Dieses aber mußte er bereits wenige Tage später, als Scharnagl in Glonn aufgespürt wurde, wieder verlassen. Und so saß, nach einer Unterbrechung von 12 Jahren, 1 Monat, 4 Tagen, der letzte frei gewählte Münchner Oberbürgermeister wieder auf seinem Stuhl. Zusammen mit dem ins zweite Glied zurückgetretenen Dr. Stadelmayer sowie dem Stadtkommandanten Colonel Eugene Keller, einem Südstaaten-Yankee mit schwyzerdütschen Eltern, begann er das schwierige, schier aussichtslos erscheinende Werk des Wiederaufbaus.

Aber wie sollte das neue München aussehen? Am 9. August, bei der zweiten Sitzung des von Scharnagl berufenen (noch nicht gewählten) Stadtrats war dies das Thema, und Stadtbaurat Karl Meitinger lieferte dazu den wichtigsten Beitrag (den er dann im Sommer 1946 in der 63 Seiten starken Denkschrift *Das Neue München – Vorschläge zum Wiederaufbau* auch gedruckt vorlegte):

»Wir müssen unter allen Umständen trachten, die Erscheinungsform und das Bild der Altstadt zu retten und müssen alles erhalten, was vom Guten und Wertvollen noch vorhanden ist«, hieß es. Das aber bedeutete, »daß unser liebes München in neuem Gewande, aber im alten Geist wieder ersteht«.

Die Anhänger einer modernen Architektur hatten natürlich ganz andere Vorstellungen. Die Stadt, sagten sie, sei für neues Bauen nie aufgeschlossen gewesen, sie habe in den zwanziger Jahren in konservativem Stil weitergebaut, ohne das aufzunehmen, was anderswo erreicht worden sei. Nun aber hätte man die Chance, München ein neues Gesicht zu geben. Doch diese Modernisten konnten sich – rückblickend wird man sagen: zum Glück – nicht durchsetzen.

Daß auch die Münchner selbst ihre Stadt am liebsten so wieder haben wollten, wie sie einst gewesen war, zeigte sich im Herbst 1948 bei einem Ideenwettbewerb zur Gestaltung des Marienplatzes. Die Bevölkerung war eingeladen, die mehr als dreihundertfünfzig eingereichten Vorschläge zu beurteilen. Das Ergebnis: Die große Mehrheit favorisierte die traditionellen, konservativen Pläne. Sie wünschte sich den Wieder-Aufbau Münchens, nicht einen Neu-Bau.

Zwar führte Karl Sebastian Preis den Titel eines Wiederaufbaureferenten, doch seine Aufgabe bestand zunächst vor allem darin, die Trümmer wegzuschaffen (und in diesen Zeiten, in denen alles knapp war, dabei jedes Stück Metall und noch jeden halben Stein für eine Wiederverwendung zu retten). »Die Schuttbeseitigung«, hieß es, »sei notwendig wegen der ständig zunehmenden Rattenplage und der damit verbundenen Seuchengefahr.« Kaum weniger wichtig war es aber, an die unterirdisch verlegten und meist meterhoch unter Ruinenschutt begrabenen Gas- und Wasserrohre heranzukommen und die vielen notwendigen Reparaturen vorzunehmen. Wie groß hier die Schäden waren, zeigte sich in den Aufzeichnungen der Stadtwerke: tagtäglich versickerten aus geborstenen Rohren 100 000 Kubikmeter Wasser im Boden.

Am Ende des Jahres 1946 waren 1,3 Millionen Kubikmeter Schutt abtransportiert, ein Jahr später waren es bereits 2,5

Millionen, und die Räumung ging zügig voran. Mit etwa siebentausend Kubikmeter pro Tag.

Einmal aber sollten aus der Ruinenstadt sehr viel größere Trümmerberge abtransportiert werden. So rief der *Münchner Merkur* zur Aktion »Rama dama« auf. Die Amerikaner, schon bisher eifrig bei der Schuttabfuhr beteiligt, stellten mehr als zweihundertsechzig Laster zur Verfügung, Oberbürgermeister Thomas Wimmer krempelte die Ärmel hoch und nahm die Schaufel in die Hand... Siebentausend Münchner eiferten seinem Beispiel nach, und am Abend dieses 29. Oktober 1949 waren 15 360 Kubikmeter Ruinenschutt weniger in der Stadt.

Im Aufräum-Eifer wurden auch etliche kühne Vorschläge gemacht. Das angeschlagene Siegestor, meinten die Amerikaner, könnte man doch endgültig abtragen? Und warum nicht auch die Residenz, hieß es dann. Das zerstörte Armeemuseum, wäre es nicht ein eindrucksvolles Symbol für die Sinnlosigkeit von Kriegen? Oder die Pinakotheken: Wäre es nicht sinnvoller, die Ruinen zu beseitigen und ganz neu zu bauen?

Andere wollten sich nicht mit den Details beschäftigen und schlugen vor, die Stadt nebenan gleich ganz neu zu bauen, und Bodo Ohly meinte dann 1947 in einem Zeitschriftenaufsatz, man sollte doch das neue München am Starnberger See errichten. Ein München also mit Hafen und städtischer Fischereiflotte.

Das war nun aber doch des Kahlschlags zu viel und so erinnerte man sich wieder der gemäßigteren Vorschläge, die gemacht worden waren. Sehr früh hatte es zum Beispiel den Plan gegeben, das alte, nun zerstörte München dadurch zu öffnen und gleichsam zu entlüften, daß man quer über alle Trümmer hinweg breite Schneisen schlage.

War hier in den Zeiten des Holzgaser-Verkehrs die autogerechte Stadt bereits kühn vorausgedacht, so wünschte sich ein anderer Zeitgenosse ein benutzerfreundliches München. In der Stadt, dies etwa waren seine Überlegungen, habe doch eine Straße der anderen geglichen und ein Fremder habe sich eigentlich nur zurechtgefunden, wenn er die Straßenschilder las. Warum sollte man beim Wiederaufbau nicht eine Straße im Stil der Gotik, eine andere à la Renaissance und eine dritte mit barocken Fassaden bauen? Eine Stadt also, zusammengesetzt aus architekturgeschichtlichen Lehrpfaden...

So wurden also Münchens Straßen und Münchens Fassaden mit viel Phantasie neu entworfen, bis sich jene Männer zu Wort meldeten, die wußten, daß es neben diesem oberirdischen ja auch noch ein unterirdisches München gab, ein höchst komplexes Geflecht von Leitungen, und daß dieses Rohr- und Kabelnetz (das zum Großteil unzerstört oder reperabel war) kaum weniger teuer war als das gebaute, nun zerstörte München darüber.

»Die wichtigste städtebauliche Angelegenheit überhaupt«

Da also der für die Stadtbewohner unsichtbare Grundraster vorgegeben war, diskutierte man konkrete Wieder-Aufbaupläne, das hieß zunächst: den Meitinger-Plan. Und der brachte vor allem einen revolutionären Vorschlag – »die Schaffung eines Park- und Verkehrsrings um die Altstadt. Es ist dies wahrscheinlich die wichtigste städtebauliche Angelegenheit überhaupt.«

Es war an eine Ringstraße nach dem Vorbild Wiens gedacht; 50 bis 70 Meter breit hätte sie den Stadtkern umrundet, Geschäftshäuser mit acht, neun Stockwerken und fünfzehn große Parkplätze sollten sie säumen. Der ovale, dem Verlauf der ehemaligen Stadtmauer vage folgende Kreis – Karl Meitinger hat ihn mit kräftigen Strichen auf einem dem Stadtrat vorgelegten Stadtplan eingezeichnet – sollte wie ein schützender Wall den rollenden und den ruhenden Verkehr von der Innenstadt fernhalten. Die aber stellte sich der Stadtbaurat 1945/46 idyllisch vor, mit vielen schönen Innenhöfen, wo »in netten Läden Keramiker, Goldarbeiter, Buchbinder, Modistinnen, Gemüsehändler, Korbmacher, Schuster, Sägfeiler usw. ihre Waren verkaufen«.

Meitinger konnte selbst nicht mehr viel bewirken, denn schon zum 1. Juli 1946 schickte man ihn in den Ruhestand. Der Nachfolger Hermann Leitenstorfer wurde im Juli 1947 gewählt, und obwohl er 1926 das erste (und drei Jahrzehnte lang einzige) Münchner Hochhaus, das zwölfstöckige Technische Rathaus an der Blumenstraße gebaut hatte, war auch er ein konservativer Mann, der die Münchner Bau-Tradition fortführen wollte.

Der Altstadtring, den Meitinger an den Anfang der Stadtplanung gestellt hatte, wurde, mit mancherlei Abweichungen vom ursprünglichen Plan, 1972 fertiggestellt und war dann die Aneinanderreihung von unterschiedlichen, nicht immer harmonisch aneinandergefügten Straßen-Stücken, und einer seiner Teile gilt als spektakuläre Planungs- und Bausünde: die Kreuzung Altstadtring/Maximilianstraße, wo man autogerecht, doch unsensibel eine Schneise und nie verheilende Wunde in den von König Max II. geschaffenen Boulevard geschlagen hat.

Man war noch dabei, diesen inneren Ring Stück für Stück zusammenzusetzen, als 1955 draußen im Osten mit der Richard-Strauss-Straße der Bau eines mittleren Rings begann. Auch dieser zuletzt etwa dreißig Kilometer lange unordentliche Kreis, der an seinen frequentiertesten Stellen tagtäglich von mehr als hundertdreißigtausend Autos befahren wird, war auf den Zeichentischen der Stadtplaner bereits gezogen worden, als die Total-Mobilmachung noch nicht vorstellbar und nicht zu ahnen war. Denn einen ersten Vorschlag zeichnete Jacob Heilmann bereits im Jahre 1881, und als dann 1927 im »Generalbaulinienplan Großmünchen« ein mittlerer Ring eingezeichnet wurde, hatte die Stadt gerade ein Zehntel der Motorisierung von 1990 erreicht. Und 1946, als über diesen Kreisverkehr wieder gesprochen und der leeren Kassen wegen auch gleich wieder geschwiegen wurde, war selbst diese Zahl weit unterschritten. Es gab damals viele olivgrüne amerikanische und nur 11568 deutsche Autos – die Münchner beantragten in diesem Jahr 180000 Fahrradreifen, erhielten aber dann nur wenig mehr als dreißigtausend.

Die Bewohner der bayerischen Landeshauptstadt hatten in diesen ersten Nachkriegszeiten andere Sorgen als innere und mittlere Ringe. Ihre Probleme lagen ihnen buchstäblich vor den Füßen oder fielen ihnen, wenn sie Pech hatten, auf den Kopf;

wann immer nämlich ein kräftiger Wind durch die Straßen wehte, stürzten Ruinen ein, die dann Oberleitungen der Straßenbahnen zerrissen (was im Berufsverkehr zu großen Verspätungen führte) oder Passanten erschlugen. Unter diesen Toten war auch der Leiter der Münchner Militärregierung, Oberstleutnant Walter Kurz, der im September 1945 durch ein vom Rathaus fallendes Mauerstück so schwer verletzt wurde, daß er wenig später starb.

Zu den größten Problemen gehörte – neben der mangelhaften Versorgung mit Lebensmitteln und dem Mangel an Wohnungen – die zunächst ins schier Unglaubliche angestiegene Kriminalität. So wurden allein in den Monaten Mai und Juni 1945 in der Stadt 1334 Raubüberfälle und 155 Morde gemeldet. Hier besserten sich die Verhältnisse freilich schnell (ohne deswegen gut zu werden), und so gab es im ganzen Jahr 1946 nur dreihundert Raubüberfälle mehr und halb so viele Morde wie in den ersten zwei Monaten der Freiheit. Die Zahlen haben sich deutlich verändert – die Einwohnerzahl stieg um eine halbe Million an und die Zahl der Verbrechen nahm ab (und ist dennoch noch immer hoch): 989 Fälle von Raub und räuberischer Erpressung sowie 61 Fälle von Mord und Totschlag im Jahre 1990.

... und bald arbeiteten auch die Finanzämter wieder

Die Kriminalitätsrate war so hoch wie die Lebensmittelrationen nieder waren. Doch die Münchner konnten feststellen, daß die Aufbauzeit begonnen hat und daß es vorwärtsging, in sehr kleinen Schritten und sehr langsam: Am 10. Mai 1945 wurde die Benutzung von Fahrrädern erlaubt; am 11. Mai begann »Radio München – ein Sender der Militärregierung« auf Welle 405 Metern mit seinem Programm; am 15. Mai fuhren die ersten Züge in München ein; am 18. Mai wurde die provisorische Straßenbeleuchtung eingeschaltet und der Tierpark wieder geöffnet; am 22. Mai fuhr die erste Straßenbahn (für Pessimisten muß es ein schlechtes Omen gewesen sein, daß sie zunächst nur zwischen zwei Friedhöfen pendelte, nämlich vom Ostfriedhof zum Friedhof am Perlacher Forst und zurück); am 23. Mai öffnete man einzelne Bankschalter und Postämter wieder (allerdings gab es keine Briefmarken, aber Post zu versenden, war ohnedies verboten, und erst am 18. Juni gab es die Genehmigung, Postkarten innerhalb Münchens zu schreiben); am 25. Mai kürzte die Militärregierung das bisher von 19 bis 6 Uhr geltende Ausgehverbot abends um drei Stunden. Und am 3. Juni trug Kardinal Faulhaber in der Fronleichnamsprozession bei strahlendem Frühlingswetter die Monstranz durch die von Trümmern gesäumten Münchner Straßen.

Als schließlich am 16. Juni 1945 bekanntgemacht wird, daß die Finanzämter wieder arbeiten und die Steuern in der bisher geltenden Form zu zahlen seien, gab es keinen Zweifel mehr – alles würde wieder so werden, wie es einst gewesen war, in einer fernen, ein Dutzend Jahre zurückliegenden Zeit...

Demokratie aus dem Lautsprecher

Zunächst war die Besserung der Verhältnisse eigentlich nur in dem deutlich spürbar, was es bezugsscheinfrei gab, in der Kultur. Der Reichssender München war am 29. April 1945 um 4.16 Uhr verstummt, und als er sich am 11. Mai mit Nachrichten zurückmeldete, dauerte es noch einige Zeit, bis er seine volle Sprache wieder fand. Zunächst erlaubte man dem Oberbürgermeister, sich mit seinen Sorgen an die Bürger zu wenden, später auch dem Ministerpräsidenten – und dann kam die Musik. Operettenmelodien zunächst und dann auch Swing und Jazz; die erste Hit-Parade »Die Zehn der Woche« hat mit den Texten der amerikanischen Schlager manchem Schüler zu einer besseren Englischnote verholfen. (Allerdings öffneten die Schulen erst wieder vom Herbst an.)

Die Militärregierung schaute währenddessen sehr genau darauf, ob die Deutschen ihre Lektion in Demokratie gut lernen. Zunächst gaben sie dem Sender Ende 1947 mit Rudolf von Scholz einen deutschen Intendanten, und gut ein Jahr später sahen sie die Stunde für gekommen: zu Beginn des Jahres 1949 wurde aus »Radio München« der von Parteien noch nicht beherrschte »Bayerische Rundfunk«, der schon einen Monat später technisch auftrumpfte und als erster europäischer Sender ein UKW-Programm ausstrahlte.

War man hier den Kollegen von anderswo voraus, so trabte man mit dem Fernsehen ein wenig hinterher, obwohl ein Werkstudent bereits in den frühen fünfziger Jahren auf dem Kellerflur des Funkhauses mit einer 8-mm-Kamera erste laienhafte Versuche für ein künftiges bayerisches Fernsehen machte. Als die Hamburger am Weihnachtsabend 1952 aus einem Luftschutzbunker ihre bewegten Bilder in die Wohnzimmer schickten, übten die Bayern noch heftig. In der Blindenanstalt an der Lothstraße!

Und am 6. November 1954 dann die erste Sendung: Mozarts *Gärtnerin aus Liebe* – so anspruchsvoll durfte man sein, als es noch keine Einschaltquoten gab. Zwei Tage später folgte die erste Ausgabe jener »Münchner Abendschau«, die für ein paar Jahrzehnte der schönste, politfreie weißblaue Tupfer im Programm war.

Die Entnazifizierung des Richard Wagner

Am 8. Juli 1945 installierten die Funkingenieure ihre Mikrophone auch wieder außerhalb des teil-demolierten Riemerschmidhauses. Radio München übertrug an diesem Tag das erste Konzert der Münchner Philharmoniker nach dem Kriege. Es war eine Nachmittagsveranstaltung, die wegen der Ausgangssperre und der schwierigen Verkehrsverhältnisse um 16 Uhr begann. Eugen Jochum setzte programmatisch Felix Mendelssohn-Bartholdys *Sommernachtstraum*-Ouverture an den Anfang, denn der Komponist war in den vorausgegangenen zwölf Jahren verboten gewesen. Außerdem auf dem Programm: eine Mozart-Symphonie und Tschaikowskys 4. Symphonie.

Im November durften dann auch die Sänger ins Prinzregententheater zurückkehren. Ein paar Wochen zuvor gab es, gleichsam zur Einübung, ein Opernkonzert, aber das lange erwartete

Ereignis war dann der *Fidelio* mit Helena Braun, Hans Hotter und Franz Klarwein. Es folgten die *Bohème* und *Tiefland* – doch nicht weil das künstlerische Programm dies verlangt hätte, sondern weil es dazu noch Kulissen gab. Der Meister aber, dem das Haus geweiht war, mußte noch draußen vor der Tür bleiben. Er hatte Hausverbot. Erst im April 1947 wurde es aufgehoben – mit einer von Georg Solti dirigierten Aufführung der *Walküre* kehrte der politisch belastete Richard Wagner ins Prinzregententheater zurück.

Einer seiner vielen Anhänger – denn München war und blieb eine Wagnerstadt – legte an diesem Tag am Wagnerdenkmal beim Prinzregententheater einen Kranz nieder und gratulierte auf der Schleife zur Entnazifizierung.

Wie das Prinzregententheater, so waren auch die Kammerspiele heil durch die häuserzertrümmernden Zeiten gekommen, und die ersten, die sich hier zeigen wollten und sollten, waren im August 1945 die Kabarettisten; Rudolf Schündler gab dem Programm seiner »Schaubude« den programmatischen Titel: »Der erste Schritt«.

Nachdem dieser Schritt also getan war, kamen wenig später die Mimen. Die des ausgebombten Volkstheaters zuerst – mit einem Stück *Hammelkomödie* –, und dann, im Oktober 45, die Damen und Herren des Hauses mit *Macbeth* – ein blutrünstiger Auftakt unter der Regie von Friedrich Domin, mit Maria Nicklisch, Carl Wery, Peter Pasetti, Fritz Straßner. Diesem Anfang folgten große Jahrzehnte mit den Intendanten Erich Engel, Hans Schweikart, August Everding, Hans-Reinhard Müller, Dieter Dorn.

Das Volksschauspiel aber wurde 1950 liquidiert. Denn auch das Theater litt unter den Folgen der Währungsreform, und die waren so gravierend, daß der Finanzminister im Herbst 1948 aus finanziellen Gründen sogar die Schließung des Staatstheaters vorschlug. Etlichen kleinen Privattheatern, die in den ersten Nachkriegsjahren entstanden waren, mußte die Schließung gar nicht vorgeschlagen werden – ihnen blieb gar nichts anderes übrig.

Fürs ausgebombte Staatsschauspiel nahm es dann aber doch noch eine glückliche Wendung, denn es konnte nicht nur weiterspielen, sondern bekam auch gleich zweimal ein eigenes neues Haus. Noch im Mai 1945 war Paul Verhoeven zum Intendanten ernannt worden, zu einem Prinzipal ohne Theater. Im März des darauffolgenden Jahres konnte er dann zwar zu einer ersten Premiere, zum *Sommernachtstraum* laden, doch auf der Bühne des Prinzregententheaters war er eigentlich nur Untermieter.

Das erste Haus schenkten dann die »Freunde der Residenz« – es war das Theater am Brunnenhof. Sie hatten mit ihren Spenden seinen Aufbau finanziert und es dann dem Bayerischen Staat gestiftet. Am 18. Mai 1946 wurde es mit *Nathan der Weise* eröffnet. Zu Eintrittspreisen, die zwischen zwei und acht Reichsmark lagen. Die Worte des Finanzministers waren noch nicht verhallt gewesen, als der Plan entstand, das Residenztheater neu zu bauen. Und diesmal bekam der Staat nichts geschenkt. Jetzt, in der Zeit des neuen Geldes, mußte er selbst bezahlen. Und es war klar, daß er mit 80 000 Mark – so viel hatte das Brunnenhoftheater gekostet – nicht auskommen würde. Sechs Millionen Mark hat man ihm zunächst vorgerechnet, doch um die zehn Millionen Mark sind es dann geworden.

An der Stelle, wo Cuvilliés einst rokoko- und puttoselig gebaut hatte, entstand nun nach den Plänen von Karl Hocheder ein sachlich-nüchternes Theater. In der Ausstattung war kein Luxus betrieben worden, und solche »austerity« paßte gut in die Zeit, doch als am 28. Januar 1951 Intendant Alois Johannes Lippl die Gäste zur Eröffnung laden konnte, zeigte man, in Bruno Hübners Inszenierung, Ferdinand Raimunds *Verschwender*. (Mit dem gleichen Stück feierte man im Herbst 1991 die Wiedereröffnung des Theaters, das umgebaut worden war. Für achtzig Millionen Mark.)

Wie beim Rundfunk, bei der Oper, den Kammerspielen und im Staatsschauspiel war in den frühen Jahren der Nachkriegszeit an vielen Stellen Anfang. Im Juli 1945 eröffnete das erste Amtsgericht, und etwa zur gleichen Zeit fand auch das erste Fußballspiel zwischen dem FC Bayern und 1860 statt (es endete mit einem harmonischen 2:2); im August konnte man wieder ins Kino gehen und unter dem Titel »Welt im Bild« zeigte man dort ab Oktober auch wieder eine deutsche Wochenschau, die unter der Leitung des britischen Presseoffiziers, des früheren Ullstein-Mannes und später hochangesehenen *Abendzeitung*-Theaterkritikers George Salmony in Geiselgasteig produziert wurde.

Der Teufel, die Unzucht und ein gestrenger Kultusminister

In diesem Herbst wurde Hans Rosbaud zum Generalmusikdirektor berufen – eine richtige Wahl zur rechten Zeit, denn neben dem klassischen Repertoire pflegte er vor allem auch mit Kennerschaft und Geduld jene Moderne, die so lange nicht gespielt werden durfte. Er war es auch, der im März 1946 das erste Konzert in der Aula der Universität leitete – München hatte damit einen in den folgenden Jahren viel genutzten Konzertsaal gewonnen. Der Meister selbst hat in ihm dann freilich nicht mehr sehr oft dirigiert, denn schon 1948 wurde sein Vertrag mit den Philharmonikern gelöst. Es mag einige Gründe dafür gegeben haben (wie zum Beispiel die unübersichtliche Finanzlage nach der Währungsreform), doch Hans Rosbaud war für die bayerische Landeshauptstadt wohl doch zu modern.

Denn daß man hier konservativ dachte und daß auch die Musen ein keusches Röckchen anlegen mußten, erfuhr Werner Egk und sah die ganze kunstinteressierte Welt, als Kultusminister Dr. Dr. Alois Hundhammer nach fünf Vorstellungen untersagte, daß das am 6. Juni 1948 uraufgeführte Ballett *Abraxas* in die neue Spielzeit der Staatsoper übernommen werde. Vor der Geschichte und der Kultur, sagte der Minister im Landtag, wolle er dieses Verbot verantworten. Und doch begannen in diesen frühen Jahren auch schon die durch den Komponisten Karl Amadeus Hartmann begründete und nach seinem Tod bis heute fortgeführte Reihe der »musica viva«-Konzerte (die freilich ohne die Hilfe des Bayerischen Rundfunks nicht lange überlebt hätten).

Der mit seinem Barte immer recht wilhelminisch-streng blikkende Minister hat in dieser *Abraxas*-Inszenierung seine alten Befürchtungen bestätigt gefunden. Ihm war die Oper zuwider, da sie ja so oft mit einem Ballett verbunden sei, »das er mit der Unzucht, mit dem Teufel verbinde«. Und deswegen – Wilhelm Hausenstein überlieferte dies in seinen *Impressionen und Analysen* – war er, der Kultusminister, auch gegen den Wiederaufbau der Oper.

Die Militärregierung hat im ersten halben Jahr mancherlei Lizenzen erteilt, nur bei den Parteien legte sie sich Zurückhaltung auf, und als sie dann endlich auch hier ihre Erlaubnisscheine ausstellte, bekam, am 2. November 1945, die erste Zulassung: die KPD. Gut zwei Wochen später, am 25. 11., folgte die SPD, sodann am 26. November eine Demokratische Union, die sich bald wieder auflöste (die Vorläuferin der Bayernpartei), und unter dem Datum des 4. Dezember wurden die Bewerber der Liberaldemokratischen Partei, der späteren FDP, mit einer Lizenz bedacht. Erst am 5. Dezember 1945, als Nr. 5 auf der bayerischen Parteienliste, wurde der CSU erlaubt, sich künftighin politisch zu betätigen; die später im Lande dominierende Partei hatte sich Zeit gelassen, einen Antrag zu stellen, denn man diskutierte zunächst über die politische Linie und hatte dann Probleme mit dem Namen – das »C« kam schließlich mit einer Stimme Mehrheit auf den Lizenzierungs-Antrag.

Am 8. 12. 1945 wurde dann noch die Wiederaufbauvereinigung WAV des Alfred Loritz zugelassen, eine Bayerische Heimat- und Königspartei folgte Anfang 1946 und schließlich erhielt auch die am 28. 10. 1946 gegründete Bayernpartei ihre Zulassung.

Blei von ›Mein Kampf‹ für die neue Presse

Was sie der deutschen Bevölkerung mitzuteilen hatten, sagten die Amerikaner auf großen, engbedruckten weißen Plakaten und in einem Mitteilungsblättchen, der *Bayerischen Landeszeitung* und späteren *Münchner Zeitung*.

Bei dem Versuch, den Deutschen eine eigene Zeitung zu geben, war der Lizenzträger schnell gefunden. Er hieß August Schwingenstein und war bis 1933 Leiter der Pressestelle im Bayerischen Bauern- und Mittelstandsbund gewesen. (Für ihn mag auch gesprochen haben, daß sein bereits aktiv an den Lizenzgesprächen beteiligter Sohn und späterer Verlags-Nachfolger Alfred aus dem Kreis um Pater Delp kam.)

Für dieses Blatt einen Chefredakteur zu finden, stellte die drei deutschstämmigen Presse-Amerikaner Dr. Josef Dunner, Ernst Langendorf und Leonard Felsenthal in ihrem Büro Renatastraße 48 vor eine schwere Aufgabe, denn zunächst gab es Absagen, obwohl da doch – aber das wußte damals niemand und ahnten wohl nur ganz wenige – künftige Millionen verschenkt wurden.

Wilhelm Hausenstein war nicht sehr gesund und wollte lieber an seiner Autobiographie schreiben. Aber er empfahl Dr. Franz Joseph Schöningh, den Chefredakteur der 1941 verbotenen katholischen Kulturzeitschrift *Hochland*. (Den gleichen Vorschlag hatte auch schon Kardinal Faulhaber gemacht.)

Der zweite Wunschkandidat war der Sozialdemokrat Dr. Wilhelm Hoegner, der, zurückgekehrt aus dem Schweizer Exil, in der Ludwigstraße 17 ein Untermietzimmer bewohnte. Ich nicht, sagte Hoegner, aber fragt doch Edmund Goldschagg, den ehemaligen Redakteur der *Münchner Post*. Der wurde in Freiburg aufgespürt, als Angestellter in der Verteilungsstelle des Landratsamtes, befaßt mit der Ausgabe der Lebensmittelkarten. Den neunundfünfzigjährigen Goldschagg zog es zuerst gar nicht nach München zurück, wo er 1933 schlechte Erfahrungen mit der SA gemacht hatte. Er erbat sich eine Bedenkzeit von vier Wochen und sagte dann schließlich zu.

Der britische Presseoffizier Peter de Mendelssohn hatte etwa zur gleichen Zeit mit seinem Kandidaten weniger Glück. Am 30. Juni war er zu Erich Kästner nach Mayrhofen gefahren, um ihn zu fragen, ob er »an einer Zeitung mitarbeiten wolle, die man plane. Sie werde zunächst zweimal wöchentlich in München erscheinen. Hausenstein und Süskind hätten schon zugesagt.« Genaueres würde er, Kästner erfahren, sobald man selber Genaueres wisse. Man ist dann aber wohl nicht mehr darauf zurückgekommen.

Man war ausgezogen, einen Chefredakteur zu suchen und hatte schließlich drei Verleger, und die gingen am 6. Oktober 1945, zur Glockenspielzeit und bei strömendem Regen in den nicht ganz wasserdichten Kleinen Rathaussaal, wo ihnen der für das sogenannte Nachrichten-Kontrollwesen in Bayern zuständige Oberst Barney B. McMahon die »License N°1« überreichte. Die drei Herren Edmund Goldschagg, Dr. Franz Joseph Schöningh und August Schwingenstein, heißt es in der zweisprachigen Urkunde, seien »autorisiert, folgende Tätigkeit auszuführen: Zeitungs Verleger«. Der Name der eben lizenzierten ersten Zeitung der US-Zone wird nicht genannt.

Der zweite Teil der Feier fand dann auf dem Hof der alten *Münchner Neuesten Nachrichten* am Färbergraben statt. Es gab eine Rede von August Schwingenstein, einen von Hermann Roth verfaßten Prolog des »Münchner Kindls« Adele Hoffmann (die in späteren, normalen Zeiten als erste »Betthupferl«-Sprecherin des Bayerischen Rundfunks den Kindern zur vertrauten Stimme wird), und dann erhielt der Colonel, was es sonst im München von 1945 nicht gab: einen gefüllten Krug mit Starkbier!

Zuletzt wurde dann im Keller des zu siebzig Prozent zerstörten Verlagsgebäudes ein Teil des Bleisatzes von Hitlers *Mein Kampf* eingeschmolzen für die Druckplatten der (dünnen) Zeitung, die mit einer Auflage von 357 000 Exemplaren gedruckt wurde: die Nr. 1 der *Süddeutschen Zeitung*.

Auch für Radio München wurde dieser 6. Oktober ein historisches Datum, denn die Lizenzvergabe wurde zur ersten Live-Übertragung seit dem Wiederbeginn des Sendebetriebes.

Die Legende von der Schellingstraße

Zwölf Tage nach der Feier im Färbergraben begann an der Schellingstraße, dort wo Hitler seinen *Völkischen Beobachter* und *Mein Kampf* hatte drucken lassen (und wo inzwischen seit langem die *Bild*-München herauskommt) eine journalistische Legende: die zunächst zweimal wöchentlich, bald täglich erscheinende amerikanische *Neue Zeitung* – Chefredakteur: Hans Habe, Außenpolitik: Stefan Heym, Feuilleton: Erich Kästner – wird hier verlegt. Viele Journalisten, die in der Bundesrepublik zu Rang und Ansehen kommen sollten, haben hier ihr journalistisches Handwerk gelernt. Walter Kolbenhoff und auch Alfred Andersch waren zum Beispiel Redakteure dieser Zeitung. Kolbenhoff hat jene Jahre in seinem autobiographischen Bericht *Schellingstraße 48* authentisch und eindrucksvoll beschrieben.

Aber auch das Schöne muß sterben: die Auflage von 2,5 Millionen sackte nach der Währungsreform ab auf 900 000, dann auf 250 000, die Zahl wurde kleiner und kleiner...

So gab es gegen Ende des Jahres 1945 bereits zwei nicht täglich erscheinende Tageszeitungen, und eine dritte kam 1946 hinzu. Vom 13. November diesen Jahres an waren Hans Heinrich und Peter Stern lizenziert, im Gebäude der 1943 eingestellten *Münchner Zeitung* an der Bayerstraße unter dem Titel *Münchner Mittag* eine Zeitung zu veröffentlichen. Da die *Süddeutsche* zu dieser Zeit dienstags, donnerstags und samstags erschien, gab es den *Mittag* montags, mittwochs und freitags.

Trotz der Gazetten-Not mochten sich die Münchner mit einer Mittagszeitung nicht anfreunden und so erlaubten die Amerikaner, daß aus dem *Münchner Mittag*, bei dem mittlerweile der ehemalige »Radio München«-Chefredakteur Dr. Felix Buttersack vom verstorbenen Peter Stern die Lizenz übernommen hatte, ein *Münchner Merkur* werde. Seit 1968 erscheint in diesem Verlagshaus Münchens fünfte Zeitung, das Boulevardblatt *tz*.

Inzwischen hatte es auch bei der *Süddeutschen Zeitung* eine Veränderung gegeben. Im Sommer 1946 hatten die drei »Lizentiaten« (sicher mehr auf amerikanischen als eigenen Wunsch) an die Presseabteilung geschrieben, man möge ihren Lokalredakteur Werner Friedmann als vierten Mann zulassen (denn der für diese Viertel-Lizenz vorgesehene Dr. Karl Eugen Müller, ehemaliger Chefredakteur der *Münchner Neuesten Nachrichten*, war durch Artikel aus der vergangenen Zeit belastet). Einer der herausragenden Publizisten der Nachkriegszeit, der Lehrer und Förderer einer ganzen Journalisten-Generation war damit Mitbesitzer der *Süddeutschen Zeitung* geworden. Wenig später leitete er zusammen mit August Schwingenstein die Zeitung als Chefredakteur und von 1951 an nannte ihn das Impressum als alleinigen Chefredakteur. Und das blieb er bis zum Jahre 1960.

Zu der einen war für ihn bald auch schon eine andere Zeitung gekommen, die er sich ausgedacht hatte, und zwar zu einem von ihm erfundenen Anlaß: einer »Deutschen Presseausstellung 1948« auf dem Messegelände.

Die Zeitungen waren nur dünn und erschienen noch lange nicht täglich, als Friedmann den Vorschlag zu dieser Ausstellung machte. Und er sagte auch, daß man den Besuchern (es werden übrigens mehr als zweihunderttausend sein) doch zeigen solle, wie eine Zeitung entstehe. Die Amerikaner finden den Vorschlag gut, schleppen eine requirierte Druckmaschine herbei, und so kann nach der Eröffnung am 5. Mai – mit dem ersten Nachkriegsfeuerwerk! – vom 6. Mai 1948 an mit einer Auflage von 70 000 Exemplaren eine »Tageszeitung« erscheinen.

Diese erste Münchner Nachkriegsausstellung schließt am 14. Juni, zwei Tage später wird mit der Lizenznummer 23 als Nachfolgerin der »Tageszeitung« die *Abendzeitung* zugelassen. Der Reinerlös, wird versprochen, soll für die Ausbildung junger Journalisten verwandt werden. Ganz so kommt es dann nicht, doch der Grundstock für die Deutsche Journalistenschule ist damit gelegt.

Orpheus klagt ums alte Geld

In ihrer dritten Ausgabe konnte diese Zeitung eine Nachricht drucken, die das Leben in München und in allen Besatzungszonen grundlegend änderte. Ab Sonntag, dem 20. Juni 1948, so hieß es, werde an jeden Bewohner das sogenannte Kopfgeld in Höhe von 40 Deutschen Mark ausgezahlt, 20 weitere Deutsche Mark gebe es zu einem späteren Zeitpunkt. Die lange erwartete Währungsreform war damit gekommen und die ohnedies fast wertlose Reichsmark verlor nun endgültig ihren Nutzen. Radio München kommentierte die am 18. Juni verbreitete Mitteilung, daß das neue Geld nun komme – mit Absicht oder zufällig – in seinem Programm auf witzige Weise. Nach der Nachrichtensendung folgte ein Opernkonzert, das mit der Arie »Ach ich habe sie verloren...« aus Glucks *Orpheus und Eurydike* begann.

So viel Glück war damit aber gar nicht dahin, denn für die alten Scheine gab es, wenn man sie nicht gerade in dicken Bündeln zur Hand hatte, wenig zu kaufen. Auf dem Schwarzen Markt – Münchner Zentrum: Möhlstraße – kostete ein Kilo Kaffee 700 Mark und eine einzige Zigarette 7 Mark. Für das aber, was offiziell zugeteilt wurde, reichte kleines Geld, denn klein waren auch die Kalorien-Rationen. Sie hatten bei Kriegsende noch etwa 1500 Kalorien betragen und waren im Sommer 1945 bis auf 920 Kalorien abgesunken, was weit unter dem bei rund 2900 Kalorien liegenden Durchschnittsverbrauch der Vorkriegszeit lag.

Der Mangel wurde akribisch berechnet und so betrug in der 101. Zuteilungsperiode im April 1947 die Tagesration für einen Normalverbraucher: 21,4 Gramm Fleisch, 7,1 Gramm Fett, 2,2 Gramm Käse, 214 Gramm Brot, 429 Gramm Kartoffeln, 21,4 Gramm Nährmittel, 17,8 Gramm Zucker, 4,5 Gramm Kaffee-Ersatz und 1/10 Liter Milch. Wer aber nun dieser Normalverbraucher war, dem man diese kleinen Portionen auftischte, ließ sich schwer feststellen, denn es gab 67 verschiedene Lebensmittelkarten und da viel Verwaltungsarbeit nötig war, wenn man ein Chaos vermeiden wollte, konnte sich die Bürokratie also selbst noch am Hunger sattfressen.

Andere aber saßen in kalten Zimmern vor leeren Tellern. Im Sommer 1946 ist mehr als die Hälfte der Münchner Schulkinder unterernährt; bei einer Untersuchung im Herbst des darauffolgenden Jahres haben 20 Prozent der Studenten Tuberkulose, 30 Prozent sind extrem unterernährt und im Januar 1948 wird festgestellt, daß die Münchner zusammen mit den Nürnbergern die am schlechtesten ernährten Bewohner Bayerns sind. Als sollte dafür der Beweis geliefert werden, brachen in den folgenden Monaten mehrfach Sänger und Schauspieler auf offener Bühne zusammen, kurzzeitig mußten sogar die Kammerspiele und die Staatsoper geschlossen werden, da den Damen und Herren die Anstrengungen nicht mehr zuzumuten waren.

Über Nacht gibt es wieder Schaufenster

Doch nun, da 16 amerikanische Trucks das neue Geld in die Stadt gebracht hatten, änderte sich alles. Schon am Tag nach der Währungsreform (einem Sonntag, an dem sie bei strömendem Regen bis zu acht Stunden anstehen mußten) konnten die erstaunten Münchner feststellen, wie sich über Nacht die Schaufenster gefüllt haben. Nach den Jahren des Mangels sind sie zu echten »Schau-Fenstern« geworden.

Es ging vorwärts, es ging aufwärts, jedes Jahr ein gutes Stückchen weiter und ein wenig höher. Schon im Jahre 1947 hatte der im englischen Exil lebende Alfred Kerr, Großkritiker der Kaiser-Wilhelm- und der Weimarer Zeit, an diese Entwicklung geglaubt. Nach dem Zürcher PEN-Kongreß hatte er ein Fünf-Tage-Visum für die Westzonen bekommen und anschließend geschrieben: »Alles zugleich kann ein eben Hineingeschneiter nicht sehen – doch überwiegt der Eindruck: München ist keineswegs hoffnungslos.« Und er schrieb auch: »Im Ernst – trotz schlimmer Einbußen bleibt das Gefühl: München wird auferstehen« – eine Feststellung, die er am Ende seines kurzen, auf Kerrsche Weise aufgeputzten Reiseberichts noch einmal bekräftigend wiederholte. Besonders aufgefallen war dem Reisenden während seiner kurzen Visite ein »Überfülltsein mit

Fremden. Du hörst ja kaum ein süddeutsches Wort. Man stößt auf brummige Balten, verirrte Rabbiner, ungemütliche Sachsen. Sie hatten vermutlich keine Wahl. Wollten gern irgendwo untergebracht sein. Sollten die sich aufhängen? Bloß um einer herzlich beliebten Stadt das vertraute Bild ihrer Wesenheit zu belassen?«

Aber es kam ja die D-Mark; und drei Jahre nach Kerr die brillante amerikanische Journalistin Janet Flanner. Sie konnte nun überprüfen, ob die Stadt tatsächlich aufersteht: »Heute«, schrieb sie, »steht es (d. i. München) an dritter Stelle der weitgehendst wieder aufgebauten Städte der westlichen Zone. An zweiter Stelle steht Stuttgart... Hamburg steht an erster Stelle. Und Berlin an letzter... Am Abend wird die zwölfprozentige Wiederherstellung Münchens deutlich, wenn in den Schaufenstern die hellen Lichter angedreht werden. Über den glänzenden Rechtecken der Ladenfassaden werden gewöhnlich die ausgezackten Höhlen leerer oberer Stockwerke sichtbar.«

Miss Flanner wird recherchiert haben, ehe sie der Stadt die Bronze-Medaille für den Wiederaufbau gab. Schon ein Jahr früher, 1949, hätte München auch eine Gold-Medaille erhalten, es galt nämlich – wie der auf den verstorbenen Karl Sebastian Preis folgende Wiederaufbaureferent Helmut Fischer in einem Rechenschaftsbericht schrieb – als »die am besten vom Schutt geräumte Großstadt Westdeutschlands«. Vier Millionen Kubikmeter waren mit Kleinbahnen, Lastwagen, Pferdefuhrwerken und Handwagen zu den Ablagerungsplätzen gefahren worden, und 1956 war die Schutträumung abgeschlossen. Die Stadt hatte Platz für den Wiederaufbau, mit dem sie ja längst schon begonnen hatte.

Eine andere Art von Schutträumaktion, ein idelogisches »Rama dama«, war vom 15. Juni 1946 an den Spruchkammern aufgetragen. Einige Funktionäre der Partei hatten im Vertrauen auf den versprochenen Endsieg die Mitgliedskartei der NSDAP so lange treu verwahrt, bis es zur Vernichtung zu spät war. So fielen den Amerikanern in München-Freimann 24 Millionen Karten und Tausende von Dokumenten in die Hände. An die vierzig Tonnen belastendes Papier.

Im ersten Münchner Entnazifizierungsverfahren wurde der Hausdiener Jakob Schmid, der die Geschwister Scholl im Lichthof der Universität festgehalten hatte, zu fünf Jahren Arbeitslager verurteilt. Hitlers Fotograf Heinrich Hoffmann erhielt zehn Jahre Arbeitslager und verlor sein Vermögen bis auf dreitausend Mark. Der Weiß Ferdl mußte als sogenannter Mitläufer eine Buße von zweitausend Mark zahlen. Gauleiter Giesler hatte Selbstmord begangen und Christian Weber war am 11. Mai 1945 während eines Gefangenentransportes mit einem US-Laster tödlich verunglückt, so blieb von den hohen NS-Funktionären vor allem Oberbürgermeister Fiehler, den im Oktober 1949 eine Spruchkammer zu zwei Jahren Arbeitslager und dem Verlust von einem Fünftel seines Vermögens verurteilte. Ein Jahr zuvor hatte man – vor leeren Stühlen, wie sich versteht – gegen Adolf Hitler und seine Frau Eva, geborene Braun, aus vermögensrechtlichen Gründen verhandelt. Urteil: Herr und Frau Hitler sind Hauptschuldige, ihr Vermögen wird eingezogen.

Eine Erfolgsgeschichte beginnt

In den Statistiken kehrte die Normalität bald zurück. Schon 1950 erreichte die Stadt wieder die Einwohnerzahl des letzten Friedensjahres, ein Jahr später war diese Zahl auch bei den Kraftfahrzeugen und 1953 auch bei den Wohnungen erreicht.

War aber damit schon wieder eine Normalität erreicht?

Oberbürgermeister Karl Scharnagl von der CSU hat vornehmlich die Not und eine leere Stadtkasse verwaltet, und doch fallen in seine Zeit die ersten wichtigen, entscheidenden Beschlüsse über den Wiederaufbau. Die Wähler wollten ihm aber nicht gönnen, daß er auch in besseren Zeiten regiere. Am 30. Mai 1948 schickten sie 15 Vertreter der SPD, 10 der CSU, 3 der WAV, 6 der KPD, 2 der FDP, 13 der Bayernpartei sowie einen Parteilosen in den Stadtrat. Und der entschied anderthalb Wochen nach der Währungsreform, daß der bisher vor allem für die Brennstoffversorgung verantwortliche Bürgermeister Thomas Wimmer neuer Oberbürgermeister sein soll; Karl Scharnagl wurde zum Bürgermeister gewählt.

Das neue Geld wurde zu einem immer festeren, solideren Fundament, auf dem wieder aufgebaut wurde. Die Erfolgsgeschichte, die damals begann, läßt sich in unendlich vielen Statistiken nachlesen: Zahlen, Zahlen, Zahlen... Obwohl es zum Beispiel statt der 36 000 Bauarbeiter des Jahres 1939 bei Kriegsende in München nur noch 15 600 gab und die Maschinen der Bauunternehmen zum Großteil zerstört waren, wurde bereits am 10. Mai 1948, also genau drei Jahre nach Kriegsende, die zehntausendste Wiederaufbauwohnung fertiggestellt.
Doch mehr Aufmerksamkeit als statistische Rechenspiele fanden einzelne Aufbau-Beispiele. Wenn etwa Oberpollinger im Dezember 1945 anfing, im Keller unter dem zerstörten Gebäude wieder Verkaufsstände aufzustellen – auch wenn es nur wenig zu verkaufen gab, dazumal –, oder wenn 1950 am Stachus mit dem neuerbauten Kaufhof das erste große Geschäftshaus nach dem Kriege, oder 1951/52 dann an der Ecke Theresien-/Türkenstraße das von Sep Ruf entworfene erste moderne Wohnhaus entstand, so war das ein Zeichen, das Symbol, daß die Stadt wieder erstehen wird. Aber noch mehr Interesse fand die Wiederherstellung des größten Repräsentativbaues, der Münchner Residenz.

Phönix und die zerstörte Residenz

Ein Jahr nach Kriegsende meinte Georg Lill, Bayerns oberster Denkmalschützer, die Residenz wie auch die von Gunezrainer erbaute Damenstiftskirche »sind und bleiben uns für alle Zeiten verloren«, und tatsächlich gab es sogar Überlegungen, die Residenzruine abzutragen.
Am 8. November 1940 waren die ersten Bomben auf die Residenz gefallen, in der Nacht vom 2. zu 3. Oktober 1943, nach einer durch Meinhard von Zallinger dirigierten Aufführung von *Tiefland* – »Anfang 18 Uhr, Ende 20 1/2 Uhr« – wurde das

National-, im März des darauffolgenden Jahres das Residenztheater zerstört (dessen kostbare Ausstattung aber in kluger Voraussicht ausgebaut worden war). Und drei Wochen später, in der Nacht vom 24. auf den 25. April 1944, als an die vierhundert Flugzeuge die Stadt anflogen, blieben von der Residenz nur noch rauchende Trümmer; von 23 000 Quadratmetern Dachfläche waren gerade noch 50 Quadratmeter erhalten geblieben.

Doch am darauffolgenden Tag organisierten Rudolf Esterer als Leiter der Schlösserverwaltung und der aus der Schweiz stammende 31jährige Architekt Tino Walz die Leitung der Ruinen-Sicherung – der erste Schritt für einen Wiederaufbau war damit getan, und im Februar 1945, also noch während des Krieges (doch bereits mit der Aussicht auf sein nahes Ende) wurde diese Rettungsaktion unter dem Titel »Freunde der Residenz« institutionalisiert. Als Sinnbild wählten sich diese Helfer in der größten Not den aus der Asche aufsteigenden Phönix.

Bereits ein Jahr und achtzehn Tage nach dem Einmarsch der Amerikaner wurde das Theater am Brunnenhof eröffnet, im darauffolgenden Jahr konnte die Residenzapotheke wieder Säftchen, Pülverchen und Pillen verkaufen, bald zog auch die Residenz-Bücherstube ein und von 1950 an wurde in traditionellen Räumen Wein aus der Pfälzer Heimat der vormaligen, der wittelsbachischen Hausherren getrunken. Im März 1953 aber bekam München den dringend benötigten Raum für Konzerte – der (mit finanzieller Unterstützung des Bayerischen Rundfunks) an der Stelle des ehemaligen Thronsaals errichtete Herkulessaal wurde eingeweiht.

Es vergingen noch – doch angesichts der großen Zerstörung muß es wohl besser heißen: es vergingen *nur* noch sieben Jahre –, bis die ersten repräsentativen Räume für einen Staatsgast geöffnet wurden, für den päpstlichen Legaten, der 1960 zum Eucharistischen Weltkongreß nach München entsandt wurde. Im Herbst 1962 folgte (mit einem eigens installierten überlangen Bett) Frankreichs General de Gaulle und 1965, als gekrönte Majestät in angemessener Umgebung, Britanniens Elisabeth II.

Der schönste Tag für die neue alte Residenz war aber wohl

doch der 14. Juni 1958 gewesen, als zur 800-Jahrfeier der Stadt München das in den Apothekenstock versetzte Cuvilliéstheater mit *Figaros Hochzeit* im alten Rokokoglanz wieder eröffnet wurde. (Und dies zur rechten Zeit, obwohl die Hohen Behörden erst im Sommer 1956, und somit reichlich spät, auf den Gedanken kamen, daß die Wiedereröffnung dieses Theaters das rechte Geburtstagsgeschenk für die Landeshauptstadt wäre. Preis des Präsents: 4,12 Millionen Mark.)

So war also geschehen, was Professor Lill für unmöglich gehalten hatte: die Residenz war wiedererstanden; und von 1952 an wurde auch die Damenstiftskirche St. Anna im alten Stil neu aufgebaut.

»*So lang der Alte Pe-*«

Die Münchner haben sich durch Gründung von Bürgerinitiativen in die Wiederaufbaudiskussion von Anfang an tätig eingemischt. Es hatte sich inzwischen in verschiedenen Händen (und auf den zu diesen Händen gehörigen Konten) bereits wieder reichlich Geld gesammelt – das sogenannte Wirtschaftswunder war auf dem Wege, und so spendeten vermögende Geschäftsleute und einfache Bürger. Beispielsweise für den »Bürgerbund 800 Jahre München«. Er sammelte Bares, organisierte eine Tombola und hatte innerhalb eines Jahres 1,2 Millionen Mark beisammen, die er für den Bau des Cuvilliéstheaters zur Verfügung stellte.

Der Bayerische Rundfunk erinnerte seine Hörer immer wieder daran, daß das Symbol der Münchner Stadt noch zerstört war und wählte daher zum Stations- und Pausenzeichen den Anfang des Liedes »So lang der Alte Peter...«, ließ aber – Symbolik! – die letzte Silbe weg. Erst als der Aufbau abgeschlossen war, am 28. Oktober 1951, wurde aus »So lang der Alte Pe-« ein »So lang der Alter Peter«.

Der auf Anregung von Dr. Felix Buttersack und Rolf Flügel gegründete »Wiederaufbauverein Alter Peter« hatte die Arbeiten an dieser ältesten Kirche Münchens gefördert, aber er sammelte nun unter dem Namen »Bürgerbund Alter Peter – Frauentürme« weiter, um nun auch dem von Bomben schwer getroffenen Dom schnell wieder seine welschen Hauben zu verschaffen. Im Herbst 1952 wurden sie ihm aufgesetzt und vier Jahre später konnte dann die wiederhergestellte Kirche neu geweiht werden.

Aber da war dann immer noch die große Ruine des Nationaltheaters. Sechzig Millionen, so schätzten die Experten, würde der Wiederaufbau kosten. Sollte man da nicht besser die Ruinen wegräumen und ein modernes Theater an dieser Stelle errichten? Widerspruch kam von dem 1951 gegründeten Kreis »Freunde des Nationaltheaters« (hinter dem wiederum die Theatergemeinde stand). Mit 200 000 Unterschriften und einer jährlich stattfindenden Tombola – insgesamt sammelten die »Freunde« rund sechs Millionen Mark – wurde die Forderung nach dem Wiederaufbau sanft und nachdrücklich unterstützt. Zehn Jahre nach der Eröffnung des Herkulessaales konnte dann auch am anderen Ende der Residenz das große Fest stattfinden: Am 21. November 1963 wurde das Nationaltheater mit der *Frau ohne Schatten* von Richard Strauss eröffnet (und der Architekt, der zusammen mit seinem Kollegen Gerhard Graubner den Bau ausgeführt hatte, hieß, schöner Zufall –, Karl Fischer, wie auch der Schöpfer des ersten Opernhauses an dieser Stelle).

Die Oper war also wieder an den Max-Joseph-Platz zurückgekehrt. Doch nun zeigte sich, wie sehr man in den vergangenen Jahrzehnten das Prinzregenten-Theater strapaziert hatte. Die für Ostern 1964 vorgesehene *Parsifal*-Aufführung, riet die Oberste Baubehörde, solle besser abgesagt werden, da ein Steinschlag von der Decke drohe. Ein Jahr nach der Schließung taten sich wiedereinmal Mäzene zusammen und gründeten, mit langem Namen, eine »Bürgerschaftliche Vereinigung Münchner helft dem Prinzregententheater«, die sich später auf »Freunde des Prinzregententheaters« verkürzte. Was aber kostete die Sanierung eines Theaters? Man sagte ihnen: um die 16 bis 20 Millionen Mark, einige Zeit später, im Jahre 1968, meint die Staatliche Bauverwaltung, daß die Angelegenheit, wenn man's nicht übertreibe, bereits für 8,5 Millionen Mark zu machen sei. Doch 1979, als der Bayerische Landtag die Zahlen kennen wollte, hieß es: 82 Millionen Mark reine Baukosten.

Den Volksvertretern verschlug es die Stimme und dieses Schweigen hätte sicher lange angehalten, wenn nicht Gertrud Proebst gestorben wäre. Ihr Vater Max Littmann hatte das Theater einst gebaut und dessen Erhalt war ihr wert und teuer. Sie stiftete 2,6 Millionen Mark und schrieb in ihr Testament die Bedingung: das Geld werde gezahlt, wenn noch vor dem 24. Juni 1983 mit den Restaurierungsarbeiten begonnen werde.

Das war zwar – trotz des hohen Betrages – nur kleines Geld, doch sollte es verfallen? Der Kultusminister hatte eben zu dieser Zeit August Everding zum Generalintendanten ernannt. Der zog nun in den seinem Titel mehr als seinen Funktionen angemessenen Königssalon des Prinregententheaters und setzte sich für eine sogenannte »kleine Lösung« ein. Gedacht war an eine Teilsanierung für vorausgeschätzte 35 Millionen Mark. Im Januar 1988 wurde mit einer großen Festwoche auf kleiner Bühne eröffnet.

Der Umgang mit kostbaren Ruinen

So wie zum Jahresanfang 1988, gab es im München der Nachkriegsjahrzehnte viele festliche, prunkvolle Eröffnungsfeiern. Im Juni 1957 zum Beispiel – draußen in Garching bauten sie gerade am »Atomei« – kam der Bundespräsident gereist, um Münchens Ruhm und Münchens Stolz, die Alte Pinakothek, neu zu eröffnen.

Auch hier war darüber diskutiert worden, ob man die Ruine abtragen oder wieder aufbauen sollte. Allein die Ruine, hieß es, sei 3,6 Millionen Mark wert, und für etwas mehr als 800 000 Mark ließe sich daraus wieder ein Museum machen. Der Architekt Hans Döllgast restaurierte den alten Klenzebau so, daß man die Wunden, die der Krieg geschlagen hatte, auch hinterher noch sehen konnte – einer der seltenen Fälle, wo München die unselige, unheile Vergangenheit nicht überschminkte. Eine der raren Stellen, wo zum Nachdenken angeregt wird.

Nebenan, bei der Neuen Pinakothek, ging man anders, nämlich fahrlässig zu Werke. Die Reste – durchaus für einen Wiederaufbau noch zu verwenden, wie Kenner meinten – wurden gegen den Protest von Bürgern weggeräumt, und nach einer langen Denkpause baute man neu. Nahezu dreihundert Architekten zeichneten Entwürfe für den Wettbewerb, und Alexander Freiherr von Branca bekam dann den Zuschlag für eine neue Neue Pinakothek, die den Finanzminister 109,0 Millionen Mark kostete. Für diesen Betrag erhielt er ein hinter Bäumen verstecktes modernes Haus mit originell gegliederten Ausstellungsräumen und etlichen putzigen Applikationen im Stil mittelalterlicher Burgen.

Groß war das Museum gedacht gewesen. Kunst vom späten 18. Jahrhundert bis zur Gegenwart sollte es in zwei getrennten Abteilungen präsentieren. Doch während die Planung voranschritt, überlegte man es sich anders, von Branca mußte Geplantes neu planen, da nun die Gegenwart ausgespart blieb. Ihren Platz bekamen gegenwärtige Kunstverwalter. Im Frühjahr 1981 konnten sie und die Bilder einziehen.

Aber vielleicht wird ja alles wieder gut und sogar besser als einst gedacht. Kultusminister Hans Zehetmair ließ nämlich einen Wettbewerb »für Museen des 20. Jahrhunderts auf dem Gelände der ehemaligen Türkenkaserne« ausschreiben. Mehr als einhundertsechzig Entwürfe gingen ein und im Mai 1992 erhielt der Münchner Architekt Wolfgang Braunfels den ersten Preis.

Viele Stationen auf dem Weg zur Normalität

Der Weg Münchens von einer Ruinenstadt zur modernen Großstadt ließe sich an einer langen Liste von Bauten und mit vielen Statistiken belegen.

Aber wo war der Übergang von den Wiederaufbau-Zeiten zur Normalität? Wann endete die Nachkriegszeit?

Etwa im Jahre 1956, als aller Schutt weggeräumt war? Vielleicht am 15. Dezember 1957, einem Sonntag, nachmittags um 15.45 Uhr, als der soeben in einer Pasinger Privatklinik geborene Kaminkehrerssohn Thomas Seehaus München zur Millionenstadt machte? Oder beginnt die neue Zeit doch festlicher, mit wehenden Fahnen, einem nächtlichen Umzug und mit Reden: mit den Feiern zu Münchens 800.Geburtstag am 14. Juni 1958? Möglicherweise spricht aber auch viel für den 30. Dezember 1965, den Tag, an dem sich München beim Olympischen Komitee in Lausanne um die XX. Sommerspiele von 1972 bewarb.

Wahrscheinlich aber war dieser Übergang fließend und durch kein genaues Datum fixiert. Nach der Geburt des Thomas Seehaus (der seinen Vornamen dem populären Oberbürgermeister Thomas Wimmer verdankt) nannte man München »das Millionendorf« – angeblich hat Werner Friedmann diesen Namen erfunden –, im Herbst 1964 schrieb der *Spiegel*, München sei »Deutschlands heimliche Metropole« – dieser Titel, bald abgeändert in »heimliche Hauptstadt«, wurde angeblich von Oberbürgermeister Hans-Jochen Vogel geprägt –, und in den Jahren dazwischen, also zwischen 1957 und 1964, könnte der Wandel stattgefunden haben. München, in der vorgeblich guten alten Zeit eine bäuerliche Residenzstadt, war nun angeblich zur dörflich-gemütlichen Metropole geworden, die sich 1962 den schmückenden Titel einer »Weltstadt mit Herz« geben ließ.

Die Metropole, der so viel Metropolitanes fehlt

Der Wandel zu einer Metropole, der dann doch noch so viel Metropolitanes fehlte, hatte sich schon bald nach dem Kriege angekündigt, und er war der Lage Münchens tief in der amerikanischen Besatzungszone zu danken (während West-Berlin gleichzeitig als eine noch lange bedrohte Insel inmitten der sowjetischen Zone lag). 1948, kurz vor Weihnachten, entschieden sich 43 Abgeordnete des Frankfurter Wirtschaftsrates dafür, daß das Deutsche Patentamt nach München ziehen solle, in den Bibliotheksbau des Deutschen Museums. Eine knappe Wahl, denn 40 Stimmen waren für Darmstadt abgegeben, zwei Stimmen waren ungültig. Man baute den Beamten zwischen 1953 und 1959 vis-à-vis des Deutschen Museums ein großes Haus, und zwanzig Jahre später erhielt das in München installierte Europäische Patentamt gleich daneben ein imposantes, schwarzglänzendes Gebäude.

Im gleichen Blockadejahr 1948, in dem zu Frankfurt über das Patentamt abgestimmt wurde, war auch Siemens-Halske nach München gezogen. Dieser Standort war bereits in den ersten Monaten des Jahres 1945 ausgewählt worden, als sich das Ende des Krieges abzeichnete (und ausländische Geschäftsfreunde wohl auch darüber informiert hatten, was die Sieger mit Deutschland und seiner Hauptstadt Berlin planten).
Anfang 1949 wurde München dann sogar zweiter Firmensitz nach Berlin, und Siemens konnte dabei sogar an eine alte Tradition anknüpfen. Die erste Filiale außerhalb Berlins war nämlich 1890 in der Münchner Galeriestraße eingerichtet worden, und der Einbau einer elektrischen Beleuchtung in die Praxis des wittelsbachischen Augenarztes Carl Theodor war dann der erste Auftrag gewesen.
Zu Siemens-Halske kamen bald auch Siemens-Schuckert (die Firma hatte sich nach dem Krieg in Erlangen eingerichtet) und Siemens-Reiniger an die Isar. Aus drei machte man nun eins, nannte das Unternehmen hinfort Siemens AG und bestimmte 1966: geführt wird diese große Firma von München aus. Sitz der Konzernleitung wurde das 1825 gebaute Prinz-Ferdinand-Palais am Wittelsbacherplatz, in dem einstmals auch der Architekt dieses Baus gewohnt hat, der Herr von Klenze.

Der Industriestandort Nr. 1

Für die Münchner Wirtschaft war die Niederlassung der Firma Siemens wahrscheinlich die wichtigste Entscheidung, die nach dem Kriege getroffen wurde. Denn damit war die bayerische

Landeshauptstadt endgültig zu einem bedeutenden Industriestandort geworden, und mit etwa 50 000 Mitarbeitern ist Siemens überdies der mit Abstand größte private Arbeitgeber in München – und aus verständlichen Gründen die Freude des Stadtkämmerers.

Wie sich diese Industrie-Stadt München entwickelte, haben die Statistiker errechnet: Zu Beginn der fünfziger Jahre lag sie mit der Zahl der in ihren Industriebetrieben Beschäftigten in der Bundesrepublik an sechster, 1960 an der dritten, von 1980 an aber an erster Stelle. Beispielsweise mit 175 269 Personen, die im Jahre 1986 im verarbeitenden Gewerbe beschäftigt waren (gegenüber 163 968 in Westberlin und 138 717 in Hamburg – in zwei Städten also, die in Fläche wie in Einwohnerzahl größer als München waren)!

Nachdem seit 1990 die zwei deutschen Teile zusammenwachsen, kann sich die Position Münchens freilich verschieben. Pessimisten sehen Gefahren, die von Optimisten auf minimale Größen heruntergeredet werden. Zum Beispiel mit den Argumenten, daß sich in München vor allem die modernen Technologien angesiedelt haben, deren Verlagerung große Investitionen erfordern würde; daß hier auch in der Region zahlreiche Firmen neu gegründet wurden, die gleichsam das fruchtbare Umfeld bilden; und daß vielleicht noch immer 37,6 Prozent der Deutschen am liebsten in München arbeiten möchten, gegenüber 27,4 Prozent in Hamburg und 21,1 Prozent in Düsseldorf.

Der Sog Münchens in den Nachkriegsjahren und in der Blockadezeit war groß und so zogen zum Beispiel die Generaldirektion der Allianz-Versicherung hierher und auch die Firma Osram. Letztere aber ließ zum Stadtjubiläum 1958 und gleichsam als strahlendes Zeichen der vollzogenen Übersiedlung ihr Licht auf eindrucksvolle Weise leuchten, als sie in der Sonnenstraße die »hellsten Leuchten der Welt« einschaltete.

In jenem Festjahr 1958 kam vom Flughafen Stuttgart-Echterdingen auch der Flugzeugbauer Dr. Ludwig Bölkow, der ein Stadtbüro einrichtete, bald aber draußen vor der Stadt, in Ottobrunn, den Platz fand, ein eigenes Unternehmen aufzubauen, zu dem auch Messerschmitt sowie Blohm hinzukamen und das unter dem Kürzel MBB friedliches wie militärisches *High-Tech*-Gerät herstellt (als da zum Beispiel sind: Airbus-Teile, Hubschrauber, Nachrichtensatelliten oder Panzerabwehrwaffen) und in den späten achtziger Jahren mehr als 35 000 Mitarbeiter beschäftigte. Seit dem 1. Januar 1990 ist die Daimler-Benz AG mit 52 Prozent an Messerschmitt-Bölkow-Blohm (MBB) beteiligt; die Bundesländer Bayern und Bremen besitzen noch 25, der Bund 20 Prozent.

Zu Beginn der achtziger Jahre war Hans Nixdorf mit seinen Computerbauern (die inzwischen zu Siemens-Nixdorf gehören) aus Westfalen angereist, um die Mitte dieses Jahrzehnts ließ sich die MAN im Registergericht als Münchner Firma eintragen... Und weitere Aspiranten stehen vor der Tür. Im Herbst 1987 etwa waren nahezu sechshundert Betriebe registriert, die Gewerbeflächen suchten. Und dies in der dichtestbebauten und dichtestbesiedelten deutschen Großstadt.

Der große Münchner Bücherberg

Bis auf ein zehntel Prozent hatten sich die Münchner Verlage herangepirscht. Von den mehr als sechzehntausend Buchtiteln, die 1955 in der Bundesrepublik erschienen, kamen 12,8 Prozent aus Stuttgart und 12,7 Prozent aus München; mit 8,2 Prozent und somit in guter Distanz folgte Berlin-West auf Platz 3. Doch in jenem Jahr 1957, in dem der millionste Bürger geboren wurde, setzte sich München an die Spitze und wurde zur größten Buchstadt Deutschlands. Für das Jahr 1958 zählte der Börsenverein des Deutschen Buchhandels in München 208 Verlage mit 2554 Titeln (von insgesamt 20 476 deutschen Neuerscheinungen). Es folgten Stuttgart mit 179 Verlagen und 2500 Titeln sowie West-Berlin mit 154 Verlagen und 1547 Neuerscheinungen.

Berlin übernahm kurze Zeit den ersten Platz, trat ihn dann aber endgültig an München ab. Hier, in der mittlerweile zweitgrößten Bücherstadt der Welt – nur in New York werden mehr Titel verlegt – erscheinen inzwischen in 240, inoffiziell aber wohl in etwa 300 Verlagen um die 12 000 Titel im Jahr, das aber ist mehr, als Österreich und die Schweiz zusammen produzieren.

Unter den so vielen sind auch einige der besten, der feinsten und der wichtigsten deutschen Verlage. Zu den alteingesessenen Firmen wie Kösel, C. H. Beck, Callwey, Oldenbourg, Bruckmann, Langen-Müller oder Piper kamen nach dem Krieg viele Verlage hinzu, die einst in Berlin und vor allem in der alten Messestadt Leipzig ihre Bücher produzierten.

Der Prestel Verlag hatte bereits 1940 Frankfurt verlassen und war nach München gezogen. Nachdem bei Kriegsende der unselige deutsche Trennungsstrich gezogen war, versuchten auch andere Unternehmen in München einen neuen Anfang. Aus Königsberg kam der 1722 gegründete Verlag Graefe und Unzer, der mit Medizinischem zu Ansehen gekommene Berliner Verlag Urban & Schwarzenberg folgte; aus Dresden kam Heyne, aus Leipzig Goldmann, und 1960 bezog der traditionsreiche, ebenfalls aus Leipzig stammende Paul List Verlag sein Münchner Haus.

Der 35jährige Willy Droemer, Erbe des Berliner Th. Knaur Verlages, hatte zunächst im Schönbornschen Schloß Wiesentheid ein Quartier für seinen Verlag gefunden, der unter der Nummer 170 (in Wirklichkeit aber als 70. Verlag) von den Amerikanern lizenziert wurde. Statt des überlieferten mußte ein neuer Name gewählt werden, und so entstand die Droemersche Verlagsanstalt, die 1949 nach München zog und zu einem der erfolgreichsten deutschen Verlage wurde.

Der letzte, ein gleichsam verspäteter Zuzügler, legte sich 1971 ein Münchner Verlagshaus zu: der C. Bertelsmann Verlag mit seinen vielen »Töchtern« (etwa: Knaus, Blanvalet, Goldmann, Siedler).

Die Geschichte der Buchstadt München in der Nachkriegszeit begann am 15. November 1945, als die Amerikaner ihre Lizenz Nr. 1 und gleich auch das Papier aus der ehemaligen Druckerei der NSDAP dem 42jährigen Thüringer Kurt Desch zuteilten. Einer großen, erfolgreichen Zeit, zu der Autoren wie Theodor

Plievier, Ernst Wiechert, Kasimir Edschmid, Robert Neumann, Hermann Kesten, Hans Habe, Hans Helmut Kirst, Hans Werner Richter und Siegfried Sommer beitrugen, folgte in den frühen siebziger Jahren ein unrühmliches, schäbiges und beschämendes Ende.

Nachdem einmal der Anfang gemacht war, verteilte die Militärregierung ihre Lizenzen reihenweise. Mitte Februar 1946 waren 50 Verlage in der US-Zone zugelassen und 1951 hatte sich dort die Zahl der Verlage bereits verdreifacht.

Eigentlich hätte in München ja Franz Ehrenwirth die erste Lizenz erhalten können, denn sein Verlag war am 1. September 1945 gegründet worden. Die amerikanische Zustimmung kam aber erst am 5. Dezember. Reinhard Piper bekam seine Lizenz am 4. Januar 1946 (am gleichen Tag wie übrigens auch der Bayerische Landwirtschaftsverlag BLV). Für Carl Hanser gab es in diesen Monaten einen Wiederbeginn nach einem Dutzend Jahren. Im Jahre 1928, nach seiner Promotion, hatte er in München einen Verlag gegründet, dessen belletristische Abteilung nach der Machtübernahme nicht weiterarbeitete, da zu viele Zugeständnisse nötig gewesen wären. So erschienen nur noch Fachzeitschriften.

Wiedergründungen, Neugründungen nach dem Krieg – und dabei gab es anfangs mehr Verlage als Papier. Heimeran, 1922 in München gegründet, wurde wieder zugelassen, und 1952 bekam endlich auch Langen-Müller die Erlaubnis, den alten Verlag neu zu beginnen. Und zwar in jenem ehemaligen Verlagsgebäude Hubertusstraße 4, das sich 1945 die US-Lizenzierer als Dienstgebäude ausgesucht hatten.

Zu denen, die ganz neu anfingen, gehörten Dr. Berthold Spangenberg, der 1946 die Nymphenburger Verlagshandlung gründete, und der von Hitler in den Ruhestand verbannte Zoologieprofessor Max Hirmer, der aus seiner frühen Liebe zur Kunst und zur Archäologie ein Programm machte, und da er überdies ein hervorragender Fotograf war, entstanden – meist mit Bildern von Max Hirmer – Bildbände, die großes Ansehen einbrachten.

Etwa zur gleichen Zeit wie Max Hirmer seinen Verlag, gründete Karl Otto Saur in der Erhardtstraße ein »Ingenieurbüro für Betriebs- und Büroorganisation«, das mehr zufällig als geplant zu einem Verlag für Dokumentation wurde – und dies war dann auch sein Name. Die beiden Söhne übernahmen nach dem Tod des Vaters das Unternehmen und Klaus G. Saur machte schließlich aus dem »Verlag Dokumentation« einen Verlag, dem er – unter Münchens Verlegern zweifellos einer der dynamischsten – seinen Namen hinzugab. Diesen Namen aber kennt man in den großen Büchereien der Welt, denn die Fachbücher des inzwischen nach England verkauften, doch immer noch in München ansässigen Verlages zu den Themen Buch- und Bibliothekswesen gehen in alle Kontinente (Arktis und Antarktis ausgenommen). Neben Büchern zur Zeitgeschichte ist bei den deutschen Buchhändlern vor allem ein Titel aus dem Saur Verlag stets zur Hand, das mehrbändige »Verzeichnis der lieferbaren Bücher VLB«.

Ein Spezialverlag, dessen Bücher ebenfalls weltweit genutzt werden, hat sich im Münchner Norden, nahe der Straße nach Berlin, sein Haus gebaut. Die gelb-blauen Sprachwerke des im Mauerjahr 1961 aus der ehemaligen Reichshauptstadt zugezogenen Langenscheidt Verlages haben in jeder Sprache das rechte Wort parat.

Fast ohne Worte kommen die meisten Bücher einer Neugründung der mittleren siebziger Jahre aus. Bei Schirmer/Mosel hat man sich nämlich – das rechte Programm für eine Stadt, in der die erste deutsche Fotografie entstand – auf exzellent gedruckte Foto-Bücher spezialisiert.

Gegen Ende des Jahres 1960 – im Stadtmuseum zeigte man die erste Münchner Bücherschau – wurde im Handelsregister unter dem Zeichen HRB 5188 – 30. 11. 60 eine neue Firma eingetragen: »Deutscher Taschenbuch Verlag Gesellschaft mit beschränkter Haftung, München. Gegenstand des Unternehmens: Die Vervielfältigung und Verbreitung von Taschenbüchern... Stammkapital: 22 000 DM«.

Elf Verlage hatten sich zusammengeschlossen und Heinz Friedrich, vormaligen Cheflektor des Fischer-Taschenbuch Verlages und nunmehrigen Programmdirektor von Radio Bremen, zum Geschäftsführer und Mitgesellschafter bestellt. Im Haus Franz-Joseph-Straße 2 – Thomas Mann hatte in ihm nach seiner Hochzeit gewohnt und hier *Königliche Hoheit* geschrieben – begann die Arbeit, und noch ehe am 1. September 1961 die ersten neun dtv-Titel ausgeliefert wurden, lagen Bestellungen für etwa eine Million Bände vor. Und dieser ersten folgten, mittlerweile aus der Friedrichstraße, noch viele Millionen. Über 200 Millionen in den ersten dreißig Jahren.

So wurde die Buchstadt München mit dtv, Goldmann, Heyne und Droemer-Knaur auch zu einer Taschenbuch-Stadt.

Die Gelehrten kommen

Wieder, wie schon ein halbes Jahrhundert zuvor, zog man in diesen Nachkriegsjahren nach München. Neben Malern und Dichtern, deren Erscheinen man kaum zur Kenntnis nahm – beim Wiederaufbau installierte man lieber Schaufenster im Erd- als Atelierfenster im Dachgeschoß –, kamen jetzt vor allem Geschäftsleute, Firmengründer und Wissenschaftler. Die Stadt lag in der amerikanischen, also einer politisch ruhigen Zone und hatte überdies mit seinen Theatern, den Kabaretts (einer Spezialität jener Jahre), den nahen Bergen und Seen einen hohen Freizeitwert.

Offensichtlich schienen aber auch die wissenschaftlichen Voraussetzungen günstiger als anderswo und so sammelten sich hier Forschungseinrichtungen und Institute. Bereits 1949 wurden die Fraunhofer-Gesellschaft zur Förderung der angewandten Forschung sowie das Institut für Zeitgeschichte gegründet, im darauffolgenden Jahr die Hochschule für Politik; das Goethe-Institut folgte 1951 (wurde aber erst im April 1952 mit dem Aktenzeichen 5007 im Münchner Vereinsregister eingetragen), und 1957 wird ein Plan verwirklicht, den Joseph Kardinal Wendel bereits 1953 vorgetragen hat: die Gründung einer Katholischen Akademie. (Die Evangelische Kirche hatte sich ihre Akademie bereits 1950 im Tutzinger Schloß eingerichtet). Das später nach den Geschwistern Scholl benannte Institut für Politische Wissenschaften wird ebenso 1958 gegründet wie die Carl Friedrich von Siemens Stiftung mit ihrer noblen Adresse: Nymphenburg, Südliches Schloßrondell.

Im Münchner Jubeljahr 1958 kehrte dann ein berühmter, hochgeehrter Sohn dieser Stadt in seine Heimat zurück. Er war zwar 1901 in Würzburg geboren, doch als er acht Jahre alt war, erhielt sein Vater einen Ruf an die Universität München, auf den einzigen deutschen Lehrstuhl für Byzantinistik, und so zog die Familie vom Main an die Isar. »Von da an«, schrieb seine Frau, »war München seine erklärte und geliebte Heimat.«

Nach dem Besuch des Max-Gymnasiums (an dem der Vater seiner Mutter einst Rektor gewesen war), nach Studium und Promotion in München, habilitierte er sich mit dreiundzwanzig Jahren in Göttingen, war später Professor in Leipzig, in Berlin und von 1946 an wieder in Göttingen. Von dort aber zog dieser Gelehrte, Werner Heisenberg, Physiknobelpreisträger des Jahres 1932, mitsamt dem von ihm aufgebauten Max-Planck-Institut für Physik und Astrophysik nach München, wo er zwei Jahre später das von seinem Jugendfreund Sep Ruf in Freimann, am Rande des Englischen Gartens errichtete Institutsgebäude beziehen konnte. Mittlerweile arbeiten in und im Raum München dreizehn Max-Planck-Institute, und seit 1960 ist die Stadt mit ihrer besten Adresse – Residenzstraße 1a – auch Sitz der Generalverwaltung der Max-Planck-Gesellschaft. Nicht unberechtigt, denn Max Planck hatte auch in München studiert, hat hier promoviert und als Privatdozent seine wissenschaftliche Laufbahn begonnen.

So hat die ruhmreiche Physik-Nobelpreisträger-Troika der ersten Jahrhunderthälfte – Planck, Einstein, Heisenberg – einen Münchner Bezug. Und um dieses Dreigestirn herum gruppiert, ruhmreich auch sie, die vielen anderen Physiker und Physiknobelpreisträger aus München: Wilhelm Conrad Röntgen (Nobelpreis 1901), Rudolf Mößbauer (1961), Klaus von Klitzing (1985), Gerd Binnig (1986) sowie Hans-Peter Dürr, Direktor des Werner-Heisenberg-Instituts, Träger des Alternativen Nobelpreises

1985. Dazugezählt werden sollte aber auch Johann Georg Bednorz, Nobelpreisträger 1987, der entscheidende Zeit in München gearbeitet hat. Und die Chemie-Nobelpreisträger: Johann F. W. A. Baeyer (1905), Richard M. Willstätter (1915), Heinrich Otto Wieland (1927), Hans Fischer (1930), Adolf Butenandt (1939), Ernst Otto Fischer (1973) sowie Johann Deisenhofer, Robert Huber und Hartmut Michel (1988), die längere Zeit in München geforscht haben. Münchner Preisträger des Medizin-Nobelpreises waren Feodor Lynen (1964), Karl von Frisch (1973) und Georges Köhler (1984). Freilich, die Ehrlichkeit verlangt, daß sich München nicht allzu selbstgefällig in der Sonne dieser Ruhmreichen sonnt, denn etliche von ihnen kamen erst in die Stadt, als sie ihre großen Entdeckungen bereits gemacht hatten (wie Röntgen oder Binnig), oder bereits ausgezeichnet waren (wie Butenandt).

Alle Kirchenglocken und ein Nobelpreisträger feiern 800 Jahre München

Mit dem Umzug nach München, meinte Heisenbergs Frau später einmal, erfüllte sich »sein Wunsch, seine lange aufgestaute Sehnsucht, doch noch in München leben zu können, in München, das er liebte, in dem er sich lebendig und jung fühlte«.

Und in dem man ihm, dem so berühmten Sohn, einen ehrenden Auftrag übertrug – Werner Heisenberg wurde 1958 gebeten und eingeladen, im Kongreßsaal die Festrede zur 800-Jahrfeier zu halten. »Was ist nun eigentlich das Wesen dieser Stadt?«, fragte er (der einen in Westfalen geborenen Vater hatte) und gab diese Antwort: »Sicher ist die Grundlage dieses sehr vielschichtigen Wesens immer noch der konservative katholische Geist der einheimischen Bevölkerung, trotz der vielen Deutschen aus anderen Gauen des früheren Reiches, die hier Unterkunft und Arbeit gefunden haben. Dieser derbe, gesunde Schlag der alten Bayern, der viele Jahrhunderte hindurch die Stadt allein gestaltet hat, bestimmt auch jetzt noch ihren Grundcharakter. Und wenn auch Neulinge unter ihren Besuchern gelegentlich meinen, daß der Bayer die Liebenswürdigkeit des Preußen mit der Genauigkeit und Pünktlichkeit des Österreichers in sich vereinige, so können wir doch diesen Schlag nicht anders wünschen als er ist.«

Weil er aber ist, wie er ist, beginnt er sein großes Fest nach Münchner Sitte mit einem großen nächtlichen Umzug, für den angeblich siebzig Künstler mehr als ein Jahr gearbeitet haben. Der nächste Tag, der 14. Juni – der »Stadtgründungstag«, wie er nicht ganz korrekt genannt wird – wird mit dem Geläut von 120 Münchner Kirchen begonnen. Es folgte ein Gottesdienst auf dem Marienplatz, der Festakt im Kongreßsaal... und des Feierns war noch lang kein Ende, es hat Monate angedauert und vieles gebracht: Ausstellungen (darunter die unvergessene Rokokoausstellung in der Residenz), Einweihungen (des Cuvilliéstheaters vor allem), Kongresse, Lesungen und am ersten Tag auch einen Brunnen, aus dem das floß, was die Münchner und Münchens Prominenz am meisten liebt: Freibier – München leuchtete wieder.

Generationenwechsel am Marienplatz

Dieses erste und für lange Zeit größte, schönste Fest der Nachkriegszeit war wie ein vorweggenommener Abschied für Thomas Wimmer. Knapp zwei Jahre später stellte er sich nicht mehr zur Wahl. Mit 73 Jahren ging er in den Austrag und erhielt den ehrenvollen, verdienten Titel eines »Altoberbürgermeisters«.

Gegen Ende seiner Amtszeit war an ihm herumgenörgelt worden, und besonders kritische Journalisten meinten, München brauche jetzt mehr als einen Anzapfer – Thomas Wimmer hatte 1950 den Brauch eingeführt, das erste Faß Oktoberfestbier anzustechen –, jetzt müsse einer her, der mit fester Hand regiere, kein Hausvater.

Wie ein treusorgender Hausvater hat er die Stadt in der Tat zwölf Jahre lang regiert. In dieser Zeit empfing der Sozialdemokrat mehr als sechzigtausend Münchnerinnen und Münchner, die Nöte eines jeden einzelnen hörte er sich an, und verlor dann doch das große Ganze nicht aus dem Auge. So wußte er, daß die Stadt der Wirtschaft günstige Bedingungen und ein freundliches Klima bieten müsse, wenn sie Betriebe anlocken und in der Stadt halten wolle; aus diesem Grunde setzte er sich dafür ein, daß die Grund- und Gewerbesteuer nicht zu hoch angesetzt wurde.

Beim Wiederaufbau hatten die Modernisten bei ihm keine Chancen, denn er wußte, daß sich seine Münchner – wie er selbst – die Stadt so wieder wünschten, wie sie vor der Zerstörung gewesen war, daß aber jetzt, wie schon Karl Meitinger 1946 meinte, die Fehler der Vergangenheit korrigiert werden könnten.

Auf den beliebten »Damerl« folgte am 27. März 1960 mit der überraschend hohen Stimmenzahl von 64,3 Prozent der 34jährige Rechtsreferent Hans-Jochen Vogel. Den gelernten Schreiner löste ein Einserjurist ab. Und hatte der eine vor allem auch darauf geachtet, daß die Stadt ihr vertrautes Gesicht zurückerhalte, so mußte der Nachfolger und Parteifreund nun sehen, daß sie sich für die Zukunft rüste und nicht, von einer besonnten Vergangenheit träumend, den Anschluß verliere.

Hätte man ein Sinnbild für den Wandel suchen wollen, so wäre er im Kassabuch zu finden gewesen, wo der Stadthaushalt 1961 erstmals die Milliardengrenze überschritt – 3,3 Millionen waren es im Jahre 1946, 170 Millionen Mark waren es 1948 (und 8,1 Milliarden 1991).

Ein architektonisches Symbol dieser Münchner Wendejahre waren das 1960 fertiggestellte, hoch auf Stelzen gebaute und in weiten, sich verschlingenden Bögen geführte Straßenwerk des »Tatzelwurm« in Freimann und das für die damaligen Münchner Verhältnisse ungewöhnlich hoch aufgeschossene 17stöckige Hotel »Deutscher Kaiser« am Hauptbahnhof. Sollte die Stadt nun in den Himmel hineinwachsen, sollte sie »autogerecht« geplant werden?

Ein weiteres Sinnbild für das neue, das kommende München

– ein München das jung ist, das Geld hat (oder es zumindest ausgibt) und das sich weltstädtisch geben will – ist die Gründung eines Party-Services durch Gerd Käfer im Jahre 1961. Alle, die in dieser Stadt repräsentieren und sich amüsieren wollen, haben damit ihren Hoflieferanten gefunden. Der Hofchronist war freilich zu dieser Zeit schon längst an der Arbeit. Er schrieb bereits seit 1952 in der *Abendzeitung* seine Kolumne »Hunter notiert« und versammelte damit die interessierten Leser vor den Schlüssellöchern der großen Hotels und der feinen Villen. Die Filmstadt Geiselgasteig und das Wirtschaftswunder lieferten die Akteure.

Es war sicher auch Oberbürgermeister Wimmer klar gewesen, daß es mit dem pragmatischen Dahinwerkeln – das er als alterfahrener Kommunalpolitiker mit gesundem Menschenverstand virtuos beherrschte – zu Ende gehe und daß die Zukunft genauer geplant werden müsse.

Schon zu Beginn des Jahres 1958 genehmigte der Stadtrat einen Wirtschaftsplan, der im darauffolgenden Jahr einem aus mehreren Professoren bestehenden Planerteam zur Beurteilung vorgelegt wurde. Und 1960 dann der frische Wind, der Beginn, das neue, moderne, dynamische München zu konzipieren: Der Stadtrat beauftragt eine Arbeitsgemeinschaft unter Professor Herbert Jensen, einen Stadtentwicklungsplan zu entwerfen. Im Juli 1963 wird dieser angenommen; er enthält als wichtigste Empfehlung die Einführung eines unterirdischen Massenverkehrsmittels. Über ein erstes sichtbares Zeichen des Stadt-Umbaus hatten die Stadträte bereits im Februar 1962 beraten – München, so beschlossen sie, solle eine Fußgängerzone bekommen.

Das waren nun die ersten deutlichen Vorzeichen, daß man sich den Autos nicht auf Gedeih und Verderb ausliefern werde und daß dem motorgetriebenen Individualverkehr in der inneren Stadt Beschränkungen drohen.

Hinterm Rücken der Bavaria

Aber wie immer auch geplant und was immer beschlossen wurde, eins stand fest: Gäste sollen stets willkommen sein, die Förderung des Fremdenverkehrs hat Vorrang.

Weil aber niemand ein finanziell gut positioniertes Publikum so geordnet anlockt wie eine Messe, organisierte man die Ausstellungen neu und ersetzte 1964 den »Verein Ausstellungspark e. V.« durch die »Münchner Messe- und Ausstellungsgesellschaft mbH« – und aus den dazumal sieben wurden inzwischen gut fünfmal so viele Messen.

Eigentlich hatten die beiden hochgestellten Herren ja nur die Angst, große Gebäude – auf dem Gelände hinter der Bavaria errichtet – könnten den Eindruck der erzenen Dame beeinträchtigen. Darüber also sprachen Prinz Ludwig (der spätere König Ludwig III.) und Münchens Erster Bürgermeister Widenmayer zu Beginn des Jahres 1892. Es hat aber dann doch noch einige Zeit gedauert, bis 1904 zur Tat geschritten und hinter dem Rücken der Dame, also auf der Theresienhöhe für ein paar Millionen Mark Grundstücke gekauft wurden.

Zur Eröffnung des Messegeländes wählte man freilich ein festliches Thema und ein historisches Datum. Der Plan, im Jahre 1906 mit einer Ausstellung »100 Jahre Königreich Bayern« zu beginnen, wurde bald wieder aufgegeben, denn der Blick auf die Hohenzollern-Majestät, die solches Jubilieren mit strafenden Blicken verfolgt hätte, schreckte die Patrioten so sehr, daß sie gleich alle großen Feiern ausfallen ließen. Zwei Jahre danach dann ein unverfänglicher Anlaß, das 750. Stadtjubiläum und dazu ab 16. Mai die große Schau »München 1908« – das Ausstellungsgelände war damit eröffnet, und drei Millionen Besucher kamen in den folgenden fünf Monaten, um all dies zu sehen.

Am darauffolgenden 17. Mai wurde gleich zu einer zweiten Eröffnung geladen, denn im Ausstellungspark begann das Münchner Künstler-Theater mit Goethes *Faust* sein glückloses Leben. Prinz Rupprecht, der Enkel des Prinzregenten, hatte zwar das Protektorat übernommen, doch schon wenige Jahre nach der ersten Premiere löste sich der Stifter-Verein wieder auf und bot das Theater mit seiner recht breiten und wenig tiefen Bühne zum Verkauf an. Max Reinhardt war zwei Jahre Pächter, doch große Freude hatte auch er nicht und so wurde schließlich aus diesem Theater ohne Schnürboden – der Bavaria wegen durfte nicht so hoch gebaut werden – ein Kino. Hitler hatte die Vorstellung, man könne wieder ein Schauspielhaus daraus machen und ließ im Juni 1944, als ein Großteil der Stadt bereits in Trümmern lag, die Bauarbeiter anrücken. Und nach zwei Wochen auch schon wieder abziehen. Den Rest erledigten die Bomben.

Auch die Ausstellungshallen wurden zerstört oder schwer beschädigt. Doch schon 1947 gab es einen kleinen Anfang, ein gleichsam »bellendes« Präludium – eine Foxterrier-Ausstellung. Im darauffolgenden Jahr hatte man größeren Ehrgeiz und organisierte eine deutsche Presseausstellung. Und 1949 dann der große, auch nach mehr als dreißig Jahren noch anhaltende, ungebrochene Erfolg: die Deutsche, mittlerweile Internationale Handwerksmesse. Sie ist noch immer der Magnet, 1990 war sie mit 359 000 Besuchern die mit Abstand bestbesuchte Messe.

Die gut hunderttausend Quadratmeter Hallenfläche reichen inzwischen längst nicht mehr aus, doch Hilfe scheint nahe. Seit sich die Flieger in einer Mainacht des Jahres 1992 von München-Riem nach MUC II abgesetzt haben, ist das große Gelände im Osten Münchens frei. Die Messe hat gleichsam ein Vorkaufsrecht. Anderthalb Milliarden, hieß es, würde dieser Umzug kosten, schnell aber zeigte sich, daß man zwei, wahrscheinlich gar drei Milliarden ansetzen müsse. Ist das alles vielleicht für die Stadt gar nicht mehr bezahlbar? ...

Im Feuer von viertausend Litern Flugbenzin

Das Ende des Flughafens in Riem begann einundzwanzig Jahre nach dem ersten Start. Am 17. Dezember 1960, einem nebligen Vorweihnachtssamstag, startete um 14.05 Uhr eine Convair 240 der amerikanischen Luftwaffe, die zwölf Studentinnen und Studenten der Maryland University zu ihren in England stationierten Eltern bringen sollte. Der Pilot – unter den Passagieren war auch sein Sohn – meldete bald nach dem Abheben, daß einer seiner Motoren ausgefallen sei und daß er nach Riem zurückkehren werde. Beim Wendemanöver streifte die Propellermaschine den Turm der Paulskirche, stürzte brennend auf die Martin-Greif-Straße und prallte schließlich gegen eine Mauer. Im Feuer von viertausend Litern Flugbenzin verbrannte auch ein vollbesetzter Straßenbahnwagen der Linie 10. Insgesamt starben 52 Menschen.

Es war dies nicht das erste Flugzeugunglück, das den Münchnern klarmachte, daß sich über ihren Köpfen Gefährliches tat. Im Februar 1936 – als noch auf dem Oberwiesenfeld gestartet und gelandet wurde – waren über der Stadt zwei Flugzeuge zusammengestoßen. Trümmer des einen fielen auf die Neuhauser-, die des anderen auf die Parzivalstraße. Vier Menschen fanden damals den Tod.

Schon vor dem Unglück vom 17. Dezember 1960 war vom Bayerischen Wirtschaftsministerium ein erstes Gutachten über eine Verlegung des Flughafens in Auftrag gegeben worden, und im März des darauffolgenden Jahres 1961 gründeten Staat und Stadt eine »Kommission Standort Großflughafen München«. Über die Landeshauptstadt sollten keine Verkehrsmaschinen mehr fliegen.

Es werden freilich noch mehr als dreißig Jahre vergehen, bis der unmittelbar vor der Stadt gelegene Flughafen Riem ins Erdinger Moos verlegt werden kann.

Schneller ging es, Fahrgäste unter die Erde zu bringen – in die U- und S-Bahnen. Der Prinzregent hatte sich schon eine Untergrundbahn gewünscht, Hitler ließ eine 590 Meter lange Röhre bauen und mußte die Arbeit dann einstellen. Am 1. Februar 1965 aber, vormittags um 11.04 Uhr, drückte Ministerpräsident Alfons Goppel an der Baustelle Ungererstraße auf den Knopf – die Arbeiten begannen, und die Straßenbahnerkapelle spielte dazu den Marsch »Die Bosniaken kommen«.

Ehe sich freilich Ehrengäste im Münchner Norden zum Bohrstart versammeln konnten, hatte es lange Debatten gegeben, wie es im Münchner Untergrund einmal aussehen sollte. Eine »U-Strab« war vorgeschlagen worden, eine Straßenbahn also, die mal unter, mal auf der Straße fahren würde. Klaus Zimniok, von Oberbürgermeister Vogel für das später in ein Referat umgewandelte U-Bahn-Amt ausgesucht, legte eine fünf Bände starke und siebeneinhalb Pfund schwere »Studie über die Schaffung eines unterirdischen Verkehrsweges« vor. Und das war erst der Anfang.

»Sauber«, sagte der OB – und hatte die Olympischen Spiele

Es wäre zweifellos zügig vorangegangen in den kommenden Jahren, seit dem Amtsantritt von Hans-Jochen Vogel ging ohnehin alles gut voran in der Stadt. Doch acht Monate nach Baubeginn, am 28. Oktober 1965, nahmen die Münchner Angelegenheiten eine Wendung, die alles veränderte und das Tempo forcierte. Am Nachmittag dieses Tages besuchte Willi Daume, Vizepräsident des Internationalen Olympischen Komitees IOC, den Oberbürgermeister. Es heißt, Daume habe auf die Frage, was er denn Schönes mitbringe, geantwortet: »Die Olympischen Spiele 1972, lieber Herr Vogel«. Und Vogel soll so geantwortet haben, wie Bayern meistens antworten, wenn sie verblüfft sind – er sagte (zunächst) nur das eine Wort: »Sauber!«

Das Wort verriet die Überraschung, war aber auch schon eine erste, noch mit vielen Vorbehalten versehene Zustimmung. Und es war auch, wie sich dann zeigte, ein Startsignal. Man besprach sich nun mit dem Land, versicherte sich der Unterstützung des Bundes und am 20. Dezember stimmte der Stadtrat einer Bewerbung zu. Keiner freute sich darüber mehr als Münchens Zweiter Bürgermeister Georg Brauchle von der CSU. Er hatte bereits Anfang 1964 davon gesprochen, daß die Stadt sich um die Spiele bewerben könnte. Doch niemand griff den Gedanken auf. Brauchle selbst hat seinen Triumph dann nicht mehr erlebt. Im Jahre 1968 fand er bei einem Verkehrsunfall den Tod.

München aber stellte sich den meist älteren Herren vom Olympischen Komitee vor, und da der Plan von »Olympischen Spielen der kurzen Wege« und von »heiteren Spielen« überzeugte, fiel am 26. April 1966 beim zweiten Wahlgang mit 31 gegen 30 Stimmen im römischen Hotel »Excelsior« die Entscheidung für München, das damit für die nächsten sechs Jahre zur »offenen« Stadt wurde, denn nun begann das große Graben und Bauen.

Auf knapp fünfhundert Millionen Mark wurden die Kosten geschätzt, und als man am Ende den dicken Schlußstrich zog, waren für die Spiele von 1972 genau 1972 Millionen Mark ausgegeben, also Vorausplanung mal vier. Aber München war dadurch – mit mehr Geld aus Bonn und aus dem bayerischen Staatshaushalt, als ohne die Spiele je zu erwarten gewesen wären – zu einer modernen Stadt geworden, in der innerhalb einiger Jahre mehr gebaut wurde als sonst in Jahrzehnten.

Wie ein symbolischer Abschied vom alten München war es da, daß im Juli 1966 in Nymphenburg die letzte Münchner Gaslaterne gelöscht wurde.

Nicht als wäre ohne die Spiele nichts geschehen. Schon ein dreiviertel Jahr vor dem Besuch von Willi Daume im Rathaus war der Architektenwettbewerb für ein künftiges Großstadion auf dem Oberwiesenfeld abgeschlossen worden, und acht Tage vor der Sitzung in Rom begann der große Stachus-Umbau. Als aber dann die Entscheidung gefallen war und die Olympia-Linie der U-Bahn gebaut wurde, legte man einen Tag nach diesem Bauanfang im Mai 1967 draußen im Südosten den Grundstein für Neuperlach. Alles ging jetzt nebeneinander, miteinander, ineinander. München war *boom-town*.

Es vergingen dann noch wenig mehr als zwei Jahre, bis im Juli 1969 auf dem Oberwiesenfeld der Grundstein für die Sportanlagen, vor allem natürlich für das von Günter Behnisch entworfene Stadion mit Frei Ottos kühnem Zeltdach gelegt wurde. Die Sportflieger hatten zu dieser Zeit den Platz bereits längst verlassen.

München wäre also auch ohne die Sommer-Spiele in jenen Jahren eine große Baustelle gewesen. Doch nun, mit der Vorgabe: 26. August 1972, 15 Uhr, stand das Planen wie die Ausführung unter Zeitdruck.

Doch der Termin wurde eingehalten: Am strahlenden letzten Augustsamstag, wenige Minuten vor drei, traf Bundespräsident Dr. Gustav Heinemann auf dem Olympiagelände ein, anderthalb Stunden lang zogen darauf 8000 Sportler aus 121 Ländern zur swingenden Musik von Kurt Edelhagen ins Stadion, und um 16.35 Uhr erklärte der Bundespräsident die Spiele zur Feier der XX. Olympiade für eröffnet. Und als dann um 16.59 Uhr auch noch die olympische Flamme entzündet war, nahmen die Spiele ihren Anfang und 80 000 Gäste applaudierten.

Das Olympische Komitee der Bundesrepublik und die Stadt München hatten Wort gehalten: es waren Spiele der kurzen Wege und es waren heitere Spiele – bis zu jener Nacht vom 5. zum 6. September, in der gegen fünf Uhr morgens neun arabische Terroristen der Organisation »Schwarzer September« in das Quartier der israelischen Männermannschaft eindrangen, zwei Sportler töteten und neun als Geisel nahmen. Ein Versuch, mit einem Trick die Gefangenen zu befreien, mißlang. Auf dem Gelände des Flughafens von Fürstenfeldbruck fanden neben einigen der Verbrecher auch alle neun Israelis und der zweiunddreißigjährige Polizeiobermeister Anton Fliegenbauer den Tod.

Zum Abschied die Fußgängerzone

Wie für Thomas Wimmer die 800-Jahrfeier ein vorweggenommenes, so war Olympia 72 für Hans-Jochen Vogel ein nachträgliches Abschiedsfest. Denn am 26. August 1972 saß er, ohne den es diese Spiele vielleicht nicht gegeben hätte, als Oberbürgermeister a. D. auf der Ehrentribüne. Er war seit 74 Tagen nicht mehr im Amt. An seinem letzten Arbeitstag, dem 30. Juni, hatte er noch die Fußgängerzone am Marienplatz offiziell eingeweiht, dann aber die Geschäfte an seinen Nachfolger, den mit 55,9 Prozent der Stimmen gewählten vormaligen SPD-Landtagsabgeordneten Georg Kronawitter übergeben.

Im März 1966 hatten die Münchner Hans-Jochen Vogel mit 78 Prozent der Stimmen wiedergewählt – seine Partei, die SPD, erhielt rund zwanzig Prozent weniger. Aber vor allem die jungen Genossen machten ihm das Leben und das Regieren schwer. Schließlich verzichtete er auf die Wiederwahl im Juni 1972.

August Bebel hatte vor der Jahrhundertwende Georg von Vollmar gewarnt, daß »man nicht ungestraft unter Maßkrügen wandle«. Doch es waren nicht die Maßkrüge, die den erfolgreichen Genossen stürzten, sondern die jungen Besserwisser in der eigenen Partei, der akademische Nachwuchs von 1968 ff., die mit soziologischem Gerede und Marcuse- oder Adorno-Zitaten den Weg der Münchner SPD ins elitäre Abseits einleiteten.

Das Münchner Leben ging indes weiter, auch nach Vogel, auch nach Olympia. Die Zahl der Einwohner freilich, die 1972 den Höchststand von 1 338 924 Personen erreicht hatte, sank um weit über fünfzigtausend, und obwohl zwischen 1972 und 1990 hundertfünfzigtausend Wohnungen gebaut wurden, blieb Wohnraum knapp. München ist heute eine Stadt der Singles, und so sind knapp über die Hälfte der Haushalte Einfrau-/Einmann-Betriebe. Tendenz: steigend. Allein die Studentenzahl – mehr als neunzigtausend – entspricht der Einwohnerzahl von ganz München in den frühen 1850er Jahren!

Den Olympischen Spielen folgte zwei Jahre später die Fußball-Weltmeisterschaft, und natürlich wurde das Endspiel zwischen der Bundesrepublik und den Niederlanden am 7. Juli 1974 in München ausgetragen. Und natürlich war Franz Beckenbauer, der mit seinem FC Bayern in diesem Jahr zum vierten Mal (nach 1969, 1972 und 1973) die deutsche Meisterschaft errungen hatte, Mannschaftskapitän. Mit ihm und vor allem auch durch seinen Bayern-Kollegen Gerd Müller wurde sein Team mit 2:1 Weltmeister.

Mit seinem Team, einer stark veränderten Münchner SPD, hätte Georg Kronawitter zu dieser Zeit wahrscheinlich nicht einmal ein Heimspiel in der Bezirksliga gewinnen können. Denn auf dem Spielfeld hatte er nur noch Linksaußen. Und die meinten, der bisherige Oberbürgermeister sei den Wählern hinfort nicht mehr zu vermitteln. Wie einst Hans-Jochen Vogel, so stand also nun auch er als Kandidat nicht mehr zur Verfügung. Ein neuer Mann trat im Frühjahr 1978 gegen Erich Kiesl von der CSU an. Kiesl triumphierte – im Stadtrat gehörten der CSU nun 42 der 80 Sitze; die SPD, mit Kronawitter eben noch eine Fraktion von 44, war auf 31 geschrumpft. Im April legte der scheidende OB noch den Grundstein zum Kulturzentrum am Gasteig und übergab dann seine Amtskette an den bisherigen Innen-Staatssekretär Kiesl.

Die CSU, die nach dreißig Jahren in München wieder regierte, erreichte in diesem Frühjahr das beste Stadtrats-Wahlergebnis seit Kriegsende: 50 Prozent, gegenüber 37,7 Prozent der SPD; auch dies ein Rekordergebnis, allerdings in der Gegenrichtung. Im ersten, 1946 gewählten Nachkriegsstadtrat war das Verhältnis 38,4 Prozent SPD zu 44,9 Prozent CSU gewesen. Zwei Jahre später sackten die beiden großen Parteien ab – SPD 27,5, CSU 18,7 – und die Bayernpartei zog mit 24 Prozent ins Rathaus. Während die CSU bei den Kommunalwahlen in München zumeist um die 25 Prozent pendelte und 1972 einen großen Sprung auf nahezu 36 Prozent schaffte, konnte die SPD von 1960 an stets mehr als die Hälfte der Stimmen auf ihren Listen eintragen, im Jahre 1966 sogar 58,4 Prozent.

Im fünften Kiesl-Jahr schrillten im Rathaus die Alarmglocken. Bei der Landtagswahl im Herbst 1982 wurden nämlich in München sieben SPD-Kandidaten direkt gewählt. Gefahr war im Verzug, denn auf ähnliche Weise – nur eben umgekehrt – hatte sich bei den Landtagswahlen von 1974 das darauf folgende SPD-Debakel angekündigt.

Und im Frühjahr 1984, nach sechs Jahren, wurde Erich Kiesls Vorgänger dann auch wieder sein Nachfolger. Die SPD hatte inzwischen, von Niederlagen gebeutelt, wieder zu ihrer Mitte zurückgefunden, und da der dynamische, impulsive Erich Kiesl sich im Umgang mit den Münchnern manchmal schwer getan und den rechten Ton dann nicht gefunden hat, fiel der Sieg des Georg Kronawitter klar aus: 58,3 Prozent.

Grün in Ost, in West und im Rathaus

In der Stadt, die er nun wieder übernahm, hatte sich das Grün in der Zwischenzeit erfreulich vermehrt. Zunächst war im Mai 1982 der Ostpark eingeweiht worden, und im April des darauffolgenden Jahres konnte nach langer Vorbereitungszeit im Münchner Westen die nur alle zehn Jahre in der Bundesrepublik stattfindende Internationale Gartenschau IGA eröffnet werden.

Auf dem gründlich umgekrempelten, ummodellierten Gelände eines ehemaligen Kiesabbaugebietes waren (geschätzte) 1,4 Millionen Blumen und Bäume und Büsche und Sträucher gepflanzt worden, die in den 165 Ausstellungstagen weit mehr als elf Millionen Besucher erfreuten. Da die Statistiker schon einmal beim Zählen waren, rechneten sie auch dies noch aus: Alle Pflanzen zusammen wuchsen während der Schau um insgesamt 53,9 Millionen Zentimeter (gleich 564 Kilometer), und weil das Wachsen durstig macht und die Schau überdies in einem sehr sonnigen Sommer grünte und blühte, wurde fleißig gegossen – mit 511,6 Millionen Litern Wasser insgesamt.

Als die Veranstalter nach IGA-Ende das Zählen und das Messen einstellten (zufrieden, daß so viel mehr als die erwarteten Besucher gekommen waren), besaß München auf diesem Terrain einen neuen, beinahe neunzig Hektar großen Westpark.

Zwischen den beiden Park-Eröffnungen, der im Osten und der im Westen, hatte Erich Kiesl am sprichwörtlichen Grünen Tisch eine (über)lebenswichtige Entscheidung für die Natur getroffen. Er richtete im Sommer 1982 ein eigenes Umweltreferat ein.

Kultur auf dem gachen Steig

Die Grundsteinlegung am Gasteig war Georg Kronawitters letzte Amtshandlung gewesen; im Rathaus führte nun ein neuer Herr ein neues Regiment. Siebeneinhalb Jahre später aber konnte der alte, neue Oberbürgermeister wieder auf den gachen Steig zurückkehren und das Kulturzentrum einweihen.

München hatte nun zwar endlich seinen großen Konzertsaal und dazu gleich auch noch die Räume für die große Bücherei, die Volkshochschule, das Richard-Strauss-Konservatorium sowie etliche kleinere Säle. Die rechte Freude stellte sich aber doch nicht ein. Die Kosten, einst bei 162 Millionen Mark angesetzt, waren auf 335 Millionen angestiegen, und was dafür an Architektur geboten wurde, erregte vielfachen Ärger. Kulturmaschine hat man den Bau genannt, auch Kulturmonster, Kulturlagerhaus und Kulturbunker; doch immerhin: es war stets das Wort »Kultur« dabei. Obwohl es auch diese Baubeschreibung gab: »mit Lehmziegel verpappter Flakbunker«.

Solche Schelte war aber für München nicht neu. Eine »Eisen-Glas-Festung« hatte Wassily Kandinsky einst den Glaspalast genannt und auch vom »augenlosen Gebäude der Secession« gesprochen.

Und hatte es nicht immer wieder Ärger mit neuen Gebäuden gegeben, im alten München und schon gar beim Wiederaufbau und in den darauf folgenden Jahrzehnten, als es in der Stadt mehrfach Versuche modernen, nichtkonformen Bauens gab. Beim schwarzglänzenden Hertie-Hochhaus am Feilitzschplatz (1964), beim schießschartenbewehrten granitenen Kaufhof am Marienplatz (1969), bei der Neuen Pinakothek mit ihren architektonischen Applikationen (1982) oder bei den ganz großen (aber vielleicht doch kaum zu vermeidenden) Bausünden: der Unterführung beim Prinz-Carl-Palais und dem Durchbruch des Altstadtringes an der Maximilianstraße.

Fanden diese Bauten aber doch auch ihre Verteidiger und machten selbst kritische Bürger – durch Gewöhnung – ihren Frieden mit dieser Architektur, so wurde bei einem Bau die Ablehnung von Anfang an klar artikuliert – bei der Staatskanzlei am Hofgarten.

Im Juli 1983 stellten die Denkmalschützer die Münchner Altstadt unter Ensembleschutz, doch zu der Zeit waren die Planer bereits seit ein paar Jahren damit beschäftigt, am Rande dieser Schutz-Zone (aber noch innerhalb ihrer Grenzen) aufzuräumen und Großes zu planen.

Von dem 1905 an der Stelle einer ehemaligen Kaserne errichteten Armeemuseum war nur der Mittelteil übriggeblieben, die hohe Kuppel, eine unmünchnerische, gleichsam wilhelminische Ausstülpung, von der man lange meinte, es sei vielleicht ganz gut, wenn man sie abrisse, um auf dem Gelände dann neu beginnen zu können. Aber wie? Aber wann? Und was soll man an dieser sensiblen Stelle bauen?

Der Ober sticht den Unter

Nebenan im Finanzgarten beim Prinz-Carl-Palais, so war entschieden, sollte die Bayerische Staatskanzlei entstehen. Die Pläne waren gezeichnet und genehmigt, doch dann, Ende 1974, begann der Rückzug. Mit Millionenschaden. Dann besann sich der Ministerpräsident und die Architektenkammer stimmte 1980 zu: das Gelände des Armeemuseums sei der rechte Ort für diesen bayerischen Zentral-Bau. Beifall kam von vielen Seiten, es gab nun neue Entwürfe, neue Pläne... und dann die große Reue, die Abbitte, das öffentliche Sündenbekenntnis der Fachleute: »Wir haben uns getäuscht.« Ein weiteres Festhalten an dem Projekt, so hieß es nun, wäre eine Sünde wider den Geist der Stadt und eine Beihilfe zum Verbrechen der Stadtverschandelung.

Ein Offener Brief von etwa zweihundert Kunsthistorikern, Museumsdirektoren, Professoren der Universität, von Hochschulen und vom Landesamt für Denkmalpflege fand in der alten Staatskanzlei an der Prinzregentenstraße keine Gnade. Städtebauer protestierten, Bürger sammelten Unterschriften, das Münchner Forum veranstaltete eine Protestversammlung, doch man nahm keine Notiz. Oberbürgermeister Kronawitter schrieb 1986 einen höflichen Brief und bekam vom Adressaten eine Antwort, wie sie wohl noch kein Oberbürgermeister der Landeshauptstadt vom Ministerpräsidenten des Landes bekommen hat, beleidigend, unwirsch, verletzend...

Dann, zwei Jahre später, ein neuer Ministerpräsident. Ein paar Verknappungen, ein wenig Kosmetik und am 20. Februar

1990 – übrigens mit 18 Grad der wärmste 20. Februar, den die Münchner Meteorologen je registrierten – begannen gegen den Willen von vielen Bürgern und wohl der meisten Fachleute die Bauarbeiten.

Der Ober sticht den Unter und darum durfte die Stadt München – was der Bürger schwer verstehen mag und was ihm wohl auch undemokratisch erscheint – bei diesem Unternehmen kaum mitreden. Dabei handelte es sich doch um einen Baugrund auf dem Stadtgebiet, in der denkmalgeschützten Zone.

Nebenan, an der dem Hofgarten ab- und dem Altstadtring zugewandten Seite des neuen Gebäudes blüht neues Leben aus dem Asphalt. Es gibt wieder Bachgeplätscher wie in lange vergangener Zeit, eine Fontäne vorm Prinz-Carl-Palais und einen Wasserfall am Eingang des Englischen Gartens. Außerdem wird, so weit möglich, über den verschmälerten Altstadtring hinweg eine grüne Brücke vom Hofgarten über den Finanzgarten zum Englischen Garten geschlagen. Die Regierenden schmücken ihr Haus.

Die Vorzeigebeispiele guter, moderner Münchner Architektur liegen zumeist stadtauswärts: das harmonisch modellierte Olympiagelände von Behnisch & Partner (mit dem Zeltdach von Frei Otto), Karl Schwanzers BMW-»Vierzylinder«, von 1970 an in 791 Tagen gebaut, sowie die von Walther + Bea Betz entworfene Hypo-Bank in Bogenhausen und der knapp dreißig Kilometer nordöstlich des Zentrums, im Erdinger Moos gelegene, unter der Generalplanung Hans-Busso von Busses entstandene neue Münchner Flughafen.

So sind also am Mittleren Ring der guten Dinge drei, und auch in Zukunft wird hier Kühnes projektiert werden. Eine Studie aus dem Jahre 1977 hat die Innenstadt zum Sperrbezirk für Hochhäuser erklärt, doch außerhalb des Ringes, fünf, sechs Kilometer Luftlinie vom Marienplatz entfernt, ist ein gemäßigt wolkenkratzendes Frankfurt erlaubt. Zu den 114 Metern Hypobank, in der Nachbarschaft von 99 Metern BMW und vis-à-vis des Gaskessels könnte so ein Pyramidenbürohaus entstehen und ein großes Verlagsgebäude nahe der Nürnberger Autobahneinfahrt. Es wird also in München künftig immer wieder einmal höher hinausgehen als gewohnt.

Das Ende einer Erfolgsstory?

Welch eine Karriere hat dieses München gemacht und welche Wandlungen hat es erlebt. Wie aber wird es mit dieser Stadt im nächsten Jahrtausend weitergehen? Läßt sich der wirtschaftliche Erfolg noch steigern oder wenigstens konservieren? Oder folgt dem steilen, vielleicht zu steilen Aufstieg ein Niedergang? Oberbürgermeister Kronawitter verglich die Stadt mit einem unter hohem Druck stehenden Dampfkessel. Doch es soll nachgelegt werden. So prognostizierte ein Wissenschaftler des in München ansässigen IFO-Instituts für Wirtschaftsforschung, daß »allein der EG-Impuls der Stadt nach 1992 ein zusätzliches Wachstum von jährlich einem Prozent bringen und 25 000 neue Arbeitsplätze schaffen werde«.

Ein Immobilienexperte aber stellte fest, daß bereits zwei Jahre vor der Eröffnung des neuen Münchner Flughafens das »Nachfragepotential für hochqualitative Gewerbe- und Büroflächen im Raum City München, Flughafen Erding bis hin nach Landshut« zwei Millionen Quadratmeter betrug und daß hier »die besten Gewerbeparks Europas entstehen«.

Schönes neues München? Ist ihm aber das alles wirklich zu wünschen, dieses immer mehr, immer schneller, immer effektiver, immer schicker, immer reicher, immer protziger? »Hurra«, schrieb das *Zeit-magazin* im November 1988 in einer brillanten München-story, »Hurra, wir leben über unsere Verhältnisse.«

Das hat man im alten Schwabing auch getan, ja, dies war das Schwabinger Prinzip – doch mit wie viel mehr Stil, mit wie viel mehr Witz. Und wieviel bescheidener!

Ist aber München nun glücklicher, weil in keiner anderen deutschen Stadt, Hamburg ausgenommen, mehr Millionäre leben? Knapp über viertausend sollen es Ende der achtziger

Jahre gewesen sein, 32 Mitglieder dieser Spezies auf jeweils zehntausend Einwohner.

Und ist Bayerns Hauptstadt wirklich so heiter, wie sie vorgibt, ist sie so schick, wie Münchens Yuppies, die Schicki-Mickis und die *Kir-Royalisten* sich und der Welt vorgaukeln? Es mag viertausend, fünftausend Millionäre geben, in den Nachtlokalen wird man sicher die jungen Herren finden, die das große Bare gebündelt in der Tasche tragen – doch in dieser Stadt leben auch 130 000 Menschen, die zur »Armutspopulation« gehören. Und es gibt noch viel mehr Einsame, die mit kleinster Rente oder mit Sozialhilfe im Schatten leben. Menschen wie jenen Rentner, der sieben Jahre tot in seiner Wohnung lag – von niemand vermißt, von keinem beklagt –, ehe er im Sommer 1982 gefunden wurde. Auch das ist die Wirklichkeit der »Weltstadt mit Herz«.

München, das ist, das war eine Erfolgsstory. Der *Spiegel* nannte im Sommer 1991 deren Geheimnis: Es »lag in der – professionell vermarkteten – Summe aus Siemens und Oktoberfest, MBB und Modewoche, Bavaria-Ateliers und FC Bayern München, Euro-Patentamt und Viktualienmarkt, Olympiaruhm und Wittelsbacher-Tradition, Nobelpreisträgerschmiede und Edel-Schickeria«.

Vieles von dem, was hier gereiht wurde, hat Glanz und Ruhm inzwischen verloren. Aber einiges davon, sag(t)en die Neider, war ja ohnedies nur geborgt. Die Stadt hatte ihren Aufstieg der prekären Lage Berlins zu danken. Sie nahm nur eine Stellvertreterrolle ein, war Hauptstadt zur linken Hand, spielte »i. V.«.

Doch was wird aus München, wenn Berlin – vielleicht, sagen die einen, ganz sicher, behaupten die anderen mit trotzigem Optimismus – wieder in die alten Rechte eintritt?

Die Münchner Wirtschaft reagiert gelassen, die Münchner Kultur ist an dem Thema nicht sonderlich interessiert, und zuletzt wird dann immer noch gelten, was Lorenz von Westenrieder aus der Neuhausergasse vor zweihundert Jahren über die Münchner geschrieben hat: »Das Blut der Altbayern wird nie versiegen; es ist hier gut sein, und wer nur eine kleine Zeit zugegen ist, will hier seine Wohnung sich bauen.«

Stadt-Bild V

Nun übertreiben sie aber, würde der alte Tobias Volckmer sagen, so hoch müßte man nicht hinaus.

Er selbst hatte sich 1613 vorgestellt, über München zu schweben und von dort aus die Stadt zu zeichnen. So schuf er den ersten Plan, den es von München und seiner nahen Umgebung gab. Matthäus Merian tat es ihm knapp drei Jahrzehnte später gleich, als er für den Baiern-Band seiner *Topographia Germaniae* eine Ansicht der Haupt- und Residenzstadt anfertigte.

Und so wie diese beiden Herren, so haben die Stadt-Maler zu allen Zeiten gerne auf München herabgeschaut. Der erste von ihnen, Meister Wolgemut aus Nürnberg, wanderte 1493 auf die steile Höhe des Gasteig und zeichnete das erste Stadtbild. Nach ihm stiegen sie auf Kirchtürme oder in Flugzeuge, um Bilder zu liefern – schöne Bilder mit putzigen Häusern, schmalen Straßen und kleinen Winzlingen darinnen: Münchner Bürgern.

Jetzt aber, da das Jahrhundert schon in die Zielgerade zum Jahr 2000 eingebogen ist, schickt man Raketen hoch und läßt Satelliten auf elliptischem Kurs um den Globus und über München fliegen. Und von dort aus, aus Höhen von mehreren hundert Kilometern, kommen farbige Fotos, die keine Häuser und erst recht keine Menschen mehr zeigen.

Zur Erde gefunkt werden Tausende von Bildern, die abstrakten Kompositionen gleichen und die, auf komplizierten Wegen umgesetzt und gedeutet, den Zustand des Globus und somit auch den der Stadt München zeigen. Es geht in diesen Luftaufnahmen nicht mehr um die Abbildung einer sichtbaren Wirklichkeit, sondern um die optische Beschreibung einer Befindlichkeit.

So nahm man zum Beispiel ein Bild, das der Landsat TM am

20. Juli 1988 aus einer Höhe von 705 Kilometern aufnahm und montierte es mit einem Foto zusammen, das der Satellit SPOT am 19. April des gleichen Jahres aus einer Höhe von 832 Kilometern zur Erde gefunkt hatte. Und beide Bilder zusammen, mit technischem und fotografischem Raffinement bearbeitet, zeigen die Vegetationsbedeckung in und um München.

Am Himmel wie auf Erden wird München und das Umland durch Landvermesser und Statistiker beobachtet und in Karten oder Tabellen erfaßt. Die Stadt ist längst schon mehr als die Silhouette der Türme und hohen Häuser, als das feine Gespinst von Straßen und Gassen, als alle seine Einwohner, die berühmten und die vielen unbekannten...
Die Stadt, das sind heute auch die Zahlen der Einwohnerdichte, der Flächennutzung, der Verkehrsbelastung, der Bodenbelastung, der Luftbelastung. Und so gehört zum Stadt-Bild auch, daß München 1990 mit 10 300 Einwohnern auf dem bebauten Quadratkilometer die nach Frankfurt (10 700) dichtest besiedelte Stadt der Bundesrepublik war; bei der Umrechnung auf das gesamte Stadtgebiet, bebaut und unbebaut, leben in München 4092 Einwohner auf dem Quadratkilometer. Die Maxvorstadt mit 269 Einwohnern je Hektar ist dabei der am dichtesten und Lochhausen mit vier Einwohnern je Hektar der mit Abstand am dünnsten besiedelte Bezirk der Stadt.
Da München seit der letzten Eingemeindung 1942 ja um keinen Quadratmeter, doch um mehr als vierhunderttausend Einwohner gewachsen ist, mußte der vorhandene Raum dichter bebaut werden. Es wurde enger in der Landeshauptstadt. So war 1950 die Stadtfläche zu 40 Prozent, 1980 aber bereits zu 63 Prozent überbaut. Mehr Häuser, mehr versiegelter Boden bedeutet Zunahme der Temperatur und so ist es an einem heißen Sommertag im Zentrum um 20 Grad wärmer als draußen in Riem oder Nymphenburg. München ist an solchen Tagen nicht die nördlichste Stadt Italiens, sondern die dem Nordpol nächstgelegene Siedlung Afrikas.
Und die Münchner Luft? Sie ist in den vergangenen hundert Jahren besser geworden. Vor allem weil die rauchenden Privat-

kamine nicht mehr so viel Rauch und Ruß speien – doch die Zahlen wären noch sehr viel schöner, wenn die Autos am Stadtrand abgestellt würden. Denn 81 Prozent des Kohlenmonoxids kommen aus deren Auspuffen, und 1987, so wurde berechnet, stammten fast dreiviertel der 227 000 Tonnen Luftschadstoffe, die über der Stadt niedergingen, von jenen Fahrzeugen, deren Prototyp hundert Jahre zuvor, im Herbst 1888, von der Ausstellungshalle beim Isartor zur Stadtrundfahrt aufbrach.

Doch es gibt neuerdings auch noch andere Zahlen: Der Januar 1989 war der wärmste Januar seit Beginn der offiziellen Wetterbeobachtungen, am 28. Oktober des gleichen Jahres wurden noch 25,3 Grad Wärme gemessen, und darauf folgte am 21. Dezember der wärmste Winteranfang seit hundert Jahren. Und ähnliche Rekorde wiederholen sich. Am Faschingsdienstag 1990, am 24. Februar, wurden auf dem Marienplatz 21 Grad gemessen, wenige Tage später aber kamen »Viviane« und »Wibke« mit Sturmgebraus. Im Sommer dann gab es siebenundzwanzigmal Ozonalarm. Im darauffolgenden Jahr 1991 – wieder mit einem Januar-Wärmerekord – wurde der Ozon-Vorwarnwert an 62 Tagen überschritten...

Mehr als achthundert Jahre lang ist die Geschichte der Stadt München vor allem in der Stadt München gemacht worden. Die Entscheidungen wurden zumeist innerhalb des Burgfriedens getroffen.

In künftigen Zeiten wird über das Schicksal der Stadt nur noch zum Teil in der Stadt entschieden:

Jedes Flugzeug, das irgendwo in der Welt seine breiten Abgasstreifen hinter sich herzieht, verändert auch das Klima Münchens, jedes Auto, das durch München fährt, schädigt den Ozonschild des Globus, jeder Baum der gefällt wird, wo immer es auch sei, hinterläßt eine Wunde, an der auch München leidet...

Der Erdball ist nur eine kleine Kugel, und München ist darauf ein kleiner Punkt. 48°8'23"n. Br., 11°34'28"ö. L. Ein schöner, geliebter – und gefährdeter Punkt.

ANHANG

Zeittafel

1854	Glaspalast, Großhesseloher Brücke, Schrannenhalle; Eingemeindung der Au, von Haidhausen und Giesing; München wird Großstadt
1855	Baubeginn Maximilianstraße
1857	Geburtsjahr der Weißwurst
1861	letzte öffentliche Hinrichtung
1864	König Ludwig II. folgt seinem Vater; Grundstein Gärtnerplatztheater
1867	erstes Fahrrad in München
1869	Deutscher Alpenverein und Bayerische Vereinsbank
1870	Streik von 600 Schneidergesellen: erster Streik
1872	Adele Spitzeder verhaftet; Schichtl erstmals auf dem Oktoberfest
1873	»Allotria« gegründet; Stadtmuseum eröffnet
1876	Erste Trambahn
1878	in München leben 5204 Preußen und 9480 andere Ausländer
1881	Neues Rathaus eingeweiht
1882	Electricitäts-Ausstellung: erste Stromübertragung, erstes Telephon
1883	Wasser aus dem Mangfallgebiet
1886	Luitpold wird Prinzregent
1888	Ein Auto fährt durch München; Geburtsjahr der Prinzregententorte
1890	Schwabing und Neuhausen eingemeindet
1891	Müllabfuhr eingeführt
1892	Secession gegründet
1893	Georg Birk erster SPD-Stadtrat
1895	Richard Riemerschmid entwirft sich Möbel: Jugendstil; Gewerbeschulreformer Georg Kerschensteiner wird Stadtschulrat
1896	*Jugend* und *Simplicissimus* gegründet; erstes Kino
1900	499 982 Einwohner; erste Verkehrsvorschriften
1901	Prinzregentheater, »Elf Scharfrichter« und Kammerspiele eröffnet

1902	älteste erhaltene Münchner Filmaufnahme; Thomas Mann schreibt den Satz: »München leuchtete...«
1903	erstmals Mädchen an der Universität eingeschrieben
1904	Münchner Staffelbauordnung
1905	Dult erstmals in der Au
1906	5,8 Prozent der Einwohner haben Bürgerrecht
1907	erste Autobus-Stadtrundfahrten; mehr als 1000 Autos und Motorräder
1911	Straßenbahn befördert 115 Millionen Fahrgäste; Tschudi-Spende; Tierpark Hellabrunn eröffnet
1912	der »Blaue Reiter«-Almanach; Lena Christ *Erinnerungen einer Überflüssigen*; Tod des Prinzregenten
1913	Hitler zieht von Wien nach München; »Bund Naturschutz« gegründet
1914	Kriegsausbruch; München hat 645 000 Einwohner
1916	Bayerische Flugzeugwerke (später BMW) gegründet
1918	Revolution, Sturz der Monarchie; im Ersten Weltkrieg fielen 13 725 Münchner
1919	Anton Drexler gründet Deutsche Arbeiterpartei, (später NSDAP); Eisner ermordet; Revolution, mehr als 1000 Tote; Geiselgasteig wird Filmstadt
1920	NSDAP veröffentlicht ihre 25 Programmpunkte; erster Fememord
1921	Städtisches Wohlfahrtsamt eröffnet
1922	Bruno Walter (seit 1912 Generalmusikdirektor) geht nach Berlin; »Radlermaß« erfunden; Brechts »Trommeln in der Nacht« uraufgeführt
1923	städtischer Arbeiter erhält im Juli 38 007fachen Lohn von 1914; erstes BMW-Motorrad R 32; Marsch zur Feldherrnhalle
1924	erste Rundfunksendung; Valentins »Raubritter vor München«
1925	in München 8379 Kraftfahrzeuge; Eröffnung Deutsches Museum
1926	Stadt nimmt 8,9 Millionen Dollar Kredit in USA auf
1927	Erste Verkehrsampeln; O. M. Grafs *Wir sind Gefangene*
1928	Sauerbruch nach Berlin; Thomas Wolfe auf dem Oktoberfest
1929	Gastspiel Josephine Baker verboten; Städtische Galerie eröffnet
1930	Kabarett »Vier Nachrichter« gegründet (Käutner, Heyne, Todd, Kleine)
1931	Eröffnung Flughafen Oberwiesenfeld; Glaspalast brennt

1932	Konkurs der Kammerspiele; FC Bayern deutscher Fußballmeister
1933	Machtübernahme Hitlers; erste KZ-Morde; in München gibt es 9005 »Glaubensjuden« (1,2 Prozent der Bevölkerung)
1934	Kulturamt der Stadt gegründet; Röhmputsch; Baubeginn Autobahn Salzburg
1935	München wird »Hauptstadt der Bewegung«; 41 000 Kraftfahrzeuge
1936	»Nacht der Amazonen«; München hat 742 000 Einwohner
1937	Haus der Deutschen Kunst; Ausstellung »Entartete Kunst«; Clemens Krauß GMD
1938	Baubeginn U-Bahn; »Münchner Vertrag«; 75 Kinos
1939	Kriegsbeginn; Kammerspiele städtisch; München-Riem in Betrieb
1940	erster Fliegerangriff; erste Euthanasieopfer aus Haar abtransportiert
1941	erste Judendeportation vom Lager Knorrstraße; Nordbad eröffnet
1942	erste Todesopfer bei Luftangriffen; Uraufführung *Capriccio* von Richard Strauss
1943	»Weiße Rose«: Geschwister Scholl und Freunde hingerichtet; Thomas Mann beginnt im Exil *Dr. Faustus*; Nationaltheater zerstört
1944	an nahezu 140 Tagen Fliegeralarm, zum Teil mehrfach, 26 Angriffe
1945	Kriegsende; absolute Zuzugsperre; München hat weniger als 500 000 Einwohner; 22 700 Soldaten gefallen, 10 500 Vermißte, 6500 Fliegertote; Karl Scharnagl Oberbürgermeister (bis 1948)
1946	erste Nummer *Der Ruf*; Volkszählung Oktober: 751 697 Einwohner
1947	Georg Solti GMD; erster Nachkriegsfilm; Schweikart Intendant der Kammerspiele
1948	Internationale Jugendbibliothek gegründet; 100 000. Wiederaufbauwohnung
1949	Rundfunk-Symphonieorchester gegründet; Funkstreife nimmt Dienst auf
1950	an der Universität 10 500 Studenten; die Maß Bier kostet 78 Pfennige
1951	jeder 11. Münchner hat ein Auto oder Motorrad; Richtfest Petersturm
1952	seit Kriegsende 8,6 Mill. Kubikmeter Schutt geräumt;

	Chinesischer Turm wiederhergestellt; Jahresgehalt OB 23 000 Mark plus Zuschläge
1953	Herkulessaal eingeweiht; Richtfest Fernsehstudio Freimann
1954	Odeon wird Innenministerium; München hat 908 572 Einwohner
1955	Ende des Trambahnstangerls; erste Wienerwald-Gaststätte
1956	Wiederaufbau Cuvilliéstheater genehmigt; »Lach- und Schießgesellschaft« bringt erstes Programm
1957	München Millionenstadt; München wird Verlagsstadt Nr. 1 in Deutschland
1958	800 Jahre München; erste Düsenverkehrsmaschine landet in Riem; Chartermaschine von Manchester United verunglückt in Riem
1959	Valentin-Musäum im Isartorturm; Säureattentat auf Rubens-Bild
1960	Eucharistischer Weltkongreß; 182 000 Kraftfahrzeuge
1961	Grundstein Großklinikum Großhadern; erstmals Milliardenhaushalt
1962	Schwabinger Krawalle; Prozeß Vera Brühne; »Pumuckl« geboren
1963	Nationaltheater wiedereröffnet; aus München erste Werbefernsehsendung Deutschlands
1964	U-Bahnreferat gegründet; Bordeaux Partnerstadt; Münchner Messe- und Ausstellungsgesellschaft MGG
1965	Königin Elisabeth II. in München; Krankenhaus Harlaching eröffnet
1966	München wird Olympiastadt; TSV 1860 Deutscher Fußballmeister
1967	Baubeginn Neuperlach; BMW verkauft knapp 90 000 Autos
1968	Studentenkrawall vor Bild-Zeitung; Fernsehturm eröffnet
1969	Universitätsklinik: erste Herzverpflanzung in Deutschland; Entscheidung für Flughafen Erding
1970	Letztmals ein Faschingszug; Eröffnung Stachus-Untergeschoß
1971	erste U-Bahn fährt vom Goetheplatz nach Freimann; Ausbau Autobahnring beginnt
1972	Olympische Sommerspiele; Münchens höchste Einwohnerzahl: 1 338 924; Partnerstadt Sapporo; MVV: Münchner Verkehrsverbund begründet

1973	In der City leben noch 1321 Bürger; Dompfarrei hat 2000 Mitglieder
1974	Herzzentrum eröffnet; nach Olympiade: 40 Prozent der Architekturbüros ohne Aufträge
1975	Eröffnung Fußgängerzone Neuhauser/Kaufingerstraße
1976	leichtes Erdbeben; 1 Maß Wies'n-Bier kostet 3,95 Mark
1977	Europäisches Patentamt eingeweiht
1978	Grundstein Kulturzentrum Gasteig; München zählt 2,4 Mill. Gäste
1979	nach Franz Beckenbauer (1977) verläßt auch Gerd Müller den FC Bayern
1980	Oktoberfestattentat, 13 Tote; Papst besucht München
1981	Neue Pinakothek eröffnet; Baustopp München II
1982	90 000 Unterschriften für Erhalt der Straßenbahn; Kardinal Ratzinger nach Rom
1983	Internationale Gartenbauausstellung; Altstadt unter Ensembleschutz
1984	Hagel-Unwetter: 1,5 Milliarden DM Schaden; erste Patienten Krankenhaus Bogenhausen
1985	auf jeden Münchner fallen 1245 Mark Schulden; erste private Sender
1986	Gesamtetat 6,5 Mrd. Mark; in München 475 000 Tonnen Hausmüll
1987	mehr als 83 000 Münchner leben in Armut
1988	1,03 Mill. für Spitzweg-Bild; 1. Biennale für neue Musik
1989	FC Bayern zum zehnten Mal Bundesliga-Meister; Kiew Partnerstadt
1990	die Hälfte der Schulanfänger Ausländer-Kinder; Schauspieler Walter Sedlmayr ermordet
1991	im Sommer an 62 Tagen Ozonalarm; MVV befördert 521 Millionen Fahrgäste
1992	US-Soldatensender AFN schließt; Flughafen MUC II eingeweiht; Europäisches Patentamt erteilt erstmals Patent auf gentechnisch verändertes Tier, eine »Harvard Krebsmaus«; Weltwirtschaftsgipfel

Stadtentwicklung 1854 bis heute

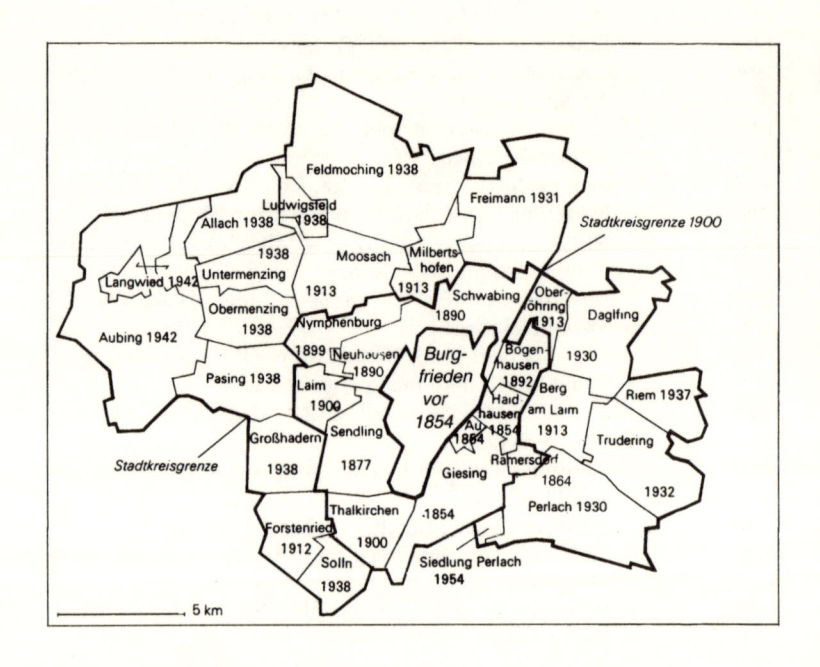

Eingemeindungen

	München	erste urkundl. Erwähnung 1158	
1854	Au	1289	
	Haidhausen	808	Haidhusir
	Giesing	790	Kyesinga
1864	Ramersdorf	um 1020	Rumoltesdorf
1877	Sendling	782	Sentilinga
1890	Schwabing	782	Suapinga
1890	Neuhausen	1163	
1892	Bogenhausen	776	Pubenhusen, Bubinhusen
1899	Nymphenburg		urspr. Kemnaten
1900	Laim	1047	Laima, Laimen
	Thalkirchen		
1912	Forstenried		
1913	Berg am Laim	812	
	Oberföhring	750	ad Feringas
	Moosach	um 760	Mosahe
	Milbertshofen	1140/52	Ilmungeshousen, Ilbungeshofen
1930	Perlach	790/808	Peralhoc
	Daglfing	839	
1931	Freimann	948/957	ad frienmannum
1932	Trudering	772	
1938	Feldmoching	790/803	(12.1.748: »Machinga« = Feldmoching?)
	Ludwigsfeld	1802	
	Allach	774	
	Unter- und Obermenzing	um 760	ad Menzingen
	Pasing	763	»villa pasinga«
	Großhadern	1048/85	Harderun
	Solln	1078/85	
1942	Langwied		Langquat (Langer Wald)
	Aubing	1010	Ubingun (Dorf des Ubo)
	Lochhausen	948	Lohhusa (Häuser am Wald)

Bürgermeister
und Oberbürgermeister

1838–1854	Dr. Jacob von Bauer, 1. rechtskundiger Bürgermeister
1854–1870	Kaspar von Steinsdorf (1870 Ruhestand), 1. rechtskundiger Bürgermeister
1870–1887	Dr. Alois von Erhardt, 1. rechsk. Bürgermeister
1887–1893	Dr. Johannes von Widenmayer, 1. rechtsk. Bürgermeister
1893–1919	Dr. Wilhelm von Borscht, 1. rechtsk. Bürgermeister
1919–1925	Eduard Schmid, 1. Bürgermeister
1925–1933	Karl Scharnagl, 1. Bürgermeister (Titel »Oberbürgermeister« im Jahre 1927 eingeführt)
1933–1945	Karl Fiehler, Oberbürgermeister
1945	Dr. Franz Stadelmayer, (1.5.–4.5.) Oberbürgermeister
1945–1948	Karl Scharnagl, Oberbürgermeister
1948–1960	Thomas Wimmer, Oberbürgermeister
1960–1972	Dr. Hans-Jochen Vogel, Oberbürgermeister
1972–1978	Georg Kronawitter, Oberbürgermeister
1978–1984	Erich Kiesl, Oberbürgermeister
1984–	Georg Kronawitter, Oberbürgermeister

Ausgewählte Bibliographie

Abret, Helga/Keel, Aldo: Die Majestätsbeleidigungsaffäre des ›Simplicissimus‹-Verlegers Albert Langen, Texte und Untersuchungen zur Germanistik und Skandinavistik Nr. 12. Frankfurt/M. 1985

Alckens, August: Vom Pferd zu Pferdestärken – Verkehrsmittel in München um die Jahrhundertwende. München 1968

Albrecht, Ulrike: Das Attentat. München 1987

Auerbach, Helmut: Hitlers politische Lehrjahre und die Münchner Gesellschaft 1919–1923 in: *Vierteljahreshefte für Zeitgeschichte* 25/1977

Bäumler, Ernst: Verschwörung in Schwabing – Lenins Begegnung mit Deutschland. Düsseldorf 1972

Bauer, Reinhard/Gerstenberg, Günther/Peschel, Wolfgang (Hsg.): ›Im Dunst aus Bier, Rauch und Volk‹ – Arbeit und Leben in München von 1840 bis 1945. München 1989

Baumann, C. A.: Die Haupt- und Residenzstadt München und ihre Umgebung. München 1832, Reprint Erlangen 1979

Bayer. Architekten- u. Ingenieur-Verband (Hsg.): München und seine Bauten. München 1912, Reprint München 1978

Bayer. Architekten- u. Ingenieur-Verband (Hsg.): München und seine Bauten nach 1912. München 1984

Behr, Caroline: T. S. Eliot – a chronology of his life and works. London 1983

Betz, Anton: Paul N. Cossmann und die Münchner Publizistik, in: *Publizistik* 3/1965

Bierbaum, Otto Julius: Prinz Kuckuck. München 1907

Birkenhauer, J. (Hsg.): München – Weltstadt in Bayern. Kallmünz 1987

Böhm, Laetitia/Spörl, Johannes (Hsg.): Die Ludwigs-Maximilian-Universität in ihren Fakultäten. Berlin 1972

Bosl, Karl (Hsg.): Bayern im Umbruch – Die Revolution von 1918, ihre Voraussetzungen, ihr Verlauf und ihre Folgen. München 1969

Bretschneider, Heike: Der Widerstand gegen den Nationalsozialismus in München 1933–1945, MBM 4. München 1968

Breyer, Harald: Max von Pettenkofer – Arzt im Vorfeld der Krankheit. Leipzig 1980

Broszat, Martin/Henke, Klaus-Dietmar/Woller, Hans. (Hsg.): Von Stalingrad zur Währungsreform – Zur Sozialgeschichte des Umbruchs in Deutschland. München 1988

Broszat, Martin/Fröhlich, Elke (Hsg.): Bayern in der NS-Zeit – Herrschaft und Gesellschaft im Konflikt, Bd. 2. München 1979

Brunner, Max: Die Hofgesellschaft. Die führende Gesellschaftsschicht Bayerns während der Regierungszeit König Max II. München 1988

Budzinski, Klaus: Pfeffer ins Getriebe – So ist und wurde das Kabarett. München 1982

Bürgin, Hans/Mayer, Hans-Otto: Thomas Mann – Eine Chronik seines Lebens. Frankfurt/M. 1965

Dachs, Georg: Bayerns Kraftfahrzeugbesitzer. München 1913

Danler, Karl-Robert: Musik in München – Neubeginn 1945, Olympische Spiele 1972. München 1971

Dirrigl, Michael: Maximilian II. König von Bayern, 2. Bd. München 1984

Döpper, Franz B.: München und seine alten Firmen. Eching 1988

Döscher, Hans-Jürgen: ›Reichskristallnacht‹ – Die November-Pogrome 1938. Frankfurt/Berlin 1988

Der Dolchstoßprozeß in München Oktober/November 1925 – Eine Ehrenrettung des deutschen Volkes. München 1925

Domröse, Ortwin: Der NS-Staat in Bayern von der Machtergreifung bis zum Röhm-Putsch, MBM 47. München 1974

Dornberg, John: Hitlers Marsch zur Feldherrnhalle. München 1983

Dotsch, Petra: Eine Neue Heimat in Perlach – Das Einleben als Kommunikationsprozeß. München 1972
Dorst, Tankred/Neubauer, Helmut: Die Münchner Räterepublik – Zeugnisse und Kommentar. Frankfurt/M. 1966
Ebertshäuser, Heidi C.: Malerei im 19. Jahrhundert – Münchner Schule. München 1979
Eliot, Thomas Sterne: Das wüste Land, englisch und deutsch, übersetzt von E. R. Curtius. Frankfurt/M. 1951
Eliot, Valerie (Hsg.): The Letters of T. S. Eliot, vol. I: 1898–1922. San Diego/New York 1988
Engels, Eduard: Münchens Niedergang als Kulturstadt. München 1902
Fabry, Philipp W.: Mutmaßungen über Hitler – Urteile von Zeitgenossen. Düsseldorf 1969
Feuchtwanger, Lion: Erfolg. Drei Jahre Geschichte einer Provinz. Hamburg 1955
Fisch, Stefan: Stadtplanung im 19. Jahrhundert – Das Beispiel München bis zur Ära Theodor Fischer. München 1988
Fischer, Helmut: München 1953 – Leistungen und Probleme einer Stadt als Großbaustelle – Bericht des Wiederaufbaureferenten. München 1953
Flanner, Janet: Paris, Germany – Reportagen aus Europa 1931/1950. München 1992
Fleischer-Schumann, Jürgen: Das Bildungs- und Erziehungswesen in München 1945/1976 – Die Ära Anton Fingerle. München 1987
Fleissner, Robert F.: Ascending the Prufrockian stair... New York 1988
Flemmer, Walter: Verlage in Bayern. Pullach 1974
Frank Philipp: Einstein – Sein Leben und seine Zeit. Braunschweig 1979
Franz-Willing, Georg: Die Hitlerbewegung. Der Ursprung 1919–1922. Hamburg/Berlin 1962
Gebhardt, Heinz: Königlich Bayerische Photographie 1838–1918. München 1978
Genschel, Helmut: Die Verdrängung der Juden aus der Wirtschaft im Dritten Reich. Göttingen 1963
Gleibs, Yvonne: Juden im kulturellen und wissenschaftlichen Leben Münchens in der zweiten Hälfte des 19. Jahrhunderts, MBM 76. München 1981
Grassinger, Peter: Münchner Feste und die Allotria. Dachau 1990
Gritschneder, Otto: Bewährungsfrist für den Terroristen Adolf H. Der Hitler-Putsch und die bayerische Justiz. München 1990
Grösslein, Andrea: Die internationalen Kunstausstellungen der Münchner Künstlergenossenschaft im Glaspalast in München von 1869 bis 1888, MBM 137. München 1987
Günther, Herbert (Hsg.): Erfülltes Leben – Festschrift für Artur Kutscher. Bremen 1953
Gumbel, Emil Julius: ›Verräter verfallen der Feme‹ – Opfer, Mörder, Richter 1919–1929. Berlin 1929
Gumbel E. J.: Vom Fememord zur Reichskanzlei. Heidelberg 1962
Hahn, August: Der Maximilianstil in München – Programm und Verwirklichung. München 1982
Hallberg, F. v.: Zur Erinnerung an den 12.12.12. Sigmaringen 1962
Hanke, Peter: Zur Geschichte der Juden in München zwischen 1933 und 1945, MBM 3. München 1967
Hanko, Helmut M.: Thomas Wimmer 1887/1964, Entwicklung und Weg eines sozialdemokratischen Kommunalpolitikers. München 1976
Hanser, Richard: Deutschland zuliebe – Leben und Sterben der Geschwister Scholl. Die Geschichte der Weißen Rose. München 1980
Hartl, Rainer: Aufbruch zur Moderne – Naturalistisches Theater in München, Münchner Universitätschriften. München 1967
Haus d. Bayer. Geschichte (Hsg.): König Maximilian von Bayern 1848–1864. Rosenheim 1988
Hausenstein, Wilhelm: Liebe zu München. München 1958
Hederer, Oswald (Hsg.): Bauten und Plätze in München – Ein Architekturführer. München 1972
Heidemann, Gerd: Postlagernd Tampico. 1977
Heisenberg, Elisabeth: Das politische Leben eines Unpolitischen – Erinnerungen an Werner Heisenberg. München 1980

Herz, Rudolf/Halfbrodt, Dirk: Fotografie und Revolution – München 1918/19. Berlin/ München 1988
Hess, Ulrich: Louis Viereck und seine Münchner Blätter für Arbeiter 1882–1889, Dortmunder Beiträge zur Zeitungsforschung Bd. 6. Dortmund 1961
Heusler, Andreas: Zwangsarbeit in der Münchner Kriegswirtschaft 1939–1945. München 1991
Hillmayr, Heinrich: Roter und weißer Terror in Bayern nach 1918. 1974
Hitzer, Friedrich: Lenin in München. München 1977
Hitzer, Friedrich: Der Mord im Hofbräuhaus – Unbekanntes und Vergessenes aus der bayerischen Räterepublik. Frankfurt/M. 1981
Hitzer, Friedrich: Anton Graf Arco – Das Attentat auf Kurt Eisner und die Schüsse im Landtag. München 1988
Hönig, Johannes: Ferdinand Gregorovius, eine Biographie. Stuttgart 1944
Hoffmann, Bernhard: Wilhelm von Finck. München 1953
Hollweck, Ludwig: Was war wann in München? München 1968 ff.
Hollweck, Ludwig: Eine Stadt erzählt: München – Liebling der Musen. Wien 1971
Hollweck, Ludwig: Unser München – Ein Lesebuch zur Geschichte der Stadt im 20. Jahrhundert. München 1980
Holz, K. A.: Münchner Neueste Nachrichten. München 1848–1945, in: Heinz Dietrich Fischer: Publizistisch-historische Beiträge II. Pullach 1971
Hopster, Norbert: Das Frühwerk Johannes R. Bechers. Bonn 1969
Hümmert, Ludwig: Bedeutende Zugereiste – Eine Münchner Chronik aus sieben Jahrhunderten. Pfaffenhofen 1972
Hütsch, Volker: Der Münchner Glaspalast 1854–1931. Geschichte und Bedeutung. Berlin 1985
Hüttenberger, P.: Die Gauleiter – Studie zum Wandel des Machtgefüges in der NSDAP. Stuttgart 1969
Hug, Heinz: Erich Mühsam – Untersuchungen zu Leben und Werk. Glashütten 1974
Johann, Adolf: 100 Jahre Sozialdemokratie in München. München 1969
Kahn, Julius: Münchens Großindustrie und Großhandel. München 1913
Kahn, Lothar: Insight and action – Lion Feuchtwanger. London 1975
Kaplan, Justin: Mr. Clemens and Mark Twain. New York 1966
Kampfmeyer, Paul: Georg von Vollmar. München 1930
Kerr, Alfred: Die Welt im Licht. Köln 1961
Köllmayr, Friedrich: Unser München – Antifaschistischer Stadtführer. Frankfurt/M. 1983
Koch, Ernestine: Albert Langen – Ein Verleger in München. München 1969
Kolb, Annette: Blätter in den Wind. Frankfurt/M. 1954
Kochtanek, Anton M.: Oswald Spengler in seiner Zeit. München 1968
Koht, Halvdan: Life of Ibsen. New York 1971
Krauss, Marietta: Nachkriegskultur in München – Münchner städtische Kulturpolitik 1945–1954. München 1985
Kristl, Wilhelm Lukas: Hier darf jeder tun was ich will – Oskar von Miller in Anekdoten und Momentaufnahmen. Pfaffenhofen 1978
Kunstdenkmäler von Bayern, Die, Bde. Oberbayern 3 und 4, München 1887. Reprint München 1982
Lachner, C. J.: Das Glockenspiel im Münchner Rathaus. München 1978
Langendorf, Ernest/Wulfius, Georg (Hsg.): In München fing's an – Presse, Parteien, Rundfunk. München 1985
Lamm, Hans (Hsg.): Vergangene Tage – Jüdische Kultur in München. München 1982
Landeshauptstadt München (Hsg.): Verdunkeltes München – Lesebuch zur Geschichte des Münchner Alltags; Geschichtswettbewerb 1985/86: Die nationalsozialistische Gewaltherrschaft, ihr Ende und ihre Folgen. Buchendorf 1987
Lehmbruch, Hans/Dischinger, Gabriele: Der Sendlinger-Tor-Platz in München – Eine Chronik in Bildern. München 1988
Lill, Georg: Um Bayerns Kulturbauten. Zerstörung und Wiederaufbau. München 1946

Lindner, Helmut (Hsg.): Au, Giesing, Haidhausen 125 Jahre bei der Stadt München. München 1979
Lindemann, Margot: Der Münchner Preßbandit. Dortmunder Beiträge zur Zeitungsforschung Bd. 6. Dortmund 1961
Luck, Rätus: Rainer Maria Rilke – Schweizer Vortragsreise 1919. Frankfurt/M. 1986
Mahr, Johannes (Hsg.): Die Krokodile – Ein Münchner Dichterkreis. Stuttgart 1987
Mann Thomas, Werke. Frankfurt/M. 1960
»Marbacher Magazin« 8/1978: Franziska Reventlow – Schwabing um die Jahrhundertwende
Marwedel, Reiner: Theodor Lessing... Darmstadt 1987
Maser, Werner: Der Sturm auf die Republik – Frühgeschichte der NSDAP. Stuttgart 1973
Mayr, Karl: Unser Prinzregent. Augsburg 1911
Megele, Max: Baugeschichtlicher Atlas der Landeshauptstadt München. München 1951
Mehl, Sonja: Franz von Lenbach in der Städtischen Galerie München. München 1980
Meister, Michael: So fing es wieder an. München o. J.
Meitinger, Karl: Das neue München – Vorschläge zum Wiederaufbau. München o. J. (1946)
Mendelssohn, Peter de: Der Zauberer – Das Leben des deutschen Schriftstellers Thomas Mann, I. Teil. Frankfurt/M. 1975
Mensi-Klarbach, Alfred v.: Alt-Münchner Theater-Erinnerungen. 24 Bildnisse aus der Glanzzeit der Münchner Hofbühne. München 1923
Mensing, Björn/Prinz Friedrich (Hsg.): Irrlicht im leuchtenden München? – Der Nationalsozialismus in der ›Hauptstadt der Bewegung‹. Regensburg 1991
Meyer, Michael: Theaterzensur in München 1900–1918 – Geschichte und Entwicklung der polizeilichen Zensur und des Theaterzensurbeirates unter besonderer Berücksichtigung Frank Wedekins, MBM 111. München 1982
Mitchell, Allan: Revolution in Bayern 1918/19. Die Eisner-Regierung und die Räterepublik. München 1967
Möckl, Karl: Die Prinzregentenzeit – Gesellschaft und Politik während der Ära des Prinzregenten Luitpold in Bayern. München 1972
Möckl, Karl: Hof- und Hofgesellschaft in Bayern in der Prinzregentenzeit. Pariser Historische Studien 21. Bonn 1985
Mönnich, Horst: BMW – Eine Jahrhundertgeschichte, 2. Bd. Düsseldorf 1983
Morenz, Ludwig (Hsg.): Revolution und Räteherrschaft in München – Aus der Stadtchronik 1918/19. München 1968
Müller, Oskar A.: Albert von Keller. München 1981
Neumann, Alfred: Die Goldquelle. München 1948
Öchsner, Thomas: Wenn gleich nicht ganz gelungen, der Streik mit vollem Rechte... – Geschichte der Arbeiterkämpfe in München von der Gewerbefreiheit (1868) bis zum Ende des Sozialistengesetzes (1890). München 1992
Panofsky, Walter: Musiker, Mimen und Merkwürdigkeiten im Hof- und Nationaltheater. Eine Chronik der berühmten Münchner Oper. München 1963
Petzet, Michael (Hsg.): Denkmäler in Bayern I, 1 – München. München 1985
Petzet, Wolfgang: Theater – Die Münchner Kammerspiele 1911–1972. München 1973
Pfeiffer-Belli, Erich: 100 Jahre Bruckmann. München 1958
Piepenstock, Klaus: Die Münchner Tagespresse 1916–1933. München 1956
Pischl, Josef: Lion Feuchtwanger. Leipzig 1976
Pöschl, Matthias: Ein Schloß an der Würm. München 1980
Pohl, Karl Heinrich: Die Münchener Arbeiterbewegung – Sozialdemokratische Partei, Freie Gewerkschaften, Staat und Gesellschaft in München 1890–1914. Schriftenreihe der Georg-von-Vollmar-Akademie. München 1992
Preis, Kurt: München unterm Hakenkreuz – Die Hauptstadt der Bewegung: Zwischen Pracht und Trümmern. München 1980
Pryce-Jones-David: Unity Mitford: A Quest. London 1976
Ranke, Winfried: Franz von Lenbach – Der Münchner Malerfürst. Köln 1986
Rasp, Hans-Peter: Eine Stadt für tausend Jahre – München: Bauten und Projekte für die Hauptstadt der Bewegung. München 1981

Reck-Malleczewen, Friedrich Percyval: Tagebuch eines Verzweifelten. Berlin 1981
Reber, Franz: Bautechnischer Führer durch München. München 1876, Reprint. Mittenwald 1978
Reiser, Rudolf: Alte Häuser, große Namen – München. München 1978
Richardi, Hans-Günter: Schule der Gewalt – Das Konzentrationslager Dachau 1933/34. München 1983
Richardi, Hans Günter: Hitler und seine Hintermänner – Neue Fakten zur Frühgeschichte der NSDAP. München 1991
Richardson, James: Picasso, Bd. 1. München 1991
Rimpau, Willy: Die Entstehung von Pettenkofers Bodentheorie und die Münchner Choleraepidemie vom Jahre 1854 – Eine kritisch-historische Studie. Berlin 1935
Roepke, Claus-Jürgen: Die Protestanten in Bayern. München 1972
Roon, Ger van: Widerstand im Dritten Recih. München 1979
Rosendorfer, Herbert: Die Nacht der Amazonen. Köln 1989
Roth, Eugen: Der Glaspalast in München – Glanz und Ende 1854/1931. München 1971
Scharlau, Winfried B./Zeman, Zbynek A.: Freibeuter der Revolution – Parvus-Helphand. Eine politische Biographie. Köln 1964
Schattenhofer, Michael (Hsg.): 100 Jahre Münchner Straßenbahn 1876/1976. Vom Groschenwagen zur Untergrundbahn. München 1976
Scher, Peter/Sinsheimer, Hermann: Das Buch von München – Was nicht im Baedeker steht. München 1928
Schlösser, Manfred: Karl Wolfskehl 1869–1969. Darmstadt 1969
Schleich, Erwin: Die zweite Zerstörung Münchens. München 1978
Schmitz, Walter (Hsg.): Die Münchner Moderne – Die literarische Szene in der ›Kunststadt‹ um die Jahrhundertwende. Stuttgart 1990
Schöffling, Klaus: Die ersten Jahre des Insel-Verlags. Frankfurt/M. 1980
Schreibmayr, Erich: Wer? Wann? Wo? – Persönlichkeiten in Münchner Friedhöfen. München 1989
Schrott, Ludwig: Der Prinzregent – Lebensbild aus Stimmen seiner Zeit. München 1962
Schwipps, Werner/Schmitt, Günter: 20 Kapitel frühe Luftfahrt. Berlin 1990
Seeberger, Kurt/Rauchwetter, Gerhard: München 1945 bis heute. Chronik eines Aufstiegs. München 1970
Seidel, Klaus Jürgen (Hsg.): Das Prinzregenten-Theater in München. München 1984
Selig, Heinz: Münchner Stadterweiterungen von 1860–1910 (?)
Selig, Wolfram: Paul Nicolaus Cossmann und die ›Süddeutschen Monatshefte‹ 1914/18. Osnabrück 1967
Selig Wolfram (Hsg.): Chronik der Stadt München 1945–1948. München 1980
Selig Wolfram: Richard Seligmann – Ein jüdisches Schicksal. München 1983
Seutter von Lötzen, Wilhelm: Bayerns Königstreue im Widerstand. Erinnerungen 1933/64. Feldafing 1978
Siebert, Georg: 100 Jahre Merck, Finck & Co. 1870–1970. München 1970
Sighart, Joachim: Von München nach Landshut – Ein Eisenbahnbüchlein. Landshut 1859 (Reprint Riemerling 1991)
Spengler, Oswald: Der Untergang des Abendlandes – Umrisse einer Morphologie der Weltgeschichte. München 1923
Smith, Bradley F.: Heinrich Himmler 1900/1926 – Sein Weg in den Faschismus. München 1979
Stachura, Peter D.: The shaping of the Nazi-state. London 1978
Steinborn, Peter: Grundlagen und Grundzüge Münchner Kommunalpolitik in den Jahren der Weimarer Republik, MBM 5. München 1968
Strieder, Agnes: Die ›Gesellschaft‹ – eine kritische Auseinandersetzung... Frankfurt/M. 1985
Sünwoldt, Sabine: Weiß Ferdl – Eine weiß-blaue Karriere. München 1983
Supf, Peter: Das Buch der deutschen Fluggeschichte. Berlin 1935
Thoma, Ludwig: Sämtliche Beiträge aus dem ›Miesbacher Anzeiger‹ 1920/21, ediert und kommentiert von Wilhelm Volkert. München 1989

Thoss, Bruno: Der Ludendorff-Kreis 1919–1923. München als Zentrum der mitteleuropäischen Gegenrevolution zwischen Revolution und Hitler-Putsch, MBM 78, München 1978
Toland, John: Das Finale – Die letzten hundert Tage. München 1968
Toller, Ernst: Eine Jugend in Deutschland. München 1978
Toussaint, Angela: Der Münchner Hauptbahnhof – Stationen seiner Geschichte. Dachau 1991
Treue Wilhelm (Hsg.): Deutschland in der Weltwirtschaftskrise in Augenzeugenberichten. Düsseldorf 1967
Tyrell, Albrecht: Führer befiel... Selbstzeugnisse aus der Kampfzeit der NSDAP. Düsseldorf 1969
Ude, Christian (Hsg.): Münchner Perspektiven – Wohin treibt die Weltstadt mit Herz? München 1990
Uhde-Bernays, Hermann: Die Münchner Malerei im 19. Jahrhundert, herausgegeben von Eberhard Ruhmer. München 1983
»Umweltatlas München«, I und II, herausgegeben von der Landeshauptstadt – Umweltschutzreferat. München 1990
Valentin, Bertl: Du bleibst da und zwar sofort. München 1971
Verein der Freunde des Bayer. Staatsschauspiels (Hsg.): ...dann spielten sie wieder – Das Bayerische Staatsschauspiel 1946/1986. München 1986
Voelderndorff, Frhr. v.: Harmlose Plaudereien eines alten Münchners. München 1892/98
Walter, Uli: Der Umbau der Münchner Altstadt (1871–1914). München 1987
Walz, Tino/Meitinger, Otto/Beil, Toni: Die Residenz zu München – Entstehung, Zerstörung, Wiederaufbau. München 1987
Weber, Marianne: Max Weber – Ein Lebensbild. Tübingen 1984
Weigl, Eugen: Die Münchner Volkstheater im 19. Jahrhundert 1817–1900. München 1961
Weiher, Siegfried u. a.: Weg und Wirken der Siemens-Werke. Berlin 1981
Weisz, Christoph: Geschichtsauffassung und politisches Denken Münchner Historiker der Weimarer Zeit. Berlin 1970
»Die Wehrmachtsberichte 1939–1945«. München 1985
Werner, Karl Ferdinand: Hof, Kultur und Politik im 19. Jahrhundert. Pariser Historische Studien 21, Bonn 1985
Weschenfelder, Klaus: Die Borstei in München – Ein konservatives Siedlungsmodell der Zwanziger Jahre, MBM 99. München 1980
Westenrieder, Lorenz von: Beschreibung der Haupt- und Residenzstadt München (im gegenwärtigen Zustand). München 1782, Faksimile München 1984
Wichmann, Siegfried: Meister-Schüler-Themen, Münchner Landschaftsmaler im 19. Jahrhundert. Herrsching 1981
Wiedemann, Fritz: Der Mann, der Feldherr werden sollte. Velbert 1954
Wilberforce, Edward: Ein Snob in München – Die erstaunlichen Beobachtungen des Mr. Edward Wilberforce in München anno 1860, hsg. v. Gerhard Wiesent. München 1990
Wilkening, William H.: Otto Julius Bierbaum's relationship with his publishers, Göppinger Arbeiten zur Germanistik 148. Göppingen 1975
Wilkening, William H.: Otto Julius Bierbaum. The tragedy of a poet, Stuttgarter Arbeiten zur Germanistik 43. Stuttgart 1977
Winkel, Harald: Wirtschaft im Aufbruch – Der Wirtschaftsraum München-Oberbayern und seine Industrie- und Handelskammer im Wandel der Zeit. München 1990
Wimmer, Wilhelm/Wintersteiger, Johann (Hsg.): Wirtschaftsregion München und Oberbayern. München 1986
Wolf, Sylvia/Kurowski, K.: Das Münchner Film- und Kinobuch. Ebersberg 1988
Wolzogen, Ernst v.: Das dritte Geschlecht. München 1899
Wyatt, Will: B. Traven: Nachforschungen über einen Unsichtbaren. Hamburg 1982
Zimniok, Klaus: Eine Stadt geht in den Untergrund – Die Geschichte der Münchner U- und S-Bahn im Spiegel der Zeit. München 1981
Zorn, Wolfgang: Bayerns Geschichte im 20. Jahrhundert – Von der Monarchie zum Bundesland. München 1986

Autobiographisches aus und über München

Albert-Lasard, Lou (1891–1969): Wege mit Rilke. Frankfurt/M. 1952
Andersch, Alfred (1914–1980): Der Vater eines Mörders. Zürich 1980
Aretin, Erwein von (1887–1952): Krone und Ketten – Erinnerungen eines bayerischen Edelmannes. München 1955
Bayern, Konstantin von (1920–1969): Nach der Sintflut – Berichte aus einer Zeit des Umbruchs 1945/1948. München 1986
Becher, Johannes R. (1891–1958): Abschied. Berlin 1965 (München, dtv 1987)
Ben-Chorin, Schalom (geb. 1913): Jugend an der Isar. München 1974
Birnbaum, Immanuel (1894–1982): Achtzig Jahre dabeigewesen. Erinnerungen eines Journalisten. München 1974
Brandenburg, Hans (1885–1968): München leuchtete. Jugenderinnerungen. München 1953
Brandenburg, Hans: Im Feuer unserer Liebe. Erlebtes Schicksal einer Stadt. München 1956
Dunner, Joseph (geb. 1908): Zu Protokoll gegeben – Mein Leben als Deutscher und Jude. München 1971
Frank, Leonhard (1882–1961): Links wo das Herz ist. München 1952 (München, dtv 1963)
Edmund, Goldschagg (1886–1971). Das Leben des Journalisten, Sozialdemokraten und Mitbegründers der »Süddeutschen Zeitung«, nacherzählt von Hans Dollinger. München 1986
Graf, Oskar Maria (1894–1967): Wir sind Gefangene. München 1927 (München 1987)
Graf, Oskar Maria: Gelächter von außen. Aus meinem Leben 1918–1933. München 1967 (München 1980, dtv 1983)
Gregorovius, Ferdinand (1821–1891): Römische Tagebücher 1852–1889, hrsg. v. Hanno-Walter Kruft u. Markus Völkel. München 1991
Habe, Hans (1911–1977): Im Jahre Null. Ein Beitrag zur Geschichte der deutschen Presse. München 1966
Haecker, Theodor (1889–1945): Tag- und Nachtbücher, 1939–1945. München 1947
Halbe, Max (1865–1944): Jahrhundertwende-Geschichte meines Lebens 1893/1914. Danzig 1935
Hallgarten, George W. (1901–1975): Als die Schatten fielen. Memoiren 1900–1968. Berlin 1969
Hanfstaengl, Ernst (1887–1975): Zwischen Weißem und Braunem Haus. Erinnerungen eines politischen Außenseiters. München 1970
»Die Hassel-Tagebücher 1938/1944« in der Reihe »Deutscher Widerstand 1933–1945«, hrsg. v. Friedrich Frhr. Hiller v. Gaertringen. Berlin 1988
Hassencamp, Oliver (1921–1988): Der Sieg nach dem Krieg. Erinnerungen an die gute schlechte Zeit. München o. J. (1983)
Hassencamp, Oliver: Fröhliche Zeiten. Die Wende zum Wunder. München 1984
Hausenstein, Wilhelm (1882–1957): Licht unter dem Horizont. Tagebücher 1942–1946. München 1967
Wilhelm Hausenstein: Impressionen und Analysen. Letzte Aufzeichnungen, hrsg. v. W. E. Süskind. München 1969
Heimpel, Hermann (1901–1988): Die halbe Violine. Frankfurt/M. 1958
Heine, Thomas Theodor (1867–1948): Ich warte auf Wunder. Stockholm 1945
Heller, Alfred (1885–1956): Dr. Seligmanns Auswanderung. Der schwierige Weg nach Jerusalem, hrsg. v. Wolfgang Benz. München (Beck'sche Reihe) 1990
»Adolf Hitler – Monologe im Führerhauptquartier 1941/1944. Die Aufzeichnungen Heinrich Heims«, hrsg. v. Werner Jochmann. Hamburg 1980
»Hitlers Tischgespräche im Führerhauptquartier 1941/1942«, hrsg. v. Henry Picker. Stuttgart 1965
Hofmiller, Josef (1872–1933): Revolutionstagebuch 1918/19: Aus den Tagen der Münchner Revolution. Leipzig 1938

Hohoff, Curt (geb. 1913): Unter den Fischen – Erinnerungen an Männer, Mädchen und Bücher 1934/1939. Wiesbaden 1982
Holm, Korfiz (1872–1942): ich - kleingeschrieben. München 1932
Kästner, Erich (1899–1974): Notabene 45. Ein Tagebuch. Zürich 1961 (München, dtv 1989)
Kessler, Harry Graf (1868–1937): Tagebücher 1918–1937. Politik, Kunst und Gesellschaft der zwanziger Jahre. Frankfurt/M. 1961
Kolbenhoff, Walter (geb. 1908): Schellingstraße 48. Erfahrungen mit Deutschland. Frankfurt/M., Fischer-Bücherei, 1984
Lessing, Theodor (1872–1933): Einmal und nie wieder. Gütersloh 1969
Lorant, Stefan (geb. 1900): Ich war Hitlers Gefangener. Ein Tagebuch 1933. München 1985
Mann, Erika (1905–1969): Briefe und Antworten 1922–1969. München 1984/85 (München, dtv 1988)
Mann, Katia (1883–1980): Meine ungeschriebenen Memoiren, hrsg. v. Elisabeth Plessen und Michael Mann. Zürich 1974
Mann, Klaus (1906–1949): Der Wendepunkt – Ein Lebensbericht. München 1975
Mann, Thomas (1875–1955): Tagebücher, vor allem 1918/21 und 1937/55, hrsg. v. Peter de Mendelssohn u. Inge Jens. Frankfurt/M. 1977 ff.
Mann, Viktor (1890–1949): Wir waren fünf. Bildnis der Familie Mann. Konstanz 1949
Moser von Filsek, Carl (1869–1949): Politik in Bayern 1919–1933. Berichte des württembergischen Gesandten, hrsg. v. Wolfgang Benz. Stuttgart 1971
Mühsam, Erich (1878–1934): Namen und Menschen. Unpolitische Erinnerungen. Berlin 1949
Müller, Karl Alexander von (1882–1964): Aus Gärten der Vergangenheit. Erinnerungen 1882–1914. Stuttgart 1951 (Band 1)
Müller, Karl Alexander von: Mars und Venus. Erinnerungen 1914–1919. Stuttgart 1954 (Band 2)
Müller, Karl Alexander von: Im Wandel einer Welt. Erinnerungen 1919–1932, hrsg. v. Otto Alexander von Müller. München 1966 (Band 3)
Nadolny, Isabella (geb. 1917): Vergangen wie ein Rauch. Geschichte einer Familie. München 1964
Niekisch, Ernst (1889–1967): Gewagtes Leben – Begegnungen und Begebnisse. Köln 1958
Piper, Reinhard (1879–1953): Mein Leben als Verleger. Vormittag – Nachmittag. München 1964
Piper, Reinhard: Briefwechsel mit Autoren und Künstlern 1903–1953, hrsg. v. Ulrike Buergel-Goodwin u. Wolfram Göbel. München 1979
Proebst, Hermann und Ude, Karl (Hrsg.): Denk ich an München – Ein Buch der Erinnerungen. München 1966
Redwitz, Marie Freifrau von: Hofchronik 1881–1921. München 1924
Rilke, Rainer Maria (1875–1926): Briefe an Karl und Elisabeth von der Heydt, hrsg. v. Ingeborg Schnack und Renate Scharffenberg. Frankfurt/M. 1981
Rilke, Rainer Maria/Andreas-Salomé, Lou: Briefwechsel, hrsg. v. Ernst Pfeiffer. Frankfurt/M. 1975
Sauerbruch, Ferdinand (1875–1951): Das war mein Leben. München 1960
Schlagintweit, Felix (1868–1950): Ein verliebtes Leben. Erinnerungen eines Münchner Arztes. München 1967
Sinsheimer, Hermann (1883–1950): Gelebt im Paradies – Erinnerungen und Begegnungen, hrsg. v. Gerhard Pallmann. München 1953
Spengler, Oswald (1880–1936): Briefe 1913–1936, hrsg. v. Anton M. Koktanek. München 1963
Spiel, Hilde (1911–1991): Die hellen und die finsteren Zeiten – Erinnerungen 1911–1946. München 1989
Stein-Pick, Charlotte (1900–1991): Meine verlorene Heimat, hrsg. v. Christiane Schlözer-Scotland. Bamberg 1992
Uhde-Bernays, Hermann (1873–1965): Im Lichte der Freiheit. Erinnerungen aus den Jahren 1880 bis 1914. o. O. (Wiesbaden) 1947

Völderndorff, Otto Frhr. v. (1825–1899): Harmlose Plaudereien eines Altmünchners. München 2 Bd. 1892/1898
Vogel, Hans-Jochen (geb. 1926): Die Amtskette – Meine 12 Münchner Jahre. Ein Erlebnisbericht. München 1972
Walter, Bruno (1876-1962): Thema und Variationen. Erinnerungen und Gedanken. Frankfurt/M. 1947
Walter, Bruno: Briefe 1894–1962, hrsg. v. Lotte Walter-Lindt. Frankfurt/M. 1969
Willstätter, Richard (1872–1942): Aus meinem Leben. Von Arbeit, Muße und Freunden, hrsg. v. Artur Stoll. Weinheim 1949
Wolff, Kurt (1887–1963): Briefwechsel eines Verlegers 1911–1963, hrsg. v. Bernhard Zeller u. Ellen Otten. Frankfurt/M. 1966
Wolfskehl, Karl (1869–1948): Briefe und Aufsätze, München 1925–1933, hrsg. v. Margot Ruben. Hamburg 1966
Zuckmayer, Carl (1896–1977): Als wär's ein Stück von mir. Horen der Freundschaft. Frankfurt/M. 1966.

Münchner Ansichten

»Alt-Münchner Bilderbuch – aus der Monacensia-Sammlung F. X. Zettler«. München 1918
»München im Wandel der Jahrhunderte – Bilder aus der Sammlung Proebst«. München 1957
»München im Bild – Sammlung Proebst«, Schriften des Münchner Stadtmuseums. München 1968
»München in alten Photographien – Album der Zeit von 1850–1914«, herausgegeben von Ludwig Hollweck und Wolf Bachmann. München 1972
»München – Photographische Ansichten 1885–1915«, hrsg. K. J. Sembach, W. Ranke, G. Sterner. München 1977
»Münchener Bürgerliche Baukunst der Gegenwart – 1898/1909«. München 1898, Faksimilie 1985
Bauer, Richard: »Ruinen-Jahre. Bilder aus dem zerstörten München 1945–1949«. München 1983
Bauer, Richard: »Das alte München – Photographien 1855–1912«, gesammelt von Karl Valentin, München 1982
Bauer, Richard/Graf, Eva: »Stadtvergleich – Münchner Ansichten. Photographien von einst mit Neuaufnahmen von Thomas Koller«. München 1985.
Bauer, Richard/Graf, Eva: »Stadt im Überblick – München im Luftbild 1890–1935«. München 1986
»Links und rechts der Isar – Bilder aus dem groß- und kleinbürgerlichen München 1895–1935, aufgenommen von Georg Pettendorfer, hrsg. von Richard Bauer und Eva Graf. München 1991.
»Der Stadtfotograf – Georg Pettendorfers Ansichten von München 1895–1935«, hrsg. von Richard Bauer und Eva Graf. München 1989
»Stadt und Vorstadt – Münchner Architekturen, Situationen und Szenen 1895–1935, fotografiert von Georg Pettendorfer«, hrsg. von Richard Bauer und Eva Graf. München 1990

Ausstellungskataloge

»Frank Wedekind zum 100. Geburtstag«, hrsg. v. Richard Lemp. München 1964
»Simplicissimus – Eine satirische Zeitschrift München 1896–1944«, hrsg. v. Carla Schulz-Hoffmann. München 1977
»Münchner Landschaftsmalerei 1800–1850«, hrsg. v. Armin Zweite. München 1978
»Die Münchner Schule 1850–1914«, hrsg. v. Eberhard Ruhmer. München 1979
»Die Zwanziger Jahre in München«, hrsg. v. Christoph Stölzl. München 1979
»Paul Klee: Das Frühwerk 1883–1922«, hrsg. v. Armin Zweite, München 1979
»Franz Marc 1880–1916«, hrsg. v. Rosel Gollek. München 1980
»Paul Heyse – Münchner Dichterfürst im bürgerlichen Zeitalter«, hrsg. v. Sigrid v. Moisy. München 1981
»Kandinsky und München – Begegnungen und Wandlungen 1896/1914«, hrsg. v. Armin Zweite
»Richard Riemerschmid – Vom Jugendstil zum Werkbund«, hrsg. v. Winfried Nerdinger. München 1982
»Karl Valentin – Volks-Sänger? DADAist?«, hrsg. v. Wolfgang Till. München 1982
»Alexej Jawlensky 1864–1941«, hrsg. v. Armin Zweite. München 1983
»Aufbauzeit – Planen und Bauen: München 1945/1950«, hrsg. v. Winfried Nerdinger, München 1984. – Begleitbuch zur Ausstellung: »Trümmerzeit in München – Kultur und Gesellschaft einer deutschen Großstadt im Aufbruch 1945/1949«, hrsg. v. Friedrich Prinz
»Vom Ausstellungspark zum Internationalen Messeplatz: München 1904–1980«. München 1984
»Das Oktoberfest – Einhundertfünfundsiebzig Jahre bayerischer National-Rausch«. München 1985
»Hof-Atelier Elvira 1887/1928 – Ästheten, Emanzen, Aristokraten«, hrsg. v. Rudolf Herz u. Brigitte Bruns. München 1985
»Jugendstil-Musik? – Münchner Musikleben 1890/1918«, hrsg. v. Robert Münster. München 1987
»Biedermeiers Glück und Ende: ... die gestörte Idylle. 1815–1848«, hrsg. v. Hans Ottomeyer. München 1987
»Die ›Kunststadt‹ München 1937: Nationalsozialismus und ›Entartete Kunst‹«, hrsg. v. Peter-Klaus Schuster. München 1987
»Marianne Werefkin – Leben und Werk. 1860–1938«, hrsg. v. Bernd Föhke. München 1988
»Fotografie und Revolution. München 1918/19«, hrsg. v. Rudolf Herz u. Dirk Halfbrodt. München 1988
»Die Prinzregentenzeit«, hrsg. v. Norbert Götz u. Clementine Schack-Simitzis. München 1988. – Begleitbücher zur Ausstellung: Prinz, Friedrich und Krauss, Marita (Hrsg.): »München – Musenstadt mit Hinterhöfen: Die Prinzregentenzeit 1886/1912« sowie: Bauer, Richard (Hrsg.): »Prinzregentenzeit – München und die Münchner in Fotografien«, beide: München 1988.
»Wege zur Moderne und die Ažbe-Schule in München«, hrsg. v. Katarina Ambrozić. Wiesbaden 1988
»Franz von Stuck und seine Schüler«, hrsg. v. Horst Ludwig. München 1989
»200 Jahre Englischer Garten München 1789–1989 – Offizielle Festschrift«, zusammengestellt von Pankraz Frhr. v. Freyberg. München 1989

Außerdem benutzt wurden: div. Münchner Zeitungen der Jahre 1854–1992, Stadtadressbücher, Statistische Jahrbücher der Stadt München (letzte Ausgabe: 1991), Firmenchroniken und die reiche Literatur von Stadtteilgeschichten.
Der Dank gilt den Münchner Bibliotheken und Archiven.

Register

Namen von Banken und Sparkassen, Bauten und Denkmälern, Brücken, Flughäfen, Friedhöfen, Gärten und Parks, Gaststätten und Cafés, Hotels, Industrien, Kirchen, Museen und Sammlungen (Galerien), Parteien, Rundfunksendern, Schlössern und Palais, Siedlungen, Straßen und Plätzen, Theatern (Kabaretts) und Konzertsälen, Vereinen und Künstlergesellschaften sowie von Zeitungen und Zeitschriftensind unter diesen genannten Sammelbegriffen eingeordnet; Werke der Literatur, des Theaters und der Malerei sind den jeweiligen Autoren der Werke zugeordnet.
Die Umlaute ä, ö, ü sind wie nicht umgelautete Buchstaben behandelt.

Aachen 235
Aachener-Feuer-Versicherungs-Gesellschaft 62
Aachener und Münchener Versicherung 62
Abel, Adolf 285
800-Jahrfeier 361, 365, 374f
Adam, Albrecht 31
Agfa 167, 322
Agrarstaat 71
Albert, Franz Joseph 76
Albert-Lasard, Lou 212
Alfons XII., Kg. v. Spanien 145
Allach 310, 316, 333
Allgemeiner Deutscher Automobil Club ADAC 310
Allianz Versicherungs-Aktiengesellschaft 63f, 367
Alte Heide 180
Andreas-Salomé, Lou 152, 215
Amann, Max 279
Ambrozic, Katarina 134
Ammersee 318
Amorbach 77
Amtsgericht 348
Andersch, Alfred 353
Apollinaire, Guillaume 151
  Roi Lune 151
Arbeiter 188
Arbeiter- und Soldatenrat (ASR) 192, 196, 199
Arbeitslosigkeit 185
Arco-Valley, Anton Gf. v. 197, 207ff, 242
Aretin, Erwein v. 224
Armannsperg, Die 50
Arnhold, Eduard 165
Arnold, August 170
Arnold, Karl 131
ARRI (Arnold & Richter) 167, 170f
Au 22, 31f, 47, 68, 72, 102, 160
Aubing 310, 334
Auer, Erhard 188, 191f, 243
Auer, Erich 238
Auer, Ignaz 116
Aufstand (1848) 16

Augsburg 74, 76, 261, 306
Augspurg, Anita (Photoatelier Elvira) 142, 144
Autobahn 288
Auzinger, Peter 153
Axelrod, Pawel Borissowitsch 117
Ažbe, Anton 134, 160

Bad Wiessee 290
  Pension Hanselbauer 290
Bader, Michael 80
Baeyer, Johann F.W.A. 374
Baierbrunn 60
Baierlein, Anton 101
Baker, Josephine 256
Ballin, Möbelhändler 241
Bamberg 200
Bamberger Regierung 205
Banken u. Sparkassen:
  Barclays, London 61
  Bayerische Hypotheken- u. Wechselbank 49, 58f
  Bayerische Landesbank-Girozentrale 58
  Bayerische Vereinsbank 49, 58f
  Bayerische Staatsbank 58
  Dachauer Bank 56
  Darmstädter Bank f. Handel und Industrie 59
  Harris, Forbes & Co., New York 250
  Hirsch, Bankhaus 49
  Kester, Bachmann & Co. 51
  Lazard Brothers & Co. 250
  Merck, Christian & Co. 59
  Merck, Finck & Co. 59
  Rothschild, Bankhaus 49
  Stadtsparkasse 58
Bas, Joaquim 132
Basel 33
Bauten und Denkmäler:
  Altes Rathaus 69, 302, 317
  Arabella-Haus 59

Armeemuseum 333, 341, 388
Athenäum 19
Bavaria 14, 35, 192, 378
Bayerische Staatskanzlei (Armeemuseum) 388f
BMW-Hochhaus (»Vierzylinder«) 389
Borstei 269f
Braunes Haus 278, 285, 319, 332
Feldherrnhalle 186, 197, 204, 240f, 244, 269, 280, 302
»Führerbauten« 285, 302, 331ff
Glaspalast 22ff, 25, 27, 30f, 71, 74, 80, 86, 138, 154, 156, 266f, 269, 285, 294f
Glyptothek 167
Hauptbahnhof 15, 73f, 94f, 189, 277, 298, 300, 307, 333, 376
Haus der Deutschen Kunst 143, 285f, 295, 313, 331
Haus des Deutschen Rechts 332
Heizwerk 203
Herzogspital 76
Hochhaus (Blumenstraße) 343
Holzkirchner Bahnhof 75
Hypo-Bank Bogenhausen 389
Isartalbahnhof 91
Justizpalast 44, 104, 198
Luftgaukommando (heute Wirtschaftsministerium) 332
Marionettentheater 181
Max-II.-Denkmal 28
Maximilianeum 18f, 43, 102, 105, 190
Neues Rathaus 32, 65f, 68f, 77, 89, 112, 189, 203, 279, 320, 334
Glockenspiel 67f

Nordbad 332
Oberfinanzpräsidium 332
Odeon 42
Olympiagelände 389
Ostbahnhof 80, 268, 300
Petersturm 22, 104
Polizeipräsidium 181
Postscheckamt 19
Prannertor 304
Propyläen 14, 102, 246
Reichszeugmeisterei 332
Ruhmeshalle 14
Siegestor 14, 102, 287, 332, 341
Schillermonument 96
Schranne 32
Schrannenhalle 71
Starnberger Bahnhof 75
Westenrieder-Denkmal 26
Wittelsbacher Brunnen 84
Zeughaus 13, 16, 19, 193, 203
Bauer, Bgm. v. München 34
Bauer, Richard 320
  Fliegeralarm 320
Bauern 27f, 43, 49
Baumann, C. A. 75f
  Die Haupt- und Residenzstadt München und ihre Umgebung 75
Bavaria Ateliergesellschaft 170, 391
Bavaria Film 170
Bavaria Filmkunst 170
Bayerische Akademie der Schönen Künste 278, 319
Bayerische Akademie der Wissenschaften 246
Bayerische Filmgesellschaft 170
»Bayerische Holzverarbeitungsgesellschaft« 219
Bayerische Landesbrandversicherungsanstalt 62
Bayerische Motorenwerke (BMW) 216, 248f, 322
BMW »Dixi« 249
Bayerische Staatsbibliothek 319
Bayerischer Architekten- und Ingenieur-Verein 247
Bayerischer Kronenorden 24
Bayerischer Landtag 197, 363
Bayerischer Landwirtschaftsverlag (BLV) 370
Bayerisches Wirtschaftsministerium 380

Bebel, August 114, 384
Beblo, Fritz 331
Becher, Johannes R. 152f
  Abschied 153
Bechstein, Helene 232, 242
Bechstein, Lotte 232, 242
Beck, C. H., Verlag 149, 369
Beck, Ludwig, Posamentierwerkstätte 73
Beckenbauer, Franz 384
Beckmann, Max 296
Bednorz, Georg 374
Beecke, Ignaz Franz v. 76
Beethoven, Ludwig van 196
  Leonoren-Ouvertüre 196
Behnisch, Günter 382
Behnisch & Partner 389
Behrend, Otto 153
Behrens, Peter 138, 158
Beißbarth (Karosseriefirma) 93
Belgien 110
Bell Telephone Company 90
Benedek, Gabor 131
Benczur, Gyula 133
Benz, Carl 93
Berchem, Die 50
Berchtesgaden 34, 330
Berg am Laim 179, 204
Bergman, Ingmar 170
Berks, Innenminister 13
Berlin 16, 21, 24, 30, 34, 179, 262f, 275, 305, 315
  Berliner Nationalgalerie 165
  Kaufhaus des Westens (KaDeWe) 307
  Reichskanzlei 330
  Reichstag 113, 179, 278
  »Überbrettl« (Kabarett) 124
Bernheimer, Lehmann 304f
Bernheimer, Meier 305
Bernheimer, Otto 304f, 309
Bernheimer, Kunst und Antiquitäten 73, 251, 302, 304f
Bernstein, Max 55
Bertelsmann, C., Verlag 369
Bestelmeyer, German 70, 248, 281
Betriebs- und Soldatenrat (BSR) 199
Betz, Ltn. 329f
Betz, Anton 372
Betz, Walter + Bea 389
Bezugsscheine 187
Blädl, Georg 168
Blädl, Hans 263

Blanvalet Verlag 369
Blechen, Carl 266
Block, Josef 157
Blumenzüchter 27f
Bieber, Oswald E. 269
Bierbaum, Otto Julius 122, 144ff, 153
  Prinz Kuckuck 144
Bilbin, Ivan 135
Bildungs- u. Unterrichtsanst. f. begabte Universitätsstudenten aus Bayern (Maximilianeum) 19
Binnig, Gerd 373
Birk, Georg 113
Bischoff, Theodor 36
Bismarck, Otto v. 42, 121, 155, 235
Bleeker, Bernhard 282
Blériot-Flugzeuge 100
Bluntschli, Johann Caspar 36
Bodenstedt, Friedrich v. 36, 40
Böcklin, Arnold 156
Bogenhausen 55, 59, 68, 142, 179, 327ff, 389
Bogler, Redakteur 55
Böhm, Gottfried v. (Ludwig-II.-Biographie) 153
Böhm, Josef 244
Böhm, Pal 133
Bölkow, Ludwig 367
Bongartz, SS-Oberscharführer 315
Bonnard, Pierre 165
  »Dame vor dem Spiegel« 165
Bormann, Martin 313, 330
Bornhauser, Josef 48
Börsenverein des Deutschen Buchhandels 368
Borst, Bernhard 269
Bossi-Federigotti von Ochsenfeld, Die 50
Böttger, Georg 104
Brädel, Schutzmann 116
Brandenburg, Hans 312
Brandl, Franz Ritter v. 158
Brandt, Jozef v. 132
Brandt, Karl 313
Braque, Georges 163f
Branca, Alexander v. 364
Brauchitsch, Margarethe v. 138
Brauchle, Georg 381
Braun, Eva 299, 358
Braun, Helena 347
Braune, Heinz 165
Braunfels, Wolfgang 364
Brecht, Bertolt 254, 259, 261f

417

Die Dreigroschenoper 254
Im Dickicht der Städte 262
Trommeln in der Nacht 261
Brentano, Clemens 37
Brentano, Lujo 213
Brentano di Tremezzo, Die 50
Brettreich, Friedrich v. 190
»Brigade Ehrhardt« 219
Britting, Georg 312
Brücken:
  Donnersberger Brücke 286
  Friedenheimer Brücke 298,333,337
  Großhesseloher Brücke 71
  Ludwigsbrücke 239,286
  Luitpoldbrücke 21
  Maximiliansbrücke 21
  Prinzregentenbrücke 181
Bruckmann, Elsa 231f
Bruckmann, Hugo 231,257
Bruckmann Verlag 73,146,149,369
Bruckner, Anton 42
Brückner, Wilhelm 240, 243,313
Buchheim, Lothar Günter 170
Büchner, Fritz 224
Büchner, Georg 123
  Leonce und Lena 123
Buchwieser, Georg 72
Budapest 78
Bülow, Hans v. 45
Bullinger, Max 59
Burckhardt, Jacob 20
Bürklein, Friedrich 15,18,74
Busch, Wilhelm 42
Bush, Mrs. 221
Busse, Hans-Busso v. 389
Butenandt, Adolf 374
Buttersack, Felix 353

Callwey Verlag 149,369
Carl Theodor, Herzog in Bayern 366
Carrière, Moritz 36,40f
Carossa, Hans 152,312
Carus, Carl Gustav 266
Celibidache, Sergiu 173
Cézanne, Paul 165
  »Bahndurchstich«
Chagall, Marc 296f
Chamberlain, Neville 301
Chase, William Merrit 133
Chillingworth, Maria 53
Chmielowski, Adam 132
Cholera 25f,31,82f
Christian, Adolf 59

Churchill, Randolph 78
Churchill, Winston 78,313
Clemenceau, Georges 200
Cody (Reiter) 92
Compton, Edward Thomas 133
Conrad, Michael Georg 121ff,124,153,254f
  Was die Isar rauscht 121
Corinth, Lovis 156,158,162,296f
  Walchenseebilder 297
Cornelius, Carl Adolf 36
Cornelius, Peter 266
Cossmann, Paul Nicolaus 222ff,308
Cotta Verlag 149
Courbet, Gustave 29
  »Die Steineklopfer« 29
  »La femme de Munich« 29
Cramer-Klett, Theodor von 23f,59,62
Cuvilliés d.Ä., François 319,348
Czibulka, Alfons v. 312

Dachau 200
Daglfing 309
Daimler, Gottlieb 97
Daladier, Edouard 301
Daume, Willi 381f
Daumier, Honoré 165
  »Don Quijote« 165
Dauthendey, Max 41
Debschitz, Wilhelm v., Kunstschule 135,140
Defregger, Franz v. 43,154
Dehmel, Richard 152
Deisenhofen 83
Deisenhofer, Johann 374
Delacroix, Eugène 165
Delaunay, Robert 163
Delp, Alfred 328,351
Delvard, Marya 161f
Demokratisierung 191
Demonstrationen 185
Denis, Maurice 165
Denning 316
Déprez, Marcel 86
Derain, André 164
Dery, Julia 122f
Desch, Kurt, Verlag 369
Destouches, Ernst v. 153
Destouches, Johanna v. 153
Deutelmoser, Wirt 312
»Deutsche Arbeitsfront« 147
Deutsche Forschungsanstalt für Psychiatrie 307
Deutsche Journalistenschule 354

»Deutsche Stunde in Bayern« 244f
Deutscher Taschenbuch Verlag 371f
Deutsches Patentamt 365f
Devrient, Emil 25
»Dichterpreis der Stadt München« 312
Diemer, Zeno 216
Dienstbotenordnung 34
Dienstknecht 167
Diez, Wilhelm 43,132
Dill, Ludwig 158
Dillis, Johann Georg 31
Dingelstedt, Franz 24,36
Dix, Otto 296
»Dolchstoß«-Legende 223f
»Dolchstoß«-Prozeß 223
Döllgast, Hans 270,363
Döllinger, Ignaz 37
Domin, Friedrich 347
Dönniges, Wilhelm v. 35ff
Dorn, Dieter 347
Dorner d.Ä., Johann Jakob 31
Dorner d.J., Johann Jakob 31
Dörnhöffer, Friedrich 281
Dorsch, Johann 200
Dreher, Konrad 153
Dreißigjähriger Krieg 43
Dresden 119,140
Drexler, Anton 227,306
Dreyfus-Affäre 123
Droemer, Willy 369
Droemersche Verlagsanstalt 369,372
Dufter, Georg 227
Dülfer, Martin 138,141f,285,305
Dunner, Josef 351
Düring, Pol.Dir. 25
Dürr, Hans-Peter 373
Düsseldorf 61
Duvenek, Frank 133

Ebenhausen 318
Ebers, Elf 296
  »Appell am 23. Februar 1933« 296
Eckarts Fruchtsaftfabrik 73
Edelhagen, Kurt 383
Edison Cinematograph 167
Edlinger, Josef Georg v. 31
Edschmid, Kasimir 370
Edward VIII., Kg. v. England 313
Effner, Carl v. 104
Egelhofer, Rudolf 199,201
Egk, Werner 349
  Abraxas 349
Eglfing 323
Eher, Franz Xaver Josef 230

Eher-Verlag 147
Ehinger, Rosa 56
Ehrenwirth, Franz, Verlag 370
Ehrhardt, Hermann 219
Eichthal, Aaron Elias Frhr. v. 48,58,71
Eichthal, Carl v. 49,58
Eichthal, Irene v. 50f
Eichthal, Simon 49,58
Eichthal-Anger 64,70
Eicke, Theodor 291
Einstein, Albert 88,373
Einstein, Alfred 88
Einstein, Jacob, & Cie. 88
Einstein, Hermann 88
Eisenbahn 74,77,97
Eisner, Kurt 188ff,191ff,194ff,197f, 207,210f,219,222,225,243
Elisabeth II., Kgn. v. England 360
Ellermann, Heinrich 326
Eliot, T.S. 150
    The Love Song of J. Alfred Prufrock 150
    The Waste Land 150
Elisabeth, Gem. v. Ks. Franz Joseph (Sisi) 74,81,150
Elser, Johann Georg 315
Ende, Michael 170
Endell, August 142
Engel, Erich 347
Engels, Eduard 254f
Engels, Erich 262
Engels, Friedrich 115
Engl, Josef Benedikt 131
England 110
Epp, Franz Xaver, Ritter v. 204,279f,311,330
Erb, Karl 262
Erbslöh, Adolf 163
Erding 329
Erhardt, Alois v. 66,82,89
Erler, Fritz 138
Ernst, Maxim 116f
Erzberger, Matthias 219
Erzdiözese München-Freising 201
Eschenlohe 85
Esterer, Rudolf 360
Ettal, Kloster 329
Ettmayer, Korbinian 54
Etzenhausen b. Dachau 30,133
Eucharistischer Weltkongreß 360
Europäisches Patentamt 366,391
Evangelische Akademie Tutzing 372
Everding, August 347,363

Faber, Erwin 261
Faber du Faur, Otto v. 43,104
Fahrrad 91,97
Falckenberg, Otto (Peter Luft) 122,126,161, 253,261
Faulhaber, Michael, Kardinal 201,264,290,323, 345,351
Fechenbach, Felix 192,222
Feder, Gottfried 227,237
Federschmidt, Dorothea 224
Fehr, Kunstschule 135
Feldafing 133
Feldmoching 310,333
Felsenthal, Leonard 351
Fentsch, Eduard 71ff
Ferdinand, Hz. v. Kalabrien 94
Feuchtwanger, Lion 258ff,262,265,306,312
    Erfolg 258ff,265
Fiala, Joseph 76
Fiehler, Karl 175,281,287,303,306,331, 358
    München baut auf 287
Filser, Josef 118
Finck, August v. 61,139,294
Finck, Wilhelm v. 59ff,62f
Finck, Wilhelm (Enkel v. Wilhelm) 61
Finkenzeller, Karl 94
Fischer (Dauerradfahrer) 92
Fischer, Ernst Otto 374
Fischer, Fritz 311
Fischer, Hans 374
Fischer, Helmut 357
Fischer, Karl 362
Fischer, Theodor 21,138,179ff,269
Flanner, Janet 357
Fleißner, Herbert 147
Flick, Karl Friedrich 61
Fliegenbauer, Anton 383
»Fliegende Festungen« 319
Fliegeralarm 316
Florath, Albert 199
Flügel, Rolf 361
Flughäfen:
 - München II (MUC II) 379,381f,389ff
 - Neufreimann 100
 - Oberschleißheim 100f
 - Oberwiesenfeld 99f,249f,280,290,380,382
 - Puchheim 99f,186
 - Riem 250,314,316,379f
Flugzeugmaschinenfabrik Hildebrandt und Wolfmüller 98

Föderl, Eustachius 80
Fontane, Theodor 82
Francé, Raoul H. 67,81
    München - Die Lebensge setze einer Stadt 67,81
Franckenstein, Clemens v. 282
Frank, Hans 283
Frank, Leonhard 134
    Links wo das Herz ist 134
Franken 69
Frankfurt 24,58,60f,149
Frankfurter Wirtschaftsrat 365
Frankreich 110
Franz Ferdinand, österr. Thronfolger 175
Franz Joseph, Ks. 74,186
Fraunhofer, Joseph v. 70
Fraunhofer-Gesellschaft 372
Freese, Architekt 248
Freikorps, bayer. 204f
Freikorps Lützow 205
Freikorps »Oberland« 239
Freimann 187,191,309,329,357,373, 376
Freising 84,330
Freisler, Roland 325
Fremdenpolizei 34
Fremdenverkehr 288
Freudenberg, Ika 143f
Freytag-Loringhoven, Die 50
Frieb, Hermann 322
Frick, Wilhelm 220,237,242,279
Fridrich, Joh. Baptist 73
Friedhöfe:
 Friedhof am Perlacher Forst 345
 Israelitischer Friedhof 180
 Nordfriedhof 90,135,141,180
 Ostfriedhof 180,199,345
 Südlicher Friedhof 102
 Waldfriedhof 180
 Westfriedhof 180
 Winthir-Friedhof 56
Friedmann, Werner 224,354,365
Friedrich Barbarossa, Ks. 9
Friedrich, Caspar David 266
Friedrich, Heinz 371
Friedrich, Wilhelm, Verlag 121
Frisch, Karl v. 374
Frisch, Victor (Gottfried Still) 161
Froelich, Robert v. 49

Fuchs, Eduard 123
Fuchs, Georg 136
Furtwängler, Wilhelm 174,248
Fußballvereine:
　FC Bayern 348,384,391
　1860 München 348
Fußballweltmeisterschaft 384

Gabriel, Carl 167
Gandorfer, Ludwig 192
Ganghofer, Ludwig 53,123,152,169,259
Garching 363
Gareis, Karl 219
Gärten u. Parks:
　Alter Botanischer Garten 22f
　Englischer Garten 59,64,91,314,316f,373, 389
　Forstenrieder Park 217
　Herzogpark 53f,195,208
　Hirschau 71,77
　Hofgarten 20,91,333,389
　Isaranlagen 95
　Maximiliansanlagen 91,104
　Nymphenburger Schloßpark 95,292f
　Ostpark 386
　Westpark 386
　Internationale Gartenschau (IGA) 386
Gärtner, Friedrich v. 15
Gärtnerplatzviertel 49
Gastgewerbe 75
Gaststätten, Cafés:
　Annast 302
　Augustiner-Keller 30
　Blauer Bock 288,295
　Bürgerbräukeller 105,234ff,239,269,314f
　Café Luitpold 312
　Café Noris 118
　Café Schafroth 40
　Café Scheidl 40
　Café Stadt Wien 40
　Carlton Teestuben 312
　Eldorado 114f
　Englisches Café 40,305
　Franziskaner 39
　Goldener Stern 56
　Großer Wirt 95
　Hackerkeller 192
　Hofbräuhaus 228,230
　Hofbräukeller 227
　Kindl-Keller 233
　Mövenpick 61
　Osteria Bavaria 312f
　Pschorrkeller 192
　Ratskeller 39
　Salvatorkeller 318
　Schleibingerbräu 40
　Schwabinger Brauerei 188
　Sterneckerbräu 227
　Stubenvollbräu 40
　Wilhelm Tell 57
　Zum goldenen Hirschen 161
　Zum König von Griechenland 78
　Zum Ramlo 79
　Zum Schwarzen Adler 76
　Zum Zenger, Brauerei 61
Gauguin, Paul 165
　»Geburt Christi« 165
Gaulle, Charles de 360
Gauting 48
Gautsch, Conrad 91
Gedon, Lorenz 42,140
Gedon, Mina 29
Geheime Staatspolizei (Gestapo) 325,327
Geibel, Emanuel 36f,40
Geiger, Willy 256,261
Geiselgasteig 168ff,171
Gelsenkirchener Bergwerks AG 221
Gemeinnützige Baugesellschaft Alte Heide 269
George, Stefan 152
Gerlich, Fritz 224
Gerling-Konzern 62
Gern 54,179,268
Gerngross, Rupprecht 329f
Gerstle & Löffler, Wäschehaus 303
Getto Berg am Laim (Kloster d. Barmherzigen Schwestern) 225,308
Gewerbe- und Handelskammer 113
Gewerkschaften 112
Gide, André 295
Giehse, Therese 276
Giesebrecht, Wilhelm v. 36
Giesing 22,31,49,68,191
Giesler, Hermann 298
Giesler, Paul 298,319,324, 326,330,332 ,334,358
Giraudoux, Jean 151
　Siegfried 151
Glas, Elsa 153
Glonn 338
Gluck, Christoph Willibald 355
　Orpheus und Eurydike 355
Godin, Die 50
Goebbels, Joseph 294f,325
Goethe, Johann Wolfgang 25,76,146,378
　Faust 25,378
Goethe-Gesellschaft 275
Goethe-Institut 372
Gogh, Vincent van 165
　»Blick auf Arles« 165
　»Sonnenblumen« 165
Goldmann Verlag 369,372
Goldschagg, Edmund 351f
Goldschmidt, Viktor 214
Golling, Alexander 311
Goltz, Buch- und Kunsthandlung 164
Goppel, Alfons 380
Gordon, J. 84
Göring, Hermann 236,240f,294,304
Gorki, Maxim 119
　Nachtasyl 119
Göttgens, Peter 328
Gottgetreu, Rudolf Wilhelm 18f
Gottscheber, Pepsch 131
Götz, Josef 283
Gotzinger Quelle 85
Goudstikker, Mathilde 144
Goudstikker, Sophia 123,142ff
Graf, Oskar Maria 152,252,254,312
　Notizbuch des Provinzschriftstellers O.M.G. 252
Graf, Ulrich 240
Graf, Willi 327
Graefe & Unzer, Verlag 369
Gräfelfing 205
Grässel, Hans 180
Graubner, Gerhard 362
Gregorovius, Ferdinand 34f
Greif, Martin 125,153
Greiner, Leo (Dionysius Tod) 161
Griechenland 110
Grimm, Jacob 81
Gritschneder, Otto 239,243,283
Grosse, Julius 41
Großhadern 193,310,333
Großhesselohe 60
Gruber, Martin 223
Grünig, J. 48
Grünwald 170,331
Grünwiedl, Martin 322
Grützner, Eduard v. 42,154
Grynszpan, Herschel 302
Gulbransson, Grete 233
Gulbransson, Olaf 282
Gumbel, Emil J. 226
Gumppenberg, Die 50,78
Gumppenberg, Hanns v. 122
Gunezrainer, Martin 359
Gürtner, Franz 323

420

Gustav VI., Adolf, Kg. v.
  Schweden 77,338
Gutehoffnungshütte
  221,224
Gysis, Nikolaus 133

Habe, Hans 353,370
Habermann, Hugo v. 158
Häbisch, Walter 322
Haeckel, I. v., Kunstblu-
  menfabrik 72
Haecker, Theodor 327
  Tag- und Nachtbücher 327f
Hahn, Staatsanwalt 209
Haidhausen
  22,31,68,80,102,179,190,
  204,208,300
Haitzinger, Horst 131
Halbe, Max
  39,41,120,122ff,152
Hallgarten, George F.W.
  239
Hallgarten, Robert 53
Hamburg 211
Handwerker 71,112
Hanfstaengl, Erna 233,242
Hanfstaengl, Ernst
  78,233,236,241,242
Hanitzsch, Dieter 131
Hanser, Carl, Verlag 370
Harles, Michael 293
Harnier, Adolf v. 322
Hartinger, Josef 283
Hartmann, Karl Amadeus
  349
  »musica viva« 349
Hassel, Ulrich v.
  232,318,323,326
Hauberrisser, Georg v.
  66,154
Hauptmann, Gerhart
  121,173
»Hauptstadt der Bewe-
  gung« 292,317,319,337
Hausegger, Siegmund v.
  173,311
Hausenstein, Wilhelm
  67,212,248,252,265,320,
  350ff
  *Die Masken des Komikers
  Karl Valentin* 265
  Impressionen und Analysen
  350
  *Sinn und Verhängnis einer
  Stadt* 248,320
Hauser, Lorenz 55f
Haushofer, Max 39f
Haussmann, Baron 16
Haustein, Paul 138f
Heckel, Erich 296
Heidemann, Gerd 206
Heilmann, Jakob 51,60,343
Heilmann & Littmann 268

Heimeran, Ernst 224
Heimeran Verlag 370
Heine, Th. Th.
  128,130f,158,162
Heinemann, Gustav 383
Heines, Edmund 284
Heisenberg, Werner 373f
Held, Hans Ludwig 254
Held, Heinrich 243,279f
Hellingrath, Norbert v.
  146,187
Hellingrath, Philipp v. 191
Helphand, Alexander 118ff
Henkell, Karl 41
Henle, Leo 71
Henne, Ernst 249
Henry, Marc (Balthasar
  Starr) 161
Herkomer, Hubert v. 310
Hermatingen 315
Hertie-Hochhaus 387
Hertie-Kaufhaus 309
Heß, Rudolf 238,284,313
Hessling, Paul 309
Heusler, Andreas 338
Heydrich, Reinhard
  250,280
Heydt, Karl v.d. 212,214
Heym, Stefan 353
Heymel, Alfred Walter
  141,144ff
Heyne, Wilhelm, Verlag
  369,372
Heyse, Paul
  35ff,38,40f,121f,149
Hildebrandt, Adolf v. 84
Hildebrandt, Heinrich 97f
Hilpert, Heinz 253
Himmler (Vater v.
  H.Himmler) 307
Himmler, Heinrich
  279f,283,326
Hindenburg, Paul v.
  78,223,248,266,275
Hinkeldey, Carl Ludwig v.
  16
Hirmer, Max, Verlag 370
Hirsch, Emil Baron v. 49,58
Hirth, Georg
  89,122,126,131,137f,221
Hitchcock, Alfred 170
Hitler, Adolf
  44,78,117,130,147,186,
  201,204,210,214,220,224,
  227,244,257,259,260,266,
  277f,280,284,286ff,289,
  290,292,296ff,299,302f,
  306,308,314f,319,321,
  323,325,328,331ff,334,
  338,351f,359,370,380
  Mein Kampf
  147,228,242,351f
Hitler-Prozeß 242ff

Hitler-Putsch 235-241
Hocheder, Karl 348
Hochschule für Politik 372
Höchstädt 78
Hoegner, Wilhelm 351
Hofbräuhaus Würzburg 61
Hofer, Carl 296
Hofmann, Hans 135
Hoff, Konrad 41
Hoffmann, Adele 352
Hoffmann, Johannes
  199f,213
Hoffmann, Heinrich
  186,243,313,358
Hofmiller, Josef
  190,192ff,222
Hohoff, Curt 328
  Unter den Fischen 328
Hölderlin, Friedrich 146
Holland, Heinrich 40
Hollóssy, Simon 133
Höllriegelskreuth 60
Hollywood 171
Holm, Korfiz 152
Holz, Redakteur 123
Holz, Arno 148
  *... Freß-, Sauf- und Venus-
  lieder«* 147f
Holzapfelkreuth 115
Hönigswald, Richard 284
Hopfen, Hans v. 41
Horwitz, Kurt 261
Hotels:
  Bayerischer Hof
  77,81,233
  Belle-Vue 80
  Blaue Traube 81
  Continental 78
  Deutscher Kaiser 80,376
  Dom-Hotel 76
  Englischer Hof 81
  Europäischer Hof 81
  Kaiserhof 81
  Königshof 80
  Leinfelder 80
  Londoner Hof 76
  Oberpollinger 80
  Sheraton 59
  Posch 81
  Regina Palast Hotel
  277,301
  Ringhotel 81
  Schottenhamel 81
  Stachus 80
  Trefler 81
  Wolff (Eden-) 81
  Zu den Vier Jahreszeiten
  (Kempinski) 18f,79,
  128,195,277,301
  Zum Bögner 77
  Zum goldenen Bären 77
  Zum goldenen Hahn
  75,77

Zum goldenen Hirschen 76
Zum goldenen Kreuz 76
Zum goldenen Löwen 77
Zum goldenen Stern 77
Zum goldenen Storch 77
Zur goldenen Ente 77
Zur goldenen Krone 77
Zur goldenen Rose 77
Zur goldenen Sonne 77
Hotter, Hans 347
Hoyer, Hermann Otto 297
Am Anfang war das Wort 297
Hubbard, Ralph B. 338f
Huber, Kurt 326f
Huber-Uhren 72
Hubert, Robert 374
Hübner, Bruno 348
Huch, Ricarda 152
Hugendubel, Heinrich 149
Hundhammer, Alois 349
Hüsgen, Wilhelm (Till Blut) 161
Hussendörfer, Christian 32f

Ibsen, Henrik 18, 123ff
Die Wildente 123
Ihering, Herbert 261f
Imhof, Die 50
Industrie- und Handelskammer 47, 72, 171, 282
Industrialisierung 60
Industrieausstellung 22, 28
Industrien 72
  Baugewerbe 73, 112
  Bekleidungsindustrie 73
  Druckindustrie 112
  Holzindustrie 73
  Metallindustrie 112
  Nahrungsmittelindustrie 73
Inflation 234, 250
Ingolstadt 76
Institut für Wirtschaftsforschung (IFO) 390
Institut für Zeitgeschichte 372
Isar 15ff, 31f, 51, 60, 84, 104
Isar-Amper-Werke 60
Isarkaserne 247
Ismaning 245, 338
Israelitische Gemeinde 300
Italien 110, 305
Ivogün, Maria 262

Jaffé, Edgar 193
Jakobides, Georg 133
Jank, Angelo 282
Jawlensky, Alexej v. 135, 163f
Jensen, Herbert 377

Jochum, Eugen 346
Johannes Paul II., Papst 329
Jolly, Philipp v. 36
Jörges, Mathilde 48
Ju 52 249
»Judensiedlung Milbertshofen« 308
Judenverfolgungen 238, 243, 289, 300f, 304ff, 307
Jugendstil 139, 141ff, 145f
Junker, August 263

Kabasta, Oswald 173, 311
Kadettenkorps 28
Käfer, Gerd 377
Kahn, Erwin 283
Kahr, Gustav v. 229, 234ff, 238, 240, 242, 259
Kaim, Franz 172
Kaiser, Christian 149
Kaiser, Georg 125f
  Von Morgens bis Mitternachts 126
Kaiser, Hans 118
Kampferseck, Max 89
Kandinsky, Wassily 134, 160ff, 163f, 166, 296, 387
  Das Geistige in der Kunst
  »Komposition V« 164
  »Komposition VII« 164
Kanoldt, Alexander 163, 261
Kantschuster, Johann 283
Kapp, Wolfgang 219
Karl Theodor, Kurfürst v. Bayern 61
Karlsfeld 56
Karlstadt, Liesl (Elisabeth Wellano) 261, 265f
Kästner, Erich 352f
Katholische Akademie 372
Kaufhof 359, 387
Kaulbach, Wilhelm v. 31, 37, 42, 154
Kaulbach, Frieda v. 233
Kaulbach, Friedrich August v. 42, 154
Keferloh, Gut 60
Kelheim, Befreiungshalle 319
Keller, Albert v. 50f, 254
Keller, Eugene 339
Kemmerich, Max 217
Kempe, Fritz 173
Kempfenhausen 45
Kerr, Alfred 265, 335, 356
Kessler, Harry Graf 119f, 204
Kesten, Hermann 370
Kester, Bachmann & Co., Bank 51
Khuen von Belasi, Gräfin 50

Kiel 191
Kiem, Pauli 326
Kiesl, Erich 385f
Kießling, Ludwig (Straßenbeleuchtung) 87
Kinos 287, 316
Kirchen, Klöster:
  Asamkirche 321
  Damenstiftskirche
  St. Anna 359, 361
  Erlöserkirche 181
  Frauenkirche 86, 105, 167
  Ludwigskirche 17, 105
  Markuskirche 50
  Paulskirche 380
  Peterskirche 105, 320
  St. Bonifaz, Kl. 14
  St. Georg (Bogenhausen) 328f
  St. Johann (Haidhausen) 105
  Theatinerkirche (St. Cajetan) 105
Kirchner, Ernst Ludwig 135, 164, 296
Kirdorf, Emil 231
Kirst, Hans Helmut 370
Klabund 41
Klages, Ludwig 152
Klarwein, Franz 347
Klee, Paul 135, 141, 164, 260, 296
Klenze, Leo v. 20, 102, 366
Klima 394
Klitzing, Klaus v. 373
Klöpfer, Hermann 244
Klöres, Hans 198
Klug, Ludwig Ritter v. 54f
Knappertsbusch, Hans 282, 311
Knaus, Verlag 369
Kneipp, Sebastian 117
Knilling, Eugen v. 226, 238
Knirr, Heinrich 135, 296
  »Führerbildnis« 296f
Knorr, Julius 221
Knorr, Thomas 137
Knorr & Hirth 221
Kobell, Franz v. 31, 37
Köberl, Hans 200
Kobus, Kathi 135, 169
Koch, Gustav 98
Koch, Musikhaus 303
Kohleninsel 181
Köhler, Georges Jean Franz 374
Kokoschka, Oskar 159, 296
  »Windsbraut« 159
Kolb, Annette 175, 252
Kolbenheyer, Erwin Guido 312
Kolbenhoff, Walter 353
  Schellingstraße 48 353

Kommunalwahlen 385
Konfuzius 9
König, Hertha 213
Königstein, Festung 128
Konnersreuth, Therese v. 224
Konstanz 315
Konzentrationslager Dachau 224, 283, 289, 304, 322
Konzentrationslager Piaski b. Lemberg 308
Konzentrationslager Riga 308
Konzentrationslager Theresienstadt 225, 308
Kopp, Martin (Kopp-Film) 169f
Koppenhöfer, Maria 261
Korbukow, russischer Kriegsgefangener 322
Körner, Hermine 126, 245, 253
Kösel Verlag 369
Kothe, Robert (Frigidius Strang) 161
Kraemersche Kunstmühle 73
Kraft, Klara 117
Kraftfahrzeug-Statistik 310
Krais, Polizeiassessor 118
Kraus, Karl 121
Krause, Robert 133
Krauß, Clemens 311
Krauss, Georg, Lokomotivenfabrik 73
Krauss, Gustav 246
Krauss-Maffei 322
Krenek, Ernst 253f
Johnny spielt auf 253
Kreuder, Peter 311
Kriebel, Hermann 242
Krieg 1870/71 114
Kriegsministerium 240
Kriegsschule 262
Kronawitter, Georg 383, 384ff, 388, 390
Krone, Carl 216
Kron'sche Parfümeriefabrik 71
Krüger, Otto 139
Krupp AG 194
Krupskaja, Nadeshda 118f
Kubin, Alfred 135, 162f, 164
Küfner, Hans 252
Kuhn, Karl 302
Kulturamt der Stadt München 312
Kulturzentrum am Gasteig 385f
Kultusministerium 89
Kunst- und Antiquitätenmesse 305

Kunstausstellungen 28ff, 31, 138, 143, 154f, 157ff, 160, 163f, 296f
»Entartete Kunst« 296f
Kurz, Walter 344
Kutscher, Artur 41, 122, 183, 257

Laim 68, 180
Landauer, Gustav 193, 206f
Landespolizei 241
Landolfo-Carcano, Marquise 29
Landshut 75
Lang, Ernst Maria 131
Lang, Michl 168
Langen, Albert 126, 128, 146f
Langen-Müller, Verlag 369f
Langendorf, Ernst 338, 451
Langenscheidt Verlag 371
Langheinrich, Max (Max Knax) 161
Langwied 310, 334
Lasso, Orlando di 172
Lawrence, D. H., 151
»Lebensborn« 300
Lebensmittelkarten 187
Lech, Maler 198
Ledebour, Dorothea Gräfin 37, 195
Lehel 15, 20
Lehmann, Adolf 314
Lehmann, Fritz 248
Lehmann, Julius Friedrich 231, 238
Leibelt, Hans 261
Leibl, Wilhelm 29f, 156
»Die alte Pariserin« 29
»Mina Gedon« 29
Leiling, Heinz 330
Leimen 48
Leipzig 121, 129
Leitenstorfer, Hermann 342
Lenbach, Franz v. 42, 96, 153ff, 158, 164, 254
Lenin (Wladimir Iljitsch Uljanow) 117ff, 120, 204
Was tun? 118
Lentnersche Buchhandlung 146
Leonrodt, Ludwig v. 328
Lessing, Gotthold Ephraim 348
Nathan der Weise 348
Lessing, Theodor 11
Leuthold, Heinrich 41
Levi, Hermann 173, 175
Leviné, Eugen 206
Lieb, Michael (Mihail v. Munkácsy) 133, 156
Liebermann, Maidi v. 215
Liebermann, Max 30, 158, 255

»Der zwölfjährige Jesus im Tempel« 30
»Münchner Biergarten« 30
Liebig, Justus v. 24, 36ff
Liebknecht, Karl 203
Liebknecht, Wilhelm 115
Liliencron, Detlev v. 122
Lilienthal, Otto 98
Lill, Georg 359, 361
Linde, Carl v. 246, 322
Lindenschmidt, Wilhelm 43
Linder, Emilie 37
Lindermaier, Karl 263
Lindpaintner, Otto 99
Lingg, Hermann 41
Linhof 167
Linz 299
Lippl, Alois Johannes 348
List, Paul, Verlag 369
Littauer, Kunstsalon 136
Littmann, Max 363
Lloyd George, David 200
Lochhausen 74, 393
Loeb, James 307, 314
Löfftz, Ludwig v. 96, 132, 134
Löhr, Franz v. 36
Löhr, Joseph 92
Loisachtal 85
London 23
Weltausstellung 23
Crystal-Palace 23
Lorant, Stefan 224, 283
Lorenz, Gustav 17f
Loritz, Alfred 350
Lossow, Otto v. 236f, 240, 242
Löwenbrauerei 61
Luben, Adolf 133
Ludendorff, Erich 223, 229, 237f, 240, 242, 250, 259
Ludwig I., Kg. v. Bayern 13, 16, 20, 26, 42, 48f, 77, 102, 173, 221, 284, 331
Ludwig II., Kg. v. Bayern 20f, 30, 42ff, 45, 47f, 57, 66, 70, 101, 109, 111, 121, 139, 151, 158, 196, 255
Ludwig III., Kg. v. Bayern 142, 168, 207, 246, 249, 378
Ludwig Ferdinand, Prinz v. Bayern 173
Ludwig-Maximilians-Universität 35, 82, 95, 122, 207, 214, 241, 286, 319, 324f, 349
Chirurgische Klinik 207
Hygiene-Institut 82
Ludwig-Vorstadt 103, 179
Ludwigsfeld 310, 333
Ludwigsgymnasium 190

Ludwigshöhe 179
Luftschadstoffe 394
Luftschiff Parseval VI 99
Lugano 282
Luitpold, Prinzregent 30,42,52,55,79,84,96f, 109ff,112,124,175,177, 247
Luitpold-Gymnasium 88,202f
Lumière, Brüder 167
Luther, Martin 61
Luxemburg, Rosa 119,203
Lynen, Feodor Felix Konrad 374

Maerz, Optisches Institut 72
Maffei, Hugo v. 58,71
Maffei, Joseph Anton v. 77
Mahler, Gustav 173f
   4. Sinfonie 173
   8. Sinfonie *Sinfonie der Tausend* 174
Mailand 91
Mairgünther, Ferdinand 200
Maisach 74
Makart, Hans 43
Malewitsch, Kasimir S. 164
MAN Werke 56,322,368
Manet, Edouard 165
   »Barke« 165
   »Frühstück im Atelier« 165
Mangfall, -tal 83ff,86
Manhard, Maschinenfabrik 71f
Mann, Erika 276f,282
Mann, Golo 278
Mann, Heinrich 151,166,256,261
Mann, Katia 166,195
Mann, Klaus 221,275f
   Der Wendepunkt 221,275
Mann, Thomas 53,81,92,103,107,109, 120ff,123,130,136,151f, 166,172f,175,193,195, 198,204,208,211f, 215,255f,267,275,282, 295,312,317f,372
   Betrachtungen eines Unpolitischen 81
   Die Buddenbrooks 92
   Der Zauberberg 173
   Gladius Dei 103,107,109,136,175
   Herr und Hund 53
   Josef und seine Brüder 282,295
   Königliche Hoheit 372
   Lebensabriß 92

Marc, Franz 163f,166,187,296f
   »Vögel« 297
Marcks, Erich 53
Maria-Antonia-Studentinnenheim 307,314
Maria Theresia, Gem. v. Kg. Ludwig III.
Marianische Männerkongregation 321
Marie Sophie, Kgn. beider Sizilien 81
Marlborough, John Churchill Herzog v. 78
Marlowe, Christopher 262
   Leben Eduards II. von England 262
Marquartstein, Burg 305
Marseille 121
Marsfeld 33,73,103
Marskaserne 192
Martens, Kurt 41,124
Martius, Karl v. 22
Martow, Julius 117
Marut, Ret (s. B. Traven) 206f
Marx, Karl 115
Matt, Franz 238
Max-Gymnasium 373
Max-II.-Kaserne 192
Max-Planck-Institut 373
Maximilian I. Joseph, Kg. v. Bayern 38,48
Maximilian II., Kg. v. Bayern 14ff,17,19,21,24,32, 34f,44,64,82,104,148
Maximilian, Herzog in Bayern 40
Maxvorstadt 47,103,179,393
May, Karl 234
Mayer, Rupert 329
Mayr, Karl 225ff
Mayrhofen 352
McMahon, Barney B. 352
Mehl, Sonja 156
Meier, Schorsch 249
Meiller, Lorenz 72
Meiller F.X., Kipperfabrik 72
Meiser, Hans 323
Meitinger, Karl 339,342f,376
   Das Neue München - Vorschläge zum Wiederaufbau 339
Mendelssohn, Paul v. 165
Mendelssohn, Peter de 92,351
Mendelssohn, Robert v. 165
Mendelssohn-Bartholdy, Felix 346

   Ein Sommernachtstraum 346
Menterschwaige 179
Merian, Matthäus 392
   Topographia Germaniae 392
Merkel (Eisners Sekretär) 199
Mermet, Irene 207
Merse, Pal Szingei 133
Messerschmitt-Bölkow-Blohm (MBB) 368,391
Metzlersche Gummi-Waren-Fabrik 73
Meyer, Melchior 41
Meyer & Lißmann 303
Michel, Hartmut 374
Miesbach 86
Milbertshofen 69,249
Militärregierung 344ff
Miller, Ferdinand v. 86,246
Miller, Oskar v. 86f,181,246f
Minelli, Liza 170
Mitford, Unity 312ff
Modewoche 391
Moltke, Helmuth James v. 328
Moltke, Magdalena Gräfin v. 154
Montez, Lola 13,57,77
Moosburg 84
Morell, Theo 313
Morgenstern, Carl 31
Mori, Ogai 151
Möschenfeld, Gut 60
Moser v. Filseck, 208,244
Moskau 204
Mosley, Oswald 313
Mößbauer, Rudolf 373
»Motorrad« 97
Mottl, Felix 173
Mozart, Wolfgang Amadé 76,175,346
   Figaros Hochzeit 361
   Gärtnerin aus Liebe 346
Mühlthaler, Druckerei 238
Mühsam, Erich 152,193,207,259,277
Müller, Georg 146f,260
   Der Goldquell 260
Müller, Christian 38
Müller, Gerd 384
Müller, Hans Reinhard 347
Müller, Karl Alexander v. 20,104,110,222,231, 233f,236,240
   Aus Gärten der Vergangenheit 20
   Wandel einer Welt 233
Müller, Karl Eugen 354
Müller, O.E. 164

Münchner Aktien-Ziegelei 51
»Münchner Bücherschau« 371
»Münchner Dichterbuch I« 44
»Münchner Dichterbuch II« 44
Münchner Lichtspielkunst AG (MLK) 170
Münchner Messe- und Ausstellungsges. mbH 278,311,354,378
Ausstellungshalle am Isartor 394
»100 Jahre Königreich Bayern« 378
»München 1908« 378
Münchner Philharmoniker 173,311,346
Münchner Rückversicherung 61ff,64
Münchner Spiegelmanufaktur Gebr. Seligmann 308
Münchner Trambahn-Actiengesellschaft 61
Münchner Velociped-Fabrik 92
Münchner Vereinigte Werkstätten für Kunst im Handwerk (VW) 138f
»Münchner Vertrag« 301
Muncker, Franz 149
Munkácsy, Mihail v. (eigtl. Michael Lieb) 133, 156
Münster, Robert 174
Münter, Gabriele 163f
Murnau, »Russenhaus« 160
Murschetz, Luis 131
Museen, Sammlungen, Galerien:
  Alte Pinakothek 70,103,105,215,228,319, 341,363
  Bayerische Staatsgemäldesammlungen 281
  Deutsches Museum 181,246ff,250,366
  Kongreßsaal 374
  Nationalmuseum 52,102,136,247
  Neue Pinakothek 23,70,102f,105,165,341, 364,387
  Städtische Galerie im Lenbachhaus 155
  Stadtmuseum 371
Musikfest, Erstes Deutsches 27

Mussinan, Oberkriegskommissär 13
Mussolini, Benito 301
Muth, Carl 327f
Mysliwececk, Joseph 76

Nansen, Fritjof 42
Napoleon III. 16
Nationalsozialistischer Deutscher Hochschulbund 284
Naumann, Friedrich 222
Nawiasky, Hans 284
Neapel 121
Neher, Caspar 262
Neithardt, Georg 208,242
Nerdinger, Winfried 140
Nestler, Paolo 81
Neubauer, Kurt 240
Neue Deutsche Biographie 60
Neuhausen 68f
Neumann, Alfred 260
Neumann, Robert 370
Neuner, Eduard, Weingroßhandlung 72
Neuseeland 277
Neustaedter, Bijouteriefabrik 71
New York 233
Nicklisch, Maria 347
Niederbayern 69
Niekisch, Ernst 200
»Nordlichter« 36
Neuhausen 55,97,103,268
Neumann, Ernst (Kaspar Beil) 161
Neureuther, Gottfried 70
Niederlande 110
Niedermeyer, Eduard 282
Nockherberg 280
Nolde, Emil 135,164,296
»Normalverbraucher« 355
Nürnberg 21,23,74
Nymphenburg 68,96f,170,373,382,393
Nymphenburger Verlagshandlung 370

Oberammergau 86
Oberau 85
Oberbayern 69
Obergiesing 49
Obermenzing 310,333
Oberpfalz 60,69
Oberpollinger, Kaufhaus 359
Obersalzberg 264,313,323
Oberschleißheim 204
Obing, Pfarrhof 319
Obrist, Hermann 136,138ff
»Peitschenhieb« 136f
Öchsner, Thomas 111
Odelzhausen 217

Ödenstockach, Gut 60
Ohly, Bodo 341
Oktoberfest 26,97ff,167,228,234,261, 301,391
Olching 74
Oldenbourg, Rudolf, Verlag 72,148f,369
Oertel, Willi (Serapion Grab) 161
Olympische Sommerspiele, XX. 365,381ff
»Organisation Consul« 219
»Original Physograph Compagnie« 168
Orlando, Vittorio Emanuele 200
Osram, Fa. 367
Ossietzky, Carl v. 277
Ostbahngesellschaft 50
Ostermayr, Franz 168
Ostermayr, Peter 168ff,171
Österreich-Ungarn 110
Ostini, Fritz v. 42,137
Ötting und Fünfstetten, Die 50
Otto, Kg. v. Griechenland 14,45
Otto, Frei 382,389
Otto, Gustav 100f,249
»Academie der Aviatik« 100
Ottobrunn 367
Oven, Ernst v. 203f

Panizza, Oskar 122f
Das Liebeskonzil 123
Pankok, Bernhard 139
Papa Geis 262
Papa Kern 263
Parcus, Druckerei 238
Paris 16,21,24,29,60,140,167, 305
Parseval Luftfahrzeugges. mbH 99
Parteien:
  Bayerische Fortschrittspartei 221
  Bayerische Volkspartei (BVP) 196,225,278,281
  Bayernpartei (BP) 350,385
  Christlich-Soziale Union (CSU) 350,385
  Demokratisch-Sozialistische Bürgerpartei 197
  Demokratische Union 350
  Deutsche Arbeiter Partei (DAP) 227
  Deutsche Demokratische Partei (DDP) 225,256

425

Deutsche Volkspartei (DVP) 196
Kampffront Schwarz-Weiß-Rot 281
Kommunistische Partei Deutschlands (KPD) 279, 321, 350
Liberaldemokratische Partei (spätere FDP) 350
Nationalliberalen, Die 197
Nationalsozialistische Deutsche Arbeiterpartei (NSDAP) 78, 159, 229ff, 263, 278, 280f, 285ff, 289, 306, 357, 369
Sozialdemokratische Partei Deutschlands (SPD) 113ff, 116, 190, 196, 225, 278, 281, 350, 384ff
Unabhängige Sozialdemokratische Partei Deutschlands (USPD) 189f, 197, 219, 225
Völkischer Bund 220
Wiederaufbauvereinigung (WAV) 350
Zentrum 113
Pasetti, Peter 347
Pasing 69, 268f, 298, 310, 333, 337
Bahnhof 268
Paul, Bruno 131, 139
Paxton, Sir Joseph 23
Pégoud, Adolphe 100, 186
Peppercorn, Gertrude 173
Perfall, Carl v. 125
Perlach 60, 205, 309
Pernet, Heinz 242
Persien 110
Perutz, Fa. 167
Pettendorfer, Georg 94, 178
Pettenkofer, Max v. 27, 37, 42, 53, 82ff
Pfalz 69, 235
Pfanni-Werke 73
Pfeifen-Huber 73
Pfeiffer, Andreas 251f
Pfitzner, Hans 173, 195, 222, 262, 282
Palestrina 262
Picasso, Pablo 132, 163f
Piloty, Carl v. 42f, 132f
»Abdankung Karls V.« 42
»Der Tod Alexander des Großen« 43
»Seni an der Leiche Wallensteins« 42
»Thusnelda im Triumphzug des Germanicus« 43
Piper, Ernst Reinhard (Verlag) 148, 153, 166, 369f

Piper, Klaus 148
Piper, Reinhard 147f
Pissaro, Camille 165
Pius XII., Papst 201
Planck, Max 373
Plivier, Theodor 370
Pocci, Franz Graf v. 37
Podewils, Die 50
Podlich, Helmut 284
Pöhner, Ernst 220f, 237, 242
Polizeipräsidium 220
Polizeistatistik 34
Ponten, Josef 312
Popp, Josef 228
Popp, Johann 105
Porsche, Ferdinand 311
Possart, Ernst v. 52, 125
Pössenbacher, Anton 48
Potressow, Alexander 117
Pound, Ezra 9
Preetorius, Emil 140, 277
Preis, Karl Sebastian 340, 357
Prestel Verlag 369
Preußen 110
Prevost, René 224
Pringsheim, Adolf 92
Prinzregentenzeit 73, 112f, 135, 177, 211, 271
Probst, Christoph 325
Proebst, Carlo 289
Proebst, Gertrud 363
Propyläen Verlag 146f
Pschorr, Josef 282
Pullach 329
Pupplinger Au 322
Putz, Ltn. 329f

Quaglio, Die 31
Quirnheim, Albrecht Mertz v. 328

R.A.F. (Royal Airforce) 317
Radecki, Sigismund v. 326f
Radspieler, Fa. 48
Raimund, Ferdinand 348
Der Verschwender 348
Ramberg, Arthur 43
»Friedrich II. empfängt in Palermo eine arabische Gesellschaft« 43
Ramersdorf 68, 331
Rank, Joseph, Baugeschäft 73
Ranke, Leopold v. 34
Rapp, Motorenwerke 249
Rasp, Hans-Peter 298, 332
Eine Stadt für tausend Jahre 198, 332
Räteregierung 201f, 205
Rath, Ernst vom 302
Rath, Willy (Willibaldus Rost) 161

Rathenau (AEG Berlin) 87
Rathenau, Walter 219
Rathgeber, Josef, Waggonfabrik 72
Rauchenegger, Benno 153
Reck-Malleczewen, Friedrich Percyval 289, 294, 326
Redwitz, Marie v. 110
Regensburg 75
Regierung v. Oberbayern 20
Reichard, Wilhelmine 98
Reichenbach 70
Reichert, Frau 229, 257
Reichsgericht 189, 243
»Reichskristallnacht« 303, 306, 309
Reichstags-Brand 266, 276, 278
Reichswehrgruppenkommando IV 227
Reifenstuel, Franz Michael 65
Reigersberg, August Lothar Graf v. 31
Reinhardt, Max 379
Reischl, Maria 55
Renner, Paul 256
Renoir, Auguste 165
Rentzel, Adolf 100
Republikanische Schutztruppe 203
Reusch, Paul 224
Reventlow, Franziska zu 118, 144, 152
Reznicek, Ferdinand v. 131
Rheinberger, Josef 174
Rheinische Feuerversicherungs-Aktiengesellschaft und Kronprinz Versicherungs AG Köln 62
Richard-Strauss-Konservatorium 387
Richter, Hans Werner 370
Richthofen, Frieda v. 151
Riedel, Eduard 18
Rieger, Fritz 173
Riehl, Wilhelm Heinrich 36f
Riem 393
Riezler, Kurt 204
Rilke, Rainer Maria (René Maria) 121, 152, 195, 212f, 215
Duineser Elegien 212
Riemerschmid, Richard 126, 136, 138ff, 245, 261, 268
Riemerschmid, Robert 244
Ringseis, Johann Nepomuk 37
Rittmeyer, Georg 118

Robin, Monsieur 24
Röckenschuß, Fabrikant 18, 79
Rodenstock 167
Roeckl, Handschuhfabrik 71
Röhm, Ernst 240, 242, 290ff
»Röhm-Putsch« 322
Röntgen, Wilhelm Conrad 373
Rosbaud, Hans 173, 349
Rosenhagen, Hans 254
Rosenheim 50
Rosenthal, Toby Edward 133
Rosipal, Karl 67
Roethel, Konrad H. 164
Rosendorfer, Herbert 293
  Die Nacht der Amazonen 293
Rote Armee 199, 202, 205
Roth, Eugen 224
Roth, Hermann 245, 352
Roubaud, Franz 133
Ruchet, Berthe 136
Ruederer, Josef 41, 122, 152
  Die Fahnenweihe 122
Ruf, Sep 359, 373
Rumford, Graf (Benjamin Thompson) 32
Rummel, Die 50
Rundfunksender:
  AFN Munich 155
  Bayerischer Rundfunk 244f, 346, 349, 353, 360f
  Radio München - ein Sender der Militärregierung 344, 346, 355
  Reichssender München 345
Runge, Philipp Otto 266
Rupprecht, Kronprinz v. Bayern 215, 244, 277, 289, 378
Rußland 110, 117

SA (Sturmabteilung) 117, 236ff, 309
SA-Studentenkompanie 284
Sachsen 110, 114, 129, 235
Sachsen-Meiningen, Herzöge 151
Sachtler 167
Salbach, Baurat 83
Salberg, Galanteriewaren 303
Salmony, George 349
Salzburg 286
San Francisco 63
Sandmayer, Marie 216ff, 259

Sandtner, Jakob 102f
Sassulitsch, Vera (Welika D. Kiroff) 117
Sauerbruch, Ferdinand 207f, 261
Saur, Klaus G., Verlag Dokumentation 371
Saur, Otto 371
Schack, Friedrich v. 35ff
Scharnagl, Karl 250f, 263, 279, 281, 339, 358
Scharrer, Eduard August 221
Schaub, Julius 313
Schaumann, Ruth 312
Scheid, Richard 226
Schellerer (Scharfrichter) 33
Schemm, Hans 281
Scher, Peter 244
Scheubner-Richter, Max Erwin v. 240f
Schiller, Friedrich
  Die Braut von Messina 25
Schimon, August 79
Schirach, Baldur v. 284
Schirmer/Mosel, Verlag 371
Schlagintweit, Felix 91
  Ein verliebtes Leben 91
Schleich, Robert 42
Schlösser und Palais:
  Arco-P. 317
  Barlow-P. 332
  Bernheimer-P. 305
  Erzbischöfliches P. 201
  Herrenchiemsee 158
  Kronprinzen-P. 15
  Leuchtenberg-P. 319
  Linderhof 48, 65
  P. Ludwig Ferdinand 149
  Montgelas-P. 78, 197, 210, 279
  Neuschwanstein 65, 158
  Nymphenburg 20, 47, 94
  Preysing-P. 49, 240
  Prinz-Carl-P. 21, 142, 186, 295, 301, 387ff
  Prinz-Ferdinand-P. 366
  Prinz-Georg-P. 205
  Residenz 20f, 84, 96, 190, 193f, 203, 317, 319, 341, 359f, 362, 375
    Apothekenstock 361
    Grüne Galerie 37
    Residenz-Apotheke 360
    Residenz-Bücherstube 360
  Suresnes-Schlößchen 198
  Wittelsbacher-P. 186, 199, 203, 325
Schmeller, Johann Andreas 99

Schmid, Anton 68
Schmid, Eduard 113, 226, 238
Schmid, F.X., Spielkartenfabrik 72
Schmid, Jakob 325f, 358
Schmid-Wildy, Ludwig 68, 168
Schmidt, Maximilian (Waldschmidt) 153
Schmidt, Walter 270
Schmidt, Willy 291
Schmidt-Rautte, Kunstschule 135
Schmidt-Rottluff, Karl 296
Schmitt, Kurt 318
Schmoll von Eisenwerth, Fritz 140
Schmorell, Alexander 327
Schneidhuber, August 291
Schnitzler, Arthur 122
  Der Reigen 122
Schnorr v. Carolsfeld, Malvina 45
Scholl, Hans 286, 325ff, 328, 358
Scholl, Sophie 286, 325ff, 328, 358
Geschwister-Scholl-Institut f. Politische Wissenschaften 373
Scholz, Rudolf v. 345
Schondorff, Joachim 147
Schöningh, Franz Joseph 351f
Schrenck-Notzing, Albert v. 172
Schröder, Rudolf Alexander 141, 145
Schultz, Wilhelm 131
Schündler, Rudolf 347
Schurich, Karl Robert 221
Schutzpolizei 310
Schwaben 69
Schwabing 17, 68, 87f, 95f, 160, 181, 193f, 204, 276, 390
Schwanthaler, Ludwig 31, 35
Schwanzer, Karl 389
»Schwarzer Einser« 93
»Schwarzer September«, arab. Terror-Organisation 383
Schweden 110
Schweighardt, Johann 218
Schweikart, Hans 347
Schweiz 110, 114
Schweyer, Franz 243
Schwind, Moritz v. 31
Schwingenstein, August 351f, 354
Schwipps, Werner 98

Schwitters, Kurt 296
Sebottendorff, Rudolf v. 230
Seckendorff, Die 50
Sedlmayr, Rüstungsbetrieb 194
Seeberger, Georg 105
Seehaus, Thomas 365
Seidel, Willy 312
Seidl, Emanuel v. 174, 196, 247
Seidl, Gabriel v. 42, 44, 45, 52, 60, 140, 154, 178-, 180f, 247
Seipel, Ignaz 243
Seisser, Hans v. 236ff, 242
Seitz, Franz 102, 140
Seitz, Johann Baptist 102f
Selig, Wolfram 307
Seligmann, Aaron Elias (s. Eichthal) 48
Seligmann, Richard 308
Semper, Gottfried 45, 64
Sendling 33, 68, 179
Senfl, Ludwig 172
Sicherheitsdienst (SD) 326
 Meldungen aus dem Reich 326
Siebold, Karl v. 36
Siedler Verlag 369
Siedlungen:
 Alte Heide 270, 287
 Bogenhausen 270
 Borstei 270, 287
 Cosima-Park 271
 Friedenheim 270
 Fürstenried I - III 271
 Hasenbergl 271
 Lerchenauer See 271
 Ludwig-Siebert-Siedlung 270
 Neuaubing-Ost 271
 Neuaubing-West 271
 Neu-Friedenheim 287
 Neuharlaching 270
 Neuhausen 270, 287
 Neuperlach 271
 Neu-Ramersdorf 270, 291
 Oberland-Siedlung (Olympiastraße) 270
 Olympiadorf 271
 Parkstadt Bogenhausen 270
 »Postversuchssiedlung« 270
 Siemens-Siedlung (Obersendling) 270
 Walchenseeplatz 270
Siemens, Familie v. 61, 149
Siemens & Halske 366
Siemens-Reiniger 366
Siemens-Schuckert 366
Siemens AG 366, 391

Signac, Paul 165
Simbach 50
Simpson, Wallis 313
Singefeld, Johannes 230
Singerl, Ernie 168
Sinsheimer, Hermann 244
Smith, Truman 233
Soden, Gf. v. 244
Solalinden, Gut 60
Solln 310, 327, 334
Solti, Georg 347
Sombart, Werner 185
 Moderner Kapitalismus 185
Sommer, Siegfried 370
Sontheimer, Josef 193
Sophie, Herzogin in Bayern 46
Spangenberg, Berthold 370
Spanien 110
Spartakisten 205
Speidel, Albert v. 125
Speier, Schuhhaus 303
Spellman, Francis 201
Spengler, Oswald 90, 140ff, 198, 211f, 215
 Eis heauton 140
 Der Untergang des Abendlandes 90, 215
Speer, Franz v. 328
Spiel, Hilde 273, 288
Spitzeder, Adele 56f, 260
Spitzweg, Carl 22, 30
 »Der Antiquar« 30
SPOT, Satellit 393
Spruchkammern 281, 358
St. Anna-Vorstadt 17
St. Petersburg 119
Staatsministerium des Königlichen Hauses 89
Staatsministerium des Äußeren 89
Stadelheim, Strafanstalt 129, 188, 206, 245, 290, 325
Stadelmayer, Franz 339
Stadler, Toni 158
»Stadt der deutschen Kunst« 297
Stadtgerichtsgefängnis 33
Stadthaushalt 250
Stadtrat 254, 281, 385
Stalingrad 321, 324, 328
Starnberg 26
Starnberger See 318, 341
Stauffenberg, Claus Gf. Schenk v. 328
Steinborn, Peter 251
 Grundlagen und Grundzüge Münchner Kommunalpolitik in den Jahren der Weimarer Republik 251
Steinheil, Fa. 167, 322, 329
Steinmetz, Max 48

Stern, Hans Heinrich 353
Stern, Peter 353
Stiftung Carl Friedrich von Siemens 373
Stimmelmayr, Johann Paul 78
Straßen und Plätze:
 Adelgundenstraße 144
 Adlzreiterstraße 88
 Agnesstraße 215, 284, 314
 Ainmillerstraße 160, 195, 212, 215, 260
 Akademiestraße 261
 Altstadtring 342f, 387, 389
 Am Anger 40
 Amalienstraße 17, 37, 70, 286, 308
 Arcisstraße 70, 86, 92, 104, 140, 285
 Arnulfstraße 244, 270, 332, 338
 Augustenstraße 120, 125, 205, 261, 262
 Baaderstraße 113
 Barbarastraße 268
 Barerstraße 35, 104, 254, 317
 Bavariaring 238, 307
 Bayerstraße 353
 Belgradstraß3 199
 Bergmannstraße 181
 Blumenstraße 88, 315, 343
 Blutenburgstraße 262
 Böcklinstraße 268
 Boschetsriederstraße 270
 Brienner Straße 15, 20, 24, 45, 86, 89, 104, 137, 164, 186, 201, 278, 280, 285, 332
 Clemensstraße 206
 Dachauer Straße 152, 269
 Destouchesstraße 317
 Dienerstraße 66, 68
 Elisabethplatz 181
 Elisabethstraße 217
 Entenbachstraße 264
 Erhardtstraße 371
 Färbergraben 352
 Feilitzschplatz 387
 Feilitzschstraße 92
 Finkenstraße 161, 212
 Franz-Joseph-Straße 119, 129, 325, 372
 Fraunhoferstraße 284
 Friedrichstraße 160, 372
 Fürstenstraße 18
 Gabelsbergerstraße 117, 149, 299
 Galeriestraße 96, 296f, 366
 Gärtnerplatz 64, 268
 Georgenstraße 160, 258
 Geroltstraße 322
 Giesinger Berg 286

428

Giselastraße 160
Goetheplatz 284, 300
Grillparzerstraße 159
Haimhauserstraße 181
Halskestraße 270
Harras 284
Herzogstraße 207
Herzog-Max-Straße 300
Herzog-Rudolf-Straße 303
Herzog-Wilhelm-Straße 93
Herzogspitalstraße 48
Heßstraße 35, 89
Hildegardstraße 136
Hirschbergstraße 181
Hohenstaufenstraße 322
Hohenzollernstraße 135, 140, 161
Hubertusstraße 370
Innere Wiener Straße 227
Josephsplatz 103, 146, 278
Josephspitalstraße 120
Kaiserstraße 118, 317
Kanalstraße 20
Kardinal-Faulhaber-Straße 59, 197
Karlstraße 86, 104, 150
Karl-Theodor-Straße 136
Karlsplatz 23, 37, 168
Karolinenplatz 24, 205, 231, 298
Kaufingerstraße 40, 76, 78, 167, 304
Kaulbachstraße 128, 154, 307, 314
Kazmairstraße 192
Knorrstraße 308
Königinstraße 63f, 146, 154
Königsplatz 28, 275, 280, 286f, 331
Kratzerstraße 268
Landschaftsstraße 68
Landsberger Straße 33, 96, 286
Landshuter Allee 72
Landwehrstraße 92, 278
Lenbachplatz 40, 80, 251
Leopoldstraße 105, 118, 145, 261
Liebfrauenpassage 167
Lilienstraße 5
Lindwurmstraße 88, 299
Lothstraße 19, 346
Ludwigstraße 14, 17, 20, 103, 240, 328f, 351
Luisenstraße 137, 150, 181, 278, 286
Maffeistraße 62, 160
Maria-Hilf-Platz 94
Maria-Theresia-Straße 55, 142

Marienplatz 13, 65f, 68, 89, 94, 239, 278, 334, 338, 340, 375, 387, 394
Marktstraße 92
Marsstraße 216
Martin-Greif-Straße 380
Mathildenstraße 308
Mauerkircherstraße 53, 94, 233
Max-Joseph-Platz 362
Max-Joseph-Straße 78
Max-Weber-Platz 193
Maximiliansplatz 160
Maximilianstraße 17, 20, 79f, 95, 125f, 192, 247, 295, 343, 387
Möhlstraße 214, 327, 355
Moltkestraße 317
Müllerstraße 87f, 202f
Neuhauser Straße 94, 167, 391
Nußbaumstraße 181
Occamstraße 117
Odeonsplatz 136, 203, 239, 280, 319, 333
Ottostraße 305
Pariser Platz 50
Parsivalstraße 380
Perusastraße 239f
Pfandhausstraße 59
Pienzenauerstraße 53
Pilotystraße 158
Platzl 168
Poschingerstraße 53, 276, 282
Prannerstraße 49, 59, 192, 304
Prielmayerstraße 80
Prinz-Ludwig-Straße 145, 172
Prinzregentenplatz 186, 257, 264, 338
Prinzregentenstraße 51f, 142, 158, 294, 331, 388
Promenadeplatz 26, 59, 77, 96, 160, 196, 238, 280, 305
Reichenbachstraße 303
Renatastraße 351
Rengerweg 14
Residenzstraße 59, 239, 373
Richard-Strauss-Straße 343
Romanplatz 55
Romanstraße 97
Rondell Neuwittelsbach 268
Rosenheimer Berg 286
Rosenheimer Straße 233, 239, 286
Rosenstraße 39
Salvatorstraße 304

Schellingstraße 93, 103, 132, 160, 170, 230, 322, 353
Schillerstraße 91
Schleißheimer Straße 93, 118, 186, 228, 249
Schönfeldstraße 57, 240
Schrannenplatz (seit 1854 Marienplatz) 21
Schraudolphstraße 117
Schützenstraße 80f, 104
Schwanseestraße 322
Schwanthalerstraße 30, 132, 286
Schwere-Reiter-Straße 268
Schyrenplatz 91
Sendlinger Straße 73, 217
Sendlingerlandstraße 93
Sendlinger-Tor-Platz 15, 81, 83, 93, 95, 204
Senefelderstraße 117
Siegfriedstraße 118
Simon-Knoll-Platz 320
Sonnenstraße 19, 81, 123, 278, 300, 311
Sophienstraße 86, 104, 332
Stachus 44, 80, 95, 192, 278, 298, 300, 359
Steinsdorfstraße 53
Stiglmaierplatz 96, 102, 105
Tal 77
Tegernseer Landstraße 194, 284
Tengstraße 217, 278
Thalkirchner Straße 269
Theatinerstraße 49, 51, 59, 76, 160, 163, 239
Theresienhöhe 95, 378
Theresienstraße 91, 116, 359
Thierschstraße 229, 257
Türkenstraße 15, 132, 135, 161, 170, 172, 192, 299, 315, 359
Ungererstraße 118f, 170, 269, 380
Veterinärstraße 328
Viktualienmarkt 22, 71, 391
Viscardigasse 240
Von-der-Tann-Straße 142f, 295
Walchenseeplatz 270
Weinstraße 68, 75f, 239
Weißenburger Platz 50
Werneckstraße 143
Widenmayerstraße 213
Wiener Platz 105
Wiener Straße 205

Winthirstraße 97
Wittelsbacherplatz 122
Zieblandstraße 278
Ziemssenstraße 299
Straßenbahnen 88,94,97
  Münchener Tramway
  Eduard Otlet 61
  Münchner Trambahn
  AG 95f
  Société Anonyme 95
Straßner, Fritz 347
Straubing 102,323
Strauss, Alfred 283
Strauss, Franz 174
Strauss, Richard 175,282
  Die Frau ohne Schatten 362
Strawinsky, Igor 248
Streck, Peter 28
Streicher, Julius 313
Streiks 111f,188
Strich, Fritz 261
Strindberg, August 122
  Gläubiger
Strobel, Johann Baptist 149
Strobel, Johannes 92
Stuck, Franz v.
  99,142,154,158f,161,208
  »Die Sünde« 158
Studenten 241,326,384
Stützel, Karl 280
Süskind, W.E. 352
Sybel, Heinrich v. 36

Tann, Ludwig Frhr. von
  der 36
Technische Hochschule/
  Technische
  Universität
  47,70,103,180,286
Telefon 89
Tempel, Wilhelm 284
Thalkirchen 68
Thälmann, Ernst 277
Thannhauser, Galerie
  160,163ff,213
Theater, Konzertsäle, Kabarett:
  Apollo-Theater 263
  Aula der Universität 349
  Bayerische Staatstheater
  282
  Colosseum 266
  Cuvilliéstheater (Apothekenstock d. Residenz) 361,375
  Deutsches Theater 120
  »Die elf Scharfrichter«
  131,161f
  Die kleine Freiheit 131
  »Die Pfeffermühle« 276
  Gärtnerplatztheater
  65,120,253,307,311
  Herkulessaal 360,362

Hof- und Nationaltheater 16,24,45ff,120,175,
  356,362
Opernfestspiele 52
Intimes Theater 123
Kaim-Saal 172
Kammerspiele (Schauspielhaus)
  120,125f,128,311,
  347,356
Kongreßsaal (Deutsches
  Museum) 247f,375
Kulturzentrum am Gasteig 385f
»Lach- und Schießgesellschaft« 131
Münchner KünstlerTheater 378
Odeon 42,228
Orpheum 123
Platzl 168,263ff
»d'Dachauer« 167f
Prinzregententheater
  52,175f,347f,362f
Residenztheater (Staatsschauspiel)
  87,120,263,348,360
Schaubude 347
»Der erste Schritt« 347
Serenissimus 276
Singspielhalle beim
  Oberpollinger 263
Steinicke-Saal 256
Theater am Brunnenhof
  348,360
Volkstheater 120,347
Therese, Kgn. v. Bayern 26
Theresienwiese
  103,188,190f,193,195,
  196,198
Thieme, Carl 62f
Thiersch, Friedrich v.
  37,43,70,96,140
Thoma, Ludwig (Peter
  Schlemihl)
  124,129,147,152,215,
  219f,259
  *Die Reden Kaiser Wilhelms
  II.* 129
  Moral 129
Thomass, Hofjuwelier 73
Thöny, Eduard 131
Thule-Geiseln 206
Thüringen 235
Thuringia-Versicherung 62
Tierpark Hellabrunn 317
Tietz, Georg 307,309
Tietz, Hermann
  265,307,309
Toller, Ernst 193,198f
Toulouse-Lautrec, Henri
  de 162,165
Traven, B. (s. Marut) 207

Das Totenschiff 207
Der Schatz der Sierra Madre
  207
Triendl, Etikettenfabrik 71
Troost, Paul Ludwig
  143,285,332
Trostberg 60
  Süddeutsche Kalkstickstoffwerke 60
Trotzki, Leo 118,120
Trübner, Wilhelm 158,162
Truchtlaching 288f
Trudering 309
Tschaikowsky, Peter 346
Tschechoslowakei 301
Tschudi, Hugo v. 165
Tschuppick, Walter 224
Tucholsky, Kurt 265
Tudor-Gotik 14
Twain, Mark (Clemens, Samuel Langhorne) 150
  Bummel durch Europa 150
  Huckleberry Finns Abenteuer
  150
  Tom Sawyers Abenteuer
  150
Typhus 82f

U- und S-Bahnen (MVV)
  377,380ff
Udet, Ernst 101
Uffing 241
Uhde-Bernays, Hermann
  39,79,156f
  Im Lichte der Freiheit 39
Ullstein Verlag 147
Umweltschutz 60
»Unabhängige Rheinische
  Provinz« 235
Ungarn 133
Ungererbad 123
Union Film 170
Unruh, Fritz v. 158
Unterbiberg, Gut 59
Unterföhring 98
Unterleitner, Hans 192
Untermenzing 310,334
Urban & Schwarzenberg,
  Verlag 369

Valentin, Karl (Ludwig
  Fey) 168,170,178,259,
  261,263,266
  Brillantfeuerwerk 265
  Buchbinder Wanninger 265
  Christbaumbrettl 265
  Die Raubritter vor München
  265
  Im Fotoatelier 265
  Rosenau 266
  Theaterbesuch 265
Valentin-Geburtshaus 266
Valentin-Musäum 266

Valloton, Felix 162
Velten, Wilhelm 133
Veltheim 114
Vereine, Künstlergesellschaften, Freundeskreise:
»Akademisch-dramatischer Verein« 122f
Akademischer Alpenverein 39
Akademischer Gesangverein 174
»Allotria« 41f, 137
»Alt-England« 40
»Bürger-Sänger-Zunft« 40
»Das lustige Krokodil« 40
»Der Blaue Reiter« 155, 160, 164, 166
Deutscher Künstler-Verband 160
»Die Juryfreien« 160
»Die Scholle« 159
»Die Zwanglosen« 40
»Freunde der Residenz« 348, 360
»Freunde des Nationaltheaters« 362
»Freunde des Prinzregententheaters« 362
Genossenschaft der bildenden Künstler Münchens 29
»Gesellschaft für modernes Leben« 122
»Gesellschaft zur Förderung der geistigen Interessen der Frau« 143
»Gruppe 47« 166
»Hauptverband bayerischer Frauenvereine« 143
Katholischer Gesellenverein St. Josef 205
»Krokodil« 40f
Künstlerbund Bayern 160
Kunstwissenschaftliche Gesellschaft 39
»Luitpoldgruppe« 159
»Münchener Dramatische Gesellschaft« 124
Münchener Künstler-Genossenschaft 157, 160
»Münchener Litterarische Gesellschaft« 123
»Münchner Gesellschaft 1926« 256
»Neu-Dachau« 159
Neue Künstlervereinigung München NKVM 160, 163f
»Neue Secession« 159
»Neuer Verein« 122
Orchesterverein München 174
»Phalanx« 160ff
»Schwadron der Pappenheimer« 40
»Secession« 137, 158ff, 164f, 254
»Tafelrunde« 40
Thule-Gesellschaft 197, 203, 230f
Theater-Verein 120
Verein bildender Künstler Münchens 157
Verein der deutschen Ingenieure (VDI) 246
»Verein für naturgemäße Gesundheitspflege und ärztliche Heilkunde« 117
»Vereinigung Alt-München« 289
»Wiederaufbauverein Alter Peter« 361
»Wilde Gung'l« 174
Vereinigte Stahlwerke 221
Vereinigte Werkstätten 138f
Verfassungsurkunde 14
Verkehrsministerium 244f, 300
Verlag Dokumentation Klaus G. Saur 371
Verzeichnis der lieferbaren Bücher VLB 371
Versailler Verträge 213
Viereck, Edwine 115
Viereck, Louis 115ff
Vigel u. Riemerschmid, Spiritusfabrik 71
Villa Bechtolsheim 142
Villa Kaulbach 154f
Villa Lenbach (Städtische Galerie) 155
Villa Pellet 45
Villa Stuck 142, 158f
Vinci, Leonardo da 98
Vlaminck, Maurice de 163
Vogel, Hans-Jochen 365, 376, 381, 383ff
Voit, August 18, 23f
Volckmer, Tobias 392
Völderndorf, Otto Frhr. v. 38
Volkhardt, Hermann 77f
Volkssänger 263ff
Volkswagen 311
Vollmar, Georg v. 113f, 119, 189, 384
Vorhoelzer, Robert 270, 284
Voß, Richard 176
Zwei Menschen 176
Vuillard, Edouard 165

Wackerle, Josef 270, 286
Wäckerle, Hilmar 284
Wager, Beppo 322
Wagner, Adolf 155, 278, 281f, 284, 286, 294, 313, 319, 324
Wagner, Christian 288
Wagner, Cosima 52
Wagner, Richard 20, 42, 44ff, 64, 175, 275, 281f, 346f, 362
Der Ring des Nibelungen 45
Die Feen 47
Die Meistersinger von Nürnberg 46, 52
Die Walküre 47, 347
Parsifal 176, 362
Rheingold 47
Tristan und Isolde 45
Wagner, Robert 242
Wagowski, Erich 170
Wahlordnung 13
Währungsreform 347, 349, 353, 355
Waldau, Gustav 53
Waldbauersche Druckerei 217f
Waldschmidt, Johann Klemens 200
Walter, Bruno 53, 94, 176, 190, 196, 261f
Walterspiel, Familie 79
Walz, Tino 360
Weber, Christian 292ff, 334, 358
Weber, Friedrich 242
Weber, Max 10, 208, 213
Wedekind, Frank (Hieronymos) 41, 120, 128, 151, 162, 254
Erdgeist 128
Lulu 120, 254
Wehner, Josef Magnus 312
Wehrkreiskommando VII 328
Wehrle, Hermann Josef 329
Weigand, Wilhelm 145, 222
Weill, Kurt 254
Dreigroschenoper 254
Weimarer Republik 226, 243, 270
Weingartner, Felix 173
Weinhöppel, Hans Richard (Hannes Ruch) 161
Weisgerber, Albert 41, 159, 187
Weiß Ferdl (Ferdinand Weisheitinger) 168, 263ff, 358
Die Ganslverkäuferin 265
Weißach a. Tegernsee 72
Welsch, Anderl 263

Weltausstellung, Paris 140
Weltausstellung, Wien 41
»Weltkinematograph« 167
Weltkrieg, Erster
  69,82,90,117,185,268,
  306,308,338
Weltkrieg, Zweiter
  270,311,338
Weltwirtschaftskrise 250f
Wendel, Josef Kardinal 372
Werefkin, Marianne v. 163f
Werner-Heisenberg-Institut 373
Wery, Carl 347
Weschenfelder, Klaus 269
Westenrieder, Lorenz
  75,81,175,391
  Beschreibung der Haupt- und Residenzstadt München 75
Westphal, Münchner Stadtkommandant 329
Weyarn 85
Widenmayer, Johannes v. 89
Widerstandsgruppen
  321ff,324ff
  »O 7« 328
  »Antinazistische Deutsche Volksfront« 322
  »Bruderbund der Kriegsgefangenen« 322
  »Freiheitsaktion Bayern« 329
  »Kreisauer Kreis« 328
  »Neu beginnen« 322
  »Weiße Rose« 324f,326f
Wiechert, Ernst 370
Wieland, Heinrich Otto 374
Wien 33,43,309
Wilberforce, Edward 71
Wilhelm I., dt. Ks. 115,128
Wilhelm II., dt. Ks. 155,177,192
Wilhelms-Gymnasium 307
Wilhelmshaven 191
Willroider, Josef 42
Willstätter, Richard M. 190,214,374
Wilm, Hubert 41
Wilmersdoerffer, Max 49
Wilson, Woodrow 200
Wimmer, Jakob 203
Wimmer, Thomas
  341,359,365,375ff,383
Windscheid, Bernhard 36
Winniza/Ukraine 308
Wirtschaft 391
Wittelsbacher-Gymnasium 283

Witwen-und-Waisen-Unterstützungscassa (WWK)
Wohnungsbau 185
Wolfe, Thomas 257
  Geweb und Fels 257
Wölfflin, Heinrich 260
Wolfmüller, Alois 97f
Wolfskehl, Karl
  144,277,312
Wolfskehl-Preis 278
Wolgemut, Michael 392
Wollenweber, Eduard 48
Wolzogen, Ernst v.
  123,143ff
  Das dritte Geschlecht 143
Wörishofen 117,225
Wright, Gebrüder 100
Württemberg 110,129
Würzburg 167
Wüst, Walter 325

Zallinger, Meinhard v. 359
Zechmeister, Michael 94f
Zehetbauer, Rolf 171
Zehetmair, Hans 364
Zeitungen, Zeitschriften:
  Abendzeitung 349,354,377
  Bayerische Landeszeitung 351
  Bild -München 353
  Börsen-Courier 262
  Der gerade Weg 224
  Der Spiegel 365,391
  Der Tag 254
  Der Ziegelbrenner 207
  Die fliegenden Blätter 126
  Die Gesellschaft 121f
  Die Stadt-Frau-Bas 126
  Forbes 61
  Fortune 61
  Guardian 313
  Harzer Post 116
  Hochland 327,351
  Insel 141,145f
  Iskra (Der Funke) 117f
  Jugend 126,130,137f
  Königsberger Volksblatt 116
  Miesbacher Anzeiger 219f
  Münchener-Augsburger Abendzeitung 217f
  Münchener Bilderbogen 126
  Münchener Extrablatt und Gerichtszeitung 116
  Münchner Punsch 126
  Münchner Illustrierte Presse 224,283
  Münchner Medizinische Wochenschrift 231
  Münchner Merkur 341,353
  Münchner Mittag 353

Münchner Neueste Nachrichten 17,23,54,89,97,
  137,186,221ff,235,293,
  303,352,354
Münchner Post 115ff,152,
  223,229,238,255,351
Münchner Tagblatt 57,93
Münchner Zeitung 351,353
Neue Zeitung 321f
Neue Zeitung (amerikanisch) 353
Querschnitt 267
Rheinisches Wochenblatt 116
Simplicissimus
  126ff,129ff,187,222
Süddeutsche Monatshefte 147,222f
Süddeutsche Post - Allgemeine Deutsche Arbeiterzeitung 116
Süddeutsche Sonntagspost 224
Süddeutsche Zeitung 352ff
Süddeutscher Postillon 116
Thüringer Wald-Post 116
tz 353
Völkischer Beobachter (Münchner Beobachter) 147,230,235ff,260,353
Wörishofer Blätter 117
Zeit-magazin 390
Zwiebelfisch 257
Zeller, Carl 289
  Der Vogelhändler 289
Zenetti, Arnold v. 17,65f
Zensur 120
  »Münchner Theaterzensurbeirat« 120
Zeppelin, Otto Graf 99
Zettler, Fa. 322
Ziebland, Georg Friedrich 18,28
Ziegler, Adolf 296
Zimmet, Karl 322
Zimniok, Klaus 381
Zirkus Krone 233
Zöberlein, Hans 312
  Der Glaube an Deutschland 312
Zoff, Marianne 261
Zola, Emile 121
  Rougon-Macquart 121
Zoller, Friedrich v. 97
Zorneding 60,99
Zott, Josef 322
Zuckmayer, Carl 253
  Der fröhliche Weinberg 253
Zumpe, Herman 52,173
Zügel, Heinrich 158
Zünfte 71
Zürich 25,45,117,119,128